KB265102

중국어
어휘의
달인이
되는 법

중국어 어휘의 달인이 되는 법 · HSK 5급

저자 | 한민이
초판 1쇄 인쇄 | 2015년 8월 11일
초판 3쇄 발행 | 2019년 12월 6일

발행인 | 박효상
편집장 | 김현
편집 | 황미연, 배수현, 김설아
디자인 | 이연진
마케팅 | 이태호, 이전희
관리 | 김태옥

교정 및 조판 | 양정희, 안빛

종이 | 월드페이퍼
인쇄 · 제본 | 현문자현

출판등록 | 제10-1835호
발행처 | 사람in
주소 | 04034 서울시 마포구 양화로11길 14-10(서교동) 3F
전화 | 02) 338-3555(代)   팩스 | 02) 338-3545
E-mail | saramin@netsgo.com
Homepage | www.saramin.com

:: 책값은 뒤표지에 있습니다.
:: 파본은 바꾸어 드립니다.

ⓒ 한민이 2015

ISBN 978-89-6049-563-0 14720
      978-89-6049-561-6 (set)

우아한 지적만보, 기민한 실사구시 **사람in**

중국어 어휘의 달인이 되는 법

한민이 지음

사람in

머리말

도깨비방망이 같은 단어장을 만나다

우리끼리 솔직히 말해서, 중국어 단어 공부 하다 보면 궁금한 게 참 많잖아요. 가령 어떤 단어가 나오면 그 단어와 관련된 성어(成语)나 헐후어(歇后语), 관용어(惯用语)도 알았으면 좋겠고, 예문에 인명이 나오면 누군지 궁금하고, 지명이 나오면 어딘지 알고 싶고요. 또 비슷한 단어가 나오면 어떻게 다른지 당장 비교해 보고 싶은 마음이 생기기도 하지요.

그런데 막상 이런 의문들을 해결하고자 생각하면 도무지 어떤 자료를 어떻게 찾아야 할지 막막할 때가 많습니다. 뭐든 척척 알려줄 것 같은 유명 포털 사이트의 중국어 사전 검색창에 알고 싶은 단어를 쳐 봐도 시큰둥한 대답만 듣기 일쑤고요. 그래서 이 사전 저 사전 펼쳐 놓고 학구열을 불태우다 보면 몇 단어 공부하는 데 몇 시간 훌쩍 지나 있는 경험 한 번쯤 다 해 보셨지요?

필자 역시 그런 경험이 수없이 많기에 문득 이런 생각을 해 봤어요. 동화 속의 도깨비방망이가 조화를 부리는 것 같은 중국어 단어장이 있으면 얼마나 좋을까? 동화에서는 "금 나와라 뚝딱! 은 나와라 뚝딱!" 하고 외치면 금은보화가 쏟아졌지만, 중국어 단어와 씨름 중인 우리 앞에 단어 공부를 쉽고 효율적으로 할 수 있는 그런 단어장이 뚝딱! 하고 나와 준다면, 중국어 학습자들이 공감하는 '이런저런 불편함'을 덜어 주고, 중국어 학습욕을 맘껏 채워 줄 수 있지 않을까? 하는 생각이요.

그 후로 4년이 지난 오늘, 드디어 필자와 사람in 출판사의 중국어팀이 정성 들여 준비한 〈중국어 어휘의 달인이 되는 법〉이 중국어 학습자들을 찾아뵙게 되어 몹시 감사하고 기쁩니다.

〈중국어 어휘의 달인이 되는 법(HSK 1~4급 / 5급 / 6급)〉은 HSK 5,000 단어를 기본 단어로 하되, BCT(商务汉语考试) 단어와 이합사(离合词)는 별도로 표시하였고, 개별 단어와 관련된 다양한 표현은 책을 펴는 순간 한눈에 볼 수 있도록 같이 모아 놓았답니다. 예문은 최대한 쉽고 재미있는 표현을 썼으며, 필요에 따라 적절한 보충 설명을 곁들여 학습자들의 이해를 돕고자 했습니다.

더불어 5000 단어에 해당하는 모든 예문에 한어병음을 표기해 학습자들이 시간을 절약할 수 있도록 배려했습니다.

〈중국어 어휘의 달인이 되는 법〉은 오랜 시간 준비한 만큼, 몇 번의 퇴고를 거쳐 가장 유용한 자료를 담고자 정성을 다했습니다. 모쪼록 〈중국어 어휘의 달인이 되는 법〉이 중국어 학습자들의 좋은 친구가 되어 가려운 곳을 시원하게 긁어 주고, 여러분의 어휘력 향상에 도깨비방망이 같은 도움을 주었으면 좋겠습니다. 〈중국어 어휘의 달인이 되는 법〉과 친구가 되어 주신 독자님들 참 고맙습니다.

2015년 한민이

* 방대한 분량과 쉽지 않은 작업임에도 저를 믿고 선뜻 출판을 허락해 주신 사람in의 박효상 대표님께 진심으로 감사드리고, 몇 년을 저와 함께 동행해 주신 양정희 편집자님, 안빛 편집자님, 단어 수집과 교정에 도움을 주신 张玲玲 선생님 그리고 표지와 내지를 멋지게 꾸며 주신 디자인팀에도 고마운 마음 전합니다.

중국어 어휘의 달인이 되는 법

중국어 공부를 하는 학습자라면 누구나 단어의 달인이 되고 싶으시겠지요. 사실 중국어를 잘하기 위해서는 꾸준한 노력밖에 없다는 것을 우리 모두가 잘 알고 있긴 하지만, 그래도 〈중국어 어휘의 달인이 되는 법〉과 친구가 되어 주신 분들을 위해, 중국어 어휘의 달인이 되고 나아가 고수가 될 수 있는 몇 가지 방법에 대해 알려 드립니다.

첫째, 중국어 단어를 외울 때는 한자, 발음, 성조를 함께 외워야 합니다. 즉, '中国'이라는 단어를 외울 때, 中国이라는 한자와 'Zhong은 1성이고, guo는 2성이다'까지를 확실하게 외워야 단어를 외웠다고 할 수 있다는 것입니다. 한자는 아는데 발음이나 성조를 잘못 읽으면 실제 회화에서 상대방이 알아듣지 못하기 때문입니다.

둘째, 단어를 외울 때는 묶음으로 외우는 것이 좋습니다. 예를 들면, 去(간다)를 외울 때, '去(가다)'만 외우는 게 아니라, '我们去(우리는 간다)[주어+去]' 혹은 '一起去(같이 간다)[부사어+去]', '我们一起去(우리는 같이 간다)[주어+부사어+去]'처럼 묶음과 문장으로 외우는 것이지요. 이렇게 공부하면, 단어를 외우는 동시에 중국어 문장에 대한 이해와 분석 능력도 향상되어 회화 실력이 부쩍부쩍 늘게 됩니다.

셋째, 단어의 성격을 분석하는 것입니다. 쉽게 말해 '帅(멋지다, 잘생기다)'는 용모를 표현하는 단어이고, '飞机(비행기)'는 교통수단이고, '喝(마시다)'는 음료와 같이 쓰이고, '办公室(사무실)'는 회사 관련 용어로 쓰이겠지요. 이런 식으로 외우고자 하는 단어의 성격을 파악하면 그 단어를 정확히 쓸 수 있기 때문에 실수를 줄이고, 똑똑한 중국어를 구사할 수 있습니다.

넷째, 관련 표현을 정리해 보는 것입니다. '苹果(사과)'라는 단어가 나오면, 吃苹果(사과를 먹다), 买苹果(사과를 사다), 苹果汁(사과주스), 一斤苹果 (사과 한 근) 등 '苹果'로 만들 수 있는 연관 단어를 이것저것 만들어 보는 것 이지요. 이렇게 하다 보면 자신도 모르게 어느새 어휘력 대마왕으로 등극하 게 되지요.

이상과 같이 중국어 단어의 달인으로 갈 수 있는 방법 몇 가지를 알려 드렸 는데요. 의외로 너무 간단해서 쉽게 달인이 될 것 같은 자신감이 팍팍! 생기 시지요? 중국어 어휘의 달인이 되는 비결은 결코 멀리 있거나 옆에 있는 친 구만 아는 것이 아니라, 바로 여러분 자신의 학습 습관에 달려 있다는 사실 을 꼭 기억해 주세요!

이 책의 구성과 특징

① HSK 단계별 시험 대비

HSK 1~4급, 5급, 6급 필수 어휘 5,000개를 제시해 HSK나 BCT 시험 대비는 물론 실생활에서의 회화 실력까지 키울 수 있다. 표제어에 유의어, 반의어, 참고어 등을 추가해 어휘의 폭을 넓혔다.

② 실용적인 예문과 다양한 관련 표현

자세한 어휘 풀이에 중국의 역사 · 문화 · 경제 상식을 녹여 넣은 실용적인 예문을 더했다. 보충 단어, 관련 표현을 추가해 표현할 수 있는 범위를 넓혔으며, 시험과 직결된 문장은 물론 실생활에서 자주 쓰이는 예문으로 실생활과 시험 준비에 모두 활용이 가능하다.

③ 풍부한 어휘와 자세한 설명

표현의 폭을 넓혀 주는 관용어, 속담, 사자성어, 헐후어 등을 함께 익힐 수 있으며, 헷갈리기 쉬운 단어를 비교 설명해 문장에서의 쓰임을 알려준다. BCT에 해당하는 어휘를 따로 표시해 한 번 더 확인할 수 있도록 했다.

④ 꼼꼼한 원어민 녹음과 듣기 횟수 체크 박스

표제어와 예문은 물론 관련 표현과 보충 단어까지 원어민 발음으로 모두 들어볼 수 있다. 표제어에 듣기 횟수를 표기하는 체크 박스를 추가해 횟수를 체크하며 학습할 수 있도록 효율성을 더했다.

이 책의 표기 방식

① 중국어의 인명, 지명

학습자의 편의를 고려해 외래어 표기법에 따르지 않고, 중국어에서 발음 나는 대로 표기했다.(예: 元 위엔 / 天津 티엔진)

② 기호 표시 체계

기호	품사		문장 성분 및 기타	
유의 유의어	**명** 명사	**동** 동사	**성** 성어	**보** 보어
반의 반의어	**형** 형용사	**부** 부사	**관용** 관용어	**헐후** 헐후어
참고 참고어	**양** 양사	**접** 접속사	**속담** 속담	

③ 한어 병음 표기 예외 규칙

한어 병음은 중국의 〈한어 병음 정사법〉 기본 규칙에 따라 표기하였으나, 몇 가지 예외를 두었다.

- '一'와 '不'는 변조로 표기했다.
- 사자 성어는 모두 띄어 쓴다.
- 결과 보어, 방향 보어, 가능 보어는 모두 붙여 쓴다.
  (예 : 建成 jiànchéng / 看清楚 kànqīngchu / 听得懂 tīngdedǒng)

목차

완벽하게 표현하기
[HSK 5급] 어휘 1300

완벽하게 표현하기

□□□

0001 爱心 àixīn (인간·환경에 대한) 관심과 사랑, 사랑하는 마음

人人献出一点爱心，这个世界会更美好。
Rén rén xiànchū yì diǎn àixīn, zhège shìjiè huì gèng měihǎo.
사람들이 조금만 사랑을 베푼다면, 이 세상이 더 아름다워질거야.

□□□

0002 岸 àn 언덕, 기슭

春天来了，河的两岸开满了各种各样的小花。
Chūntian lái le, hé de liǎng àn kāimǎnle gè zhǒng gè yàng de xiǎohuā.
봄이 오니, 강의 양쪽 기슭에 다양한 꽃들이 만발했다.

敌人下水搜寻他的时候，他已经偷偷溜上岸了。
Dírén xiàshuǐ sōuxún tā de shíhou, tā yǐjing tōutōu liū shàng àn le.
적이 물 속에 들어가 그를 찾고 있을 때, 그는 이미 몰래 빠져나가 뭍에 올랐다.

관련 표현

隔岸观火 gé àn guān huǒ （성） 강 건너 불 보듯 하다, 수수방관하다

游泳上岸 — 两手空空 yóuyǒng shàng'àn — liǎng shǒu kōng kōng （헐후）
수영해서 뭍에 오르니 – 양손에 아무것도 없다 : 두 손이 텅 비다, 빈주먹이다

□□□

0003 傍晚 bàngwǎn 저녁 무렵, 황혼

傍晚，去江边看日落是件浪漫的事。
Bàngwǎn, qù jiāngbiān kàn rìluò shì jiàn làngmàn de shì.
해질 무렵, 강가에 가서 일몰을 보는 건 낭만적인 일이야.

[단어] **日落** rìluò 해가 지다

□□□

0004 包裹 bāoguǒ 소포 BCT1

他收到了妈妈寄来的包裹，正高兴呢。
Tā shōudàole māma jìlai de bāoguǒ, zhèng gāoxìng ne.
그는 엄마가 부쳐 주신 소포를 받고는 좋아하고 있다.

[동] 싸다, 포장하다

她细心地把他的生日礼物包裹好了。
Tā xìxīn de bǎ tā de shēngrì lǐwù bāoguǒhǎo le.
그녀는 꼼꼼하게 그의 생일 선물을 포장했다.

0005 **宝贝** bǎobèi　보배, 보물, 귀염둥이(어린아이)

她可是全家人的小宝贝。
Tā kě shì quán jiārén de xiǎo bǎobèi
그 아이는 온 가족의 보물이다.

那个娃娃是她的宝贝，任何人都不让碰。
Nàge wáwa shì tā de bǎobèi, rènhé rén dōu bú ràng pèng.
그 인형은 그 아이의 보물인지라, 그 누구도 손을 못 대게 한다.

▶사랑하는 사람을 부를 때 애칭으로 쓰기도 한다.

宝贝，我想你了，你也在想我吗?
Bǎobèi, wǒ xiǎng nǐ le, nǐ yě zài xiǎng wǒ ma?
자기야, 난 자기가 보고 싶은데, 자기도 내가 보고 싶어?

0006 **保险** bǎoxiǎn　보험 [BCT2]

我为父母买了一份健康保险。
Wǒ wèi fùmǔ mǎile yí fèn jiànkāng bǎoxiǎn.
나는 부모님께 건강 보험을 들어 드렸다.

[형] 안전하다

这是我能想到的最保险的方法了。
Zhè shì wǒ néng xiǎngdào de zuì bǎoxiǎn de fāngfǎ le.
이게 내가 생각할 수 있는 가장 안전한 방법이야.

관련 표현

平安险 píng'ānxiǎn 손해 보험 / **战争险** zhànzhēngxiǎn 전쟁 보험

意外险 yìwàixiǎn 상해 보험 / **人寿保险** rénshòu bǎoxiǎn 생명 보험

年金保险 niánjīn bǎoxiǎn 연금 보험

0007 **报社** bàoshè 신문사

广西日报和南国早报同属一家报社。
Guǎngxī rìbào hé Nánguó zǎobào tóng shǔ yì jiā bàoshè.
광서일보와 남국조간신문은 한 신문사 소속이다.

0008 **背** bèi 등, 이면

我的书包太重了，累得我连背都直不起来了。
Wǒ de shūbāo tài zhòng le, lèi de wǒ lián bèi dōu zhíbuqǐlái le.
내 가방이 너무 무거워, 지쳐서 등도 똑바로 못 펴겠어.

把身份证的正面和背面复印到一张纸上。
Bǎ shēnfènzhèng de zhèngmiàn hé bèimiàn fùyìndào yì zhāng zhǐ shang.
신분증의 정면과 이면을 한 장에 복사하세요.

▶Bèi 형 잘 안 풀리다, 재수 없다

最近是挺走背字的。
Zuìjìn shì tǐng zǒu bèizì de.
요즘 계속 재수가 없네.

▶Bēi 동 업다, 부담하다

孩子，来，妈妈背你吧。
Háizi, lái, māma bēi nǐ ba.
아가, 이리 와 엄마가 업어 줄게.

不要背上心理包袱，尽力就好。
Búyào bēishàng xīnlǐ bāofu, jìnlì jiù hǎo.
심적인 부담 갖지 말고, 최선을 다하면 돼.

[단어] 包袱 bāofu 부담, 짐

▶Bèi 동 외우다, 속이다, 반대하다

不要偷懒，赶紧把这篇课文背下来。
Búyào tōulǎn, gǎnjǐn bǎ zhè piān kèwén bèixialai.
게으름 피우지 말고, 어서 본문을 외워.

[단어] 偷懒 tōulǎn 게으름 피우다

好话不背人，背人无好话。
Hǎohuà bú bèi rén, bèi rén wú hǎohuà.
좋은 말은 남 뒤에서 하지 않고, 남 뒤에서 하는 말은 좋은 말이 없다.

背道而驰 bèi dào ér chí 성 정반대 방향으로 가다, (방향이나 목표가) 완전히 정반대이다

背井离乡 bèi jǐng lí xiāng 성 (부득이하게) 고향을 등지고 떠나다

背信弃义 bèi xìn qì yì 성 신의를 저버리다

0009 背景 bèijǐng 배경, 성장 배경

他的成长背景真是令人心酸啊！
Tā de chéngzhǎng bèijǐng zhēnshi lìng rén xīnsuān a!
그의 성장 배경은 정말로 가슴 찡하게 해!

这张照片选取的背景很漂亮。
Zhè zhāng zhàopiàn xuǎnqǔ de bèijǐng hěn piàoliang.
이 사진 배경으로 찍은 곳이 예쁘네.

[단어] 选取 xuǎnqǔ 선택하다, 고르다

0010 被子 bèizi 이불 참고 薄被子 báobèizi 차렵 이불, 褥子 rùzi 요

他把被子叠得整整齐齐的。
Tā bǎ bèizi dié de zhěngzhengqíqí de.
그는 이불을 정갈하게 개어 놓았다.

军用被子 — 表里如一 jūnyòng bèizi — biǎo lǐ rú yī 헐후
군용 이불 — 겉과 속이 같다 : 말과 행동이 일치하다

瞎子盖被子 — 东拉西扯 xiāzi gài bèizi — dōng lā xī chě 헐후
장님이 이불을 덮으니 — 뒤죽박죽이다 : 말이나 글이 조리가 없다

0011 本科 běnkē (대학교의) 학부, 본과

참고 大学本科生 dàxué běnkēshēng 대학 학부생

我是大学本科毕业的，第一专业是英语，第二专业是韩语。
Wǒ shì dàxué běnkē bìyè de , dìyī zhuānyè shì Yīngyǔ, dì'èr zhuānyè
shì Hányǔ.
저는 학부를 졸업했는데, 전공은 영어이고, 부전공은 한국어예요.

0012 本领 běnlǐng 능력, 재능, 수완 [유의] **本事** běnshì

他虽有一身本领，却一直没有展现的机会。
Tā suī yǒu yì shēn běnlǐng, què yìzhí méiyǒu zhǎnxiàn de jīhuì
그는 뛰어난 능력을 가지고 있음에도 계속 능력을 발휘할 수 있는 기회가 없었다.

[단어] 展现 zhǎnxiàn 드러내다, 나타내다

관련 표현

孙悟空的本领 — 降龙伏虎 [헐후]
Sūn Wùkōng de běnlǐng — xiáng lóng fú hǔ
손오공의 기량 — 용을 굴복시키고 호랑이를 제압하다 : 강적을 물리치다

[tip] 孙悟空 : 《西游记(서유기)》의 주인공

长孙晟的本领 — 一箭双雕 [헐후]
Zhǎng Sūnshèng de běnlǐng — yí jiàn shuāng diāo
장순성의 능력 — 한 개의 화살로 독수리 두 마리를 맞히다 : 일석이조, 일거양득

[tip] 长孙晟 : (552~609) 수나라 때 장수로 활쏘기에 능했음.

0013 本质 běnzhì 본질, 본성

他的本质不坏，相信经过那件事他会改过自新的。
Tā de běnzhì bú huài, xiāngxìn jīngguò nà jiàn shì tā huì gǎi guò zì xīn de.
그의 본성은 나쁘지 않으니, 그 일을 겪은 후에 개과천선할 것이라 믿는다.

[단어] 改过自新 gǎi guò zì xīn [성] 개과천선하다

教学，从本质上说是一种"沟通"和"合作"的活动。
Jiàoxué, cóng běnzhì shang shuō shì yì zhǒng "gōutōng" hé "hézuò" de huódòng.
가르치는 일은 본질적으로 말해서, 일종의 '소통'과 '협동'의 활동이다.

0014 比例 bǐlì 비율, 비례 [BCT1]

据统计，现在社会男女比例严重失调。
Jù tǒngjì, xiànzài shèhuì nánnǚ bǐlì yánzhòng shītiáo.
통계에 따르면, 현대 사회는 남녀 비율이 심각하게 차이가 난다.

[단어] 失调 shītiáo 평형을 잃다, 조화롭지 못하다

这个处方一定要注意各种药物的比例。
Zhège chǔfāng yídìng yào zhùyì gè zhǒng yàowù de bǐlì.
이 처방은 반드시 각종 약재의 비율에 신경 써야 한다.

0015 编辑 biānjí 편집자

经过实习，他终于成为了一名正式的编辑。
Jīngguò shíxí, tā zhōngyú chéngwéile yì míng zhèngshì de biānjí.
실습을 거쳐, 그는 마침내 정식 편집자가 되었다.

동 편집하다

这本书在编辑方面还稍微有点问题。
Zhè běn shū zài biānjí fāngmiàn hái shāowēi yǒu diǎn wèntí.
이 책은 편집 쪽에 약간의 문제가 있다.

0016 鞭炮 biānpào 폭죽

除夕晚上吃饺子、放鞭炮是必不可少的。
Chúxī wǎnshang chī jiǎozi、fàng biānpào shì bì bù kě shǎo de.
섣달 그믐날에 만두를 먹고, 폭죽을 터뜨리는 일은 빼놓을 수 없는 것이다.

관련 표현

半夜三更放鞭炮 — 一鸣惊人 **헐후**
bànyè sāngēng fàng biānpào — yì míng jīng rén
한밤중에 폭죽을 터뜨리니 — 한 번 울면 사람을 놀라게 하다 : 주위를 깜짝 놀라게 하다, 놀랄 만한 성과를 거두다.

脑袋上放鞭炮 — 大祸临头 **헐후**
nǎodài shang fàng biānpào — dà huò lín tóu
머리 위에서 폭죽을 터뜨리니— 큰 재난이 닥치다 : 큰 불행이 닥쳐오다, 발등에 불이 떨어지다

0017 标点 biāodiǎn 구두점

标点位置不同，即使同一个句子意思也可能不同。
Biāodiǎn wèizhì bù tóng, jíshǐ tóng yí ge jùzi yìsi yě kěnéng bù tóng.
구두점의 위치가 달라지면, 설령 같은 문장이라도 뜻이 달라질 수 있다.

0018 标志 biāozhì 표지, 지표, 상징 **참고** 交通标志 jiāotōng biāozhì 교통 표지

这个路口的警告标志十分醒目,足以提示行人。
Zhè ge lùkǒu de jǐnggào biāozhì shífēn xǐngmù, zúyǐ tíshì xíngrén.
이 길목에 있는 경고 표지는 눈에 확 띄어서, 행인들에게 알리기에 족하다.

[단어] 足以 zúyǐ ~하기에 족하다

五四爱国运动标志着中国新民主主义革命的开端。
Wǔ Sì àiguó yùndòng biāozhìzhe Zhōngguó xīn mínzhǔzhǔyì
gémìng de kāiduān.
5·4 애국 운동은 중국 신민주주의 혁명의 시작을 상징한다.

辛亥革命的胜利标志着封建君主专制制度的结束。
Xīnhài gémìng de shènglì biāozhìzhe fēngjiàn jūnzhǔ zhuānzhì
zhìdù de jiéshù.
신해혁명의 승리는 봉건 군주 제도의 끝을 의미한다.

0019 表面 biǎomiàn 표면, 외관 □□□

小心别烫手，锅的表面很烫。
Xiǎoxīn bié tàngshǒu, guō de biǎomiàn hěn tàng.
손 안 데게 조심해, 냄비 표면이 뜨거워.

从表面上看来，这件事确实对你有好处。
Cóng biǎomiàn shang kànlái, zhè jiàn shì quèshí duì nǐ yǒu hǎochù.
표면적으로 볼 때, 이 일은 확실히 너한테 유리해.

관련 표현

表面文章 biǎo miàn wén zhāng 성 형식만 중요시하고 실효는 따지지 않는다

0020 表情 biǎoqíng 표정 참고 **表情符号** biǎoqíng fúhào 이모티콘 □□□

这个小孩子的面部表情真是太丰富了。
Zhège xiǎoháizi de miànbù biǎoqíng zhēnshi tài fēngfù le.
이 아이의 얼굴 표정은 정말 다양하다.

看他的表情就知道，这次考试又没及格。
Kàn tā de biǎoqíng jiù zhīdào, zhè cì kǎoshì yòu méi jígé.
그의 표정에서, 이번 시험도 또 떨어졌음을 알 수 있었다.

0021 冰激凌 bīngjīlíng 아이스크림 □□□

他像小孩一样爱吃冰激凌。
Tā xiàng xiǎohái yíyàng ài chī bīngjīlíng.
그는 아이처럼 아이스크림을 좋아한다.

0022 病毒 bìngdú 바이러스

随着科技的发达，电脑病毒也越来越厉害。
Suízhe kējì de fādá, diànnǎo bìngdú yě yuèláiyuè lìhai.
과학 기술의 발달에 따라, 컴퓨터 바이러스도 갈수록 강력해지고 있다.

0023 玻璃 bōli 유리

调皮的孩子把球踢到了窗户上，玻璃全碎了。
Tiáopí de háizi bǎ qiú tīdàole chuānghu shang, bōli quán suì le.
장난꾸러기 꼬마가 공을 창문으로 차서, 유리가 모두 박살이 났다.

관련 표현

玻璃掉在石头上 — 分崩离析 [헐후]
bōli diàozài shítou shang — fēn bēng lí xī
유리가 돌 위로 떨어지니 — 박살이 나다 : 뿔뿔이 흩어지다, 사분오열하다

手心里的玻璃球 — 掌上明珠 [헐후]
shǒuxīn li de bōliqiú — zhǎng shang míng zhū
손 안의 유리공 — 손바닥 위의 보배 : 지극히 사랑하는 자녀, 금지옥엽

0024 脖子 bózi 목

他伸长了脖子往外张望着。
Tā shēnchángle bózi wǎng wài zhāngwàngzhe.
그는 목을 길게 빼고는 밖을 살피고 있다.

관련 표현

脸红脖子粗 liǎn hóng bózi cū [관용] 화가 나서 얼굴이 붉으락푸르락하다

骆驼脖子上挂鸡儿 — 标新立异 [헐후]
luòtuo bózi shàng guà jīr – biāo xīn lì yì
낙타 목에 닭을 걸다 — 새로운 것을 표시하고 다른 것을 내세우다 : 새롭고 기발한 주장을 내놓다

骆驼的脖子，鸵鸟的脚 — 各有所长 [헐후]
luòtuo de bózi, tuóniǎo de jiǎo — gè yǒu suǒ cháng
낙타의 목, 타조의 다리 — 제각기 장점이 있다 : 제각기 자기의 장점을(가치를) 가지고 있다

骑脖子拉屎 — 欺人太甚 qí bózi lā shǐ – qī rén tài shèn [헐후]
목에 타서 변을 보다 — 사람을 너무 업신여기다 : 사람을 너무 업신여기다

0025 博物馆 bówùguǎn 박물관

昨天跟朋友一起去参观了北京博物馆。
Zuótiān gēn péngyou yìqǐ qù cānguānle Běijīng bówùguǎn.
어제 친구와 함께 베이징 박물관을 견학했다.

관련 표현

博物馆的珍宝 — 琳琅满目 헐후
bówùguǎn de zhēnbǎo — lín láng mǎn mù
박물관의 보물 — 아름다운 옥이 눈에 가득하다 : 아름다운(훌륭한) 물건이 아주 많다

0026 布 bù 천, 베, 포

这种布很适合做窗帘。
Zhè zhǒng bù hěn shìhé zuò chuānglián.
이 천은 커튼을 만드는 데 아주 적합해요.

관련 표현

布衣之交 bù yī zhī jiāo 성 이익을 바라지 않는 순수한 교제, 출세 전에 사귄 벗

带布不带尺 — 存心不良 dài bù bú dài chǐ — cún xīn bù liáng 헐후
천은 챙기고 자를 안 가져가다 — 속마음이 불량하다 : 나쁜 마음을 품다

一丈布做双小鞋 — 绰绰有余 헐후
yí zhàng bù zuò shuāng xiǎoxié — chuò chuò yǒu yú
한 장(3.33m)의 천으로 작은 신발 두 개를 만드니 — 충분하고도 남다 : 여유만만하다, 매우 넉넉하다

0027 步骤 bùzhòu 순서, 절차, 단계

按着老师讲解的步骤，他顺利地做出了这道题。
Ànzhe lǎoshī jiǎngjiě de bùzhòu, tā shùnlì de zuòchūle zhè dào tí.
선생님이 설명해 주신 순서에 따라 그는 막힘없이 이 문제를 풀어 냈다.

[단어] 讲解 jiǎngjiě 설명하다, 풀이하다

0028 部门 bùmén 부문, 부서 BCT1

今天晚上有部门聚餐，希望大家都参加。
Jīntiān wǎnshang yǒu bùmén jùcān, xīwàng dàjiā dōu cānjiā.
오늘 밤에 부서 회식이 있으니 모두 참석하시기 바랍니다.

人事部和财务部属于公司的管理部门。
Rénshìbù hé cáiwùbù shǔyú gōngsī de guǎnlǐ bùmén.
인사과와 재무과는 회사의 관리 부서에 속한다.

0029 财产 cáichǎn 재산, 자산 [BCT1] 참고 财产权 cáichǎnquán 재산권
净财产 jìngcáichǎn 순재산

分公司隶属于总公司，分公司的财产就是公司的财产。
Fēngōngsī lìshǔyú zǒnggōngsī, fēngōngsī de cáichǎn jiù shì gōngsī de cáichǎn.
지사는 본사 소속이므로, 지사의 재산은 곧 회사의 재산이다.

[단어] 隶属 lìshǔ 종속되다, 소속되다

0030 彩虹 cǎihóng 무지개

大雨过后，天空中出现了一道美丽的彩虹。
Dàyǔ guò hòu, tiānkōng zhōng chūxiànle yí dào měilì de cǎihóng.
큰비가 내린 후, 하늘에 아름다운 무지개가 떴다.

관련 표현

阵雨后的彩虹 — 五光十色 혈후
zhènyǔ hòu de cǎihóng — wǔ guāng shí sè
소나기 후의 무지개 — 다섯 가지 빛에 열 가지 색 : 오색찬란하다, 색채가 아름답고 종류가 다양하다.

0031 操场 cāochǎng 운동장 유의 运动场 yùndòngchǎng

请同学们到操场上集合。
Qǐng tóngxuémen dào cāochǎng shang jíhé.
학우 여러분 운동장에 집합해 주세요.

0032 册 cè 책자, 책

我只看过这部小说的上册，你看过下册吗?
Wǒ zhǐ kànguo zhè bù xiǎoshuō de shàngcè, nǐ kànguo xiàcè ma?
난 이 소설책 상권밖에 못 봤는데, 넌 하권 봤어?

请把第一册课本拿出来。
Qǐng bǎ dìyī cè kèběn náchulai.
교재 제1권을 꺼내세요.

관련 표현

人手一册 rén shǒu yí cè 성 사람마다 책을 한 권씩 들고 있다, 잘 팔리는 책

0033 叉子 chāzi 포크

对于西餐礼仪的理解首先要掌握的就是如何使用叉子。
Duìyú xīcān lǐyí de lǐjiě shǒuxiān yào zhǎngwò de jiù shì rúhé shǐyòng chāzi.
양식 매너에 대해 알고자 할 때 우선 파악해야 하는 것은 포크를 어떻게 사용하느냐입니다.

0034 差距 chājù 격차, 차이, 차

目前两个公司之间的差距越来越小。
Mùqián liǎng ge gōngsī zhījiān de chājù yuèláiyuè xiǎo.
현재 두 회사 간의 차이가 갈수록 좁혀지고 있다.

城乡差距大，这确实是一个严重的问题。
Chéngxiāng chājù dà, zhè quèshí shì yí ge yánzhòng de wèntí.
도시와 농촌 간의 격차가 큰 것은 확실히 심각한 문제이다.

관련 표현

价格差距 jiàgé chājù 가격 차이 / 经济差距 jīngjì chājù 경제 차이

0035 产品 chǎnpǐn 상품 [BCT2]

这个产品是我们公司最新研发的。
Zhège chǎnpǐn shì wǒmen gōngsī zuì xīn yánfā de.
이 제품은 우리 회사가 최근에 연구 개발한 것입니다.

金代理去市场考察了一下产品的销售情况。
Jīn dàilǐ qù shìchǎng kǎochále yíxià chǎnpǐn de xiāoshòu qíngkuàng.
김 대리는 시장으로 나가 상품의 판매 상황을 알아보았다.

0036 长途 chángtú 장거리, 장거리 전화, 장거리 버스 BCT1 □□□

昨天刚长途旅行回北京，今天还没休息过来。
Zuótiān gāng chángtú lǚxíng huí Běijīng, jīntiān hái méi xiūxiguolai.
어제 막 장거리 여행에서 베이징으로 돌아왔더니, 오늘까지도 피로가 안 풀리네.

长途电话要比市话贵一倍多。
Chángtú diànhuà yào bǐ shìhuà guì yí bèi duō.
시외 전화는 시내 전화보다 두 배 이상이 비싸다.

0037 常识 chángshí 상식 BCT1 □□□

作为大学生，这些文学常识都应该知道。
Zuòwéi dàxuéshēng, zhèxiē wénxué chángshí dōu yīnggāi zhīdào.
대학생으로서 이 정도의 상식은 당연히 알아야 한다.

请不要犯一些常识性的错误。
Qǐng búyào fàn yìxiē chángshíxìng de cuòwù.
상식적인 실수를 저지르지 마세요.

0038 车库 chēkù 차고 □□□

这个小区因为有车库，所以房价很贵。
Zhège xiǎoqū yīnwèi yǒu chēkù, suǒyǐ fángjià hěn guì.
이 아파트 단지는 차고가 있기 때문에, 집값이 비싸요.

0039 车厢 chēxiāng 차 칸, 객실 칸 □□□

由于是春运期间，每节车厢里都挤满了回家过年的人。
Yóuyú shì chūnyùn qījiān, měi jié chēxiāng li dōu jǐmǎnle huíjiā
guònián de rén.
설 연휴 이동 기간이라, 열차 칸칸마다 설을 쇠러 집으로 가는 사람들로 가득 찼다.

[단어] **春运期间** chūnyùn qījiān 설 전후 수송 기간

0040 成分 chéngfèn 성분, 출신, 신분, 계급

你能告诉我一下这种药品的成分构成吗?
Nǐ néng gàosu wǒ yíxià zhè zhǒng yàopǐn de chéngfèn gòuchéng ma?
이 약이 어떤 성분으로 이루어져 있는지 말씀해 주실 수 있나요?

现在的孩子对"家庭成分"已经很陌生了。
Xiànzài de háizi duì "jiātíng chéngfèn" yǐjing hěn mòshēng le.
요즘 애들은 '출신 성분'에 대해 이미 생소해해요.

tip 家庭成分 : 중국이 토지 개혁(1950년)을 단행하면서 가정 배경을 몇 단계로 나눠 놓은 것을 말한다. 출신 성분에는 빈농, 중농, 부농, 지주, 악덕 지주, 노동자, 자본가, 간부, 군인, 자유 직업 등이 있다.

0041 成果 chéngguǒ 성과, 결과 [BCT1]

我最看不起那些窃取别人的劳动成果的人。
Wǒ zuì kànbuqǐ nàxiē qièqǔ biérén de láodòng chéngguǒ de rén.
나는 남의 노동 성과를 빼앗아가는 사람을 가장 경멸한다.

这可是他奋斗了一年的成果啊!
Zhè kě shì tā fèndòule yì nián de chéngguǒ a!
이것은 그가 1년 동안 분투해서 얻은 결과물이라고.

0042 成就 chéngjiù 성과, 업적 [BCT1]

他在医学神经学方面取得了巨大的成就。
Tā zài yīxué shénjīngxué fāngmiàn qǔdéle jùdà de chéngjiù.
그는 의학신경학 분야에서 큰 성과를 거두었다.

동 (사업을) 이루다, 성취하다

越是平凡的人，越能成就不平凡的事业。
Yuè shì píngfán de rén, yuè néng chéngjiù bù píngfán de shìyè.
평범한 사람일수록, 평범하지 않은 일을 해낼 수 있다.

0043 成人 chéngrén 성인, 어른

我今年十九岁，成人了。
Wǒ jīnnián shíjiǔ suì, chéngrén le.
나는 올해 19세로 성인이 되었다.

他以优秀的成绩通过了成人高考。
Tā yǐ yōuxiù de chéngjì tōngguòle chéngrén gāokǎo.
그는 우수한 성적으로 방송대에 합격했다.

[단어] 成人高考 chéngrén gāokǎo 방송 대학 · 야간 대학 · 통신 대학 등의 입학 시험

0044 成语 chéngyǔ 성어

中国的成语每一个都包含着一个故事。
Zhōngguó de chéngyǔ měi yí ge dōu bāohánzhe yí ge gùshi.
중국의 성어는 모두 각각 하나의 고사를 담고 있다.

0045 程度 chéngdù (교육 · 지식 · 능력 등의) 수준, (사물이 발전 · 변화한) 정도

谁都没想到他的病已经到了这么严重的程度。
Shéi dōu méi xiǎngdào tā de bìng yǐjing dàole zhème yánzhòng de chéngdù.
그 누구도 그의 병이 이렇게 심각한 정도일 거라 생각을 못했다.

他的文化程度不高，但是学识渊博。
Tā de wénhuà chéngdù bù gāo, dànshì xuéshí yuānbó.
그의 학력은 변변치 않지만, 박학다식하다.

[단어] 学识渊博 xuéshí yuānbó 학식이 깊고 넓다

0046 程序 chéngxù 순서, 단계, 절차, 프로그램 BCT1

重新安装程序后，电脑又恢复了正常。
Chóngxīn ānzhuāng chéngxù hòu, diànnǎo yòu huīfùle zhèngcháng.
프로그램을 새로 깔고 나서, 컴퓨터가 다시 정상적으로 작동해.

你要按着说明书的程序一步一步来。
Nǐ yào ànzhe shuōmíngshū de chéngxù yíbù yíbù lái.
설명서 순서에 따라 차근차근 해 봐.

0047 池塘 chítáng 작은 연못, 욕조(탕)

夏天一到，池塘就盛开着朵朵鲜艳的荷花。
Xiàtiān yí dào, chítáng jiù shèngkāizhe duǒduǒ xiānyàn de héhuā.
여름이 되면 연못에는 아름다운 연꽃이 만개한다.

尺子 chǐzi 자

他拿着尺子在那儿量门窗。
Tā názhe chǐzi zài nàr liáng ménchuāng.
그는 자를 가지고 저쪽에서 문과 창문을 재고 있다.

翅膀 chìbǎng 날개

如果我是鸟，我会张开翅膀保护你。
Rúguǒ wǒ shì niǎo, wǒ huì zhāngkāi chìbǎng bǎohù nǐ.
내가 새라면 날개를 펴서 너를 보호해 줄 수 있을 텐데.

관련 표현

翅膀硬了 chìbǎng yìng le 관용 사람이 자립할 수 있는 능력이 생기다

骆驼长翅膀 — 飞沙走石 헐후
luòtuo zhǎng chìbǎng — fēi shā zǒu shí
낙타에 날개가 돋다 — 모래 위를 날고 돌 위를 걷다 : 바람이 아주 세차게 불다

千里马长翅膀 — 突飞猛进 헐후
qiānlǐmǎ zhǎng chìbǎng — tū fēi měng jìn 천리마가 날개를 다니 — 갑자기 날아
서 맹렬히 전진하다 : (사업·학문 등의) 진보나 발전이 아주 빠르다

充电器 chōngdiànqì 충전기

我的手机没电了，请把充电器借给我用一下。
Wǒ de shǒujī méi diàn le, qǐng bǎ chōngdiànqì jiègěi wǒ yòng yíxià.
제 휴대 전화가 방전되었어요. 충전기 좀 빌려 주세요.

宠物 chǒngwù 애완동물

她从小就喜欢养宠物。
Tā cóngxiǎo jiù xǐhuan yǎng chǒngwù.
그녀는 어릴 때부터 애완동물 기르는 걸 좋아했다.

抽屉 chōuti 서랍

打开抽屉，他看到了一本很旧的相册。
Dǎkāi chōuti, tā kàndàole yì běn hěn jiù de xiàngcè.
서랍을 열었을 때, 그는 오래된 앨범 한 권을 보았다.

 관련 표현

中药铺的抽屉 — 不拘一格 zhōngyàopù de chōuti — bù jū yì gé （혈후）
한약방의 서랍 — 한 격식에 구애되지 않다 : 한 가지 방식과 규칙에만 구애받지 않다

出口 chūkǒu 출구 [BCT2]

出口被大雪封死了，我们正在这儿等待救援呢。
Chūkǒu bèi dàxuě fēngsǐ le, wǒmen zhèngzài zhèr děngdài jiùyuán ne.
출구가 폭설로 막혀 버려서, 우리는 구조를 기다리고 있는 중이다.

[단어] 救援 jiùyuán 구원하다, 구조하다

（동）말을 꺼내다, 수출하다

话一出口他就知道不对了，可是已经无法挽回了。
Huà yì chūkǒu tā jiù zhīdào bú duì le, kěshì yǐjing wúfǎ wǎnhuí le.
말을 뱉고 나서 그는 실수했다는 걸 알았지만, 이미 되돌릴 수가 없었다.

[단어] 挽回 wǎnhuí 만회하다, 돌이키다

多年来，我公司进口原材料，出口成品。
Duō nián lái, wǒ gōngsī jìnkǒu yuáncáiliào, chūkǒu chéngpǐn.
여러 해 동안, 우리 회사는 원자재를 수입해 완제품을 수출하고 있다.

[단어] 成品 chéngpǐn 완제품

除夕 chúxī 섣달 그믐날(밤)

除夕之夜，我们吃完年夜饭，就到楼下放炮去。
Chúxī zhī yè, wǒmen chīwán niányèfàn, jiù dào lóuxià fàng pào qù.
섣달 그믐날 밤에 우리는 제야 음식을 먹은 후에 마당으로 폭죽을 터뜨리러 갔다.

관련 표현

除夕晚上的月亮 — 无影无踪 （혈후）
chúxī wǎnshang de yuèliang — wú yǐng wú zōng
섣달 그믐 밤의 달 — 그림자나 종적이 없다 : 완전히 사라지다, 향방을 전혀 알 수 없다

0055 传说 chuánshuō 전설

你就是传说中的那位高手啊?
Nǐ jiù shì chuánshuō zhōng de nà wèi gāoshǒu a?
그대가 정녕 전설 속의 그 고수란 말이오?

0056 传统 chuántǒng 전통

尊老爱幼是中华民族的传统美德。
Zūn lǎo ài yòu shì Zhōnghuá mínzú de chuántǒng měidé.
연장자를 공경하고 아이를 보호하는 것은 중화 민족의 전통 미덕이다.

[단어] 尊老爱幼 zūn lǎo ài yòu 성 연장자를 존중하고 어린이를 사랑하다

0057 窗帘 chuānglián 커튼

帮我把窗帘拉开吧!
Bāng wǒ bǎ chuānglián lākai ba!
커튼 좀 열어 주세요!

0058 词汇 cíhuì 어휘, (특정 분야의) 어휘, 용어 참고 词汇量 cíhuìliàng 어휘량

考HSK6级的话，词汇量至少要多少?
Kǎo HSK liù jí dehuà, cíhuìliàng zhìshǎo yào duōshao?
HSK 6급을 보려면, 어휘량이 얼마나 되어야 하나요?

这部小说独特的词汇特点是大量使用北京方言。
Zhè bù xiǎoshuō dútè de cíhuì tèdiǎn shì dàliàng shǐyòng Běijīng fāngyán.
이 소설 특유의 단어의 특징은 베이징 사투리를 많이 사용했다는 것이다.

0059 从前 cóngqián 이전, 종전

从前人们都是用书信来传递信息。
Cóngqián rénmen dōu shì yòng shūxìn lái chuándì xìnxī.
예전에는 사람들이 모두 편지로 소식을 전했다.

[단어] 传递 chuándì 전하다, 전달하다

醋 cù 식초

味道太淡了，再放点醋吧！
Wèidào tài dàn le, zài fàng diǎn cù ba!
너무 싱겁네, 식초를 좀 더 넣어.

관련 표현

吃醋 chīcù **관용** 질투하다

半瓶子醋 bàn píngzi cù **관용** 돌팔이, 얼치기

山西老陈醋 Shānxī lǎochéncù 산시 성에서 생산되는 식초로, 식초의 대명사처럼 불림

一壶醋的赏钱 — 小恩小惠 yì hú cù de shǎngqián — xiǎo ēn xiǎo huì **헐후**
식초 한 주전자의 상금 — 작은 은혜 : 인심을 얻기 위하여 베푼 작은 선심

措施 cuòshī 조치, 방법 **참고** 经济措施 jīngjì cuòshī 경제 조치

政府采取了一系列的措施应对这次经济危机。
Zhèngfǔ cǎiqǔle yíxìliè de cuòshī yìngduì zhè cì jīngjì wēijī.
정부는 일련의 조치를 취해 이번 경제 위기에 대처했다.

大厦 dàshà 고층 빌딩, 대형 건물

最近几年，我市新盖了很多高楼大厦。
Zuìjìn jǐ nián, wǒ shì xīn gàile hěn duō gāolóu dàshà.
최근 몇 년 사이, 우리 도시에는 많은 고층 건물들이 새로 지어졌다.

大象 dàxiàng 코끼리

在泰国大象可以帮助人们做很多事。
Zài Tàiguó dàxiàng kěyǐ bāngzhù rénmen zuò hěn duō shì.
태국에서는 코끼리가 사람들을 도와 많은 일을 한다.

관련 표현

大象喝水 — 嗤之以鼻 dàxiàng hē shuǐ — chī zhī yǐ bí **헐후**
코끼리가 물을 마시다 — 코웃음을 치다 : 남을 깔보고 비웃다

0064 待遇 dàiyù (급료, 보수, 권리, 지위) 대우, 대접 [BCT1]

我们公司在员工的工资、福利待遇方面做得都很好。
Wǒmen gōngsī zài yuángōng de gōngzi、fúlì dàiyù fāngmiàn zuò de dōu hěn hǎo.
우리 회사는 직원들의 임금과 복리 대우면이 다 잘 되어 있다.

现代社会男女待遇仍然不平等。
Xiàndài shèhuì nánnǚ dàiyù réngrán bù píngděng.
현대 사회에서도 남녀에 대한 대우는 여전히 불평등하다.

0065 单位 dānwèi 단체, 기관, 직장 [BCT1]

他又换了一个新的工作单位。
Tā yòu huànle yí ge xīn de gōngzuò dānwèi.
그는 또 새 직장으로 옮겼다.

▶ 단위

成语"半斤八两"中的"斤"和"两"是古代重量单位。
Chéngyǔ "bàn jīn bā liǎng" zhōng de "jīn" hé "liǎng" shì gǔdài zhòngliàng dānwèi.
성어 '半斤八两(도토리 키 재기)'에서 '斤'과 '两'은 고대의 무게 단위이다.

tip 고대 중국에서는 한 근(斤)이 16两이었다. 오늘날에는 한 근이 10两이다.

0066 单元 dānyuán (공동 주택, 빌딩의) 현관

我住在3号楼2单元608号。
Wǒ zhùzài sān hào lóu èr dānyuán liù líng bā hào.
저는 3동 2라인 608호에 삽니다.

0067 胆小鬼 dǎnxiǎoguǐ 소심한 사람, 겁쟁이

别看他长得人高马大的，其实一个胆小鬼。
Bié kàn tā zhǎng de rén gāo mǎ dà de, qíshí yí ge dǎnxiǎoguǐ.
그 친구 덩치 큰 것만 보지 말라고, 사실은 겁쟁이야.

[단어] 人高马大 rén gāo mǎ dà 성 사람의 체구가 크고 훤칠하다

胆小鬼走夜路 — 提心吊胆 dǎnxiǎoguǐ zǒu yèlù — tí xīn diào dǎn 혈후
겁쟁이가 밤길을 걷다 — 매우 조마조마 불안해하다 : 걱정하다, 안절부절못하다

0068 当地 dāngdì 현지, 그 지방 ☐☐☐

到一个地方旅游，我们应该尊重当地的风俗习惯。
Dào yí ge dìfang lǚyóu, wǒmen yīnggāi zūnzhòng dāngdì de fēngsú xíguàn.
어떤 곳으로 여행을 가면, 우리는 당연히 현지의 풍습을 존중해야 한다.

0069 导演 dǎoyǎn 감독, 연출자 참고 **副导演** fùdǎoyǎn 조감독 ☐☐☐

他是我国非常出名的一位导演。
Tā shì wǒ guó fēicháng chūmíng de yí wèi dǎoyǎn.
그는 우리나라에서 아주 유명한 감독이다.

동 연출하다, 감독하다

他导演过电视剧。
Tā dàoyǎnguo diànshìjù.
그는 드라마를 감독했었다.

0070 岛屿 dǎoyǔ 섬, 도서 ☐☐☐

独岛是地处韩国最东端的一座美丽的岛屿。
Dúdǎo shì dìchǔ Hánguó zuì dōngduān de yí zuò měilì de dǎoyǔ.
독도는 한국 최동단에 위치한 아름다운 섬이다.

0071 道德 dàodé 도덕, 윤리 ☐☐☐

剽窃别人论文是错误的行为，也是不道德的行为。
Piāoqiè biérén lùnwén shì cuòwù de xíngwéi, yě shì bú dàodé de xíngwéi.
다른 사람의 논문을 표절하는 것은 잘못된 행위이며 부도덕한 행위이다.

[단어] 剽窃 piāoqiè 표절하다, 도용하다

0072 道理 dàolǐ 도리, 일리

> 참고 有道理 yǒu dàolǐ 일리 있다, 懂道理 dǒng dàolǐ 도리를 알다

您说的，句句都有道理，姜还是老的辣呀。
Nín shuō de, jù jù dōu yǒu dàolǐ, jiāng háishi lǎo de là ya.
말씀하신 한마디 한마디가 다 일리 있네요. 역시 경험이 무섭군요.

[단어] 姜还是老的辣 jiāng háishi lǎo de là 생강은 역시 여문 것이 맵다, 경험은 무시할 수 없다

0073 敌人 dírén 적

谁都不知道敌人的下一步计划是什么。
Shéi dōu bù zhīdào dírén de xià yí bù jìhuà shì shénme.
아무도 적의 다음 계획이 무엇인지 모른다.

관련 표현

骑马追击敌人 — 马不停蹄 qí mǎ zhuījī dírén — mǎ bù tíng tí 혈후
말을 타고 적을 쫓으니 — 말이 쉬지 않다 : 잠시도 쉬지 않고 계속 나아가다, 일손을 놓지 않고 계속하다.

0074 地理 dìlǐ 지리

有利的地理位置使这个城市获得了迅速发展。
Yǒulì de dìlǐ wèizhì shǐ zhège chéngshì huòdéle xùnsù fāzhǎn.
유리한 지리적 위치로 인해 이 도시는 신속히 발전할 수 있었다.

0075 地区 dìqū 지역 [BCT1]

中国大致上可以分为南方和北方两大地区。
Zhōngguó dàzhì shang kěyǐ fēnwéi nánfāng hé běifāng liǎng dà dìqū.
중국은 크게 남방과 북방의 두 지역으로 나눌 수 있다.

我们正在忙于保存这个地区的文化遗产。
Wǒmen zhèngzài mángyú bǎocún zhège dìqū de wénhuà yíchǎn.
우리는 이 지역의 문화유산 보존에 힘을 쏟고 있다.

[단어] 文化遗产 wénhuà yíchǎn 문화유산

0076 地毯 dìtǎn 양탄자, 카펫

大厅里铺着从伊斯坦布尔进口的波斯地毯，看着很高档。

Dàtīng li pūzhe cóng Yīsītǎnbù'ěr jìnkǒu de Bōsī dìtǎn, kànzhe hěn gāodàng.

로비에는 이스탄불에서 수입한 페르시아 카펫이 깔려 있었는데, 딱 보기에도 고급스러웠다.

0077 地位 dìwèi 지위, (지리적인) 위치

社会地位高低并不代表着一个人人品的好坏。

Shèhuì dìwèi gāodī bìng bú dàibiǎozhe yí ge rén rénpǐn de hǎohuài.

사회 지위의 고하가 한 사람의 인품이 좋고 나쁨을 나타내진 않는다.

在这次战争中，这个城市的战略地位很重要。

Zài zhè cì zhànzhēng zhōng, zhè ge chéngshì de zhànlüè dìwèi hěn zhòngyào.

이번 전쟁에 있어서는, 이 도시의 전략적인 위치가 중요하다.

관련 표현

经济地位 jīngjì dìwèi 경제적 지위 / 社会地位 shèhuì dìwèi 사회적 지위
国际地位 guójì dìwèi 국제적 지위

0078 地震 dìzhèn 지진

地震过后，整个城市化作一片废墟。

Dìzhèn guò hòu, zhěnggè chéngshì huàzuò yí piàn fèixū.

지진이 발생한 후에 도시 전체가 폐허가 되었다.

[단어] 废墟 fèixū 폐허

tip 唐山(Tángshān) 대지진 : 1976년 7월 27일 발생한 강도 7.8의 대지진.
汶川(Wènchuān) 대지진 : 2008년 5월 12일 발생한 강도 8의 대지진.

관련 표현

十二级地震 — 山崩地裂 shí'èr jí dìzhèn — shān bēng dì liè 헐후
강도 12의 지진 — 산이 무너지고 땅이 갈라지다 : 산이 무너지고 땅이 갈라지다

0079 点心 diǎnxīn 간식 참고 零食 língshí 간식, 군것질

妈妈做的这种点心是他的最爱。

Māma zuò de zhè zhǒng diǎnxīn shì tā de zuì'ài.

엄마가 만드신 이 간식은 그가 가장 좋아하는 것이다.

0080　电池 diànchí 건전지　□□□

换个新的电池，这个玩具车仍然可以使用。
Huàn ge xīn de diànchí, zhège wánjù chē réngrán kěyǐ shǐyòng.
건전지만 바꾸면, 이 장난감 차는 계속 사용할 수 있어.

0081　电台 diàntái 라디오 방송국　**참고** 电视剧 diànshìjù 텔레비전 드라마　□□□

毕业后他顺利地进入了电台工作。
Bìyè hòu tā shùnlì de jìnrùle diàntái gōngzuò.
졸업 후에 그는 어려움 없이 라디오 방송국에 들어가 일하게 되었다.

0082　动画片 dònghuàpiàn 만화 영화, 애니메이션　**참고** 卡通 kǎtōng 만화 영화　□□□

从迪斯尼乐园回来后，宝宝就喜欢看迪斯尼动画片。
Cóng Dísīní lèyuán huílai hòu, bǎobao jiù xǐhuan kàn Dísīní dònghuàpiàn.
디즈니랜드에서 돌아온 후로 아이가 디즈니 애니메이션 보는 것을 좋아해요.

0083　洞 dòng 동굴, 구멍　□□□

每逢冬天，青蛙都会在洞里冬眠。
Měi féng dōngtiān, qīngwā dōu huì zài dòng li dōngmián.
겨울이 되면, 청개구리는 동굴에서 겨울잠을 잔다.

沿着那个小洞往下挖，肯定能挖到螃蟹。
Yánzhe nàge xiǎo dòng wǎng xià wā, kěndìng néng wādào pángxiè.
저 구멍을 따라 파다 보면, 분명 게를 잡을 수 있을 거야.

0084　豆腐 dòufu 두부　□□□

姐姐中午做了糖醋排骨和麻婆豆腐给我吃。
Jiějie zhōngwǔ zuòle tángcùpáigǔ hé mápódòufu gěi wǒ chī.
언니는 점심 때 나에게 탕수갈비와 마파두부를 만들어 주었다.

관련 표현

刀子嘴，豆腐心 dāozi zuǐ, dòufu xīn **속담** 말은 심하게 해도, 마음은 부드럽다

水豆腐 — 不堪一击 shuǐ dòufu — bù kān yì jī **헐후**
순두부 — 한 번의 일격(충격)을 이겨내지 못하다 : 아주 약하다

0085 对方 duìfāng 상대편, 상대방

王科长结婚了，对方是一位小学老师。
Wáng kēzhǎng jiéhūn le, duìfāng shì yí wèi xiǎoxué lǎoshī.
왕 과장이 결혼했는데, 상대방은 초등학교 선생님이다.

如果临时有事不能按时交货，贵公司必须事先通知对方。
Rúguǒ línshí yǒu shì bù néng ànshí jiāohuò, guì gōngsī bìxū shìxiān tōngzhī duìfāng.
만약 예기치 않은 일로 제때 납품을 하지 못할 시, 귀사는 사전에 상대방에게 통지해야 합니다.

0086 对手 duìshǒu 상대, 라이벌, 적수 BCT1

人，有对手才会不断进步。
Rén, yǒu duìshǒu cái huì búduàn jìnbù.
사람은 라이벌이 있어야 부단히 진보할 수 있다.

관련 표현

不是…的对手 bú shì … de duìshǒu 관용 (어떤 이의) 상대가 아니다, 적수가 아니다
棋逢对手 qí féng duì shǒu 성 쌍방의 기량이 막상막하이다

0087 对象 duìxiàng 대상, (연애, 결혼) 상대

金部长的对象是丽丽给他介绍的。
Jīn bùzhǎng de duìxiàng shì Lìli gěi tā jièshào de.
김 부장이 결혼할 아가씨는 리리가 소개해 준 거야.

我们的服务对象是一群高消费力的年轻消费者。
Wǒmen de fúwù duìxiàng shì yì qún gāo xiāofèilì de niánqīng xiāofèizhě.
우리가 서비스할 대상은 높은 구매력을 가진 젊은 소비자이다.

0088 耳环 ěrhuán 귀고리

这款珍珠耳环非常适合夏天戴。
Zhè kuǎn zhēnzhū ěrhuán fēicháng shìhé xiàtiān dài.
이 진주 귀걸이는 여름에 하기에 아주 적합하다.

戴耳环画眉毛 — 耳目一新 dài ěrhuán huà méimao — ěr mù yì xīn `헐후`
귀걸이를 달고 눈썹을 그리다 — 귀와 눈이 번쩍 뜨이다 : 견문이 새로워지다

0089 **发票** fāpiào 영수증 `BCT2`

服务员，给我们开个发票，好吗?
Fúwùyuán, gěi wǒmen kāi ge fāpiào, hǎo ma?
아가씨, 영수증을 끊어 주시겠어요?

你把商业发票和装箱单发给我公司吧。
Nǐ bǎ shāngyè fāpiào hé zhuāngxiāngdān fāgěi wǒ gōngsī ba.
인보이스와 포장명세서(Packing List)를 저희 회사로 보내 주세요.

商业发票 shāngyè fāpiào 상업 송장(commercial invoice)

临时发票 línshí fāpiào 가송장(provisional invoice)

0090 **法院** fǎyuàn 법원 `참고` **人民法院** rénmín fǎyuàn 인민 법원

他已经是最高人民法院的副院长了。
Tā yǐjing shì zuìgāo rénmín fǎyuàn de fùyuànzhǎng le.
그는 이미 최고 인민 법원의 부원장이 되었다.

0091 **反应** fǎnyìng 반응 `참고` **连锁反应** liánsuǒ fǎnyìng 연쇄 반응

听到坏消息，他竟然丝毫没有反应。
Tīngdào huài xiāoxi, tā jìngrán sīháo méiyǒu fǎnyìng.
나쁜 소식을 듣고도 그는 의외로 아무런 반응을 보이지 않았다.

동 반응하다

他刚才被撞车，却还没反应过来。
Tā gāngcái bèi zhuàng chē, què hái méi fǎnyìngguolai.
그는 방금 전에 차에 치였는데, 아직 반응을 보이지 않고 있다.

0092 范围 fànwéi 범위

希望老师把考试范围划得小一点。
Xīwàng lǎoshī bǎ kǎoshì fànwéi huà de xiǎo yìdiǎn.
선생님께서 시험 범위를 조금 적게 잡으시면 좋겠어.

不好意思，这是我能力范围以外的事，帮不了你。
Bùhǎoyìsi, zhè shì wǒ nénglì fànwéi yǐwài de shì, bāngbuliǎo nǐ.
죄송해요, 이건 제 능력 밖의 일이라 도와 드릴 수가 없겠네요.

0093 方 fāng 지방, 곳

我们来自四面八方，为了共同的目标来到这里。
Wǒmen láizì sì miàn bā fāng, wèile gòngtóng de mùbiāo láidào zhèli.
우리는 방방곡곡에서 왔는데, 같은 목표를 달성하기 위해 이곳에 모인 것이다.

买卖双方在价格上互不让步。
Mǎimài shuāngfāng zài jiàgé shang hù bú ràngbù.
매매 쌍방이 가격 면에서 서로 양보하지 않는다.

형 사각형의

我家的饭桌是方型的。
Wǒ jiā de fànzhuō shì fāngxíng de.
우리 집 식탁은 사각형이다.

0094 方案 fāng'àn 방안, 표준 양식

我准备了三套方案，大家选一套就行。
Wǒ zhǔnbèile sān tào fāng'àn, dàjiā xuǎn yí tào jiù xíng.
제가 세 가지 방안을 준비했으니, 여러분은 하나를 선택하시면 되겠어요.

0095 方式 fāngshì 방식 **참고** 生产方式 shēngchǎn fāngshì 생산 방식
生活方式 shēnghuó fāngshì 생활 방식

解决问题的方式不同，结果也就会不同。
Jiějué wèntí de fāngshì bù tóng, jiéguǒ yě jiù huì bù tóng.
문제를 해결하는 방식이 다르면 결과도 다를 수 있다.

0096 肥皂 féizào 비누 참고 香皂 xiāngzào 세숫비누

今天我去超市买了两块肥皂。
Jīntiān wǒ qù chāoshì mǎile liǎng kuài féizào.
오늘 나는 슈퍼마켓에 가서 비누 두 장을 샀어.

관련 표현

吹起来的肥皂泡 — 不攻自破 헐후
chuīqilai de féizàopào — bù gōng zì pò
불어 놓은 비눗방울 — 공격을 안 해도 망가지다 : 스스로 파탄을 초래하다

0097 废话 fèihuà 쓸데없는 소리

他的废话太多了，我真不爱听。
Tā de fèihuà tài duō le, wǒ zhēn bú ài tīng.
저 친구는 쓸데없는 말을 얼마나 많이 하는지, 난 정말 듣기 싫어.

동 쓸데없는 말을 하다

别在这儿废话了，赶紧走人！
Bié zài zhèr fèihuà le, gǎnjǐn zǒu rén!
여기서 쓸데없는 말 하지 말고, 얼른 가!

관련 표현

少废话 shǎo fèihuà 쓸데없는 말 좀 하지 마라

废话连篇 fèi huà lián piān 성 쓸데없는 소리를 늘어놓다

0098 风格 fēnggé 풍격, 스타일

我喜欢欧式的装修风格。
Wǒ xǐhuan ōushì de zhuāngxiū fēnggé.
나는 유럽식 인테리어 스타일을 좋아해.

0099 风景 fēngjǐng 풍경

秋天到张家界，风景特别美丽。
Qiūtiān dào Zhāngjiājiè, fēngjǐng tèbié měilì.
가을에 장지아지에에 가면 풍경이 특히 아름다워.

 张家界 : 후난(湖南) 성에 있는 도시. 중국의 유명한 산림 공원으로 세계자연유산으로 등록되었
으며, 영화 〈아바타(阿凡达 Āfándá)〉의 배경이 되기도 했다.

관련 표현

风景区 fēngjǐngqū 관광지, 관광 특구

风景画 fēngjǐnghuà 풍경화

煞风景 shā fēngjǐng 아름다운 풍경을 해치다, 흥을 깨다

望远镜看风景 — 近在咫尺 wàngyuǎnjìng kàn fēngjǐng — jìn zài zhǐ chǐ
헐후 망원경으로 풍경을 보니 — 지척으로 가깝다 : 거리가 아주 가깝다, 지척에 있다

0100 风俗 fēngsú 풍속, 습관 **참고** 风俗习惯 fēngsú xíguàn 풍습

来到一个地方应该先了解一下这里的风俗习惯。
Láidào yí ge dìfang yīnggāi xiān liǎojiě yíxià zhèli de fēngsú xíguàn.
어떤 곳에 오면 당연히 먼저 이곳의 풍습에 대해 이해해야 한다.

0101 风险 fēngxiǎn 위험, 리스크 [BCT2]

这次的投资风险还是很大的，你再考虑考虑吧。
Zhè cì de tóuzī fēngxiǎn háishi hěn dà de, nǐ zài kǎolǜ kǎolǜ ba.
이번 투자는 리스크가 크네, 자네 다시 고려해 보게.

관련 표현

冒风险 mào fēngxiǎn 위험을 무릅쓰다
无风险 wú fēngxiǎn 노 리스크

0102 服装 fúzhuāng 복장, 의류, 의상
참고 服装模特 fúzhuāng mótè 패션 모델

这次的服装展会开办得很成功。
Zhè cì de fúzhuāng zhǎnhuì kāibàn de hěn chénggōng.
이번 패션 박람회는 성공적으로 개최되었다.

唐装作为中国的传统服装，具有自己独特的魅力。
Tángzhuāng zuòwéi Zhōngguó de chuántǒng fúzhuāng, jùyǒu zìjǐ
dútè de mèilì.
당나라의 복장은 중국의 전통 의상으로서, 고유의 독특한 매력을 지니고 있다.

0103 妇女 fùnǚ 부녀자, 여자

每年的三月八号是妇女的节日。
Měinián de sān yuè bā hào shì fùnǚ de jiérì.
매년 3월 8일은 부녀들의 기념일이다.

tip 三八国际劳动妇女节(Sān bā Guójì láodòng fùnǚjié) : 국제 여성의 날

관련 표현

九个妇女站两旁 — 三姑六婆 **헐후**
jiǔ ge fùnǚ zhàn liǎng páng — sān gū liù pó
아홉 명의 부녀가 양쪽으로 늘어서니 — 천한 직업의 여자들이로다 : 사회에서 손가락질하는 직업에 종사하는 여성

tip 三姑 : 尼姑(nígū, 비구니), 道姑(dàogū, 여자 도사), 卦姑(guàgū, 여자 점쟁이)
六婆 : 牙婆(yápó, 인신매매를 하는 여자), 媒婆(méipó, 중매쟁이), 师婆(shīpó, 여자 무당), 虔婆(qiánpó, 포주), 药婆(yàopó, 무면허 여의사), 稳婆(wěnpó, 무면허 산파)

0104 概念 gàiniàn 개념, 콘셉트

我脑子里没有你说的那个产品概念。
Wǒ nǎozi li méiyǒu nǐ shuō de nàge chǎnpǐn gàiniàn.
내 머리로는 네가 말한 그 제품의 개념이 잡히지 않아.

雪铁龙在车展上展示了他们的新概念车。
Xuětiělóng zài chēzhǎn shang zhǎnshìle tāmen de xīn gàiniànchē.
시트로엥(Citroen)은 모터쇼에서 그들의 새로운 콘셉트 카를 선보였다.

tip 概念车(Concept Car) : 자동차 회사에서 구상 중인 모델을 샘플로 만들어 보여 주는 것으로, 특정한 스타일과 성능을 가진 차를 내놓고 싶다는 제조사 측의 의지를 담고 있는 차. 최근에는 미래의 차 또는 개발이 진행 중인 차(어드밴스드 카)도 콘셉트 카로 통칭한다.

这里介绍的花瓶支架还是第一次听说，也许这是一个新概念。
Zhèli jièshào de huāpíng zhījià háishi dìyī cì tīngshuō, yěxǔ zhè shì yí ge xīn gàiniàn.
이곳에서 소개한 꽃병 받침은 처음 들어 보는 것이네요, 아마도 신개념 제품인가 봐요.

0105 感想 gǎnxiǎng 감상, 소감

你对这部电影有什么感想?
Nǐ duì zhè bù diànyǐng yǒu shénme gǎnxiǎng?
넌 이 영화 보고 어땠어?

陈建斌领取水晶奖杯并发表了获奖感想。
Chén Jiànbīn lǐngqǔ shuǐjīng jiǎngbēi bìng fābiǎole huòjiǎng gǎnxiǎng.
천지엔빈은 수정상 트로피를 받고 수상 소감을 발표했다.

[단어] 获奖感想 huòjiǎng gǎnxiǎng 수상 소감

tip 陈建斌 : (1970~) 중국의 남자 배우. 대표작에 〈三国(Sān guó)〉, 〈后宫甄嬛传(Hòugōng Zhēnhuánzhuàn)〉 등이 있다

0106 钢铁 gāngtiě 강철

那些炼钢铁的工人很辛苦。
Nàxiē liàn gāngtiě de gōngrén hěn xīnkǔ.
강철을 연마하는 노동자들은 고생스럽다.

관련 표현

铁面无私 tiě miàn wú sī **성** 인정에 구애됨이 없이 공평무사하다

铁石心肠 tiě shí xīn cháng **성** 냉정하고 무정한 마음씨

0107 隔壁 gébì 옆집 **참고** 对门 duìmén 맞은편 집

我的隔壁住着一对年轻的夫妇。
Wǒ de gébì zhùzhe yí duì niánqīng de fūfù.
우리 옆집에는 젊은 부부가 살고 있어요.

관련 표현

吃了对门谢隔壁 — 晕头转向 **헐후**
chī le duìmén xiè gébì — yūn tóu zhuàn xiàng
앞집에서 준 음식을 먹고 옆집에 감사하다 — 머리가 어지러워 방향을 분간 못하다 : 갈팡질팡하다

个人 gèrén 개인 **참고** 个人主义 gèrén zhǔyì 개인주의

他是以个人名义申请那项借款。
Tā shì yǐ gèrén míngyì shēnqǐng nà xiàng jièkuǎn.
그는 개인 명의로 대출을 신청했다.

[단어] 名义 míngyì 명의

个性 gèxìng 개성

每个人的个性都不一样。
Měi ge rén de gèxìng dōu bù yíyàng.
사람마다 개성이 다 다르다.

我弟弟很有个性，非常仗义。
Wǒ dìdi hěn yǒu gèxìng, fēicháng zhàngyì.
내 동생은 개성이 참 강하고, 아주 의리가 있다.

[단어] 仗义 zhàngyì 정의롭게 행동하다, 의리가 있다

根 gēn 뿌리, 근본, 근원

这颗大树的根深深地扎在土地里。
Zhè kē dàshù de gēn shēnshēn de zhāzài tǔdì li.
이 큰 나무의 뿌리는 땅에 깊이 뿌리내리고 있다.

[단어] 扎 zhā 파고들다, 뚫고 들어가다

양 가닥, 뿌리

筷子 kuàizi 젓가락 / 骨头 gǔtou 뼈 / 萝卜 luóbo 무 / 葱 cōng 파 / 针 zhēn 바늘

今天梳头的时候，发现了一根白头发。

Jīntiān shūtóu de shíhou, fāxiànle yì gēn bái tóufa.
오늘 머리를 빗다가 흰 머리카락 하나를 발견했다.

[단어] 梳头 shūtóu 머리 빗다

관련 표현

落地生根 luò dì shēng gēn **성** 낯설고 새로운 곳에 뿌리내리고 살다

叶落归根 yè luò guī gēn **성** 사람이나 사물은 결국 뿌리로 돌아간다, 이국 타향에 있는 사람도 결국에는 고향으로 돌아간다

斩草除根 zhǎn cǎo chú gēn **성** 화근을 철저히 없애 버리다

0111 工厂 gōngchǎng 공장 [BCT1] □□□

这个地方有很多工厂，不知道会不会影响居住环境。
Zhège dìfang yǒu hěn duō gōngchǎng, bù zhīdào huì bu huì yǐngxiǎng jūzhù huánjìng.
이곳에는 공장이 많은데, 주거 환경에 영향을 미치지 않는지 모르겠어요.

0112 工程师 gōngchéngshī 엔지니어 □□□

那个人就是公司新来的工程师。
Nàge rén jiù shì gōngsī xīn lái de gōngchéngshī.
저 친구가 회사에 새로 들어온 엔지니어야.

0113 工具 gōngjù 도구, 수단 참고 工具箱 gōngjùxiāng 공구함 □□□

要修理这台仪器的话，需要一些工具。
Yào xiūlǐ zhè tái yíqì dehuà, xūyào yìxiē gōngjù.
이 계측기를 수리하려면, 약간의 공구가 필요해요.

语言是一种交流思想感情的工具。
Yǔyán shì yì zhǒng jiāoliú sīxiǎng gǎnqíng de gōngjù.
언어는 사상 감정을 교류하는 도구이다.

0114 工人 gōngrén 노동자 □□□

现在厂里人手不够，公司临时招了一批工人。
Xiànzài chǎng li rénshǒu bú gòu, gōngsī línshí zhāole yì pī gōngrén.
지금 공장에 일손이 달려서, 회사에서 임시로 노동자들을 모집했다.

[단어] 人手 rénshǒu 일손

0115 工业 gōngyè 공업 [BCT1] 참고 工业园 Gōngyèyuán 공업원, 공단 □□□

那里以前是一个重点工业基地。
Nàli yǐqián shì yí ge zhòngdiǎn gōngyè jīdì.
그곳은 예전에 중요한 공업 기지였다.

0116 公寓 gōngyù 아파트, 공동 주택 [참고] 小区 xiǎoqū 아파트 단지

现在这些小户型公寓很受单身贵族的喜爱。
Xiànzài zhèxiē xiǎohùxíng gōngyù hěn shòu dānshēn guìzú de xǐ'ài.
요즘은 소형 아파트가 독신자들한테 인기가 많다.

0117 公元 gōngyuán 서기(AD) [참고] 公元前 gōngyuánqián 기원전

公元36年，刘秀消灭了公孙述和卢芳等对手，完成了中国的统一。
Gōngyuán sānshíliù nián, Liú Xiù xiāomièle Gōng Sūnshù hé Lú Fāng děng duìshǒu, wánchéngle Zhōngguó de tǒngyī.
서기 36년, 리우시우는 공순수와 루팡 등의 적수를 멸하고, 중국의 통일을 이루었다.

tip 刘秀 : (BC5년~서기57년), 东汉(동한) 왕조를 개국했다.

司马迁终于在公元前91年完成了《史记》的撰写。
Sīmǎ Qiān zhōngyú zài gōngyuán qián jiǔshí yī nián wánchéngle《Shǐ jì》de zhuànxiě.
사마천은 마침내 기원전 91년에《사기》의 저술을 마쳤다.

[단어] 撰写 zhuànxiě 저술하다, 쓰다

0118 公主 gōngzhǔ 공주 [참고] 王子 wángzǐ 왕자

每个女孩都梦想成为一个公主。
Měi ge nǚhái dōu mèngxiǎng chéngwéi yí ge gōngzhǔ.
모든 여자아이들은 다 공주가 되고 싶어 한다.

관련 표현

公主娘娘嫁花子 — 命中注定 [헐후]
gōngzhǔ niángniang jià huāzi — mìng zhōng zhù dìng
공주마마가 거지한테 시집가니 — 운명으로 정해져 있다 : 숙명적이다

[단어] 花子 huāzi 거지, 비렁뱅이

0119 功能 gōngnéng 기능 [BCT1]

现在带除菌功能的冰箱很多。
Xiànzài dài chújūn gōngnéng de bīngxiāng hěn duō.
지금은 살균 기능이 탑재된 냉장고가 많다.

[단어] 除菌 chújūn 제균, 살균

这是一个多功能插座吗？
Zhè shì yí ge duōgōngnéng chāzuò ma?
이거 다기능 멀티탭인가요?

特异功能 tèyì gōngnéng 초능력

协议功能 xiéyì gōngnéng (컴) 프로토콜 기능(protocol function)

0120 姑姑 gūgu 고모 참고 **姑夫** gūfu 고모부

我有两个姑姑和一个叔叔。
Wǒ yǒu liǎng ge gūgu hé yí ge shūshu.
나는 고모 두 분과 삼촌 한 분이 계셔.

0121 姑娘 gūniang 아가씨, 딸

那个姑娘长得眉清目秀。
Nàge gūniang zhǎng de méi qīng mù xiù.
저 아가씨 아주 예쁘게 생겼네.

[단어] 眉清目秀 méi qīng mù xiù 성 용모가 수려하다

她是张校长的三姑娘。
Tā shì Zhāng xiàozhǎng de sān gūniang.
저 애는 장 교장 댁 셋째 딸이에요.

大姑娘坐花轿 — 春风满面 헐후
dà gūniang zuò huājiào — chūn fēng mǎn miàn
과년한 아가씨가 가마를 타니 — 기쁨이 온 얼굴에 가득하다 : 희색이 만면하다, 얼굴에 기쁨이 넘치다

姑娘爱花, 小子爱炮 — 各有所好 헐후
gūniang ài huā, xiǎozi ài pào — gè yǒu suǒ hào
여자아이는 꽃을 좋아하고, 사내아이는 폭죽을 좋아하니 — 각자 자기가 좋아하는 게 있다 : 제각기 좋아하는 게 따로 있다

姑娘绣花 — 细针密缕 gūniang xiùhuā — xì zhēn mì lǚ 헐후
아가씨가 수를 놓으니 — 바느질이 섬세하다 : 일처리가 꼼꼼하고 주도면밀하다, 섬세하고 치밀하다

古代 gǔdài 고대 □□□

古希腊不仅是西方文明的发源地，还是古代的经济中心。
Gǔ Xīlà bùjǐn shì xīfāng wénmíng de fāyuándì, hái shì gǔdài de jīngjì zhōngxīn.
고대 그리스는 서양 문명의 발원지일 뿐 아니라, 고대의 경제 중심지이기도 했다.

0123 股票 gǔpiào 주식 [BCT2] □□□

他最大的爱好就是炒股票。
Tā zuì dà de àihào jiù shì chǎo gǔpiào.
그의 가장 큰 취미는 주식 투자이다.

관련 표현

炒股票 chǎo gǔpiào 주식 투자하다 / 股票热 gǔpiàorè 주식붐

倒股票 dǎo gǔpiào 주식을 싸게 사서 비싸게 팔다

熊市 xióngshì (주식 시장의) 베어 마켓(bear market), 하락장

熊市套利 xióngshì tàolì (경제) 베어 스프레드 / 牛市 niúshì 상승세인 주식 시장

0124 骨头 gǔtou 뼈, 가시 □□□

我家小狗不喜欢啃骨头，它喜欢吃鱼。
Wǒ jiā xiǎogǒu bù xǐhuan kěn gǔtou, tā xǐhuan chī yú.
우리집 강아지는 뼈다귀 뜯는 걸 싫어하고, 생선을 좋아한다.

陈部长的话里有骨头，你得好好想。
Chén bùzhǎng de huà li yǒu gǔtou, nǐ děi hǎohāo xiǎng.
진 부장님의 말씀 속에는 뼈가 들어 있으니, 자네 잘 생각해 보라고.

관련 표현

鸡蛋里挑骨头 jīdàn li tiāo gǔtou [속담] 달걀 속에서 뼈를 찾다, 억지로 남의 결점을 찾아내다

饿狗等骨头 — 垂涎三尺 è gǒu děng gǔtou — chuí xián sān chǐ [헐후] 굶주린 개가 뼈다귀를 기다리니 — 침을 석 자나 흘리다 : 갖고 싶어 혈안이 되다, 침을 질질 흘리며 탐내다

狗面前扔骨头 — 投其所好 gǒu miànqián rēng gǔtou — tóu qí suǒ hào [헐후] 개 앞에 뼈다귀를 던지다 — 좋아하는 것을 던져 주다 : 남의 비위를 맞추다

0125 观点 guāndiǎn 관점 참고 看法 kànfǎ 견해, 의견

他对这个事情的观点是比较客观的。
Tā duì zhège shìqing de guāndiǎn shì bǐjiào kèguān de.
그의 이 일에 대한 관점은 비교적 객관적이다.

0126 观念 guānniàn 관념

他的观念一直都是这么死板。
Tā de guānniàn yìzhí dōu shì zhème sǐbǎn.
그의 관념은 줄곧 이렇게 꽉 막혀 있다.
[단어] 死板 sǐbǎn 융통성이 없다, 고집스럽다

0127 官 guān 관료, 장교, 국가에 속하는 것
참고 做官 zuòguān 관리가 되다, 벼슬하다, 官方 guānfāng 정부 당국, 정부측

他的爸爸是一个大官。
Tā de bàba shì yí ge dàguān.
쟤네 아버님은 고위 관료이셔.

▶생물체의 기관을 나타낸다.

他个子很高，五官端正。
Tā gèzi hěn gāo, wǔguān duānzhèng.
그는 키가 크고, 이목구비가 반듯하다.
[단어] 五官 wǔguān 오관(귀·눈·입·코·혀), 용모

0128 管子 guǎnzi 호스, 파이프, 관

自来水从这根管子里流过。
Zìláishuǐ cóng zhè gēn guǎnzi li liúguò.
수돗물은 이 파이프를 통해 흐른다.
[단어] 自来水 zìláishuǐ 수돗물 / 流过 liúguò 흐르다

0129 冠军 guànjūn 우승, 일등, 챔피언

李华连续两年获得了象棋比赛的冠军。
Lǐ Huá liánxù liǎng nián huòdéle xiàngqí bǐsài de guànjūn.
리화는 연속 2년 동안 장기 대회에서 우승을 했다.

관련 표현

赛马场上的冠军 — 一马当先 혈후
sàimǎchǎng shang de guànjūn — yì mǎ dāng xiān
경마장에서 우승하다 — 맨 앞으로 나가다 : 맨 앞에서 지도적인 역할을 하다, 앞장서다

0130 光明 guāngmíng 광명, 빛

希望你们都能走出黑暗，走向光明！
Xīwàng nǐmen dōu néng zǒuchū hēi'àn, zǒuxiàng guāngmíng!
너희들이 모두 어둠 속에서 빠져나와 광명의 세계로 나아가길 바란다.

这家公司的前景很光明。
Zhè jiā gōngsī de qiánjǐng hěn guāngmíng.
이 회사의 전망이 아주 밝다.

관련 표현

光明磊落 guāng míng lěi luò 성 공명정대하다, 떳떳하다

光明正大 guāng míng zhèng dà 성 광명정대하다, 공명정대하다

0131 光盘 guāngpán CD, 콤팩트 디스크

这张光盘是在哪儿买的啊？
Zhè zhāng guāngpán shì zài nǎr mǎi de a?
이 CD 어디서 샀어?

0132 广场 guǎngchǎng 광장

国庆节那天，我去天安门广场看升旗。
Guóqìngjié nàtiān, wǒ qù Tiān'ānmén guǎngchǎng kàn shēngqí.
건국 기념일에 나는 천안문 광장으로 국기 게양식을 보러 갈 거야.

□□□

0133 规矩 guīju 표준, 규율, 규정 참고 老规矩 lǎoguīju 관습, 관례

先生，这是我们店的规矩。
Xiānsheng, zhè shì wǒmen diàn de guīju.
손님, 이것은 저희 매장의 규정입니다.

你这人怎么这样没规矩？
nǐ zhèrén zěnme zhèyàng méi guīju?
넌 어쩜 그렇게 버릇없니?

형 단정하다, 얌전하다

他规规矩矩地坐着，倾听老人的话。
Tā guīguijuju de zuòzhe, qīngtīng lǎorén de huà.
그는 얌전히 앉아, 노인의 말씀을 경청하고 있다.

□□□

0134 规律 guīlǜ 규율, 규칙 BCT1 참고 经济规律 jīngjì guīlǜ 경제 법칙

每个人都有自己的生活规律。
Měi ge rén dōu yǒu zìjǐ de shēnghuó guīlǜ.
모든 이들은 자신만의 생활 규칙이 있다.

周期性的经济危机，是资本主义社会的经济规律。
Zhōuqīxìng de jīngjì wēijī, shì zīběn zhǔyì shèhuì de jīngjì guīlǜ.
주기적인 경제 위기는 자본주의 사회의 경제 매커니즘이다.

□□□

0135 规模 guīmó 규모 BCT1

这家工厂正打算扩大生产规模。
Zhè jiā gōngchǎng zhèng dǎsuan kuòdà shēngchǎn guīmó.
이 공장은 마침 생산 규모를 늘릴 생각 중이다.

□□□

0136 规则 guīzé 규칙, 규정, 법규 BCT1

过马路要遵守交通规则。
Guò mǎlù yào zūnshǒu jiāotōng guīzé.
길을 건널 때는 교통 법규를 준수해야 한다.

0137 柜台 guìtái 계산대, 코너

离情人节还有三天，柜台上摆满了巧克力。
Lí Qíngrénjié hái yǒu sān tiān, guìtái shang bǎimǎnle qiǎokèlì.
발렌타인데이가 3일 남아 매대가 온통 초콜릿으로 꽉 찼다.

先生，请去那边的柜台结帐。
Xiānsheng, qǐng qù nàbiān de guìtái jiézhàng.
손님, 저쪽 계산대로 가셔서 계산해 주세요.

0138 锅 guō 솥, 냄비

用这种锅炖肉好吃。
Yòng zhè zhǒng guō dùn ròu hǎochī.
이런 냄비로 고기찜을 하면 맛있어요.

관련 표현

连锅端 liánguōduān **관용** 송두리째, 모조리

热锅上的蚂蚁 règuō shang de mǎyǐ **관용** 뜨거운 솥에 들어간 개미처럼 안절부절
못하고 허둥대다, 어쩔 줄 모르다.

砸锅卖铁 zá guō mài tiě **성** 자기가 가지고 있는 모든 재물을 다 내놓다, 어떤 일을 하
기 위해 가지고 있는 모든 것을 바치다

滚油锅里炸油条 — 翻来覆去 gǔn yóuguō li zhá yóutiáo — fān lái fù qù
혈후 펄펄 끓는 기름 솥에서 여우티아오를 튀기다 — 엎치락뒤치락하다 : 이리저리 뒤척이다,
반복하다, 중복하다

[단어] 油条 yóutiáo 밀가루 반죽을 발효시켜 길이 30센티 정도의 길쭉한 모양으로 튀겨 내는
음식. 중국인들은 보통 아침 식사로 먹는다.

0139 国庆节 Guóqìngjié 건국 기념일, 국경절

国庆节当天登记结婚的新人数量又创了纪录。
Guóqìngjié dāngtiān dēngjì jiéhūn de xīnrén shùliàng yòu chuàngle
jìlù.
건국 기념일 당일에 혼인 신고를 한 신혼부부 수가 또 기록을 갱신했다.

tip 国庆节 : 1949년 10월 1일, 중화인민공화국(中华人民共和国)의 건국을 기념하는 날.

0140 国王 guówáng 국왕 참고 皇帝 huángdì 황제

国王头戴金冠，身穿黄色龙袍，威风凛凛。
Guówáng tóu dài jīnguān, shēn chuān huángsè lóngpáo wēi fēng lǐn lǐn.
국왕이 머리에 금관을 쓰고, 몸에 황색 용포를 걸치고 있는 모습이 위풍당당했다.

[단어] **威风凛凛** wēi fēng lǐn lǐn 성 위풍당당하다

0141 果实 guǒshí 과실, 결과

树上结满了红红的果实，真想摘一个吃。
Shù shang jiēmǎnle hónghōng de guǒshí, zhēn xiǎng zhāi yí ge chī.
나무에 빨갛게 익은 과실이 주렁주렁 열렸네, 하나 따 먹고 싶은걸.

胜利的果实哪儿那么容易得到呢？
Shènglì de guǒshí nǎr nàme róngyì dédào ne?
승리의 열매가 어디 그리 쉽게 얻어지니?

0142 海关 hǎiguān 세관 BCT2

我们的货在海关等着办理通关手续。
Wǒmen de huò zài hǎiguān děngzhe bànlǐ tōngguān shǒuxù.
우리 물건은 세관에서 통관 수속을 기다리고 있습니다.

0143 海鲜 hǎixiān 해산물

我家附近有一个海鲜市场，这里规模很大，海鲜种类也齐全。
Wǒ jiā fùjìn yǒu yí ge hǎixiān shìchǎng, zhèli guīmó hěn dà, hǎixiān zhǒnglèi yě qíquán.
우리 집 근처에 해산물 시장이 있는데, 이곳은 규모도 크고, 해산물 종류도 다양하게 갖추어져 있다.

[단어] **齐全** qíquán 완비하다, 전부 갖추다

0144 行业 hángyè 업종, 직업 BCT2 참고 行情 hángqíng 시세, 시가

好好干，我们这个行业有前途。
Hǎohāo gàn, wǒmen zhè ge hángyè yǒu qiántú.
열심히 해 봐, 우리 업종이 전망이 있으니까.

他们公司在行业里算是数一数二的。
Tāmen gōngsī zài hángyè li suàn shì shǔ yī shǔ èr de.
그 회사는 업계에서 손꼽혀요.

0145 合同 hétong 계약(서) `BCT2`

这个合同有效期为一年，双方代表签字即日起生效。
Zhège hétong yǒuxiàoqī wéi yì nián, shuāngfāng dàibiǎo qiānzì jírì qǐ shēngxiào.
이 계약서는 1년을 기한으로 하고, 쌍방 대표가 사인을 한 후 바로 효력이 발생합니다.
[단어] 即日 jírì 당일 / 生效 shēngxiào 효력이 발생하다

0146 和平 hépíng 평화

鸽子是和平、友谊、团结的象征。
Gēzi shì hépíng、yǒuyì、tuánjié de xiàngzhēng.
비둘기는 평화, 우정, 단결의 상징이다.

관련 표현

战争贩子讲和平 — 口蜜腹剑 `헐후`
zhànzhēng fànzi jiǎng hépíng — kǒu mì fù jiàn
전쟁 도발자가 평화를 말하다 — 입으로는 달콤하게 말하면서 뱃속에 칼을 품다 : 웃음 속에 칼을 품다, 사람이 교활하고 음흉하다

0147 核心 héxīn 핵심 `참고` 核心家庭 héxīn jiātíng 핵가족

我们需要掌握核心技术。
Wǒmen xūyào zhǎngwò héxīn jìshù.
우리는 핵심 기술을 보유해야 한다.

0148 猴子 hóuzi 원숭이

我觉得猴子最可爱，真想养一只猴子。
Wǒ juéde hóuzi zuì kě'ài, zhēn xiǎng yǎng yì zhī hóuzi.
난 원숭이가 가장 귀여워, 정말이지 원숭이 한 마리 키우고 싶다니까.

猴年马月 hóu nián mǎ yuè **관용** 결코 올 수 없는 시간, 어느 천년에

猴子见水果 — 欢天喜地 hóuzi jiàn shuǐguǒ — huān tiān xǐ dì **헐후**
원숭이가 과일을 보니 — 매우 기뻐하다 : 기쁨이 넘치다

0149 后背 hòubèi 등

天气热得一走路就出汗，前胸后背都湿了。
Tiānqì rè de yì zǒulù jiù chūhàn, qiánxiōng hòubèi dōu shī le.
날씨가 더워서 걸었다 하면 땀이 나, 가슴과 등이 다 젖었어.

0150 后果 hòuguǒ 결과(주로 안 좋은 일), 뒷일 **참고** 结果 jiéguǒ 결과

如果你坚持己见，后果由你负责。
Rúguǒ nǐ jiānchí jǐjiàn, hòuguǒ yóu nǐ fùzé.
자네가 자네 생각을 밀고 나간다면, 뒷감당은 자네가 해야 하네.

[단어] 坚持己见 jiānchí jǐjiàn 자신의 생각을 밀고 나가다

0151 胡同 hútòng 골목

南锣鼓巷，历史悠久，是保存最完整的胡同。
Nánluógǔxiàng, lìshǐ yōujiǔ, shì bǎocún zuì wánzhěng de hútòng.
난루어구시앙은 역사가 오래된 곳으로, 가장 완벽하게 보존된 골목이다.

tip 南锣鼓巷 : 1267년에 조성된 골목. 중국에서 유일하게 원대(元代)의 골목 형태가 가장 잘 보존
되어 있는 바둑판식 전통 거주지로, 옛 베이징의 정취를 느낄 수 있는 골목이다.

胡同里找对象 — 就地取材 **헐후**
hútòng li zhǎo duìxiàng — jiù dì qǔ cái
골목에서 배우자를 찾다 — 현지에서 재료를 구하다 : 현지에서 인재나 재료를 구하다

0152 壶 hú 주전자

他醒来后一口气喝了三壶水。
Tā xǐnglái hòu yìkǒuqì hēle sān hú shuǐ.
그는 깨어난 후에 단숨에 물 세 주전자를 마셨다.

哪壶不开提哪壶 nǎ hú bù kāi tí nǎ hú 관용 끓지 않은 주전자를 들다, 상대방의 아픈 곳을 건드리다, 상대방이 듣기 싫어하는 말을 하다

0153 蝴蝶 húdié 나비

两只蝴蝶翩翩地飞舞，闪动着美丽的翅膀，像两朵花。
Liǎng zhī húdié piānpiān de fēiwǔ, shǎndòngzhe měilì de chìbǎng, xiàng liǎng duǒ huā.
나비 두 마리가 나풀나풀 춤추며, 아름다운 날개를 팔랑이는 모습이 꼭 두 송이 꽃 같네요.
[단어] 飞舞 fēiwǔ 춤추며 날다

관련 표현

蝴蝶落在鲜花上 — 恋恋不舍 혈후
húdié luòzài xiānhuā shang — liàn liàn bù shě
나비가 꽃에 내려앉다 — 아쉬워 버리지 못하다 : 헤어지는 것을 못내 아쉬워하다

老虎吃蝴蝶 — 张牙舞爪 lǎohu chī húdié — zhāng yá wǔ zhǎo 혈후
호랑이가 나비를 먹다 — 어금니를 드러내고 발톱을 휘두르다 : 몹시 난폭한 행동을 하다, 살벌하게 날뛰다

做梦变蝴蝶 — 想入非非 zuòmèng biàn húdié — xiǎng rù fēi fēi 혈후
꿈에서 나비로 변하다 — 생각이 현묘한 경지에 들어서다 : 엉뚱한(비현실적인) 생각을 하다

0154 花生 huāshēng 땅콩

母亲把花生做成了好几样食品。
Mǔqīn bǎ huāshēng zuòchéngle hǎo jǐ yàng shípǐn.
어머니는 땅콩으로 여러 가지 음식을 만드셨다.

0155 华裔 huáyì 화교

华裔也是我们的同胞。
Huáyì yě shì wǒmen de tóngbāo.
화교도 우리의 동포이다.

0156 化学 huàxué 화학

化学是一门基础学科。
Huàxué shì yì mén jīchǔ xuékē.
화학은 기초 과목이다.

人与人之间很容易产生微妙的"化学反应"。
Rén yǔ rén zhījiān hěn róngyì chǎnshēng wēimiào de "huàxué fǎnyìng".
사람과 사람 사이에는 미묘한 화학 반응이 쉽게 일어난다.

0157 话题 huàtí 화제, 논제, 주제

我发现喜欢谈政治话题的人特别多。
Wǒ fāxiàn xǐhuan tán zhèngzhì huàtí de rén tèbié duō.
나는 정치 문제에 대해 얘기하기 좋아하는 사람들이 아주 많다는 걸 알았다.

관련 표현

热门话题 rèmén huàtí 핫이슈 / 当前话题 dāngqián huàtí 오늘의 화제, 시사 문제

0158 幻想 huànxiǎng 환상

如今，曾经的梦想变成幻想了。
Rújīn, céngjīng de mèngxiǎng biànchéng huànxiǎng le.
지금은 예전의 꿈이 환상이 되어 버렸어.

동 꿈꾸다

我属于爱幻想型，说白了就是爱做白日梦的那种类型。
Wǒ shǔyú ài huànxiǎng xíng, shuōbái le jiù shì ài zuò báirìmèng de nà zhǒng lèixíng
나는 상상을 잘하는 타입으로, 솔직히 공상을 잘하는 그런 유형이지.

0159 黄金 huángjīn 황금, 황금기 BCT1

现在很多人都开始收藏黄金。
Xiànzài hěn duō rén dōu kāishǐ shōucáng huángjīn.
요즘 많은 사람들이 금을 소장하기 시작했다.

青少年时期是人生的黄金时代。
Qīngshàonián shíqī shì rénshēng de huángjīn shídài.
청소년 시기는 인생의 황금기이다.

叫花子拾黄金 — 喜出望外 jiàohuāzi shí huángjīn — xǐ chū wàng wài （헐후）
거지가 황금을 줍다 — 뜻밖의 기쁜 일이 생기다 : 생각지 않았던 좋을 일을 만나 기뻐서 어쩔 줄
모르다

0160 灰 huī 먼지, 재

这里灰很多，快扫一下。
Zhèli huī hěn duō, kuài sǎo yíxià.
여기 먼지가 많아요, 빨리 쓸어 주세요.

火灾发生后，好好的房子一下子烧成灰了。
Huǒzāi fāshēng hòu, hǎohāo de fángzi yíxiàzi shāochéng huī le.
화재가 난 후에 멀쩡했던 집이 한순간에 재가 되었다.

（형）회색의, 잿빛의, 실망하다, 낙담하다

他喜欢穿灰色的衣服。
Tā xǐhuan chuān huīsè de yīfu.
그는 회색 옷을 즐겨 입는다.

今天上医院查CT，结果让我心都灰了。
Jīntiān shàng yīyuàn chá CT, jiéguǒ ràng wǒ xīn dōu huī le.
오늘 병원에 가서 CT 결과를 보고는 내 마음이 어두워졌다.

碰一鼻子灰 pèng yì bízi huī （관용）거절이나 꾸중을 들어 난처해지다

灰头土脸 huī tóu tǔ liǎn 의기소침하거나 낙담한 모양

0161 灰尘 huīchén 먼지

那本书上面落满了厚厚的一层灰尘。
Nà běn shū shàngmiàn luòmǎnle hòuhōu de yì céng huīchén.
그 책 위에 두꺼운 먼지가 뽀얗게 앉았다.

0162 汇率 huìlǜ 환율 BCT2

近来汇率不断下调，对经济也产生了一定的影响。
Jìnlái huìlǜ búduàn xiàtiáo, duì jīngjì yě chǎnshēngle yídìng de yǐngxiǎng.
요즘 환율이 계속 하락하고 있어서, 경제에도 어느 정도 영향이 미칠 거야.

请帮忙查一下今天的汇率是多少。
Qǐng bāngmáng chá yíxià jīntiān de huìlǜ shì duōshǎo.
오늘 환율이 어떻게 되는지 좀 알아봐 주세요.

0163 婚礼 hūnlǐ 혼례, 결혼식

昨天是朋友的婚礼，我当了她的伴娘。
Zuótiān shì péngyou de hūnlǐ, wǒ dāngle tā de bànniáng.
어제는 내 친구의 결혼식 날이었는데, 나는 그 친구의 들러리를 섰다.

0164 婚姻 hūnyīn 혼인, 결혼

有人说，婚姻是爱情的坟墓。
Yǒu rén shuō, hūnyīn shì àiqíng de fénmù.
누군가는 결혼이 연애의 무덤이라고 한다.

0165 火柴 huǒchái 성냥

《卖火柴的小女孩》是安徒生很有名的作品。
《Mài huǒchái de xiǎo nǚhái》 shì Āntúshēng hěn yǒumíng de zuòpǐn.
《성냥팔이 소녀》는 안데르센의 유명한 작품이다.

tip 安徒生：(1805~1875) 안데르센, 덴마크의 동화 작가.

0166 伙伴 huǒbàn 동반자, 동료, 친구 BCT1

他俩是从小玩到大的好伙伴。
Tā liǎ shì cóngxiǎo wándào dà de hǎo huǒbàn.
그 둘은 어릴 때부터 같이 놀면서 자란 친한 친구이다.

这两家公司宣布建立战略协作伙伴关系。
Zhè liǎng jiā gōngsī xuānbù jiànlì zhànlüè xiézuò huǒbàn guānxi.
이 두 회사는 전략적 제휴 관계를 맺는다고 발표했다.

0167 机器 jīqì 기계

这台机器谁有二手的，请联系我。
Zhè tái jīqì shéi yǒu èrshǒu de, qǐng liánxì wǒ.
이 기계의 중고 제품을 갖고 계신 분은 저에게 연락 주세요.

관련 표현

机器人干活 — 任劳任怨 jīqìrén gàn huó —rèn láo rèn yuàn 〔헐후〕
로봇이 일하다 — 노고를 마다하지 않고, 원망을 두려워하지 않다 : 열심히 일하면서도 불평하지 않다

机器人生孩子 — 咄咄怪事 jīqìrén shēng háizi —duō duō guài shì 〔헐후〕
로봇이 아이를 낳다 — 예상 못한 괴상망측한 일이다 : 전연 뜻밖의 일이다, 아주 괴상한 일이다

0168 肌肉 jīròu 근육

运动时不小心拉伤了肌肉。
Yùndòng shí bù xiǎoxīn lāshāngle jīròu.
운동하다 잘못해서 근육이 늘어났다.

0169 急诊 jízhěn 응급 진료, 급진

昨天半夜儿子胃疼得厉害，我们带他去挂急诊了。
Zuótiān bànyè érzi wèi téng de lìhai, wǒmen dài tā qù guà jízhěn le.
어젯밤에 아들이 위가 너무 아파, 우리는 그 앨 데리고 가서 응급 진료를 받았어요.

0170 集体 jítǐ 단체

我们班是一个十分团结的集体。
Wǒmen bān shì yí ge shífēn tuánjié de jítǐ.
우리 반은 대단히 단결이 잘 되는 단체이다.

0171 记录 jìlù 기록

你把昨天的会议记录拿给我看看，好吗?
Nǐ bǎ zuótiān de huìyì jìlù nágěi wǒ kànkan, hǎo ma?
어제 회의 기록을 저한테 보여 주시겠어요?

동 기록하다

老师把每个学生的情况记录了下来。
Lǎoshī bǎ měi ge xuésheng de qíngkuàng jìlùle xiàlai.
선생님께서는 매 학생의 상황에 대해 기록하셨다.

0172 纪录 jìlù 기록

他希望圆自己创造世界纪录的梦想。
Tā xīwàng yuán zìjǐ chuàngzào shìjiè jìlù de mèngxiǎng.
그는 자신이 세계 기록을 세우는 꿈이 이루어졌음 한다.

0173 纪律 jìlǜ 규율, 규칙

每个学生都应该严格遵守纪律。
Měi ge xuésheng dōu yīnggāi yángé zūnshǒu jìlǜ.
모든 학생들은 당연히 규율을 엄격히 준수해야 한다.

0174 纪念 jìniàn 기념

참고 纪念塔 jìniàntǎ 기념탑, 纪念像 jìniànxiàng 기념상

临别前我和伙伴们互相交换礼物，留作纪念。
Línbié qián wǒ hé huǒbànmen hùxiāng jiāohuàn lǐwù, liúzuò jìniàn.
이별하기 전에 나와 친구들은 서로 선물을 주고받으며 기념으로 삼았다.

동 기념하다

今天是一个值得纪念的日子。
Jīntiān shì yí ge zhídé jìniàn de rìzi.
오늘은 기념할 만한 날이다.

0175 夹子 jiāzi 집게, 클립

你说用夹子夹鼻子能不能使鼻孔变小呢？
Nǐ shuō yòng jiāzi jiā bízi néng bu néng shǐ bíkǒng biàn xiǎo ne?
집게로 코를 집으면 콧구멍이 작아질 것 같니?

晒衣服时，用小夹子夹起来，这样衣服就不会被风吹下来。
Shài yīfu shí, yòng xiǎojiāzi jiāqilai, zhèyàng yīfu jiù búhuì bèi fēng chūixialai
빨래를 널 때, 작은 집게로 집어 놓으면, 옷이 바람에 날아가지 않는단다.

0176 家庭 jiātíng 가정 **참고** 家庭主妇 jiātíng zhǔfù 가정 주부

家庭团圆才是幸福的根本。
Jiātíng tuáuyuán cái shì xìngfú de gēnběn.
가정이 화목한 것이 행복의 기초다.

在这个家庭中，我们把爷爷放在首位。
Zài zhège jiātíng zhōng, wǒme bǎ yéye fàngzài shǒuwèi.
우리 집에서는 할아버지가 최우선 순위이셔.

0177 家务 jiāwù 집안일, 가사

对妈妈们来说，家务活的压力真是如同一座大山。
Duì māmamen láishuō, jiāwù huó de yālì zhēnshi rútóng yí zuò dà shān.
엄마들에게 있어서, 가사일의 스트레스는 정말이지 큰 산과 같다.

[단어] 如同 rútóng ～와 같다, ～와 흡사하다

0178 家乡 jiāxiāng 고향 **유의** 故乡 gùxiāng

我的家乡在河北。
Wǒ de jiāxiāng zài Héběi.
내 고향은 허베이이다.

0179 嘉宾 jiābīn 손님, 귀빈, 하객

姐姐的婚礼现场来了许多嘉宾。
Jiějie de hūnlǐ xiànchǎng láile xǔduō jiābīn.
누나의 결혼식장에 많은 하객이 왔다.

0180
甲 jiǎ 갑(천간의 첫째), 단단한 껍데기

我的学业水平等级是甲。
Wǒ de xuéyè shuǐpíng děngjí shì jiǎ.
내 학업 성적은 갑(우수)이다.

甲，乙，丙是他们三个人的代号。
Jiǎ, yǐ, bǐng shì tāmen sān ge rén de dàihào.
갑, 을, 병은 그 세 사람의 일련 번호이다.

将军穿着铁甲，手拿武器亲自上阵。
Jiāngjūn chuānzhe tiějiǎ, shǒu ná wǔqì qīnzì shàngzhèn.
장군은 철갑을 두르고, 무기를 들고는 직접 전장으로 나갔다.

0181
假设 jiǎshè 가설

这只是个假设，你也不要太在意了。
Zhè zhǐ shì ge jiǎshè, nǐ yě búyào tài zàiyì le.
이건 가설일 뿐이니, 너도 너무 신경 쓰지 마.

동 가정하다

我们假设了大灾难来临时的各种应对方案。
Wǒmen jiǎshèle dà zāinàn láilín shí de gèzhǒng yìngduì fāng'àn.
우리는 대재앙이 닥쳤을 때의 각종 대처 방안을 가정해 봤다.

[단어] 灾难 zāinàn 재난 / 应对 yìngduì 대응하다

접 만약에

假设，今年考不上，还有明年嘛。
Jiǎshè, jīnnián kǎobushàng, hái yǒu míngnián ma.
만약에, 올해 못 붙으면 내년이 있잖아.

0182
价值 jiàzhí 가치 BCT2

拍卖专家估计这个花瓶可能价值10万英镑。
Pāimài zhuānjiā gūjì zhège huāpíng kěnéng jiàzhí shí wàn yīngbàng.
경매 전문가는 이 꽃병이 10만 파운드의 가치가 있을 거라 예측했다.

[단어] 英镑 yīngbàng 파운드

관련 표현

价值连城 jià zhí lián chéng **성** 물건이 아주 특별한 가치가 있다

0183 肩膀 jiānbǎng 어깨

那个小孩趴在爸爸的肩膀上睡着了。
Nàge xiǎohái pāzài bàba de jiānbǎng shang shuìzháo le.
그 아이는 아빠 어깨에 기대어 잠이 들었다.

0184 剪刀 jiǎndāo 가위

这把剪刀是爷爷给我买的，我已经用了好几年了。
Zhè bǎ jiǎndāo shì yéye gěi wǒ mǎi de, wǒ yǐjing yòngle hǎo jǐ nián le.
이 가위는 할아버지께서 내게 사 주신 것인데, 난 이미 여러 해 동안 썼다.

관련 표현

王麻子的剪刀 — 独一无二 Wángmázǐ de jiǎndāo — dú yī wú èr 헐후
왕마즈의 칼 — 유일무이하다 : 하나 밖에 없다, 비교할 것이 없다

tip 王麻子：대대로 내려오는 전통 가게로 가위 전문점. 1651년에 개업.

张小泉的剪刀 — 名不虚传 헐후
Zhāngxiǎoquán de jiǎndāo — míng bù xū chuán
장시아오취엔의 칼 — 이름은 헛되이 전해지는 것이 아니다 : 명불허전이다, 명실상부하다

tip 张小泉：대대로 내려오는 전통 가게로, 칼과 가위 전문점. 1663년에 개업.

0185 简历 jiǎnlì 이력, 경력 [BCT1]

他带着自己的简历去一家公司应聘了。
Tā dàizhe zìjǐ de jiǎnlì qù yì jiā gōngsī yìngpìn le.
그는 자신의 이력서를 가지고 한 회사에 응시하러 갔다.

个人简历一定要写得充实，有个性。
Gèrén jiǎnlì yídìng yào xiě de chōngshí, yǒu gèxìng.
개인 이력서는 반드시 성의껏 써야 하고, 개성이 있어야 한다.

0186 建筑 jiànzhù 건축 참고 建筑热 jiànzhùrè 건축붐

帕提农神庙是古希腊最著名的建筑。
Pàtínóng shénmiào shì gǔ Xīlà zuì zhùmíng de jiànzhù.
파르티논 신전은 고대 그리스의 가장 유명한 건축물이다.

[단어] 帕提农神庙 Pàtínóng shénmiào 파르티논 신전(Parthenon Temple)

동 건축하다, 건설하다, 설치하다.

中山公园后面正在建筑一家五星级饭店。
Zhōngshān gōngyuán hòumiàn zhèngzài jiànzhù yì jiā wǔxīng jí fàndiàn.
중산 공원 뒤쪽에 5성급 호텔을 짓고 있다.

관련 표현

阿房宫的建筑 — 钩心斗角 헐후
Ēfánggōng de jiànzhù — gōu xīn dòu jiǎo
아방궁의 건축 — 서로 아옹다옹하다 : 아귀다툼을 하다, 암투를 벌이다

tip 阿房宫 : 중국 진(秦)나라의 시황제(始皇帝)가 세운 궁전. 산시 성(陝西省) 시안(西安) 서쪽 아방촌(阿房村)이라는 한촌(寒村)에 위치.

0187 键盘 jiànpán 건반, 키보드

我买了一个新键盘，挺好使的。
Wǒ mǎile yí ge xīn jiànpán, tǐng hǎoshǐ de.
내가 키보드를 하나 샀는데, 참 괜찮아.

0188 讲座 jiǎngzuò 강좌, 강연, 강습

他在讲座中谈到了安全问题。
Tā zài jiǎngzuò zhōng tándàole ānquán wèntí.
그는 강좌에서 안전 문제를 거론했다.

下周六晚上在图书馆有个讲座。
Xià zhōuliù wǎnshang zài túshūguǎn yǒu ge jiǎngzuò.
다음 주 토요일 밤에 도서관에서 강연회가 있다.

0189 酱油 jiàngyóu 간장

炒西红柿的时候放点酱油，不但成菜颜色漂亮，而且味道更鲜美。
Chǎo xīhóngshì de shíhou fàng diǎn jiàngyóu, búdàn chéngcài yánsè piàoliang, érqiě wèidao gèng xiānměi.
토마토를 볶을 때 간장을 조금 넣으면, 완성된 음식 색깔도 예쁘고, 맛도 더 좋아진다.

0190 胶水 jiāoshuǐ 풀

请你用胶水把这些材料粘起来。
Qǐng nǐ yòng jiāoshuǐ bǎ zhèxiē cáiliào zhānqilai.
풀로 이 재료들을 좀 붙여 주세요.

[단어] 粘 zhān 붙이다

0191 角度 jiǎodù 각도 [BCT1]

我们应该从多个角度看问题。
Wǒmen yīnggāi cóng duō ge jiǎodù kàn wèntí.
우리는 여러 각도에서 문제를 바라봐야 한다.

对摄影来说，角度的确很重要。
Duì shèyǐng láishuō, jiǎodù díquè hěn zhòngyào.
사진을 찍을 때는 각도가 확실히 중요하다.

0192 教材 jiàocái 교재

这个学期我们该选哪一种教材呢？
Zhège xuéqī wǒmen gāi xuǎn nǎ yì zhǒng jiàocái ne?
이번 학기에 우리는 어떤 교재를 선택해야 할까요?

0193 教练 jiàoliàn 감독, 코치

教练教得再好，如果自己不努力还是不会啊。
Jiàoliàn jiāo de zài hǎo, rúguǒ zìjǐ bù nǔlì háishi bú huì a.
코치가 아무리 잘 가르친다 해도, 스스로 노력하지 않으면 여전히 못한다.

0194 阶段 jiēduàn 단계 [참고] 初级阶段 chūjí jiēduàn 초급 단계

对于孩子，不同的阶段有不同的教育方式。
Duìyú háizi, bù tóng de jiēduàn yǒu bù tóng de jiàoyù fāngshì.
아이들에게는 단계별로 다른 교육 방식을 적용해야 한다.

0095 结构 jiégòu 구조 □□□

这栋房子的结构设计很合理。
Zhè dòng fángzi de jiégòu shèjì hěn hélǐ.
이 집의 구조는 설계가 잘 되었군요.

这篇文章是什么结构的?
Zhè piān wénzhāng shì shénme jiégòu de?
이 문장은 어떤 구조로 이루어져 있나요?

0196 结论 jiélùn 결론 □□□

测出来的数据是一样的，但得出的结论却不一样。
Cèchulai de shùjù shì yíyàng de, dàn déchū de jiélùn què bù yíyàng.
실험에서 나온 데이터는 같은데, 도출해 낸 결론은 오히려 다르네요.

0197 戒指 jièzhi 반지 □□□

他手里捧着戒指向女友求婚。
Tā shǒuli pěngzhe jièzhi xiàng nǚyǒu qiúhūn
그는 손에 반지를 들고 여자 친구에게 청혼했다.

[보충 단어 - 반지의 종류]

结婚戒指 jiéhūn jièzhi 결혼 반지(=婚戒 hūnjiè) / 钻戒 zuànjiè 다이아몬드
반지 / 情侣戒指 qínglǚ jièzhi 커플링 / 对戒 duìjiè 쌍가락지

0198 借口 jièkǒu 핑계 □□□

不要总是找借口，不要总是抱怨。
Búyào zǒngshì zhǎo jièkǒu, búyào zǒngshì bàoyuàn.
늘 핑계거리만 찾지 말고, 원망도 하지 말고.

0199 金属 jīnshǔ 금속 □□□

铜和铁都属于金属。
Tóng hé tiě dōu shǔyú jīnshǔ.
동과 철은 모두 금속에 속한다.

0200 **近代** jìndài 근대 **참고** 近代化 jìndàihuà 근대화 □□□

中国近代历史是从1840年开始的。
Zhōngguó jìndài lìshǐ shì cóng yī bā sì líng nián kāishǐ de.
중국의 근대 역사는 1840년에 시작되었다.

0201 **经典** jīngdiǎn 걸작 □□□

《乱世佳人》是美国电影中的经典。
《Luànshì jiārén》shì Měiguó diànyǐng zhōng de jīngdiǎn.
〈바람과 함께 사라지다〉는 미국 영화 중의 걸작이다.

tip 《乱世佳人》: (Gone With The Wind) 1939년 작품. 비비안 리(费雯·丽, Vivien leigh),
클라크 케이블(克拉克·盖博, Clark Gable) 주연의 영화.

형 뛰어나다

经典的电影镜头把人们带入了那个年代。
jīngdiǎn de diànyǐng jìngtóu bǎ rénmen dàirùle nàge niándài.
멋진 영화 장면이 사람들을 그 시절로 빠져들게 했다.

0202 **精力** jīnglì 힘, 에너지, 정신과 체력 □□□

他最近明显精力不足。
Tā zuìjìn míngxiǎn jīnglì bùzú.
그는 최근에 확실히 에너지가 달린다.

对不起，我实在没有精力去玩了。
Duìbuqǐ, wǒ shízài méiyǒu jīnglì qù wán le.
죄송해요, 전 정말이지 놀러 갈 힘이 없어요.

0203 **精神** jīngshén 정신 □□□

他那不服输的精神感动了我，我得向他学习。
Tā nà bù fúshū de jīngshén gǎndòngle wǒ, wǒ děi xiàng tā xuéxi.
그 친구의 불굴의 정신은 나를 감동시켰어, 나는 그 친구에게 배워야 해.

[단어] 服输 fúshū 실패를 인정하다

▶jīngshen 형활기차다, 씩씩하다

你剪了头发，看起来精神多了。
Nǐ jiǎnle tóufa, kànqilai jīngshenduō le.
너 머리카락을 자르니까, 훨씬 활기 있어 보인다.

관련 표현

打不起精神来 dǎbuqǐ jīngshen lái 관용 기운이 나지 않다, 활력이 없다

没精打采 méi jīng dǎ cǎi 성 맥이 풀리다, 기운이 없다, 흥이 나지 않다

0204 酒吧 jiǔbā 술집, BAR

后海酒吧街，感觉还不错，歌唱得一般化。
Hòuahǎi jiǔbajiē, gǎnjué hái búcuò, gē chàng de yìbānhuà.
허후하이 술집 거리는, 괜찮은 곳이긴 한데 노래는 그저 그래.

[단어] 一般化 yìbānhuà 보통이다, 평범하다

tip 后海 : 베이징의 什刹海(Shíchàhǎi) 관광 지구 중의 한 지역. 운치 있는 카페 거리가 조성되어 있다.

0205 救护车 jiùhùchē 응급차, 구급차

这儿有人晕倒了，你快叫救护车。
Zhèr yǒu rén yūndǎo le, nǐ kuài jiào jiùhùchē.
여기 누가 쓰러졌어, 너 빨리 구급차 불러.

0206 舅舅 jiùjiu 외삼촌 참고 舅母 jiùmu 외숙모

我舅舅是一个重感情、讲义气的人。
Wǒ jiùjiu shì yí ge zhòng gǎnqíng, jiǎng yìqì de rén.
우리 외삼촌은 정도 있고, 의리도 있는 사람이다.

0207 桔子 júzi 귤 유의 橘子 júzi

桔子虽好，但也不可多吃，每天吃一两个即可。
Júzi suī hǎo, dàn yě bù kě duō chī, měitiān chī yì liǎng ge jí kě.
귤이 좋긴 하지만 많이 먹으면 안 되고, 하루에 한두 개면 족하다.

0208 俱乐部 jùlèbù 모임, 클럽, 동호회

曼联俱乐部有一百多年的历史。
Mànlián jùlèbù yǒu yìbǎi duō nián de lìshǐ.
맨유(Manchester United)는 백여 년의 역사를 갖고 있다.

这是伦敦地区最好的一家俱乐部。
Zhè shì Lúndūn dìqū zuì hǎo de yì jiā jùlèbù.
이곳은 런던에서 가장 좋은 클럽이다.

0209 决赛 juésài 결승전

剪纸大赛决赛在少年宫举行。
Jiǎnzhǐ dàsài juésài zài Shàoniángōng jǔxíng.
종이 공예 대회 결승전이 소년궁에서 벌어진다.

[단어] 剪纸 jiǎnzhǐ 민간 공예로 각종 사람·사물의 형상을 종이로 오리는 것 / 少年宫
Shàoniángōng 정치 교육과 집단 문화 활동을 위해 설치한 기관

0210 决心 juéxīn 결심

他一旦下定决心，什么都不能使他改变。
Tā yídàn xiàdìng juéxīn, shénme dōu bù néng shǐ tā gǎibiàn.
그 친구 일단 결심했다 하면, 그 무엇도 그를 바꾸지 못해.

동 결심하다

我决心长大后一定要成为一名科学家。
Wǒ juéxīn zhǎngdà hòu yídìng yào chéngwéi yì míng kēxuéjiā.
나는 커서 꼭 과학자가 되리라 결심했다.

0211 角色 juésè 역할, 배역

我非常喜欢她在那部电影中扮演的角色。
Wǒ fēicháng xǐhuan tā zài nà bù diànyǐng zhōng bànyǎn de juésè.
나는 그녀가 그 영화에서 맡은 배역이 정말 좋다.

0212 军事 jūnshì 군사　□□□

男孩子一般都很喜欢跟军事有关的一些东西。
Nán háizi yìbān dōu hěn xǐhuan gēn jūnshì yǒuguān de yìxiē dōngxi.
남자 아이들은 보통 모두 군사와 관련된 물건들을 좋아한다.

0213 卡车 kǎchē 트럭　□□□

我叔叔开过五年卡车，现在开高速巴士。
Wǒ shūshu kāiguo wǔ nián kǎchē, xiànzài kāi gāosù bāshì.
우리 삼촌은 트럭을 5년 몰았고, 지금은 고속버스를 운전하세요.

0214 开幕式 kāimùshì 개막식　반의 **闭幕式** bìmùshì 폐막식　□□□

第五届篮球赛开幕式在工人体育馆隆重举行。
Dìwǔ jiè lánqiúsài kāimùshì zài gōngrén tǐyùguǎn lóngzhòng jǔxíng.
제5회 농구 대회 개막식이 노동자 체육관에서 성대하게 열린다.

0215 开水 kāishuǐ 끓인 물　□□□

我不喝饮料，给我倒一杯白开水就行。
Wǒ bù hē yǐnliào, gěi wǒ dào yì bēi báikāishuǐ jiù xíng.
난 음료수는 안 마시니까, 물 한 잔 따라 주시면 돼요.

[단어] **白开水** báikāishuǐ 끓였다 식힌 물

관련 표현

喝开水拿筷子 — 多此一举 hē kāishuǐ ná kuàizi — duō cǐ yì jǔ 헐후
끓인 물을 마시면서 젓가락을 들다 — 한 동작을 더 하다 : 불필요한 짓을 하다, 괜한 일을 하다

温开水洗脸 — 不冷不热 wēn kāishuǐ xǐliǎn — bù lěng bú rè 헐후
따뜻한 물로 세수하다 — 차지도 뜨겁지도 않다 : 춥지도 덥지도 않다, (태도가) 친절하지도 냉담하지도 않다, 미온적이다

一锅滚开水 — 热气腾腾 yì guō gǔn kāishuǐ — rè qì tēng tēng 헐후
물이 팔팔 끓는 솥 — 열기가 무럭무럭 나다 : 열기가 오르다, 분위기가 고조되다

0216 课程 kèchéng 수업 과정, 커리큘럼, 교과목

你今年选修了哪些课程?
Nǐ jīnnián xuǎnxiūle nǎ xiē kèchéng?
너 올해 어떤 과목을 선택 과목으로 들어?

0217 空间 kōngjiān 공간

这个办公室空间很大，但是却有点儿暗。
Zhège bàngōngshì kōngjiān hěn dà, dànshì què yǒudiǎnr àn.
이 사무실은 공간은 넓은데, 조금 어둡네요.

我需要一些自由的空间。
Wǒ xūyào yìxiē zìyóu de kōngjiān.
나는 자유 공간이 좀 필요하다.

0218 空闲 kòngxián 틈새, 짬

一有空闲，爸爸就带我们去旅游。
Yì yǒu kòngxián, bàba jiù dài wǒmen qù lǚyóu.
짬만 나면, 아빠는 우릴 데리고 여행을 가신다.

동 한가하다, 비어 있다

等我空闲下来，再找对象吧。
Déng wǒ kòngxiánxialai, zài zhǎo duìxiàng ba.
좀 한가해지면, 애인 만들지 뭐.

这个办公室空闲着，没人办公。
Zhège bàngōngshì kòngxiánzhe, méi rén bàngōng.
이 사무실은 비어 있어요, 일하는 사람이 없지요.

0219 口味 kǒuwèi 맛, 입맛, 기호

我喜欢这种口味的面包。
Wǒ xǐhuan zhè zhǒng kǒuwèi de miànbāo.
나는 이런 맛이 나는 빵이 좋아.

我口味比较淡，他口味比较重。
Wǒ kǒuwèi bǐjiào dàn, tā kǒu wèi bǐjiào zhòng.
나는 좀 싱겁게 먹고, 저 친구는 좀 짜게 먹는다.

0220 会计 kuàijì 회계사, 경리, 회계

我们公司急需招聘女会计一名。
Wǒmen gōngsī jíxū zhāopìn nǚ kuàijì yì míng.
우리 회사는 급히 여자 회계사 한 명을 모집 중이다.

0221 昆虫 kūnchóng 곤충

这么大一男人，怎么还怕小小的昆虫?
Zhème dà yì nánrén, zěnme hái pà xiǎoxiāo de kūnchóng?
이렇게 다 큰 남자가 어떻게 작디작은 곤충을 무서워해요?

0222 辣椒 làjiāo 고추

南方人很喜欢吃辣椒做的食品。
Nánfāngrén hěn xǐhuan chī làjiāo zuò de shípǐn.
남방 사람들은 고추가 들어간 음식을 매우 좋아한다.

0223 老百姓 lǎobǎixìng 서민, 백성, 국민

如果老百姓连梦都没有了，那么生活就会失去希望。
Rúguǒ lǎobǎixìng lián mèng dōu méiyǒu le, nàme shēnghuó jiù
huì shīqù xīwàng.
만약 서민들한테 꿈마저 없다면, 살아가는 희망이 없어질 것이다.

0224 老板 lǎobǎn 사장 BCT1

我们的老板人很好，比较豪气。
Wǒmen de lǎobǎn rén hěn hǎo, bǐjiào háoqì.
우리 사장님은 사람도 좋고 호탕한 분이다.

张老板，今天什么风把你吹来了?
Zhāng lǎobǎn, jīntiān shénme fēng bǎ nǐ chuīlai le?
장 사장님, 오늘은 무슨 바람이 불어서 이렇게 오셨나요?

관련 표현

豆腐店老板 — 起早贪黑 dòufudiàn lǎoban — qǐ zǎo tān hēi 혈후
두부 가게 사장님 — 아침 일찍 일어나서 밤늦게 자다 : 매우 부지런하고 근면하다

棺材店老板谢财神 — 幸灾乐祸 **혈후**
guāncaidiàn lǎobǎn xiè cáishén — xìng zāi lè huò
관 가게 사장님이 재물신에 고마워하다 — 남의 재앙을 보고 기뻐하다 : 타인의 불행을 즐기다

0225 老婆 lǎopo 아내, 처, 집사람, 마누라 **유의** 妻子 qīzi

我可爱的老婆，感谢你从天而降，来到我身边。
Wǒ kě'ài de lǎopo, gǎnxiè nǐ cóng tiān ér jiàng, láidào wǒ shēnbiān.
사랑스러운 마누라~, 하늘에서 내려와 내 곁에 와 줘서 고마워.

0226 老鼠 lǎoshǔ 쥐

亲爱的，我像老鼠爱大米一样爱着你。
Qīn'ài de, wǒ xiàng lǎoshǔ ài dàmǐ yíyàng àizhe nǐ.
자기야, 난 쥐가 쌀을 좋아하는 것처럼 자기를 사랑해.

관련 표현

猫哭老鼠 māo kū lǎoshǔ **성** 고양이 쥐 생각하다

鼠目寸光 shǔ mù cùn guāng **성** 시야가 좁다, 식견이 좁다, 근시안적이다

老鼠娶妻遇老猫 — 悲喜交加 **혈후**
lǎoshǔ qǔ qī yù lǎomāo — bēi xǐ jiāo jiā
쥐가 아내를 맞는데 고양이를 만나다 — 희비가 교차하다 : 희비가 엇갈리다

马捉老鼠 — 不务正业 **혈후**
mǎ zhuō lǎoshǔ — bú wù zhèng yè
말이 쥐를 잡다 — 정당한 직업에 종사하지 않다 : 본래의 직업을 내던지고 다른 일을 하다, 바른 일을 하지 않다.

猫守老鼠洞 — 不动声色 **혈후**
māo shǒu lǎoshǔ dòng — bú dòng shēng sè
고양이가 쥐구멍을 지키다 — 아무 기색도 보이지 않다 : 감정을 드러내지 않다, (태도가) 침착하다

瞎眼老鼠蹲土堆 — 耳听八方 **혈후**
xiāyǎn lǎoshǔ dūn tǔduī — ěr tīng bā fāng
눈먼 쥐가 흙더미에 앉아 있다 — 팔방으로 귀를 기울이다 : 각 방면에 귀를 기울이다, 눈치가 빠르다

姥姥 lǎolao 외할머니

유의 外祖母 wàizǔmǔ　참고 老爷 lǎoye 외할아버지

我从小跟着姥姥长大，所以对姥姥的感情很深。
Wǒ cóngxiǎo gēnzhe lǎolao zhǎngdà, suǒyǐ duì lǎolao de gǎnqíng hěn shēn.
나는 어려서부터 외할머니 손에 커서, 외할머니에 대한 정이 깊어.

雷 léi 우레, 천둥　참고 雷阵雨 léizhènyǔ 천둥과 번개를 동반한 소나기

下雨的天空，远方传来雷声，我感到特别害怕。
Xiàyǔ de tiānkōng, yuǎnfāng chuánlái léishēng, wǒ gǎndào tèbié hàipà.
비 내리는 하늘, 멀리서 천둥치는 소리가 들리면, 난 너무 무서워.

관련 표현

雷声大，雨点小 léishēng dà, yǔdiǎn xiǎo 속담
계획만 요란하고 실제 실천하는 바가 없다, 말만 잘하고 실천에는 약하다

暴跳如雷 bào tiào rú léi 성 노발대발하다, 격노하다

类型 lèixíng 유형

对不起，你不是我喜欢的类型，本姑娘喜欢肌肉男。
Duìbuqǐ, nǐ bú shì wǒ xǐhuan de lèixíng, běn gūniang xǐhuan jīròunán.
미안한데, 댁은 제가 좋아하는 스타일이 아니거든요, 저는 근육남을 좋아해요.

老年痴呆可以分为几种类型。
Lǎonián chīdāi kěyǐ fēnwéi jǐ zhǒng lèixíng.
치매는 몇 가지 유형으로 나눌 수 있다.

[단어] 老年痴呆 lǎonián chīdāi [신조어] 치매

厘米 límǐ 센티미터(cm)

我妹妹又长高了5厘米。
Wǒ mèimei yòu zhǎng gāole wǔ límǐ.
내 여동생은 또 5cm가 컸다.

0231 **梨** lí 배 □□□

在中国，正在谈恋爱的情侣不把梨分着吃。
Zài Zhōngguó, zhèngzài tán liàn'ài de qínglǚ bù bǎ lí fēnzhe chī.
중국에서는 연애 중인 연인은 배를 나눠 먹지 않는다.

tip 중국의 연인들이 배를 나눠 먹지 않는 이유는, 梨의 발음이 离(lí, 헤어지다)와 같기 때문이다.

0232 **理论** lǐlùn 이론 참고 实践 shíjiàn 실천 □□□

这些经济学理论太难理解了。
Zhèxiē jīngjìxué lǐlùn tài nán lǐjiě le.
이들 경제학 이론은 참으로 이해하기 어렵다.

0233 **理由** lǐyóu 이유 BCT1 참고 原因 yuányīn 원인 □□□

朋友，你是我活着的理由。
Péngyou, nǐ shì wǒ huózhe de lǐyóu.
친구야, 너는 내가 살아가야 할 이유야.

贵公司得说清楚未能按时交货的理由。
Guì gōngsī děi shuōqīngchu wèi néng ànshí jiāohuò de lǐyóu.
귀사는 제때 납품하지 않은 이유에 대해 분명히 말씀해 주셔야 합니다.

0234 **力量** lìliàng 힘, 역량 □□□

大家都知道团结就是力量。
Dàjiā dōu zhīdào tuánjié jiù shì lìliàng.
모두가 단결이 곧 힘이라는 것을 알고 있다.

관련 표현

品牌力量 pǐnpái lìliàng 브랜드 파워(brand power)

软力量 ruǎn lìliàng (의식, 문화, 도덕 등의) 정신적 요소(soft power)

硬力量 yìng lìliàng [신조어] (경제 성장, 국내총생산, 과학 연구 성과, 국방 역량 등) 물질적 요소의 총합(hard power)

0235 利润 lìrùn 이윤, 이익 [BCT2] 참고 净利润 jìnglìrùn 순이익

你们公司这个月利润有多少?
Nǐmen gōngsī zhège yuè lìrùn yǒu duōshao?
자네 회사는 이번 달에 수익이 얼마나 되나?

请算一下这个项目我们有多少利润可赚。
Qǐng suàn yíxià zhège xiàngmù wǒmen yǒu duōshao lìrùn kě zhuàn.
이 사업에서 우리가 얼마나 많은 이윤을 남길 수 있는지 따져 보세요.

0236 利息 lìxī 이자 [BCT2]

银行存款的利息比贷款的利息要低。
Yínháng cúnkuǎn de lìxī bǐ dàikuǎn de lìxī yào dī.
은행의 예금 이자가 대출 이자보다 낮다.

0237 利益 lìyì 이익 [BCT2] 참고 既得利益 jìdé lìyì 기득권

经济发展要给老百姓带来利益。
Jīngjì fāzhǎn yào gěi lǎobǎixìng dàilai lìyì.
경제 발전은 서민들에게 이익을 가져온다.

做生意不能光看眼前的利益。
Zuò shēngyì bù néng guāng kàn yǎnqián de lìyì.
사업을 할 때는 눈앞의 이익에만 급급해서는 안 된다.

0238 粮食 liángshi 양식, 식량

咱们家里的粮食只够吃一个星期了。
Zánmen jiā li de liángshi zhǐ gòu chī yí ge xīngqī le.
우리 집에 남아 있는 식량은 1주일 먹을 만큼밖에 안 돼요.

0239 列车 lièchē 열차

D3206次列车是从厦门开往上海站的。
D sān èr líng liù cì lièchē shì cóng Xiàmén kāiwǎng Shànghǎizhàn de.
D3206 열차는 시아먼에서 상하이 역으로 가는 열차이다.

0240 铃 líng 벨, 종

下车前，先按铃，停定后，才下车。
Xiàchē qián, xiān àn líng, tíngdìng hòu, cái xiàchē.
차에서 내리기 전에 먼저 벨을 누르고, 완전히 서면 그때 내려야 해요.

门铃响了，去看看是谁来了。
Ménlíng xiǎng le, qù kànkan shì shéi lái le.
대문 벨이 울렸어, 누가 왔는지 가 보렴.

관련 표현

解铃系铃 jiě líng jì líng **성** 방울을 묶은 사람이 방울을 풀어야 한다, 결자해지

0241 零件 língjiàn 부속품

别小看这个小零件，没有它这台机器就无法运转。
Bié xiǎokàn zhège xiǎo língjiàn, méiyǒu tā zhè tái jīqì jiù wúfǎ yùnzhuǎn.
별거 아닌 부속품이라고 우습게 보지 말라고, 이거 없으면 이 기계가 작동이 안 된다고.

0242 零食 língshí 간식, 주전부리 **유의** 点心 diǎnxin

心情不好时，我喜欢用吃零食来发泄情绪。
Xīnqíng bù hǎo shí, wǒ xǐhuan yòng chī língshí lái fāxiè qíngxù.
기분이 안 좋을 때 나는 주전부리하며 기분을 풀어.

[단어] 发泄 fāxiè 발산하다, 풀다

0243 领导 lǐngdǎo 지도자, 리더 BCT1

听李四说新来的领导是从山东公司聘来的，才35岁。
Tīng Lǐ Sì shuō xīn lái de lǐngdǎo shì cóng Shāndōng gōngsī pìn lái de, cái sānshíwǔ suì.
리쓰 얘기로는 새로 부임한 사장님은 산동 회사에서 모셔온 분이고, 겨우 35세래.

동 지도하다

这个城市的未来在安书记的领导下会更加美好。
Zhège chéngshì de wèilái zài Ān shūjì de lǐngdǎo xià huì gèngjiā měihǎo.
이 도시의 미래는 안 서기의 지도하에 더욱 좋아질 것이다.

0244 领域 lǐngyù 영역, 분야 □□□

他在中医领域是数一数二的专家。
Tā zài zhōngyī lǐngyù shì shǔ yī shǔ èr de zhuānjiā
그는 의학 분야에서 뛰어난 전문가야.

一个国家的领域神圣不可侵犯。
Yí ge guójiā de lǐngyù shénshèng bùkě qīnfàn.
한 나라의 영역은 신성한 것이므로 침범해선 안 된다.

0245 龙 lóng 용 □□□

龙是一个由多种动物的特征组成的神兽。
Lóng shì yí ge yóu duō zhǒng dòngwù de tèzhēng zǔchéng de shénshòu.
용은 여러 동물의 특징으로 이루어진 상서로운 동물이다.

관련 표현

一条龙服务 yì tiáo lóng fúwù 처음부터 끝까지 완벽하게 일련의 체계를 갖춘 서비스

跑龙套 pǎo lóngtào 관용 중국 전통극에서 병졸 역을 맡다, 자질구레한 일을 하다, 잡일을 하다

龙飞凤舞 lóng fēi fèng wǔ 성 서예의 필세가 자연스럽고 생동감 있다

龙腾虎跃 lóng téng hǔ yuè 성 동작이 힘있고 활력이 넘치다

0246 陆地 lùdì 육지 □□□

地球上的大部分居民都生活在陆地上。
Dìqiú shang de dàbùfen jūmín dōu shēnghuózài lùdì shang.
지구상의 대부분 주민은 모두 육지에서 살고 있다.

0247 论文 lùnwén 논문 □□□

小王在这本学术杂志上发表了一篇论文。
Xiǎo Wáng zài zhè běn xuéshù zázhì shang fābiǎole yì piān lùnwén.
왕 군은 이 학술 잡지에 논문을 한 편 발표했다.

军事家写论文 — 纸上谈兵 혈후
jūnshìjiā xiě lùnwén — zhǐ shàng tán bīng
군사 전문가가 논문을 쓰다 −지면상으로 군사 전략을 논하다 : 탁상공론하다.

0248 逻辑 luójí 논리

说话的时候要前后符合逻辑。
Shuōhuà de shíhou yào qiánhòu fúhé luójí.
말을 할 때는 앞뒤 논리가 맞아야 한다.

0249 麦克风 màikèfēng 마이크

在练歌房里，他总是拿着麦克风不愿意放下。
Zài liàngēfáng li, tā zǒngshì názhe màikèfēng bú yuànyì fàngxià.
노래방에서 그는 계속 마이크를 잡고 놓을 생각을 안 한다.

家家都按麦克风 — 广开言路 혈후
jiājiā dōu àn màikèfēng — guǎng kāi yán lù
집집마다 마이크를 달다 — 언로를 활짝 열다 : 누구나 다 자신의 의견을 말할 수 있게 하다

0250 馒头 mántou 만터우, 찐빵

中国的北方人大多以馒头作为主食。
Zhōngguó de běifāngrén dàduō yǐ mántou zuòwéi zhǔshí.
중국의 북방인들 대부분이 만터우를 주식으로 삼고 있다.

tip 만터우는 소를 넣지 않고 밀가루만 발효시켜 만든다.

讨饭的不要馒头 — 昏头昏脑 혈후
tǎofàn de bú yào mántou — hūn tóu hūn nǎo
거지가 만터우를 마다하다 — 정신이 얼떨떨하다 : 어리벙벙하다

有了馒头想吃肉 — 得寸进尺 혈후
yǒu le mántou xiǎng chī ròu — dé cùn jìn chǐ
만터우가 생기니 고기가 먹고 싶다 — 욕심이 한도 끝도 없다 : 만족을 모른다

0251 **毛病** máobìng 나쁜 버릇, 고장, 결점 **유의** 缺点 quēdiǎn

家里的冰箱经常出毛病，我打算申请售后服务。
Jiā li de bīngxiāng jīngcháng chū máobìng, wǒ dǎsuan shēnqǐng shòuhòu fúwù.
집에 있는 냉장고가 자꾸 고장이 나서, 난 AS를 신청할까 해.

最近身体好像有点小毛病，得去医院检查下了。
Zuìjìn shēntǐ hǎoxiàng yǒudiǎn xiǎo máobìng, děi qù yīyuàn jiǎn cháxià le.
요즘 몸에 이상이 좀 있는 것 같아, 병원에 가서 검사해 봐야겠어.

你这个人毛病真多，谁愿意娶你呢?
Nǐ zhè ge rén máobìng zhēn duō, shéi yuànyì qǔ nǐ ne?
너같이 헛점 투성이인 애를 누가 데려가겠니?

0252 **矛盾** máodùn 모순, (의견) 차이

最近他们两个好像闹矛盾了，互相不说话。
Zuìjìn tāmen liǎng ge hǎoxiàng nào máodùn le, hùxiāng bù shuōhuà.
최근에 저 두 사람한테 문제가 생긴 것 같아, 서로 말을 안 해.

형 모순되다

最近心里很乱很矛盾，不知道怎么办好。
Zuìjìn xīnli hěn luàn hěn máodùn, bù zhīdào zěnme bàn hǎo.
요즘 마음이 뒤숭숭하고 어지러워서, 어찌해야 할지 모르겠어.

관련 표현

自相矛盾 zì xiāng máo dùn **성** (언행이) 앞뒤가 서로 맞지 아니하고 모순되다

0253 **贸易** màoyì 무역 BCT2

他在一家贸易公司上班。
Tā zài yì jiā màoyì gōngsī shàngbān.
그는 무역 회사에 다니고 있다.

中国继续保持韩国的第一大贸易伙伴的地位。
Zhōngguó jìxù bǎochí Hánguó de dìyī dà màoyì huǒbàn de dìwèi.
중국은 계속해서 한국의 제일 무역 파트너로 자리매김하고 있다.

0254 眉毛 méimáo 눈썹 □□□

他的眉毛长得又粗又浓，很好看。
Tā de méimáo zhǎng de yòu cū yòu nóng, hěn hǎokàn.
그의 눈썹은 숱도 많고 진해서, 보기 좋다.

관련 표현

浓眉大眼 nóng méi dà yǎn （성） 짙은 눈썹과 부리부리한 눈, 늠름한 용모

自高自大 zì gāo zì dà （성） 거만하다, 잘난 체하다

0255 媒体 méitǐ 대중 매체, 매스 미디어(mass media) [BCT1] □□□

（참고） 媒体人 méitǐrén 언론인

习近平主席接受韩国新闻媒体采访。
Xí Jìnpíng zhǔxí jiēshòu Hánguó xīnwén méitǐ cǎifǎng.
시진핑 주석은 한국 뉴스 매체의 취재를 받았다.

他的发言引起了国内外各大媒体的关注。
Tā de fāyán yǐnqǐle guónèiwài gè dà méitǐ de guānzhù.
그의 발언은 국내외 대형 매스컴의 관심을 받았다.

0256 煤炭 méitàn 석탄 □□□

近年来，内蒙古已成中国第一大煤炭出产地。
Jìnnián lái, Nèiměnggǔ yǐ chéng Zhōngguó dìyī dà méitàn chūchǎndì.
요 몇 년 사이, 네이멍구(내몽골)는 이미 중국 제일의 석탄 생산지가 되었다.

0257 美术 měishù 미술, 예술 □□□

我们的美术老师是中央美术学院毕业的。
Wǒmen de měishù lǎoshī shì Zhōngyāng měishù xuéyuàn bìyè de.
우리 미술 선생님은 중앙미술대학을 졸업하셨다.

tip 中央美术学院 : 베이징에 있는 미술 대학. 1950년에 설립.

0258 魅力 mèilì 매력

这些平凡的款式也可以让你魅力满分！
Zhèxiē píngfán de kuǎnshì yě kěyǐ ràng nǐ mèilì mǎnfēn!
이렇게 평범한 옷이라도 당신을 매력 만점으로 만들어 줄 수 있어요.

0259 梦想 mèngxiǎng 꿈, 이상

无论现实多么残酷，不要放弃你的梦想。
Wúlùn xiànshí duōme cánkù, búyào fàngqì nǐ de mèngxiǎng.
아무리 현실이 힘들지라도, 네 꿈을 포기하지 마.

[단어] **残酷** cánkù 잔혹하다, 냉혹하다

관련 표현

梦想成真 mèng xiǎng chéng zhēn 꿈을 이루다

0260 秘密 mìmì 비밀

我告诉你一个秘密，千万不要告诉别人！
Wǒ gàosù nǐ yí ge mìmì, qiānwàn búyào gàosu biérén!
내가 비밀 하나 얘기해 줄 테니까, 절대 다른 사람한테 말하면 안 돼!

0261 秘书 mìshū 비서 BCT1

她是新来的总经理秘书，是个能干的人。
Tā shì xīnlái de zǒngjīnglǐ mìshū, shì ge nénggàn de rén.
그녀는 새로 온 사장님 비서로 유능한 사람이에요.

0262 蜜蜂 mìfēng 꿀벌

春天到了，花园里蜜蜂忙碌地飞来飞去。
Chūntiān dào le, huāyuán li mìfēng mánglù de fēi lái fēi qù.
봄이 되니, 화원의 꿀벌들이 바쁘게 날아다닌다.

0263　面积　miànjī　면적　□□□

中国有960多万平方公里的国土面积。
Zhōngguó yǒu jiǔbǎi liùshí duō wàn píngfāng gōnglǐ de guótǔ miànjī.
중국은 960여 만 평방킬로미터에 이르는 국토 면적을 가지고 있다.

请拿卷尺量一下这块地的面积。
Qǐng ná juǎnchǐ liáng yíxià zhè kuài dì de miànjī.
줄자를 가지고 와서 이 땅의 면적을 좀 재세요.

[단어] 卷尺 juǎnchǐ 줄자

0264　名牌　míngpái　유명 브랜드, 명문　BCT1　□□□

他终于考上了心目中的名牌大学。
Tā zhōngyú kǎoshàngle xīnmù zhōng de míngpái dàxué.
그는 마침내 원하던 명문대에 붙었다.

有一些人因为爱慕虚荣，什么都要名牌。
Yǒu yìxiē rén yīnwèi àimù xūróng, shénme dōu yào míngpái.
어떤 이들은 허영을 쫓느라 무엇이든 명품만 찾는다.

0265　名片　míngpiàn　명함　BCT1　□□□

名片上有我的联系方式，有事您可以联系我。
Míngpiàn shang yǒu wǒ de liánxì fāngshì, yǒu shì nín kěyǐ liánxì wǒ.
명함에 제 연락처가 있으니, 무슨 일 있으면 저한테 연락 주세요.

0266　名胜古迹　míngshèng gǔjì　명승고적　□□□

中国有很多值得一游的名胜古迹。
Zhōngguó yǒu hěn duō zhídé yì yóu de míngshèng gǔjì.
중국에는 둘러볼 만한 명승고적이 많다.

0267　明星　míngxīng　스타, 배우　□□□

那个明星不仅长得帅，演技也很好。
Nàge míngxīng bùjǐn zhǎng de shuài, yǎnjì yě hěn hǎo.
저 배우는 잘생겼을 뿐 아니라, 연기도 잘한다.

[단어] 演技 yǎnjì 연기

0268 命运 mìngyùn 운명 【참고】 命运女神 mìngyùn nǚshén 운명의 여신

我始终坚信人的命运掌握在自己的手中。
Wǒ shǐzhōng jiānxìn rén de mìngyùn zhǎngwòzài zìjǐ de shǒuzhōng.
나는 늘 사람의 운명은 자신의 손에 달려 있다고 믿는다.

[단어] 坚信 jiānxìn 굳게 믿다

0269 模特 mótè 모델

姐姐在学校的时候是个业余模特。
Jiějie zài xuéxiào de shíhou shì ge yèyú mótè.
언니는 학교에 다닐 때 아마추어 모델이었다.

0270 摩托车 mótuōchē 오토바이

他骑着摩托车飞速向杭州方向驶去。
Tā qízhe mótuōchē fēisù xiàng Hángzhōu fāngxiàng shǐqù
그는 오토바이를 타고 쏜살같이 항저우 방향으로 달렸다.

0271 木头 mùtou 나무, 목재

这个店里卖的玩具都是用木头做的。
Zhège diàn li mài de wánjù dōu shì yòng mùtou zuò de.
이 매장에서 파는 완구는 모두 목재로 만든 것이다.

관련 표현

长江里漂木头 — 付之东流 **혈후**
Chángjiāng li piāo mùtou — fù zhī dōng liú
양쯔강에 나무가 떠다니다 — 동쪽으로 흘러가다 : 수포로 돌아가다

戴木头眼镜看书 — 视而不见 **혈후**
dài mùtou yǎnjìng kàn shū — shì ér bú jiàn
나무 안경을 쓰고 책을 보니 — 보아도 보이지 않다 : 보고도 알지 못하다, 보고도 못 본 체하다

电锯开木头 — 当机立断 diànjù kāi mùtou — dāng jī lì duàn **혈후**
전기톱으로 나무를 자르다 — 주저 없이 그 자리에서 결단을 내리다 : 제때에 결단을 내리다

木头人救火 — 自身难保 mùtourén jiù huǒ — zì shēn nán bǎo **혈후**
장승이 불을 끄니 — 제 몸도 지키기 어렵다 : 내 코가 석자이다

目标 mùbiāo 목표 [BCT1]

참고 **硬目标** yìngmùbiāo 반드시 실현해야 할 목표

制定好目标然后朝着自己的目标奋斗吧！
Zhìdìnghǎo mùbiāo ránhòu cháozhe zìjǐ de mùbiāo fèndòu ba!
목표를 정한 후 자신의 목표를 향해 분투하세요.

目录 mùlù 목록, 목차 [BCT1]

他先翻看了一下书的目录，大致了解了一下。
Tā xiān fānkànle yíxià shū de mùlù, dàzhì liǎojiěle yíxià.
그는 먼저 책의 목차를 훑어보면서 대강 이해했다.

目前 mùqián 현재

目前为止还没有人能够超越他的速度。
Mùqián wéizhǐ hái méiyǒu rén nénggòu chāoyuè tā de sùdù.
현재까지는 아무도 그의 속도를 뛰어넘지 못하고 있다.

脑袋 nǎodài 머리, 두뇌, 지능

一不小心他的脑袋撞到了门上。
Yí bù xiǎoxīn tā de nǎodài zhuàngdàole mén shang.
아차하는 순간 그의 머리가 문에 부딪혔다.

你的脑袋真好使，这次便是靠你的灵机一动救了我们。
Nǐ de nǎodài zhēn hǎoshǐ, zhè cì biàn shì kào nǐ de líng jī yí dòng jiùle wǒmen.
네 머리 참 잘 돌아가, 이번에도 너의 기지로 우리를 구했잖아.

[단어] **灵机一动** líng jī yí dòng 성 영감이 떠오르다, 기지를 발휘하다

🙂 **관련 표현**

抱着脑袋赶老鼠 — 抱头鼠窜 헐후
bàozhe nǎodài gǎn lǎoshǔ — bào tóu shǔ cuàn
머리를 감싸고 쥐를 쫓다 — 머리를 감싸고 쥐새끼처럼 달아나다 : 황급히 도망치다, 후닥닥 달아나다

吃着黄连抓脑袋 — 冥思苦想 헐후
chīzhe huánglián zhuā nǎodài — míng sī kǔ xiǎng
황련을 먹으며 머리를 쥐다 — 골똘히 생각하다 : 심사숙고하다, 깊이 사색하다

拍脑袋"啊"一声 — 恍然大悟 **혈후**
pāi nǎodài "ā" yì shēng — huǎng rán dà wù
머리를 치며 '아' 소리를 내다 — 문득 모든 것을 깨치다 : 갑자기 모든 것을 알게 되다.

0276 内部 nèibù 내부 **반의** 外部 wàibù 외부

公司目前存在一些内部问题。
Gōngsī mùqián cúnzài yìxiē nèibù wèntí.
회사는 요즘 약간의 내부 문제가 있다.

0277 内科 nèikē 내과 **반의** 外科 wàikē 외과

他父亲是一名著名的内科医生。
Tā fùqīn shì yì míng zhùmíng de nèikē yīshēng.
그의 아버님은 유명한 내과 의사이다.

0278 能源 néngyuán 에너지 [BCT1]

참고 新能源 xīnnéngyuán 신 에너지 자원

地球上可以利用的能源其实是有限的。
Dìqiú shang kěyǐ lìyòng de néngyuán qíshí shì yǒuxiàn de.
지구에서 이용할 수 있는 에너지는 사실 한계가 있다.

0279 年代 niándài 연대, 시대 **유의** 时代 shídài 시대

那个年代，我们不懂浪漫。
Nàge niándài, wǒmen bù dǒng làngmàn.
그 시절 우리는 낭만이 뭔지 몰랐다.

上世纪八十九十年代曾经有一句流行语叫"理解万岁"。
Shàng shìjì bāshí jiǔshí niándài céngjīng yǒu yí jù liúxíngyǔ jiào
"lǐjiě wànsuì"
지난 세기 80,90년대에는 한때 '理解万岁'라는 유행어가 있었어.

[단어] 理解万岁 lǐjiě wànsuì [신조어] 서로 이해하고 존중할 것을 장려하는 구호. (1980년대 북경대 학생들이 처음 제시한 후 광범위하게 사용됨)

0280 年纪 niánjì 나이

你还年纪轻轻的，多出去闯闯。
Nǐ hái niánjì qīngqīng de, duō chūqu chuǎngchuang.
넌 아직 젊으니까, 많이 도전해 봐.

관련 표현

这把年纪 zhè bǎ niánjì 이 나이에

0281 牛仔裤 niúzǎikù 청바지

很多人喜欢穿牛仔裤，因为可以搭配任何衣服。
Hěn duō rén xǐhuan chuān niúzǎikù, yīnwèi kěyǐ dāpèi rènhé yīfu.
많은 사람들이 청바지를 좋아하는데, 그건 아무 옷이나 잘 어울리기 때문이다.
[단어] 搭配 dāpèi 맞추다, 조합하다

0282 农村 nóngcūn 농촌 [반의] 城市 chéngshì 도시

现在农村和城市几乎没什么区别了。
Xiànzài nóngcūn hé chéngshì jīhū méi shénme qūbié le.
지금은 농촌과 도시가 거의 별 차이가 없다.

0283 农民 nóngmín 농민 [참고] 农民工 nóngmíngōng 농민 출신 노동자

有些"城里人"瞧不起乡下的农民。
Yǒuxiē "chénglǐrén" qiáobuqǐ xiāngxià de nóngmín.
일부 도시인들은 시골 농민을 무시한다.

0284 农业 nóngyè 농업 [참고] 工业 gōngyè 공업, 商业 shāngyè 상업

在中国，农业从业人口超过8亿。
Zài Zhōngguó, nóngyè cóngyè rénkǒu chāoguò bā yì.
중국에는 농업에 종사하는 인구가 8억이 넘는다.

0285 **女士** nǚshì 여사, 부인, 숙녀

接下来有请张爱玲女士上台发言。
Jiēxialai yǒuqǐng Zhāng Àilíng nǚshì shàngtái fāyán.
다음은 장아이링 여사가 무대에 올라 말씀을 하시겠습니다.

> **tip** 张爱玲 : (1920~1995) 중국의 현대 여류 작가, 저서에 《倾城之恋 Qīng chéng zhīliàn》,
> 《心经 Xīnjīng》, 《金锁记 Jīnsuǒjì》, 《半生缘 Bànshēngyuán》등이 있다.

女士们，先生们欢迎乘坐108次航班。
Nǚshìmen, xiānshengmen huānyíng chéngzuò yāo líng bā cì hángbān.
신사, 숙녀여러분 108편에 탑승하신 것을 환영합니다.

0286 **欧洲** Ōuzhōu 유럽

欧洲在世界近代史上扮演了很重要的角色。
Ōuzhōu zài shìjiè jìndàishǐ shang bànyǎnle hěn zhòngyào de juésè.
유럽은 세계 근대사에서 중요한 역할을 했다.

[단어] **扮演** bànyǎn ~역을 맡아 하다

0287 **盆** pén 대야, 화분

不同的植物需要用不同的花盆来养。
Bù tóng de zhíwù xūyào yòng bù tóng de huāpén lái yǎng.
종류가 다른 식물은 다른 화분에서 키워야 한다.

你要洗脸，就用这种盆好了。
Nǐ yào xǐliǎn, jiù yòng zhè zhǒng pén hǎo le.
세수할 거면 이런 대야를 쓰는 것이 좋아.

관련 표현

倾盆大雨 qīng pén dà yǔ （성） 대야를 엎은 듯 큰비가 내리다, 임무가 과다하고 막중하여 처리하기 벅차다

0288 **拼音** pīnyīn 병음

这个汉字拼音怎么写?
Zhè ge Hànzì pīnyīn zěnme xiě?
이 한자는 병음을 어떻게 쓰죠?

频道 píndào 채널 참고 电视频道 diànshì píndào TV 채널

快看体育频道，李娜大战莎拉波娃呢。
Kuài kàn tǐyù píndào, Lǐ Nà dàzhàn Shālābōwá ne.
빨리 스포츠 채널 보자, 리나와 사라포바(Maria Sharapova)가 한 판 붙는다고.

[단어] 大战 dàzhàn 치열한 전투를 하다

tip 李娜 : (1982~) 중국의 여자 테니스 선수.

平常 píngcháng 평상시, 평소

参加比赛时经常发挥得不如平常训练。
Cānjiā bǐsài shí jīngcháng fāhuī de bùrú píngcháng xùnliàn.
시합에 참가할 때는 평소 훈련할 때보다 실력 발휘를 못하는 경우가 많다.

他的声音和平常一样地冷静。
Tā de shēngyīn hé píngcháng yíyàng de lěngjìng.
그의 목소리는 평소와 다를 바 없이 침착했다.

형 일상적이다

我觉得生死对医生来说很平常。
Wǒ juéde shēngsǐ duì yīshēng láishuō hěn píngcháng.
내가 보기에 삶과 죽음은 의사들에게 있어서는 일상적인 일인 것 같다.

平等 píngděng 평등

참고 平等互惠原则 píngděng hùhuì yuánzé 호혜 평등의 원칙

老师应该平等对待每一个学生。
Lǎoshī yīnggāi píngděng duìdài měi yí ge xuésheng.
선생님은 모든 학생들을 평등하게 대해야 한다.

南京条约是中国近代史上与外国签订的第一个不平等条约。
Nánjīng tiáoyuē shì zhōngguó jìndàishǐ shang yǔ wàiguó qiāndìng
de dìyī ge bùpíngděng tiáoyuē.
난징조약은 중국 근대사에서 외국과 맺은 첫 번째 불평등 조약이다.

tip 南京条约 : 1842년 8월 아편전쟁(鸦片战争)의 종결을 위하여 영국과 청(淸)나라가 체결한 강화조약.

0292 平方 píngfāng 제곱, 평방

现在低于80平方米的小户型越来越受到人们青睐。
Xiànzài dīyú bāshí píngfāngmǐ de xiǎohùxíng yuèláiyuè shòudào rénmen qīnglài.
지금은 80㎡ 이하의 소형 주택이 갈수록 사람들의 인기를 끌고 있다.
[단어] 青睐 qīnglài 호감, 인기

0293 平均 píngjūn 평균 [BCT1]

全世界人口的平均寿命有80岁左右。
Quán shìjiè rénkǒu de píngjūn shòumìng yǒu bāshí suì zuǒyòu.
전 세계 인구의 평균 수명은 80세 전후이다.

这次我们班同学托福考试平均成绩为176分。
Zhè cì wǒmen bān tóngxué tuōfú kǎoshì píngjūn chéngjì wéi yìbǎi qīshíliù fèn.
이번에 우리 반 친구들의 토플 시험 평균 성적은 176점이다.

0294 期间 qījiān 기간 [BCT1]

▶期间 앞에는 반드시 관형어를 동반한다.

我在美国工作期间对他进行过四次专访。
Wǒ zài Měiguó gōngzuò qījiān duì tā jìnxíngguo sì cì zhuānfǎng.
내가 미국에서 일하는 동안 그분을 네 차례 특별 취재했다.
[단어] 专访 zhuānfǎng 특별 인터뷰(취재)를 하다

放假期间，公司全体员工轮着值班。
Fàngjià qījiān, gōngsī quántǐ yuángōng lúnzhe zhíbān.
휴가 기간 동안, 회사 전체 직원이 돌아가며 당직을 선다.

0295 奇迹 qíjì 기적

我居然还活着，这简直就是奇迹。
Wǒ jūrán hái huózhe, zhè jiǎnzhí jiù shì qíjì.
내가 이렇게 살아 있다는 것은 정말이지 기적이다.

0296 企业 qǐyè 기업 `BCT2`

如今仍然存在着制约中小企业发展的不少问题。
Rújīn réngrán cúnzàizhe zhìyuē zhōngxiǎo qǐyè fāzhǎn de bùshǎo wèntí.
지금까지도 여전히 중소기업의 발전을 제약하는 많은 문제가 존재하고 있다.

0297 气氛 qìfēn 분위기

他一进来，气氛一下子变得愉快起来。
Tā yí jìnlai, qìfēn yíxiàzi biàn de yúkuàiqilai.
그가 들어오자 분위기가 갑자기 살아났다.

0298 汽油 qìyóu 가솔린, 휘발류

近年来国内汽油价格已经超过美国。
Jìnnián lái guónèi qìyóu jiàgé yǐjing chāoguò Měiguó.
최근 몇 년 사이 국내 휘발유 값이 이미 미국을 넘어섰다.

0299 前途 qiántú 앞날, 미래

希望每一个人都有一个美好的前途和未来。
Xīwàng měi yí ge rén dōu yǒu yí ge měihǎo de qiántú hé wèilái.
모든 사람에게 아름다운 비전과 미래가 있었으면 해.

관련 표현

前途无量 qián tú wú liàng 성 전도가 양양하다

0300 枪 qiāng 창, 총

枪的种类很多，用途也很广泛。
Qiāng de zhǒnglèi hěn duō, yòngtú yě hěn guǎngfàn.
총의 종류도 많고 용도도 다양하다.

관련 표현

往枪口上撞 wǎng qiāngkǒu shang zhuàng 관용 총부리 쪽으로 달려들다, 화를 자초하다

单枪匹马 dān qiāng pǐ mǎ 성 혼자서 말을 타고 적진에 뛰어들다, 남의 도움을 받지
않고 혼자 해내다

枪枪打中靶心 — 百发百中 혈후
qiāngqiāng dǎzhòng bǎxīn — bǎi fā bǎi zhòng
총마다 과녁을 명중시키다 — 백발백중 : 사격 솜씨가 매우 뛰어나다, 일의 성공을 매우 확신하다

0301 墙 qiáng 벽

墙上挂着一幅抽象画，别具一格。
Qiáng shang guàzhe yì fú chōuxiànghuà, bié jù yì gé.
벽에 추상화 한 폭이 걸려 있는데, 참 독특하다.

[단어] 别具一格 bié jù yì gé 성 남다른 풍격을 지니다, 독특한 품격을 띠고 있다

▶ (추상적인) 벽을 가리킴.

两个人总是谈不到一起，好像隔着一堵墙。
Liǎng ge rén zǒngshì tánbudào yìqǐ, hǎoxiàng gézhe yì dǔ qiáng.
두 사람은 도무지 말이 통하지 않는 것이, 마치 둘 사이에 벽이 놓인 것 같다.

관련 표현

隔墙有耳 gé qiáng yǒu ěr 성 벽에도 귀가 있다. 낮말은 새가 듣고 밤말은 쥐가 듣는다

0302 青春 qīngchūn 청춘, 아름다운 시절 참고 青春痘 qīngchūndòu 여드름

青春，呼啸而过，它绝不会等你。
Qīngchūn, hūxiào'érguò, tā jué bú huì děng nǐ.
청춘은, 금방 지나가버리며, 절대로 당신을 기다려주지 않는다.

[단어] 呼啸而过 hūxiào'érguò 쌩하고 지나가다

我爷爷比年轻人还青春。
Wǒ yéye bǐ niánqīngrén hái qīngchūn.
우리 할아버지는 젊은이보다 더 젊으시다.

0303 青少年 qīngshàonián 청소년

国家很重视青少年的思想教育。
Guójiā hěn zhòngshì qīngshàonián de sīxiǎng jiàoyù.
나라에서는 청소년의 사상 교육을 매우 중시한다.

0304 情景 qíngjǐng 광경, 정경 □□□

看到这样的情景，铁石心肠的人都得掉泪。
Kàndào zhèyàng de qíngjǐng, tiěshí xīncháng de rén dōu děi diàolèi.
이런 광경을 보면, 목석 같은 사람도 눈물을 흘리게 된다.

[단어] **铁石心肠** tiěshí xīncháng 냉정하고 무정한 마음씨

관련 표현

情景交融 qíng jǐng jiāo róng 성 (문학 작품에서) 사물 묘사와 감정 토로가 잘 융합되다

0305 情绪 qíngxù 기분, 정서 유의 **心情** xīnqíng □□□

我女朋友这几天一直闹情绪。
Wǒ nǚ péngyou zhè jǐ tiān yìzhí nào qíngxù.
내 여자 친구는 요즘 계속 짜증을 내고 있다.

我觉得天气会影响一个人的情绪。
Wǒ juéde tiānqì huì yǐngxiǎng yí ge rén de qíngxù.
나는 날씨가 사람의 감정에 영향을 주는 것 같아.

情绪 vs 心情

情绪는 어떤 시간이나 어떤 활동을 할 때 표출되는 감정의 변화를 나타내는 것으로 '高 gāo, 低 dī, 稳定 wěndìng, 乐观 lèguān, 镇定 zhèndìng, 热烈 rèliè, 消极 xiāojí, 对立 duìlì, 不满 bùmǎn, 悲观 bēiguān, 骄傲 jiāo'ào' 등의 단어가 수식하며, 心情은 주로 사람의 속마음을 나타내는 것으로 '好 hǎo, 坏 huài, 愉快 yúkuài, 轻松 qīngsōng, 平静 píngjìng, 喜悦 xǐyuè, 好奇 hàoqí, 复杂 fùzá, 舒畅 shūchàng, 沉重 chénzhòng' 등의 단어가 수식한다. 情绪는 '언짢은 기분'을 나타내기도 한다.

她情绪很稳定。 Tā qíngxù hěn wěndìng. 그녀는 마음이 평온하다.
她心情很好。 Tā xīnqíng hěn hǎo. 그녀는 기분이 좋다.
她常常闹情绪。 Tā chángcháng nào qíngxù. 그녀는 자주 짜증을 낸다.

0306 球迷 qiúmí 광적으로 구기를 좋아하는 사람 □□□

现场有很多喜爱姚明的球迷。
Xiànchǎng yǒu hěn duō xǐ'ài Yáo Míng de qiúmí.
경기장에는 야오밍을 좋아하는 팬들이 많았다.

好几个球迷围着里奥·梅西 ，等着他签名。
Hǎo jǐ ge qiúmí wéizhe Lǐ'ào, Méixī děngzhe tā qiānmíng.
여러 명의 축구팬들이 리오넬·메시(Lionel Messi)를 둘러싸고는 싸인해 주길 기다리고 있다.

tip 里奥·梅西：(1987년~) 아르헨티나 축구 선수.

0307 趋势 qūshì 추세, 경향, 기운 [BCT1] □□□

大盘现在还是保持一个上升趋势。
Dàpán xiànzài háishi bǎochí yí ge shàngshēng qūshì.
증권 시세는 지금도 여전히 상승 추세를 보이고 있다.
[단어] 大盘 dàpán 증권 시세

病人的病情有进一步恶化的趋势。
Bìngrén de bìngqíng yǒu jìn yí bù èhuà de qūshì.
환자의 병세가 한층 더 악화되는 추세다.

0308 圈 quān 둘레, 구역, 주위, 고리, 테 □□□

我们就在操场上跑了五圈，大家都跑得上气不接下气的。
Wǒmen jiù zài cāochǎng shang pǎole wǔ quān, dàjiā dōu pǎo de shàngqì bù jiē xiàqì de.
우리는 운동장을 다섯 바퀴나 돌아서, 다들 숨을 헐떡거리고 있다.

老师给了我98分，这是我被打圆圈最多的一篇作文。
Lǎoshī gěile wǒ jiǔshíbā fēn, zhè shì wǒ bèi dǎ yuánquān zuì duō de yì piān zuòwén.
선생님은 나에게 98점을 주셨는데, 이건 내가 동그라미를 가장 많이 받은 작문이다.

你也不要太累了，有了黑眼圈很难看的。
Nǐ yě búyào tài lèi le, yǒu le hēiyǎnquān hěn nánkàn de.
너도 너무 피곤하게 살지 마, 다크서클 생기면 보기 싫어.

[단어] 黑眼圈 hēiyǎnquān 다크서클

0309 权力 quánlì 권력, 권한 □□□

虽然他只是小小的副主任，可权力却很大。
Suīrán tā zhǐshì xiǎoxiāo de fùzhǔrèn, kě quánlì què hěn dà.
비록 그가 단지 별 볼일 없는 부주임이긴 하지만, 권한은 크다.

公安机关、检察院、法院是国家公权力机关。
Gōng'ān jīguān、jiǎncháyuàn、fǎyuàn shì guójiā gōngquánlì jīguān.
공안 기관, 검찰청, 법원은 국가 공권력 기관이다.

0310 权利 quánlì 권리 [BCT1]

公民有集会、结社和示威的权利和自由。
Gōngmín yǒu jíhuì、jiéshè hé shìwēi de quánlì hé zìyóu.
국민은 집회, 결사, 시위를 할 수 있는 권리와 자유를 갖고 있다.

消费者要用法律维护自己的权利。
Xiāofèizhě yào yòng fǎlǜ wéihù zìjǐ de quánlì.
소비자는 법률을 이용해 자신의 권리를 보호할 수 있다.

0311 人才 réncái 인재 참고 人才市场 réncái shìchǎng 인재 시장 [BCT2]

目前国际贸易方面的专业人才成了"香饽饽"。
Mùqián guójì màoyì fāngmiàn de zhuānyè réncái chéngle "Xiāngbōbo".
지금은 국제 무역 분야의 전문 인재가 인기 있는 몸이 되었다.

[단어] 香饽饽 Xiāngbōbo 인기 있는 사람이나 사물

0312 人口 rénkǒu 인구

预计全球人口将于2025年达到80亿。
Yùjì quánqiú rénkǒu jiāngyú èr líng èr wǔ nián dádào bāshí yì.
전 세계의 인구는 2025년에 80억에 달할 것으로 예측된다.

0313 人类 rénlèi 인류

粮食问题将是人类面临的最大问题。
Liángshí wèntí jiāng shì rénlèi miànlín de zuì dà wèntí.
식량 문제는 인류가 직면한 가장 큰 문제이다.

관련 표현

新新人类 xīnxīn rénlèi 최신 세대, N세대(보통 1990년대 이후 출생자를 가리킴)

0314 人民币 rénmínbì 인민폐 [BCT2]

目前在国际金融市场上，人民币不断升值。
Mùqián zài guójì jīnróng shìchǎng shang, rénmínbì búduàn shēngzhí.
지금 국제 금융 시장에서는 인민폐가 계속 평가 절상되고 있다.

很多人就在人民币面前不得不低头。
Hěn duō rén jiù zài rénmínbì miànqián bùdébù dītóu.
많은 사람들이 인민폐 앞에서 어쩔 수 없이 고개를 숙이게 된다.

[보충 단어 - 화폐 종류]

韩币 hánbì 원화 / **日元** rìyuán 엔화 / **欧元** ōuyuán 유로 / **法郎** fǎláng 프랑 /

马克 mǎkè 마르크 / **英镑** yīngbàng 파운드 / **贬值** biǎnzhí 평가 절하 / **升值**

shēngzhí 평가 절상

0315 人生 rénshēng 인생

每个人的人生都是一本书。
Měi ge rén de rénshēng dōu shì yì běn shū.
개개인의 인생이 모두 다 한 권의 책이다.

> **관련 표현**

人生如寄 rén shēng rú jì 성 인생은 나그넷길이다, 인생이 덧없다, 인생무상

0316 人事 rénshì 인간사, 인사, 세상 물정, (사람의) 의식

这次人事调动有人欢喜有人忧。
Zhè cì rénshì diàodòng yǒu rén huānxǐ yǒu rén yōu.
이번 인사 이동으로 누구는 웃고 누구는 시름에 잠겼다.

你都当家长了，难道还不懂人事？
Nǐ dōu dāng jiāzhǎng le, nándào hái bù dǒng rénshì?
자녠 가장이 되었는데도, 아직 세상 물정을 모르나?

他被车撞后，人事不知，成了植物人。
Tā bèi chē zhuàng hòu, rénshì bùzhī, chéngle zhíwùrén.
그는 차에 치인 후에, 의식 불명으로 식물 인간이 되었다.

尽人事，听天命 jìn rénshì, tīng tiānmìng 진인사대천명
不省人事 bù xǐng rén shì （성） 인사불성이 되다, 세상 물정을 모르다

0317 人物 rénwù 인물 참고 风云人物 fēngyún rénwù 풍운아

周润发是香港电影界的代表人物。
Zhōu Rùnfā shì Xiānggǎng diànyǐngjiè de dàibiǎo rénwù.
저우룬파(주윤발)는 홍콩 영화계의 대표적인 인물이다.

乱世多出英雄人物。
Luànshì duō chū yīngxióng rénwù.
난세에는 많은 영웅이 출현한다.

0318 人员 rényuán 인원, 요원 [BCT1]

请前来参观的游客遵从工作人员的指导。
Qǐng qiánlái cānguān de yóukè zūncóng gōngzuò rényuán de zhǐdǎo.
견학 오신 여행객 여러분, 직원의 안내를 따라 주세요.

[단어] 遵从 zūncóng 따르다, 복종하다

0319 日程 rìchéng 일정 [BCT1]

突然间排满了工作日程，说实话有点不太习惯。
Tūránjiān páimǎnle gōngzuò rìchéng, shuō shíhuà yǒudiǎn bú tài xíguàn.
갑자기 업무 일정이 빡빡해지니까, 솔직히 좀 적응이 안 되네.

我们已经把活动日程安排好了。
Wǒmen yǐjing bǎ huódòng rìchéng ānpáihǎo le.
우리는 이미 행사 일정을 짜놓았어요.

0320 日历 rìlì 일력, 달력

日历上有没有我们的纪念日？
Rìlì shang yǒu méiyǒu wǒmen de jìniànrì?
달력에 우리 기념일이 표시되어 있어?

0321 日期 rìqī 날짜, 기일 [BCT1]

发工资的日期总是让人期待。
Fā gōngzī de rìqī zǒngshì ràng rén qīdài.
월급날은 늘 사람을 기다려지게 한다.

返程的日期也订好了，就在除夕那天。
Fǎnchéng de rìqī yě dìnghǎo le, jiù zài chúxī nàtiān.
돌아가는 날짜도 예약했어요, 섣달 그믐날로요.

[단어] 返程 fǎnchéng 귀로, 돌아가는 길

0322 日用品 rìyòngpǐn 생활용품 [BCT1]

义乌是中国最大的日用品批发市场。
Yìwū shì Zhōngguó zuì dà de rìyòngpǐn pīfā shìchǎng.
이우는 중국에서 가장 큰 생활용품 도매 시장이다.

tip 义乌 : 저지앙 성(浙江省)에 위치한 도시.

0323 日子 rìzi 날짜, 시간, 생활

今天是姐姐结婚的大喜日子。
Jīntiān shì jiějie jiéhūn de dàxǐ rìzi.
오늘은 언니가 결혼하는 기쁜 날이다.

日子过得真快。
Rìzi guò de zhēn kuài.
시간 정말 빨리 간다.

我们的日子越过越香甜。
Wǒmen de rìzi yuè guò yuè xiāngtián.
우리의 생활이 갈수록 윤택해지고 있다.

[단어] 香甜 xiāngtián 향기롭고 달다

관련 표현

混日子 hùn rìzi 허송세월하다 / 过日子 guò rìzi 생활하다

0324 如今 rújīn 현재, 요즘 **유의** 现在 xiànzài

事到如今，我还有什么好说的呢?
Shì dào rújīn, wǒ hái yǒu shénme hǎo shuō de ne?
일이 이 지경에 이르렀는데, 내가 무슨 할 말이 있겠어요?

> ### 如今 vs 现在
> 如今과 现在 모두 시간사인데, 如今은 비교적 긴 시간만을 나타내고, 现在는 긴 시간
> 과 짧은 시간을 모두 나타낼 수 있다.
>
> **1949年到现在** Yī jiǔ sì jiǔ nián dào xiànzài (O) 1949년에서 지금까지
> **1949年到如今** Yī jiǔ sì jiǔ nián dào rújīn (O) 1949년에서 지금까지
>
> **我现在就去。** Wǒ xiànzài jiù qù. (O) 내가 지금 바로 갈게.
> **我如今就去。** Wǒ rújīn jiù qù. (X)

0325 软件 ruǎnjiàn 소프트웨어 [BCT1] **반의** 硬件 yìngjiàn 하드웨어

我的电脑被病毒感染了，需要杀毒软件。
Wǒ de diànnǎo bèi bìngdú gǎnrǎn le, xūyào shādú ruǎnjiàn.
내 컴퓨터가 바이러스에 감염되어서, 백신 프로그램이 필요해.

大学不缺硬件，缺的就是作为优秀老师的软件。
Dàxué bù quē yìngjiàn, quē de jiù shì zuòwéi yōuxiù lǎoshī de ruǎnjiàn.
대학은 하드웨어는 괜찮은데, 우수한 교수라는 소프트웨어가 필요해.

0326 嗓子 sǎngzi 목, 목소리

我每到换季的时候嗓子就不舒服。
Wǒ měi dào huànjì de shíhou sǎngzi jiù bù shūfu.
나는 환절기만 되면 목이 안 좋다.

他的嗓子很好，适合唱京剧。
Tā de sǎngzi hěn hǎo, shìhé chàng jīngjù.
그의 목청이 좋아서, 경극에 적합해.

0327 色彩 sècǎi 색채, 색깔, 빛깔

画家用了明快的色彩、委婉的线条，描绘了秋天的景色。

Huàjiā yòngle míngkuài de sècǎi, wěiwǎn de xiàntiáo, miáohuìle qiūtiān de jǐngsè.

화가는 밝은 색채와 부드러운 선으로, 가을의 풍경을 표현했다.

[단어] **明快** míngkuài 시원시원하다, 명쾌하다 / **委婉** wěiwǎn 완곡하다, 부드럽다 / **描绘** miáohuì 그리다, 묘사하다

0328 沙漠 shāmò 사막

沙漠里面只有骆驼作为交通工具。

Shāmò lǐmiàn zhǐ yǒu luòtuo zuòwéi jiāotōng gōngjù.

사막에서는 낙타만이 교통수단으로 쓰인다.

目前，亚洲土地沙漠化现象也很严重。

Mùqián, Yàzhōu tǔdì shāmòhuà xiànxiàng yě hěn yánzhòng.

오늘날, 아시아 지역의 사막화 현상 또한 심각하다.

0329 沙滩 shātān 백사장, 모래사장

我喜欢吹着柔柔的海风，走在沙滩上。

Wǒ xǐhuan chuīzhe róurōu de hǎifēng, zǒuzài shātān shang.

나는 부드러운 해풍을 맞으며 백사장 걷는 것을 좋아한다.

관련 표현

沙滩上的石子 — 俯拾即是 shātān shang de shízi — fǔ shí jí shì **혈후**

백사장의 돌멩이 — 몸을 굽히기만 하면 얼마든지 주울 수 있다 : 물건이 많아 손쉽게 얻을 수 있다, 수두룩하다

0330 闪电 shǎndiàn 번개, 번갯불

那一阵闪电把所有的人都吓坏了。

Nà yí zhèn shǎndiàn bǎ suǒyǒu de rén dōu xiàhuài le.

그 번개가 모든 사람을 깜짝 놀라게 했다.

□□□

0331 **扇子** shànzi 부채

他有一把唐伯虎题字的扇子。
Tā yǒu yì bǎ Táng Bóhǔ tízì de shànzi.
그 사람에게 당백호가 기념으로 글씨를 남긴 부채가 하나 있다.

tip 唐寅 : (Táng Yín, 1470~1524) 명대의 유명한 화가, 문학가, 자(字)는 伯虎.

관련 표현

扇着扇子说话 — 风言风语 헐후
shànzhe shànzi shuōhuà — fēng yán fēng yǔ
부채질을 하며 말하다 — 뜬소문 : 유언비어, 헛소문, 뒷공론하다

□□□

0332 **商品** shāngpǐn 상품 BCT1

这些商品其实都是中国制造的。
Zhèxiē shāngpǐn qíshí dōu shì Zhōngguó zhìzào de.
이 상품들은 사실 모두 Made in CHINA이다.

□□□

0333 **商务** shāngwù 상무, 상업상의 용무, 비즈니스 BCT2

您可以去商务中心发传真。
Nín kěyǐ qù shāngwù zhōngxīn fā chuánzhēn.
비즈니스 센터에 가서 팩스를 보내실 수 있습니다.

관련 표현

电子商务 diànzǐ shāngwù 전자 상거래

□□□

0334 **商业** shāngyè 상업, 장사, 비즈니스 BCT2

他们共同投资把这个团队的项目转化为商业模式。
Tāmen gòngtóng tóuzī bǎ zhè ge tuánduì de xiàngmù zhuǎnhuàwéi
shāngyè móshì
그들은 공동 투자로 이 팀의 프로젝트를 비즈니스 모델로 전환했다.

[단어] **团队** tuánduì 단체, 팀 / **转化** zhuǎnhuà 바꾸다, 전환하다

南京路商业区都是外地人逛的，上海人一般逛淮海路。
Nánjīnglù shāngyèqū dōu shì wàidìrén guàng de, Shànghǎirén yìbān guàng Huáihǎilù.
난징루 상업 지구에는 다 외지에서 온 사람들이 쇼핑하러 가고, 상하이 사람들은 보통 화이하이 루에 쇼핑을 간다.

0335 蛇 shé 뱀

这位画家擅长画蛇的动作。
Zhè wèi huàjiā shàncháng huà shé de dòngzuò.
이 화가는 뱀의 동작을 그리는 데 뛰어나다.

관련 표현

一朝被蛇咬，十年怕井绳 yì zhāo bèi shé yǎo, shí nián pà jǐngshéng 【속담】
한 번 뱀에 물리고 나면 10년 동안 두레박 줄을 보고도 무서워 한다, 자라 보고 놀란 가슴 솥뚜껑 보고도 놀라다

虎头蛇尾 hǔ tóu shé wěi 【성】 용두사미, 시작은 거창하지만 끝이 부진하다

长蛇走路 — 扭扭捏捏 cháng shé zǒu lù — niǔniu niēniē 【헐후】
긴 뱀이 길을 가다 — 배배 꼬다 : 머뭇머뭇하다, 우물쭈물하다

0336 设备 shèbèi 설비, 시설 BCT1

工厂里面很多设备都已经老化了。
Gōngchǎng lǐmiàn hěn duō shèbèi dōu yǐjing lǎohuà le.
공장에 있는 많은 설비가 이미 노화되었다.

这些进口设备，一旦出毛病就不好修理。
Zhèxiē jìnkǒu shèbèi, yídàn chū máobìng jiù bù hǎo xiūlǐ.
이런 수입 설비들은, 일단 문제가 생겼다 하면 고치기가 힘들다.

图 갖추다, 설비하다

新建成的学校设备很不错。
xīn jiànchéng de xuéxiào shèbèi hěn búcuò.
새로 지은 학교는 시설이 잘 되어 있다.

0337 设施 shèshī 시설, 설비 [BCT1]

公园里又新添加了很多便民利民设施。
Gōngyuán li yòu xīn tiānjiāle hěn duō biànmín lìmín shèshī.
공원에는 많은 주민 편의 시설이 새로이 확충되었다.

[단어] **便民** biànmín 대중의 편리를 도모하다 / **利民** lìmín 국민에게 이롭다

这里有军事设施。
Zhèli yǒu jūnshì shèshī.
이곳에는 군사 시설이 있다.

设施 vs 设备

设备는 소형과 대형 계측기, 기계, 물품 등에 쓰이며 양사로는 '台 tái, 套 tào'를 쓸 수 있다. 设施는 주로 대형이면서 세트로 구성된 것을 가리키고, 국가 · 회사 · 단체에 소속된 것이 많으며 양사는 '套'를 쓴다.
设施는 '公共 gōnggòng~ (공공 시설)', '军事 jūnshì~ (군사 시설)', '娱乐 yúlè~ (오락 시설)', '基础 jīchǔ~ (기초 시설)', '文化 wénhuà~ (문화 시설)', '商业 shāngyè~ (상업 시설)' 등으로 쓰인다.

0338 射击 shèjī 사격

早期的射击比赛是对放飞的鸽子进行射击。
Zǎoqī de shèjī bǐsài shì duì fàngfēi de gēzi jìnxíng shèjī.
초기의 사격 대회는 날려 보낸 비둘기를 쏘는 것이었다.

0339 身材 shēncái 몸매, 몸

我男朋友身材超好，腿很长又有肌肉。
Wǒ nánpéngyǒu shēncái chāo hǎo, tuǐ hěn cháng yòu yǒu jīròu.
내 남자친구는 몸매가 끝내주는데, 다리도 길고, 근육질이다.

0340 身份 shēnfen 신분, 지위, 품위

无论彼此之间的身份地位有多大差别，朋友就是朋友。
Wúlùn bǐcǐ zhījiān de shēnfen dìwèi yǒu duō dà chābié, péngyou jiù shì péngyou.
서로 간의 신분 지위가 얼마나 차이가 나든, 친구는 친구인 거야.

你在公众场合这样说很有失身份。

Nǐ zài gōngzhòng chǎnghé zhèyàng shuō hěn yǒushī shēnfen.

자네 공공 장소에서 이렇게 말하는 것은 품위를 잃는 것이네.

[단어] 有失 yǒushī 잃다

0341 神话 shénhuà 신화 □□□

神话传说也是文化的一部分，值得好好研究。

Shénhuà chuánshuō yě shì wénhuà de yíbùfen, zhídé hǎohāo yánjiū.

신화와 전설 역시 문화의 일부로 전문적으로 연구할 만한 가치가 있다.

0342 声调 shēngdiào 성조 □□□

掌握不好声调的话，会出很多笑话。

Zhǎngwòbuhǎo shēngdiào dehuà, huì chū hěn duō xiàohuà.

성조를 제대로 파악하지 못하면, 자주 웃음거리가 될 수 있다.

0343 绳子 shéngzi 노끈, 새끼, 밧줄 □□□

这根绳子还是蛮结实的。

Zhè gēn shéngzi háishi mán jiēshi de.

이 줄은 참 질기네.

[단어] 蛮 mán 매우, 아주, 대단히

관련 표현

长绳系日 cháng shéng jì rì 성 흘러가는 시간을 막고 싶다

五根绳子不一样 — 三长两短 혈후

wǔ gēn shéngzi bù yíyàng — sān cháng liǎng duǎn

다섯 가닥의 끈이 다르다 — 세 가닥은 길고 두 가닥은 짧다 : 뜻밖의 재난이나 변고, 사망

0344 诗 shī 시 □□□

唐诗宋词是中国文化的瑰宝。

Tángshī Sòngcí shì Zhōngguó wénhuà de guībǎo.

당시 송사는 중국 문화의 보배이다.

[단어] 瑰宝 guībǎo 보배

这美丽的景色就像是一首优美的诗。
Zhè měilì de jǐngsè jiù xiàng shì yì shǒu yōuměi de shī.
이 멋진 풍경은 마치 아름다운 시 같다.

관련 표현

七步成诗 qī bù chéng shī **성** 일곱 걸음을 걷는 동안 시 한 수를 짓다(삼국 시대 조식(曹植)의 고사에서 유래), 재간이 있다

0345 狮子 shīzi 사자 ☐☐☐

狮子是外国动物之王，老虎是中国动物之王。
Shīzi shì wàiguó dòngwù zhī wáng, lǎohǔ shì Zhōngguó dòngwù zhī wáng.
사자는 외국 동물 중의 왕이고, 호랑이는 중국 동물 중의 왕이다.

관련 표현

大门口的石狮子 — 成双成对 **헐후**
dà ménkǒu de shí shīzi — chéng shuāng chéng duì
대문 앞의 돌사자 — 둘씩 짝을 이루다 : 쌍쌍이 짝을 이루다

给狗起个狮子名 — 有名无实 **헐후**
gěi gǒu qǐ ge shīzi míng — yǒu míng wú shí
개에게 사자 이름을 지어 주다 — 이름만 있고 알맹이가 없다: 유명무실하다, 헛된 명성만 있고 실속이 없다.

0346 石头 shítou 돌, 바위 ☐☐☐

盖房子的时候石头是很重要的原材料。
Gài fángzi de shíhou shítou shì hěn zhòngyào de yuáncáiliào.
집을 지을 때 돌은 아주 중요한 원자재이다.

관련 표현

一石激起千层浪 yì shí jīqǐ qiān céng làng 돌 하나가 수많은 물결을 일으키다

一块石头落了地 yí kuài shítou luòle dì **관용** 한숨 돌리다

落井下石 luò jǐng xià shí **성** 우물에 빠진 사람에게 돌을 던지다, 남의 어려움을 틈타 해를 가하다

石头做的心 — 冷酷无情 shítou zuò de xīn — lěng kù wú qíng **혈후**
돌로 만든 심장 — 차갑고 무정하다 : 무자비하다

水里的石头 — 雷打不动 shuǐ lǐ de shítou — léi dǎ bú dòng **혈후**
물 속의 돌 — 벼락도 깨지 못하다 : 의지가 굳세어 흔들리지 않다

武都头搬石头 —举重若轻 **혈후**
Wǔ dōutóu bān shítou —jǔ zhòng ruò qīng
무공이 돌을 옮기다 — 무거운 물건을 가벼운 물건 들 듯하다 : 큰일을 가볍게 처리하다

tip 武都头 : 武松(Wǔ Sōng), 〈수호전〉에 나오는 영웅.

□□□
0347 时差 shíchā 시차

我刚从巴黎回来，时差还没调整过来，头有点晕。
Wǒ gāng cóng Bālí huílai, shíchā hái méi tiáozhěngguolai, tóu yǒudiǎn yūn.
막 파리에서 돌아왔더니, 시차 적응이 안 되어서 머리가 좀 어지럽다.

□□□
0348 时代 shídài 시대, 시기, 시점 **참고** E时代 E shídài 전자 시대

时代变化太快了，现在都LTE时代了。
Shídài biànhuà tài kuài le, xiànzài dōu LTE shídài le.
세상이 너무 빨리 변해, 지금 벌써 LTE 시대가 되다니.

智能手机的出现具有划时代的意义。
Zhìnéng shǒujī de chūxiàn jùyǒu huàshídài de yìyì.
스마트폰의 출현은 획기적인 의의를 갖는다.

[단어] 划时代 huàshídài 새로운 시대를 열다, 획기적이다

□□□
0349 时刻 shíkè 시각, 때, 순간

这真是一个激动人心的时刻。
Zhè zhēn shì yí ge jīdòng rénxīn de shíkè.
정말 감격스러운 순간이다.

부 늘, 언제나, 시시각각

战士们时刻准备着为了国家和人民牺牲自己。
Zhànshìmen shíkè zhǔnbèizhe wèile guójiā hé rénmín xīshēng zìjǐ.
전사들은 시시각각 국가와 국민을 위해 희생할 준비를 하고 있다.

我时时刻刻都思念着你。
Wǒ shíshí kèkè dōu sīniànzhe nǐ.
나는 늘 너를 그리워하고 있어.

0350 时期 shíqī 시기 [BCT1]

抗战时期国共曾经进行过第二次合作。
Kàngzhàn shíqī guógòng céngjīng jìnxíngguo dì'èr cì hézuò.
항일 전쟁 시기, 국민당과 공산당은 2차 국공 합작을 했었다.

tip 抗战时期 : 항일 전쟁 시기로 1937년 7월 7일부터 1945년 9월 2일까지를 말한다.

非常时期就得采取非常手段。
Fēicháng shíqī jiù děi cǎiqǔ fēicháng shǒuduàn.
비상 시기에는 비상 조치를 취해야 한다.

0351 时尚 shíshàng 시대적 유행, 시류

时尚一直在往前，是你永远都不会追到的。
Shíshàng yìzhí zài wǎngqián, shì nǐ yǒngyuǎn dōu bú huì zhuīdào de.
유행은 늘 앞서가는 거라, 너는 영원히 유행을 따라잡을 수가 없어.

现在绿色出行方式渐渐成为时尚。
Xiànzài lǜsè chūxíng fāngshì jiànjiàn chéngwéi shíshàng.
지금은 친환경 이동 방식이 점차 대세를 이루고 있다.

tip 绿色出行 : 자원을 절약하고 환경 오염을 줄이는 이동 방식, 즉 대중교통을 이용한다거나 도보,
자전거 등을 타고 이동하는 것을 말한다.

0352 实话 shíhuà 실제 이야기, 참말, 사실

实话实说，我曾经喜欢过你。
Shíhuà shíshuō, wǒ céngjīng xǐhuanguo nǐ.
솔직히 말해서, 나는 전에 너를 좋아했었어.

[단어] 实话实说 shíhuà shíshuō 관용 사실대로 말해서, 솔직히 말해서

有时候，讲实话是需要很大的勇气的。
Yǒu shíhou, jiǎng shíhuà shì xūyào hěn dà de yǒngqì de.
때론, 진실을 말하는데도 큰 용기가 필요해.

食物 shíwù 음식물

三年自然灾害时期，食物短缺很严重。
Sān nián zìrán zāihài shíqī, shíwù duǎnquē hěn yánzhòng.
3년 동안 자연재해가 일어났던 시기에는, 음식물 부족 현상이 심각했다.

tip 三年自然灾害时期：1959년부터 1961년까지 진행되었던 대약진 운동 시기를 가리킨다. 이때, 중국은 시도했던 공업화 운동도 실패하고, 자연재해까지 겹쳐 많은 인민을 잃었다.

士兵 shìbīng 사병

作为一名士兵，就要想着保家卫国。
Zuòwéi yì míng shìbīng, jiù yào xiǎngzhe bǎo jiā wèi guó.
사병이라면 집과 나라를 지키려는 생각을 해야 한다.

[단어] 保家卫国 bǎo jiā wèi guó 집과 나라를 지키다

市场 shìchǎng 시장

我家附近有个农贸市场，菜很新鲜，价格又便宜。
Wǒ jiā fùjìn yǒu ge nóngmào shìchǎng, cài hěn xīnxiān, jiàgé yòu piányi.
우리 집 근처에는 농산물 시장이 있는데, 야채가 신선하고 가격도 싸다.

我公司的电子产品在国际市场上的竞争力比较强。
Wǒ gōngsī de diànzǐ chǎnpǐn zài guójì shìchǎng shang de jìngzhēnglì bǐjiào qiáng.
우리 회사의 전자 제품은 국제 시장에서 경쟁력이 있는 편이다.

관련 표현

没有市场 méiyǒu shìchǎng [관용] 환영을 못 받다, 받아들여지지 않다

事实 shìshí 사실

失败的事实再一次打击了他。
Shībài de shìshí zài yí cì dǎjīle tā.
실패했다는 사실이 다시 한 번 그에게 충격을 주었다.

这是事实，你得承认!
Zhè shì shìshí, nǐ děi chéngrèn!
이건 사실이야, 넌 인정해야만 해!

0357 事物 shìwù 사물 □□□

有些事物只存在于人们的想象之中。
Yǒuxiē shìwù zhǐ cúnzàiyú rénmen de xiǎngxiàng zhīzhōng.
어떤 사물은 오로지 사람들의 상상 속에만 존재한다.

0358 事先 shìxiān 사전, 미리 □□□

他从口袋掏出一个事先准备好的纸条。
Tā cóng kǒudài tāochū yí ge shìxiān zhǔnbèihǎo de zhǐtiáo.
그는 주머니에서 미리 준비해 온 메모지를 꺼냈다.

这么重要的事情，怎么事先没有任何通知呢？
Zhème zhòngyào de shìqing, zěnme shìxiān méiyǒu rènhé tōngzhī ne?
이렇게 중요한 일을, 왜 사전에 아무런 통지도 안 해 줬죠?

0359 试卷 shìjuàn 시험지, 답안을 적은 시험지 □□□

试卷一发下来，没复习好的人傻了眼。
Shìjuàn yì fāxialai, méi fùxíhǎo de rén shǎle yǎn.
시험지를 나눠 주자, 시험 공부를 하지 않은 사람들은 눈이 휘둥그레졌다.

空间不够的话，请在试卷反面作答。
Kōngjiān bú gòu dehuà, qǐng zài shìjuàn fǎnmiàn zuò dá.
공간이 부족하면, 시험지 뒷면에 답을 쓰세요.

0360 收据 shōujù 영수증 BCT1 □□□

他只是给我们开收据，收据上也没有加盖公司的公章。
Tā zhǐshì gěi wǒmen kāi shōujù, shōujù shang yě méiyou jiāgài gōngsī de gōngzhāng.
그는 우리에게 영수증만 주었을 뿐, 영수증에 회사 도장도 찍지 않았다.

[단어] **加盖** jiāgài (도장을) 찍다

小李拿着收据来找老郭还账。
Xiǎo Lǐ názhe shōujù lái zhǎo Lǎo Guō huánzhàng.
이 군은 영수증을 갖고 와서 곽씨에게 빚을 갚았다.

0361 手工 shǒugōng 수공 [BCT1]

现在的市场上手工制品要比工业制品贵好几倍。
Xiànzài de shìchǎng shang shǒugōng zhìpǐn yào bǐ gōngyè zhìpǐn guì hǎo jǐ bèi.
지금 시장에서는 수제(hand made)가 공산품보다 몇 배나 비싸다.

这件衣服是手工制作的，价格贵点儿也值得买。
Zhè jiàn yīfu shì shǒugōng zhìzuò de, jiàgé guì diǎnr yě zhídé mǎi.
이 옷은 수공으로 만든 것이니, 가격이 비싸더라도 살 만하다.

0362 手术 shǒushù 수술

如果不接受手术，病人最多只能再活半个月。
Rúguǒ bù jiēshòu shǒushù, bìngrén zuì duō zhǐnéng zài huó bàn ge yuè.
만약에 수술을 받지 않는다면, 환자는 길어야 반 년밖에 못 삽니다.

0363 手套 shǒutào 장갑

我想给男朋友织一双单指手套。
Wǒ xiǎng gěi nánpéngyou zhī yì shuāng dānzhǐ shǒutào.
나는 남자 친구에게 벙어리 장갑을 떠 주고 싶다.

0364 手续 shǒuxù 수속, 절차 [BCT1]

去工商局注册公司需要哪些手续?
Qù gōngshāngjú zhùcè gōngsī xūyào nǎ xiē shǒuxù?
공상국에 가서 사업자 등록을 하려면 어떤 절차가 필요한가요?

近年出国手续虽然有所松动，但仍然很复杂。
Jìnnián chūguó shǒuxù suīrán yǒu suǒ sōngdòng, dàn réngrán hěn fùzá.
요 몇 년 사이 출국 수속이 비록 완화되긴 했지만, 여전히 까다롭다.

[단어] 松动 sōngdòng (태도·조치·관계 등이) 융통성을 발휘하다. 부드러워지다

0365 手指 shǒuzhǐ 손가락

动一动手指，就可以在网上找到自己喜欢的东西。

Dòng yi dòng shǒuzhǐ, jiù kěyǐ zài wǎngshàng zhǎodào zìjǐ xǐhuan de dōngxi.

손가락만 까딱하면, 인터넷에서 자신이 좋아하는 물건을 찾을 수 있다.

0366 首 shǒu 시작, 처음, 머리, 우두머리

这是他们首次访华。

Zhè shì tāmen shǒucì fǎng Huá.

이는 그들이 처음으로 중국을 방문하는 것이다.

年轻人，昂首阔步地往前走。

Niánqīngrén, áng shǒu kuò bù de wǎng qián zǒu.

젊은이여, 고개를 들고 씩씩하게 앞으로 나아가게.

[단어] 昂首阔步 áng shǒu kuò bù 성 고개를 들고 활보하다, 씩씩하게 앞으로 나아가다.

以他为首的代表团参加了日内瓦会议。

Yǐ tā wéi shǒu de dàibiǎotuán cānjiāle Rìnèiwǎ huìyì.

그를 우두머리로 한 대표단은 제네바 회의에 참가했다.

양 곡, 수

▶노래와 시 등에 쓴다.

一首歌 yì shǒu gē 노래 한 곡 / 一首诗 yì shǒu shī 시 한 수

我给大家唱一首歌吧。

Wǒ gěi dàjiā chàng yì shǒu gē ba.

제가 여러분께 노래 한 곡 불러드리겠습니다.

我来背诵一首唐诗。

Wǒ lái bèisòng yì shǒu tángshī.

제가 당시 한 수를 암송하지요.

0367 寿命 shòumìng 수명

随着医学的发展，人的寿命越来越长。

Suízhe yīxué de fāzhǎn, rén de shòumìng yuèláiyuè cháng.

의술의 발달로, 사람의 생명이 갈수록 길어진다.

0368 书架 shūjià 책장, 책꽂이

书架两旁的花盆里传出阵阵花香。
Shūjià liǎngpáng de huāpén li chuánchū zhènzhèn huāxiāng.
책꽂이 양옆의 화분에서 꽃향기가 솔솔 풍긴다.

0369 梳子 shūzi 빗

用木制的梳子梳头可以促进头部血液循环。
Yòng mùzhì de shūzi shūtóu kěyǐ cùjìn tóubù xuèyè xúnhuán.
목제 빗으로 머리를 빗으면 머리 부분의 혈액 순환을 촉진할 수 있다.

관련 표현

跟和尚借梳子 — 强人所难 혈후
gēn héshàng jiè shūzi — qiǎng rén suǒ nán
스님한테 빗을 빌리다 — 어려운 일을 남에게 강요하다 : 힘든 일을 남에게 강요하다

0370 蔬菜 shūcài 야채, 채소

每天运动，保证充足睡眠，多吃蔬菜水果，保持好心情。
Měitiān yùndòng, bǎozhèng chōngzú shuìmián, duō chī shūcài shuǐguǒ, bǎochí hǎo xīnqíng.
매일 운동하고, 충분히 자고, 야채와 과일을 많이 먹고, 좋은 기분을 유지하세요.

0371 鼠标 shǔbiāo 마우스 참고 光电鼠标 guāngdiàn shǔbiāo 광마우스

这次换了一个无线鼠标，用起来很方便。
Zhè cì huànle yí ge wúxiàn shǔbiāo, yòngqilai hěn fāngbiàn.
이번에 무선 마우스로 바꿨는데, 쓰기가 편하다.

0372 数据 shùjù 통계, 수치, 데이터

这样统计出来的数据就可以是最可靠的了。
Zhèyàng tǒngjì chūlai de shùjù jiù kěyǐ shì zuì kěkào de le.
이렇게 통계로 나온 데이터가 가장 믿을 만해요.

0373 **数码** shùmǎ 디지털 BCT1 참고 **数码相机** shùmǎ xiàngjī 디지털 카메라

我们公司主要销售数码相机、笔记本电脑、打印机等数码产品。
Wǒmen gōngsī zhǔyào xiāoshòu shùmǎ xiàngjī、bǐjìběn diànnǎo、dǎyìnjī děng shùmǎ chǎnpǐn.
우리 회사는 주로 디지털 카메라, 노트북 컴퓨터, 프린터 등 디지털 제품을 판매한다.

0374 **双方** shuāngfāng 쌍방, 양자 BCT1 참고 **单方** dānfāng 일방

甲乙双方写了一份房屋买卖协议书。
Jiǎ Yǐ shuāngfāng xiěle yí fèn fángwū mǎimài xiéyìshū.
갑을 쌍방은 가옥 매매 문서를 작성했다.

我觉得我们双方都要负一定的责任。
Wǒ juéde wǒmen shuāngfāng dōu yào fù yídìng de zérèn.
나는 우리 양측 모두 일정 부분의 책임 부담을 해야 한다고 생각해요.

0375 **税** shuì 세금 BCT2

税就应该取之于民，用之于民。
Shuì jiù yīnggāi qǔ zhī yú mín, yòng zhī yú mín.
세금은 국민에게 걷어서, 국민에게 써야 한다.

这家企业存在着严重的偷税问题。
Zhè jiā qǐyè cúnzàizhe yánzhòng de tōushuì wèntí.
이 기업은 심각한 탈세 문제를 안고 있다.

0376 **丝绸** sīchóu 비단, 견직물 참고 **丝绸之路** sīchóu zhī lù 실크로드

周村是丝绸之乡，但前些年这里的丝绸产业一度跌入低谷。
Zōucūn shì sīchóu zhī xiāng, dàn qián xiē nián zhe li de sīchóu chǎnyè yí dù diē rù dī gǔ.
조우촌은 비단의 고장이지만, 지난 몇 년 동안 이곳 비단 산업은 고전을 면치 못하고 있다.

[단어] **低谷** dī gǔ 낮은 골짜기, 밑바닥

0377 丝毫 sīháo 극히, 조금, 추호 **유의** 一点儿 yìdiǎnr

已经过了十年了，他对我的态度却丝毫没有改变。
Yǐjing guòle shí nián le, tā duì wǒ de tàidù què sīháo méiyou gǎibiàn.
이미 10년이 지났건만, 그의 나에 대한 태도는 조금도 변하지 않았다.

> **丝毫 vs 一点儿**
>
> 丝毫는 명사이고, 一点儿은 양사로 주로 회화에 많이 쓴다. 丝毫는 추상적인 사물에 많이 쓰이고, 一点儿은 추상적인 사물과 구체적인 사물에 고루 쓰인다.
>
> **这些数据丝毫不差。** 이 수치들이 조금도 차이가 없다.
> Zhèxiē shùjù sīháo bú chà.
> **今天一点儿也不冷。** 오늘은 하나도 안 춥다.
> Jīntiān yìdiǎnr yě bù lěng.

0378 私人 sīrén 개인, 민간 **참고** 私人企业 sīrén qǐyè 개인 기업

他请了私人侦探来找丢失的孩子。
Tā qǐngle sīrén zhēntàn lái zhǎo diūshī de háizi.
그는 사설 탐정을 고용해 잃어버린 아이를 찾고 있다.

[단어] 侦探 zhēntàn 탐정

형 개인적인

他们俩利用私人关系办了一个厂。
Tāmen liǎ lìyòng sīrén guānxi bànle yí ge chǎng.
그 둘은 사적인 관계를 이용해 공장을 설립했다.

0379 思想 sīxiǎng 생각, 견해, 사상, 의식

每个人都有想法，但并不能说每个人都有思想。
Měi ge rén dōu yǒu xiǎngfǎ, dàn bìng bù néng shuō měi ge rén dōu yǒu sīxiǎng.
모든 사람이 생각은 있지만, 그렇다고 모든 사람이 다 의식이 있다고는 할 수 없다.

顽固派总是固守陈腐的思想不愿意去改革。
Wángùpài zǒngshì gùshǒu chénfǔ de sīxiǎng bú yuànyì qù gǎigé.
보수주의자들은 진부한 생각을 고집하며 개혁하려 하지 않는다.

[단어] 固守 gùshǒu 고집하다, 고수하다

0380 宿舍 sùshè 기숙사

他是跟我一个宿舍的同屋，为人很好。
Tā shì gēn wǒ yí ge sùshè de tóngwū, wéirén hěn hǎo.
그는 나와 같은 기숙사를 쓰는 룸메이트로 사람이 좋다.

0381 损失 sǔnshī 손실, 손해 [BCT1] [참고] 损失额 sǔnshī'é 손실액

由于洪灾影响，我公司受了很大的损失。
Yóuyú hóngzāi yǐngxiǎng, wǒ gōngsī shòule hěn dà de sǔnshī.
수해로 인해, 우리 회사는 막대한 손실을 입었다.

保险公司第一时间赶到农家，赔偿损失。
Bǎoxiǎn gōngsī dìyī shíjiān gǎndào nóngjiā, péicháng sǔnshī.
보험 회사는 가장 먼저 농가로 가서 손해 배상을 해 주었다.

[동] 손실되다, 손해 보다

这次股市暴跌，投资者损失了近千亿资产。
Zhè cì gǔshì bàodiē, tóuzīzhě sǔnshīle jìn qiānyì zīchǎn.
이번 주가 폭락으로 투자자들은 천 억에 달하는 자산 손실을 입었다.

[단어] 暴跌 bàodiē (물가 · 명성이) 폭락하다 [BCT2]

0382 锁 suǒ 자물쇠 [참고] 钥匙 yàoshi 열쇠

我的这把锁任何小偷都打不开。
Wǒ de zhè bǎ suǒ rènhé xiǎotōu dōu dǎbukāi.
내 자물쇠는 어떤 도둑도 딸 수 없답니다.

[동] 잠그다

有些人喜欢把钱锁在保险柜里。
Yǒu xiē rén xǐhuan bǎ qián suǒzài bǎoxiǎnguì li.
어떤 사람들이 돈을 금고에 넣어 두는 것을 좋아한다.

0383 台阶 táijiē 계단, 층계

这座山还是很高的，台阶修得不是很完善，因此很难爬。
Zhè zuò shān háishi hěn gāo de, táijiē xiū de bú shì hěn wánshàn, yīncǐ hěn nán pá.
이 산은 그래도 높은 편인데, 계단을 제대로 만들어 놓지 않아서 산을 타기가 힘들다.

0384 **太极拳** tàijíquán 태극권

每天清早，公园里很多老年人打太极拳健身。
Měitiān qīngzǎo, gōngyuán li hěn duō lǎoniánrén dǎ tàijíquán jiànshēn.
매일 이른 아침, 공원에는 많은 노인들이 태극권으로 몸을 단련한다.

관련 표현

陈氏太极拳 — 刚柔相济 Chén shì tàijíquán — gāng róu xiāng jì 헐후
진씨 태극권 — 강함과 부드러움이 서로 조화를 이루다 : 강함과 부드러움이 공존하다

tip 陈氏太极拳 : 태극권 유파 중의 하나로 老架 lǎojià, 新架 xīnjià, 小架 xiǎojià 3종이 있다.
청 초 陈王廷(Chén Wángtíng, 1600~1680)이 창시하고 진씨 가문에서 대대로 전승하고 있다.

悬崖边上打太极拳 — 临危不乱 헐후
xuányá biānshàng dǎ tàijíquán — lín wēi bú luàn
절벽 위에서 태극권을 하다 — 위험에 직면해서도 침착하다 : 위급한 상황에서도 당황하지 않다

0385 **太太** tàitai 부인, 아내 참고 夫人 fūrén 부인

▶ 아내, 부인

他娶了一位贤惠的太太。
Tā qǔle yí wèi xiánhuì de tàitai.
그는 현숙한 아내를 얻었다.

[단어] 贤惠 xiánhuì 품성이 곱다, 현숙하다

▶ [구어] 남의 부인을 말할 때나, 자신의 아내를 다른 이에게 소개할 때 쓰기도 한다.

我和他太太是大学同学。
Wǒ hé tā tàitai shì dàxué tóngxué.
나와 그의 부인은 대학 동창이다.

我太太今天不太舒服在家休息。
Wǒ tàitai jīntiān bú tài shūfu zài jiā xiūxi.
제 아내는 오늘 몸이 안 좋아 집에서 쉬고 있어요.

▶ 기혼 여성에 대한 존칭으로 쓸 때는 보통 남편 성씨 뒤에 쓴다.

张太太喜欢到海边去散步。
Zhāng tàitai xǐhuan dào hǎibian qù sànbù
장씨 댁 부인은 평소에 해변으로 산책 나가는 것을 좋아한다.

老太太缝穷 — 一针一线 lǎotàitai féngqióng — yì zhēn yí xiàn (헐후)
할머니가 삯바느질을 하다 — 바늘 하나, 실 한 오라기 : 아주 보잘것없는 재물

[단어] 缝穷 féngqióng 삯바느질로 생계를 꾸려 가다

老太太买肉 — 挑肥拣瘦 lǎotàitai mǎi ròu — tiāo féi jiǎn shòu (헐후)
할머니가 고기를 사다 — 비계를 골라내고 살코기만 남기다 : 오로지 자기에게 좋은 것만 골라내다

0386 桃 táo 복숭아

孙悟空最喜欢吃桃子。
Sūn Wùkōng zuì xǐhuan chī táozi.
손오공은 복숭아를 가장 좋아한다.

人面桃花 rén miàn táo huā (성) 사모하는 사람을 다시는 볼 수 없어 실의에 빠지다

桃李满天下 táo lǐ mǎn tiānxià (성) 문하생이 여기저기에 많이 있다

哑巴吃仙桃 — 妙不可言 yǎba chī xiāntáo — miào bù kě yán (헐후)
벙어리가 천도복숭아를 먹다 — 말할 수 없이 훌륭하다 : 이루 말할 수 없다, 절묘하다

0387 特色 tèsè 특색, 특징 (참고) 中国特色社会主义
Zhōngguó tèsè shèhuì zhǔyì 중국식 사회주의

这个酒店装修很有民族特色，是云南那边的风情。
Zhège jiǔdiàn zhuāngxiū hěn yǒu mínzú tèsè, shì Yúnnán nàbiān de fēngqíng.
이 호텔은 인테리어에 민족적인 특색이 많이 가미되었는데, 윈난 쪽의 정취를 담고 있다.

0388 特征 tèzhēng 특징

他很普通，是个没什么特征的人。
Tā hěn pǔtōng, shì ge méi shénme tèzhēng de rén.
그는 평범하니 별 특징이 없는 사람이다.

一个人的言行举止都与他的性格特征密切相关。
Yí ge rén de yánxíng jǔzhǐ dōu yǔ tā de xìnggé tèzhēng mìqiè xiāngguān.
한 사람의 언어와 행동거지는 다 그의 성격적 특징과 밀접한 관계가 있다.

0389　提纲 tígāng　요강, 개요, 요점

今天我把论文提纲交给导师了。
Jīntiān wǒ bǎ lùnwén tígāng jiāogěi dǎoshī le.
오늘 나는 논문 요약을 지도 교수님께 제출했다.

0390　题目 tímù　문제, 제목

"人为什么活着"这个题目太深沉，太难解答了。
"Rén wèishénme huózhe" zhège tímù tài shēnchén, tài nán jiědá le.
"사람은 왜 사는가"라는 문제는 너무 심오해서, 풀기가 매우 어렵다.

[단어] 深沉 shēnchén (정도가) 깊다 / 解答 jiědá 해답하다, 의문을 풀다

期末考试作文题目是"美梦成真"。
Qīmò kǎoshì zuòwén tímù shì "měi mèng chéng zhēn".
기말고사 작문 제목은 '꿈은 이루어진다'이다.

0391　天空 tiānkōng　하늘

刚刚下过雨的天空，好美！
Gānggāng xiàguo yǔ de tiānkōng, hǎo měi!
금방 비가 지나간 하늘이 너무 예뻐!

🗨 관련 표현

天空里闪电 — 雷厉风行 tiānkōng li shǎndiàn — léi lì fēng xíng 헐후
하늘에 번개가 치다 — 우레같이 맹렬하고 바람같이 신속하다 : (정책이나 법령의 집행이) 단호하고 신속하다, 화끈하다

望着天空皱眉 — 杞人忧天 헐후
wàngzhe tiānkōng zhòuméi — Qǐ rén yōu tiān
하늘을 바라보며 인상 쓰다 — 기(杞)나라 사람이 하늘이 무너질까 걱정하다 : 괜한 걱정하다

0392　通常 tōngcháng　통상, 보통　유의　一般 yìbān

他通常每个月只休息一天。
Tā tōngcháng měi ge yuè zhǐ xiūxi yì tiān
그는 보통 매달 하루만 쉰다.

这样做也符合国际上通常的做法。

Zhèyàng zuò yě fúhé guójì shang tōngcháng de zuòfǎ.

이렇게 하면 국제 관계에서 일반적으로 행해지는 관례에도 부합된다.

0393 土地 tǔdì 토지, 땅

对农民们来说失去土地就等于失去生命。

Duì nóngmínmen láishuō shīqù tǔdì jiù děngyú shīqù shēngmìng.

농민들에게 있어서 토지를 잃는다는 것은 바로 생명을 잃는 것과 같다.

관련 표현

土地爷喊城隍 — 神乎其神 [헐후]

tǔdìyé hǎn chénghuáng — shén hū qí shén

토지신이 성황신을 부르다 — 매우 신기하다 : 불가사의하다, 귀신이 곡할 노릇이다

土地爷开银行 — 钱可通神 [헐후]

tǔdìyé kāi yínháng — qián kě tōng shén

토지신이 은행을 열다 — 돈만 있으면 귀신도 부릴 수 있다 : 황금만능주의

玉皇大帝当土地 — 从天而降 [헐후]

yùhuáng dàdì dāng tǔdì — cóng tiān ér jiàng

옥황상제가 토지신이 되다 — 하늘에서 내려오다 : 갑자기 나타나다(생기다)

tip 土地 : 이 문장에서는 '토지신(社神)'을 가리킴.

0394 土豆 tǔdòu 감자

土豆的营养价值很高，可以预防疾病。

Tǔdòu de yíngyǎng jiàzhí hěn gāo, kěyǐ yùfáng jíbìng.

감자는 영양가도 높고 질병도 예방할 수 있다.

0395 兔子 tùzi 토끼

兔子的耳朵很大，有利于它接收声音。

Tùzi de ěrduo hěn dà, yǒulìyú tā jiēshōu shēngyīn.

토끼는 귀가 커서 소리를 듣는 데 유리하다.

兔死狐悲 tù sǐ hú bēi (성) 같은 무리의 불행을 보고 슬퍼하다

黄鼠狼背兔子 — 力不从心 huángshǔláng bēi tùzi — lì bù cóng xīn (헐후)
족제비가 토끼를 업다 — 기력이 마음을 따르지 못하다

受惊的兔子 — 惶恐不安 shòujīng de tùzi — huáng kǒng bù ān (헐후)
놀란 토끼 — 놀라고 두려워 불안하다 : 불안해하다

兔子见了鹰 — 魂飞魄散 tùzi jiàn le yīng — hún fēi pò sàn (헐후)
토끼가 매를 만나다 — 혼비백산하다

0396 团 tuán 단체, 그룹, 조직

我们要组团去参观广州交易会。
Wǒmen yào zǔtuán qù cānguān Guǎngzhōu jiāoyìhuì.
우리는 단체로 광저우 박람회를 참관할 계획이다.

他是中国代表团的领队。
Tā shì Zhōngguó dàibiǎotuán de lǐngduì.
그는 중국 대표단의 인솔자이다.

[단어] 领队 lǐngduì 인솔하다, 인솔자

(동) 둥글게 빚다, 주물러 뭉치다

孩子们把雪团成一个大球。
Háizimen bǎ xuě tuánchéng yí ge dàqiú.
아이들은 눈을 뭉쳐 큰 공으로 만들었다.

(양) 뭉치, 덩어리(덩어리를 세는 단위)

一团毛线 yì tuán máo xiàn 털실 한 타래

一团面 yì tuán miàn 국수 한 묶음

一团精神 yì tuán jīngshén 하나의 정신

我们买一团面，做炸酱面吃吧。
Wǒmen mǎi yì tuán miàn, zuò zhájiàngmiàn chī ba.
우리 국수를 한 묶음 사서 자장면 만들어 먹자고.

团团转 tuántuánzhuàn (관용) 빙빙 돌다, 허둥지둥하다, 쩔쩔매다

一团乱麻 yì tuán luàn má 성 일이 엉망으로 뒤엉키다, 몹시 혼란스럽다
一团和气 yì tuán hé qì 성 태도가 상냥하다, 허물없이 화목하게 지내다

0397 外公 wàigōng 외조부, 외할아버지 유의 外祖父 wàizǔfù, 老爷 lǎoye

外公今年八十岁了，身体依然十分硬朗。
Wàigōng jīnnián bāshí suì le, shēntǐ yīrán shífēn yìnglang.
할아버지는 올해 80세인데, 몸은 여전히 아주 정정하시다.
[단어] **硬朗** yìnglang 정정하다

0398 外交 wàijiāo 외교 참고 外交官 wàijiāoguān 외교관

瑞典是最早与中国正式建立外交关系的西方国家。
Ruìdiǎn shì zuì zǎo yǔ Zhōngguó zhèngshì jiànlì wàijiāo guānxi de xīfāng guójiā.
스웨덴은 가장 일찍 중국과 정식 외교 관계를 맺은 서방 국가이다.

0399 玩具 wánjù 완구, 장난감

小的时候最好的玩具就是池塘边的泥巴。
Xiǎo de shíhou zuìhǎo de wánjù jiù shì chítángbian de níbā.
어릴 땐 가장 좋은 장난감이 연못 근처의 흙이었다.

0400 王子 wángzǐ 왕자 참고 公主 gōngzhǔ 공주

每个公主都在等待属于自己的白马王子。
Měi ge gōngzhǔ dōu zài děngdài shǔyú zìjǐ de báimǎ wángzǐ.
공주들은 모두 자기만의 백마 탄 왕자를 기다린다.
[단어] **白马王子** báimǎ wángzǐ 백마 탄 왕자, 이상형의 남자

0401 网络 wǎngluò 망, 인터넷, 네트워크 BCT1

现在是网络时代，网上购物成为一种时尚。
Xiànzài shì wǎngluò shídài, wǎngshàng gòuwù chéngwéi yì zhǒng shíshàng.
지금은 네트워크 시대로, 인터넷 쇼핑이 일종의 트렌드가 되었다.

光网络 guāngwǎngluò 광 네트워크 / 网络商 wǎngluòshāng 인터넷 서비스 공급

网络化 wǎngluòhuà 네트워킹

0402 围巾 wéijīn 목도리, 스카프

这是初恋给我织的围巾，已经有三十年了。

Zhè shì chūliàn gěi wǒ zhī de wéijīn, yǐjing yǒu sānshí nián le.

이건 첫사랑이 내게 떠 준 목도리인데, 벌써 30년 됐어.

0403 尾巴 wěiba 꼬리

小猫悠闲地舔着自己的尾巴。

Xiǎomāo yōuxián de tiǎnzhe zìjǐ de wěibā.

새끼 고양이가 한가롭게 자기 꼬리를 핥고 있다.

[단어] 悠闲 yōuxián 한가하다, 여유롭다

狐狸尾巴 húli wěiba 나쁜 짓을 한 후 남겨진 흔적이나 증거

白鹤黑尾巴 — 美中不足 báihè hēi wěiba — měi zhōng bù zú 헐후

백학의 까만 꼬리 — 훌륭한 가운데에 부족한 점이 있다, 옥에도 티가 있다

狗尾巴上吊令旗 — 耀武扬威 헐후

gǒu wěiba shang diào lìngqí — yào wǔ yáng wēi

개의 꼬리에 영기를 달다 — 무용을 뽐내고 위엄을 과시하다 : 거만하고 횡포하게 굴다, 세도를 부리다

[단어] 令旗 lìngqí 군령을 전하는 데 사용하던 깃발

牵牛拖尾巴 — 不得要领 qiān niú tuō wěiba — bù dé yào lǐng 헐후

소를 끄는데 꼬리를 잡고 끌다 — 요령을 파악하지 못하다 : 핵심이나 요점을 터득하지 못하다

0404 未来 wèilái 미래, 미래의, 향후 참고 未来值 wèiláizhí 미래 가치

来，我们一起开拓美好的未来吧。

Lái, wǒmen yìqǐ kāituò měihǎo de wèilái ba.

자, 우리 함께 아름다운 미래를 개척해 가요.

0405 位置 wèizhì 위치 □□□

具体位置我不知道，只知道他在上海一家汽车厂。
Jùtǐ wèizhì wǒ bù zhīdào, zhǐ zhīdào tā zài Shànghǎi yì jiā qìchē chǎng.
구체적인 위치는 모르겠고, 단지 그 친구가 상하이의 자동차 공장에 있다는 것만 알아요.

0406 胃 wèi 위 □□□

我妈妈胃一直不好，时常有胃胀、胃痛、胃酸等现象。
Wǒ māma wèi yìzhí bù hǎo, shícháng yǒu wèizhàng、wèitòng、wèisuān děng xiànxiàng.
우리 엄마는 위가 계속 안 좋으셔서, 가끔씩 배가 더부룩하고, 위통이 오고, 신물이 나는 증세가 있어요.

0407 胃口 wèikǒu 식욕, 입맛, 흥미, 야심 □□□

他最近胃口不好，身体也一天天消瘦了。
Tā zuìjìn wèikǒu bù hǎo, shēntǐ yě yì tiāntiān xiāoshòu le.
그는 요즘 입맛도 없고, 몸도 하루가 다르게 말라간다.

我想追一个女生，长得很符合我的胃口。
Wǒ xiǎng zhuī yí ge nǚshēng, zhǎng de hěn fúhé wǒ de wèikǒu.
내가 어떤 여자애를 사귀려 하는데, 생김새가 딱 내 스타일인 거 있지.

在长达半个世纪里，侵略者的胃口越来越大。
Zài chángdá bàn ge shìjì li, qīnlüèzhě de wèikǒu yuèláiyuè dà.
반세기에 이르는 동안, 침략자의 야심은 갈수록 더 커졌다.

 관련 표현

倒胃口 dǎo wèikou 관용 싫증나다, 물리다, 역겹다
对胃口 duì wèikǒu 관용 마음에 들다, 입맛(구미·생각)에 맞다

0408 文件 wénjiàn 문건, 문서, 서류 BCT1 □□□

참고 文件名 wénjiànmíng 문서명, 假文件 jiǎ wénjiàn 위조 문서

请把这些文件重新整理一下。
Qǐng bǎ zhèxiē wénjiàn chóngxīn zhěnglǐ yíxià.
이 문서들을 다시 정리해 주세요.

申请贷款需要哪些文件?
Shēnqǐng dàikuǎn xūyào nǎxiē wénjiàn?
대출 신청할 때 어떤 서류들이 필요한가요?

0409 文具 wénjù 문구

他固定地使用一个牌子的文具。
Tā gùdìng de shǐyòng yí ge páizi de wénjù.
그는 같은 브랜드의 문구만 고정적으로 사용한다.

0410 文明 wénmíng 문명

中华文明是世界上最古老的文明之一。
Zhōnghuá wénmíng shì shìjiè shang zuì gǔlǎo de wénmíng zhī yī.
중화 문명은 세계에서 가장 오래된 문명 중의 하나이다.

형 교양이 있다

他举止优雅，一看就知道是个文明的绅士。
Tā jǔzhǐ yōuyǎ, yí kàn jiù zhīdào shì ge wénmíng de shēnshì.
그는 행동이 점잖은 게, 단박에 교양 있는 신사임을 알 수 있다.

관련 표현

文明病 wénmíngbìng [신조어] 당뇨병, 뇌혈관 질환, 심장병의 통칭

0411 文学 wénxué 문학 **참고** 文学家 wénxuéjiā 문학가, 문학자

我研究中国古代文学与西方古代文学的差异。
Wǒ yánjiū Zhōngguó gǔdài wénxué yǔ xīfāng gǔdài wénxué de chāyì.
나는 중국 고대 문학과 서양 고대 문학의 차이에 대해 연구한다.

0412 文字 wénzì 문자, 언어, 문장

甲骨文主要指殷墟甲骨文，又称为"殷墟文字"。
Jiǎgǔwén zhǔyào zhǐ Yīnxū jiǎgǔwén, yòu chēngwéi "Yīnxū wénzì"
갑골문은 기본적으로 은허 갑골문을 가리키며, '은허 문자'라고도 한다.

[단어] 称为 chēngwéi ~라고 부르다

你来帮我修改这段文字吧。
Nǐ lái bāng wǒ xiūgǎi zhè duàn wénzì ba.
이 문장 좀 고쳐 주라.

0413 **卧室** wòshì 침실

卧式里只有一张床和一个茶几，其他什么也没有。
Wòshì li zhǐ yǒu yì zhāng chuáng hé yí ge chájī, qítā shénme yě méiyǒu.
침실에는 침대와 협탁만 있을 뿐 다른 것은 아무것도 없다.

0414 **屋子** wūzi 방 유의 房间 fángjiān

他们在屋子里打麻将，你进去看看。
Tāmen zài wūzi li dǎ májiàng, nǐ jìnqu kànkan.
그 애들 지금 방안에서 마작하고 있어, 들어가 봐.

관련 표현

孟斧的屋子 — 纸醉金迷 Mèng Fǔ de wūzi — zhǐ zuì jīn mí 헐후
멍푸의 방 — 호화롭고 사치스러운 생활에 빠져 버리다 : 호화롭고 사치스러운 생활, 환락 생활

tip 孟斧 : 당나라 조종(昭宗) 때의 황실 출입 의사로, 집안의 방 하나를 황실을 모방해 화려하고 사치스럽게 장식했는데, 방 안의 물건들은 황금으로 만든 얇은 종이로 발랐다고 한다.

0415 **武术** wǔshù 무술

成龙、李连杰、台湾演员吴建豪均在少林寺学过武术。
Chéng Lóng、Lǐ Liánjié、Táiwān yǎnyuán Wú Jiànháo jūn zài Shàolínsì xuéguo wǔshì
청룽, 리리엔지에, 대만 배우 우지엔하오는 모두 다 소림사에서 무술을 배웠어.

관련 표현

练武术不拿刀枪 — 赤手空拳 헐후
liàn wǔshù bù ná dāoqiāng — chì shǒu kōng quán
무술을 연마할 때 칼과 창을 들지 않다 — 빈손 맨주먹 : 아무것도 가진 것이 없다

□ □ □

0416 物理 wùlǐ 물리 [참고] **物理学** wùlǐxué

生活中可以看到很多物理现象，十分奇妙。
Shēnghuó zhōng kěyǐ kàndào hěn duō wùlǐ xiànxiàng, shífēn qímiào.
생활 속에서 물리 현상을 많이 보게 되는데, 참 신기하다.

□ □ □

0417 物质 wùzhì 물질, 재물, 재화

大多数人认为精神生活比物质生活更为重要。
Dàduōshù rén rènwéi jīngshén shēnghuó bǐ wùzhì shēnghuó
gèngwéi zhòngyào.
대다수 사람들은 정신 생활이 물질 생활보다 더 중요하다고 여긴다.

[단어] **更为** gèngwéi 더욱, 훨씬

□ □ □

0418 雾 wù 안개

大雾消散了，太阳出来天气渐渐暖了。
Dàwù xiāosàn le, tàiyáng chūlai tiānqì jiànjiàn nuǎn le.
안개가 걷히고 나자, 해가 드러나 날씨가 점점 따뜻해졌다.

관련 표현

雾里看花 wù li kàn huā [성] 안개 속에서 꽃을 보다, 사물의 본질을 파악하지 못하다

雾中照相 — 眉目不清 wù zhōng zhàoxiàng - méi mù bù qīng [헐후]
안개 속에서 사진 찍다 — 눈썹과 눈이 불분명하다 : 글에 두서가 없고 요점이 뚜렷하지 못하다

□ □ □

0419 戏剧 xìjù 희극, 연극

如果要演好戏剧，必须要进行大量的学习。
Rúguǒ yào yǎnhǎo xìjù, bìxū yào jìnxíng dàliàng de xuéxí.
연극을 잘하려면 공부를 아주 많이 해야 한다.

□ □ □

0420 系 xì 학과(전공)

他是韩语系毕业的，学习成绩很优秀。
Tā shì Hányǔxì bìyè de, xuéxí chéngjì hěn yōuxiù.
그는 한국어과 졸업생으로, 성적이 우수하다.

동 jì 매다, 묶다

我老公和孩子正在系上围裙准备为我做饭。

Wǒ lǎogōng hé háizi zhèngzài jìshàng wéiqún zhǔnbèi wèi wǒ zuòfàn.

우리 남편과 아이가 앞치마를 두르고 나를 위해 식사 준비를 하고 있다.

0421 系统 xìtǒng 계통, 시스템 BCT1

这套人事管理系统非常方便。

Zhè tào rénshì guǎnlǐ xìtǒng fēicháng fāngbiàn.

이 인사 관리 시스템은 매우 편리하다.

형 체계적이다

我想通过系统学习进一步提高英语水平。

Wǒ xiǎng tōngguò xìtǒng xuéxí jìnyíbù tígāo yīngyǔ shuǐpíng.

나는 체계적인 학습을 통해 영어 실력을 한 단계 업그레이드시키고 싶다.

0422 细节 xìjié 세부 상황, 사소한 부분, 자세한 사정 BCT1

细节决定成败，所以不能忽视每一个小细节。

Xìjié juédìng chéngbài, suǒyǐ bù néng hūshì měi yí ge xiǎo xìjié

디테일이 성패를 가름하니까, 세세한 부분까지 다 소홀히 해선 안 돼.

我就知道这些，有些细节我也说不清楚。

Wǒ jiù zhīdào zhèxiē, yǒuxiē xìjié wǒ yě shuōbuqīngchu.

저도 이 정도밖에 모르기 때문에, 자세한 것은 뭐라 할 수가 없네요.

0423 夏令营 xiàlìngyíng 여름 학교, 여름 캠프

每个夏天，我都会参加学校组织的夏令营。

Měi ge xiàtiān, wǒ dōu huì cānjiā xuéxiào zǔzhī de xiàlìngyíng.

여름마다 나는 학교에서 주관하는 여름 캠프에 참가한다.

0424 县 xiàn 현(행정 구역 단위)

在中国，县是最小的行政单位。

Zài Zhōngguó, Xiàn shì zuì xiǎo de xíngzhèng dānwèi.

중국에서 현은 가장 작은 행정 단위이다.

0425 现代 xiàndài 현대 **참고** 古代 gǔdài 고대, 中世纪 zhōngshìjì 중세
近代 jìndài 근대

他的专业是历史，他专门研究中国现代史。
Tā de zhuānyè shì lìshǐ, tā zhuānmén yánjiū Zhōngguó xiàndàishǐ.
그의 전공은 역사로, 그는 중국 현대사를 집중적으로 연구한다.

现代社会是一个多元化的社会。
Xiàndài shèhuì shì yí ge duōyuánhuà de shèhuì.
현대 사회는 다원화된 사회이다.

0426 现实 xiànshí 현실

现实生活中你不得不面对很多困难。
Xiànshí shēnghuó zhōng nǐ bùdébú miànduì hěn duō kùnnan.
현실 생활에서 당신은 부득이하게 많은 어려움에 봉착하게 된다.

형 현실적이다

对于年轻人来说结婚买房都是很现实的问题。
Duìyú niánqīngrén láishuō jiéhūn mǎi fáng dōu shì hěn xiànshí de wèntí.
젊은이들에게 있어 결혼과 집을 사는 일은 모두 현실적인 문제이다.

0427 现象 xiànxiàng 현상 BCT1

最近出现了几次严重的沙尘暴现象。
Zuìjìn chūxiànle jǐ cì yánzhòng de shāchénbào xiànxiàng.
최근에 몇 차례 심각한 황사 현상이 나타났다.

관련 표현

59岁现象 wǔshíjiǔ suì xiànxiàng : 고위직 공무원이나 국영 기업 간부가 퇴임 전에 권력을 이용해 부정 행위를 저지르는 현상을 가리킨다.

0428 香肠 xiāngcháng 소시지

第一次吃哈尔滨香肠，味道很好，挺合我的口味。
Dìyī cì chī Hā'ěrbīn xiāngcháng, wèidao hěn hǎo, tǐng hé wǒ de kǒuwèi.
처음으로 하얼빈 소시지를 먹어 봤는데, 맛이 좋은 것이 내 입맛에 맞더라고.

 **项链** xiàngliàn 목걸이

她虽有项链、戒指、耳环、手链等金银器物，但平时一律不戴。
Tā suī yǒu xiàngliàn、jièzhi、ěrhuán、shǒuliàn děng jīnyín qìwù,
dàn píngshí yílǜ bú dài.
그녀는 비록 목걸이,반지,귀걸이,팔찌 등 금은 장신구를 갖고 있지만, 평소에는 전혀 착용하지 않는다.

[단어] 器物 qìwù 기물, 물건

项目 xiàngmù 프로젝트, 항목, 종목 BCT1

今年我们要完成三项房地产项目。
Jīnnián wǒmen yào wánchéng sān xiàng fángdìchǎn xiàngmù.
올해 우리는 부동산 프로젝트를 3개 완성해야 한다.

体育比赛项目很多，大家每人只限报一个。
Tǐyù bǐsài xiàngmù hěn duō, dàjiā měi rén zhǐ xiàn bào yí ge.
운동 경기 종목이 많기 때문에, 여러분은 한 사람이 한 종목에만 출전할 수 있어요.

象棋 xiàngqí 장기

战国时期，已经有了关于象棋的正式记载。
Zhànguó shíqī, yǐjing yǒule guānyú xiàngqí de zhèngshì jìzǎi.
전국 시대에 이미 장기에 관한 정식 기록이 있다.

관련 표현

下象棋不走卒 — 按兵不动 xià xiàngqí bù zǒu zú — àn bīng bú dòng 헐후
장기 둘 때 졸을 두지 않는다 — 군대로 하여금 잠시 행동을 멈추고 시기를 기다리게 하다 : 고의로 일을 진행시키지 않다, 의도적으로 움직이지 않다

象棋走在围棋盘上 — 格格不入 헐후
xiàngqí zǒuzài wéiqípán shang — gé gé bú rù
장기를 바둑판에서 두다 — 서로 어울리지 않다 : 서로 뜻이 맞지 않다, 도무지 맞지 않다

象征 xiàngzhēng 상징 참고 象征物 xiàngzhēngwù 심벌 마크

中国国旗是五星红旗，它是中华人民共和国的象征。
Zhōngguó guóqí shì Wǔxīng hóngqí, tā shì Zhōnghuá rénmín gònghéguó de xiàngzhēng.
중국 국기는 오성홍기이고, 그것은 중화인민공화국의 상징이다.

0433 小麦 xiǎomài 소맥, 밀

今年我们村小麦产量比上年略有增长。
Jīnnián wǒmen cūn xiǎomài chǎnliàng bǐ shàngnián lüè yǒu zēngzhǎng.
올해 우리 마을의 밀 생산량이 작년보다 조금 늘었다.

0434 效率 xiàolǜ 효율 [BCT1]

在这个信息化社会，效率就是生命。
Zài zhège xìnxīhuà shèhuì, xiàolǜ jiù shì shēngmìng.
이런 정보화 사회에서는 효율이 생명이다.

工作环境对一个人的工作效率非常重要。
Gōngzuò huánjìng duì yí ge rén de gōngzuò xiàolǜ fēicháng zhòngyào.
업무 환경은 한 사람의 업무 효율에 있어 매우 중요하다.

0435 心理 xīnlǐ 심리, 마음

心理疾病一直困扰着忙碌的现代人。
Xīnlǐ jíbìng yìzhí kùnrǎozhe mánglù de xiàndàirén.
마음의 질병은 늘 바쁜 현대인들을 괴롭힌다.

遇到心理问题要看心理医生。
Yùdào xīnlǐ wèntí yào kàn xīnlǐ yīshēng.
심리적인 문제에 봉착하면 정신과 의사를 찾아가야 한다.

0436 心脏 xīnzàng 심장, 심장부

他心脏不好，去医院检查后发现是冠心病。
Tā xīnzàng bù hǎo, qù yīyuàn jiǎnchá hòu fāxiàn shì guānxīnbìng.
그는 심장이 안 좋아 병원에 가서 검사해 보니 관상동맥경화증으로 나왔어.

[단어] 冠心病 guānxīnbìng 관상동맥경화증

他是个大心脏，不管遇到什么事都不慌。
Tā shì ge dà xīnzàng, bùguǎn yùdào shénme shì dōu bù huāng.
그는 강심장이라 무슨 일이 닥쳐도 당황하지 않는다.

[단어] 慌 huāng 허둥대다, 당황하다

销售部是我们公司的心脏。
Xiāoshòubù shì wǒmen gōngsī de xīnzàng.
영업부는 우리 회사의 심장이다.

0437 信号 xìnhào 신호

交通信号灯是指导车辆行驶的标志。
Jiāotōng xìnhàodēng shì zhǐ dǎo chēliàng xíngshǐ de biāozhì.
교통 신호등은 차량 운행을 안내하는 표지이다.

这里是山区，信号不好，改天给你打电话。
Zhèli shì shānqū, xìnhào bù hǎo, gǎitiān gěi nǐ dǎ diànhuà.
여기가 산악 지역이라 휴대전화 연결이 잘 안 돼요, 다음에 다시 걸게요.

0438 行人 xíngrén 행인 유의 过路人 guòlùrén

夜深了，路上几乎没有行人。
Yè shēn le, lùshang jīhū méiyǒu xíngrén.
밤이 깊어, 길에는 행인도 거의 안 보인다.

0439 行为 xíngwéi 행동, 행위 유의 行动 xíngdòng

他的行为让周围的人感到非常吃惊。
Tā de xíngwéi ràng zhōuwéi de rén gǎndào fēicháng chījīng.
그의 행동은 주위 사람들을 깜짝 놀라게 했다.

0440 形式 xíngshì 형식

形式与内容是相辅相成的，缺一不可。
Xíngshì yǔ nèiróng shì xiāng fǔ xiāng chéng de, quē yī bù kě.
형식과 내용은 서로 보완 작용을 하는 것으로 하나가 없어서는 안 된다.

[단어] 相辅相成 xiāng fǔ xiāng chéng 성 서로 보완하고 도와서 일을 완성하다

0441 形势 xíngshì 형세, 지세, 추세 BCT1

目前战争的形势令人担忧。
Mùqián zhànzhēng de xíngshì lìng rén dānyōu.
현재의 전쟁 형세가 사람들을 걱정스럽게 만들고 있다.

这里山险沟深，形势险要。

Zhèlǐ shān xiǎn gōu shēn, xíngshì xiǎnyào.

이곳은 산이 험하고 계곡이 깊으며, 지세가 험준하다.

[단어] 险要 xiǎnyào (지세가) 험준하다

最近股市形势大好，大家都赚钱了。

Zuìjìn gǔshì xíngshì dà hǎo, dàjiā dōu zuànqián le.

요즘 주식 시장 장세가 좋아 다들 돈을 벌었다.

관련 표현

形势逼人 xíng shì bī rén （성） 어쩔 수 없이 상황에 떠밀리다

《三国演义》的形势 — 鼎足三分 （헐후）

《Sānguó yǎnyì》 de xíngshì — dǐng zú sān fēn

《삼국지연의》의 형세 — 솥 밑의 세 다리처럼 분립하다 : 실력이 팽팽한 세 세력이 서로 대립하다

0442 **形象** xíngxiàng 형상, 이미지

企业形象反映出一个企业的文化。

Qǐyè xíngxiàng fǎnyìngchū yí ge qǐyè de wénhuà.

기업 이미지는 한 기업의 문화를 반영한다.

我们公司要聘请黄磊做我们的形象大使。

Wǒmen gōngsī yào pìnqǐng Huáng Lěi zuò wǒmen de xíngxiàng dàshǐ.

우리 회사에서는 황레이를 영입해 회사의 홍보 대사로 위촉하려 한다.

[단어] 聘请 pìnqǐng 초빙하다, 영입하다 [BCT1]

（형） 생동감이 넘치다

他的画栩栩如生，非常形象。

Tā de huà xǔ xǔ rú shēng, fēicháng xíngxiàng.

그의 그림은 실제처럼 생동감이 넘친다.

[단어] 栩栩如生 xǔ xǔ rú shēng （성） 살아 있는 것 같다

0443 **形状** xíngzhuàng 형태, 모양

这些图形形状千奇百怪，很难找到共同点。

Zhèxiē túxíng xíngzhuàng qiān qí bǎi guài, hěn nán zhǎodào gòngtóngdiǎn.

이 도형들은 모양이 다양해서, 공통점을 찾기 어렵다.

[단어] 千奇百怪 qiān qí bǎi guài 모양이 다양하다

奇形怪状 qí xíng guài zhuàng 성 이상야릇한 형상, 괴상망측한 모양

0444 性质 xìngzhì 성질 참고 化学性质 huàxué xìngzhì 화학 성질
案件性质 ànjiàn xìngzhì 사건 성질

犯罪分子作案手法残忍，性质及其恶劣。
Fànzuì fènzǐ zuò'àn shǒufǎ cánrěn, xìngzhì jíqí èliè.
범인의 범행 수법이 잔인하고, 죄질이 지독히 악랄하다.

有些金属性质不稳定，容易变化。
Yǒu xiē jīnshǔ xìngzhì bù wěndìng, róngyì biànhuà.
어떤 금속은 성질이 불안정해서 쉽게 변한다.

0445 兄弟 xiōngdì 형제

他不是我的亲兄弟，是我的表弟。
Tā bú shì wǒ de qīn xiōngdì, shì wǒ de biǎodì.
저 애는 나와 친형제는 아니고, 사촌 동생이야.

我没有兄弟姐妹，我是独生女。
Wǒ méiyǒu xiōngdì jiěmèi, wǒ shì dúshēngnǚ.
나는 형제자매가 없고, 외동딸이야.

结义兄弟 jiéyì xiōngdì 의형제

拜为兄弟 — 亲如手足 bài wéi xiōngdì — qīn rú shǒu zú 헐후
의형제를 맺다 — 가깝기가 형제 같다 : 형제처럼 가깝다, 형제 같다

叩头拜把子 — 称兄道弟 kòutóu bài bǎzi — chēng xiōng dào dì 헐후
의형제에게 절하다 — 형제라 부르다 : 호형호제하다, 아주 절친하다

0446 胸 xiōng 가슴

新郎身上穿着西服，胸前戴着一朵红花。
Xīnláng shēnshang chuānzhe xīfú, xiōng qián dàizhe yì duǒ hónghuā.
신랑은 양복을 입고, 가슴에는 빨간 꽃을 달고 있었다.

对于这次考试他胸有成竹，一定能考及格。
Duìyú zhè cì kǎoshì tā xiōng yǒu chéng zhú, yídìng néng kǎo jígé.
그는 이번 시험 준비를 철저히 했으니, 반드시 시험에 통과할 것이다.

[단어] 胸有成竹 xiōng yǒu chéng zhú 성 일하기 전에 모든 준비가 되어 있다

관련 표현

挺胸凸肚 tǐng xiōng tū dù 성 득의양양하다, 거드름을 피우다

0447 学历 xuélì 학력, 수학한 이력

高学历不一定代表高能力，这个我们要区分开。
Gāo xuélì bù yídìng dàibiǎo gāo nénglì, zhège wǒmen yào qūfènkāi.
고학력이 뛰어난 능력을 뜻하는 것은 아니니, 이것을 우리는 구분할 줄 알아야 한다.

0448 学术 xuéshù 학술 참고 学术报告 xuéshù bàogào 학술 보고

这是以研究中国共产党为主题的学术会议。
Zhè shì yǐ yánjiū Zhōngguó gòngchǎndǎng wéi zhǔtí de xuéshù huìyì.
이는 중국 공산당 연구를 주제로 한 학술 회의이다.

0449 学问 xuéwèn 학문, 학식

周院长是村里最有学问的人。
Zhōu yuànzhǎng shì cūnli zuì yǒu xuéwèn de rén.
주 원장님은 마을에서 가장 학식 있는 분이다.

做学问应该心无旁骛。
Zuò xuéwèn yīnggāi xīn wú páng wù.
학문을 할 때는 전심전력을 다해야 한다.

[단어] 旁骛 páng wù 다른 일에 힘쓰다, 한 눈 팔다

0450 血 xuè 피

▶xiě라 발음할 수 있다. 'xuè'와 'xiě'의 뜻은 같고, 'xiě'가 회화에 많이 쓰인다.

警察发现她时，她的头上还流着血。
Jǐngchá fāxiàn tā shí, tā de tóu shang hái liúzhe xiě.
경찰이 그녀를 발견했을 때, 그녀의 머리에서는 계속 피가 흐르고 있었다.

头破血流 tóu pò xuè liú （성） 머리가 깨지고 피가 흐르다, 심한 타격을 입다

一针见血 yì zhēn jiàn xiě （성） 한 마디로 정곡을 찌르다

老虎的嘴巴 — 血盆大口 lǎohu de zuǐba — xuè pén dà kǒu （헐후）
호랑이의 입 — 피가 뚝뚝 떨어지는 대야처럼 큰 입 : (맹수 등의) 시뻘겋게 딱 벌린 입

0451　押金 yājīn　보증금, 담보금 ［BCT2］

先生，您需要先预交一下所订房间的押金。
Xiānsheng, nín xūyào xiān yùjiāo yíxià suǒ dìng fángjiān de yājīn.
선생님, 우선 예약하신 방의 보증금을 선불하셔야 합니다.

存押金 cún yājīn 공탁금 / **开证押金** kāizhèng yājīn 개설 보증금

原始押金 yuánshǐ yājīn 개시 증거금 / **合同押金** hétong yājīn 계약금

0452　牙齿 yáchǐ　이, 치아

这部动画片教小孩儿们要认真刷牙，好好保护牙齿。
Zhè bù dònghuàpiàn jiāo xiǎoháirmen yào rènzhēn shuāyá,
hǎohāo bǎohù yáchǐ.
이 동화에서는 어린이들에게 이를 열심히 닦고, 이를 잘 보호해야 한다고 가르치고 있다.

0453　演讲 yǎnjiǎng　연설, 웅변

一场精彩的演讲可以扭转局面，甚至改变选举结果。
Yì chǎng jīngcǎi de yǎnjiǎng kěyǐ niǔzhuǎn júmiàn, shènzhì gǎibiàn
xuǎnjǔ jiéguǒ.
멋진 연설 한 번이 상황을 바꿀 수도, 심지어 선거 결과를 바꿀 수도 있다.

［단어］ **扭转** niǔzhuǎn (방향·상황을) 바꾸다, 되돌리다 / **选举** xuǎnjǔ 선거하다

（동） 강연하다, 연설하다

明天下午，乔·吉拉德会到我校体育馆演讲。
Míngtiān xiàwǔ, Qiáo·Jílādé huì dào wǒ xiào tǐyùguǎn yǎnjiǎng.
내일 오후에, 조 지라드가 우리 학교 체육관에 와서 강연한다.

［단어］ **乔·吉拉德** Qiáo·Jílādé (Joe Girard, 1928~) 미국의 작가. 저서로 《누구에게나 최고
의 하루가 있다》, 《판매에 불가능은 없다》가 있다.

0454 宴会 yànhuì 연회 [BCT1]

董事长在庆祝宴会上发表了热情洋溢的讲话。
Dǒngshìzhǎng zài qìngzhù yànhuì shang fābiǎole rèqíng yángyì de jiǎnghuà.
대표 이사님은 경축 연회에서 열정이 넘치는 연설을 하셨다.

[단어] 热情洋溢 rèqíng yángyì 열정이 가득 넘치다

0455 阳台 yángtái 베란다, 발코니

站在我家阳台上可以欣赏这个城市的夜景。
Zhànzài wǒ jiā yángtái shang kěyǐ xīnshǎng zhè ge chéngshì de yèjǐng.
우리 집 베란다에 서면 이 도시의 야경을 감상할 수 있다.

0456 样式 yàngshì 양식, 스타일

这种样式是今年流行的最新款，很多人都穿这种。
Zhè zhǒng yàngshì shì jīnnián liúxíng de zuì xīnkuǎn, hěn duō rén dōu chuān zhè zhǒng.
이 스타일은 올해 유행하는 신상품으로, 많은 사람들이 모두 이런 옷을 입었다.

0457 腰 yāo 허리

她今天穿着旗袍，显得她的腰特别细。
Tā jīntiān chuānzhe qípáo, xiǎnde tā de yāo tèbié xì.
그녀는 오늘 치파오를 입었는데, 그녀의 허리가 특히 가늘어 보인다.

[단어] 显得 xiǎnde ~처럼 보이다

관련 표현

站着说话不腰疼 zhànzhe shuōhuà bù yāoténg （관용） 자기와 상관없는 다른 사람에 대해 이러쿵 저러쿵하다, 남의 말을 하다

点头哈腰 diǎn tóu hā yāo （성） 공손하다, 고분고분하다, 지나치게 예의를 차리다

0458 业务 yèwù 업무, 영업 [BCT2]

对于职场新人来说，熟悉业务是第一步。
Duìyú zhíchǎng xīnrén láishuō, shúxī yèwù shì dìyī bù.
신입 직원에게 있어서는, 업무에 익숙해지는 것이 첫걸음이다.

我是跑业务的，所以一年中至少半年以上在外面度过。
Wǒ shì pǎo yèwù de, suǒyǐ yì nián zhōng zhìshǎo bàn nián yǐshàng zài wèimian dùguò.
난 영업하는 사람이라, 1년에 최소한 반 년 이상은 외지에서 지낸다.

0459 夜 yè 밤 참고 半夜三更 bànyè sāngēng 한밤중

冬天的夜里，吃着烤地瓜看书最舒服。
Dōngtiān de yèli, chīzhe kǎodìguā kàn shū zuì shūfu.
겨울 밤에는, 군고구마를 먹으며 책 보는 것이 가장 편안하다.

관련 표현

夜长梦多 yè cháng mèng duō 성 일을 오래 끌면 문제가 생기게 마련이다

0460 一辈子 yíbèizi 한평생, 일생 참고 这辈子 zhèbèizi 당대, 금생, 이 한평생

一辈子太短，去做自己喜欢的事情吧。
Yíbèizi tài duǎn, qù zuò zìjǐ xǐhuan de shìqing ba.
한 평생은 매우 짧으니, 자신이 좋아하는 일을 하세요.

他的名字我一辈子也忘不了。
Tā de míngzi wǒ yíbèizi yě wàngbuliǎo.
그의 이름을 난 평생 잊을 수가 없다.

0461 疑问 yíwèn 의문

老师的讲解十分详细，我们都没有疑问。
Lǎoshī de jiǎngjiě shífēn xiángxì, wǒmen dōu méiyǒu yíwèn.
선생님께서 너무 자세히 설명해 주셔서, 우리는 다 궁금한 게 없다.

0462 乙 yǐ 을(천간의 두 번째)

甲乙丙丁等是天干纪年法系统中的称谓。
Jiǎ yǐ bǐng dīng děng shì tiāngān jìniánfǎ xìtǒng zhōng de chēngwèi.
갑을병정 등은 천간 기년법 체계 속의 명칭이다.

乙方一般是合同中的第二方。
Yǐ fāng yìbān shì hétong zhōng de dì'èr fāng.
을은 보통 계약서상의 두 번째 당사자를 말한다.

0463 以来 yǐlái 이래, 이후

改革开放以来，中国经济进入了发展的高速通道。
Gǎigé kāifàng yǐlái, Zhōngguó jīngjì jìnrùle fāzhǎn de gāosù tōngdào.
개혁개방 이후 중국 경제는 발전이라는 고속 통로로 진입했다.

0464 义务 yìwù 의무 참고 义务教育 yìwù jiàoyù 의무 교육, 责任 zérèn 책임

在有些国家，当兵是每个男性公民的义务。
Zài yǒuxiē guójiā, dāngbīng shì měi ge nánxìng gōngmín de yìwù.
어떤 나라에서는 입대가 모든 남성의 의무이다.

0465 意外 yìwài 의외, 뜻밖의 사고

生活中有很多意外，这才构成了生活的多彩。
Shēnghuó zhōng yǒu hěn duō yìwài, zhè cái gòuchéngle shēnghuó de duōcǎi.
살다 보면 뜻밖의 일들이 많이 생기는데, 이러한 것들이 삶을 다채롭게 한다.

驾车要系好安全带，以免发生意外。
Jiàchē yào jìhǎo ānquándài, yǐmiǎn fāshēng yìwài.
운전할 때는 안전벨트를 매어야 뜻밖의 사고에 대비할 수 있다.

관련 표현

意外之财 yì wài zhī cái 성 뜻밖의 횡재

晴天打雷 — 出人意外 qíngtiān dǎléi — chū rén yìwài 헐후
마른하늘에 천둥이 치다 — 예상 밖이다 : 뜻밖이다

0466 **意义** yìyì 의의, 의미, 가치

这样做到底有没有意义呢?
Zhèyàng zuò dàodǐ yǒu méiyǒu yìyì ne?
이렇게 하는 게 도대체 의미가 있기나 한 거야?

我觉得志愿活动十分有意义。
Wǒ juéde zhìyuàn huódòng shífēn yǒu yìyì.
나는 자원 봉사 활동이 대단히 가치 있다고 생각해.

관련 표현

象征意义 xiàngzhēng yìyì 상징적 의미 / **内涵意义** nèihán yìyì 함축적 의미

0467 **因素** yīnsù 요소 BCT1

顽强的意志是取得成功的最重要的因素。
Wánqiáng de yìshì shì qǔdé chénggōng de zuì zhòngyào de yīsù.
강한 의지는 성공을 얻는 가장 중요한 요소이다.

房价是左右购房者心理的最关键因素。
Fángjià shì zuǒyòu gòufángzhě xīnlǐ de zuì guānjiàn yīnsù.
집값은 주택 구매자의 심리를 좌우하는 가장 핵심적인 조건이다.

관련 표현

可变因素 kěbiàn yīnsù 가변 요소 / **不变因素** búbiàn yīnsù 고정 요소

0468 **银** yín 은 참고 **收银台** shōuyíntái 계산대

元朝在入主中原之前，已经用银作货币。
Yuán cháo zài rùzhǔ zhōngyuán zhīqián, yǐjing yòng yín zuò huòbì.
원나라는 중원의 통치자가 되기 전에, 이미 은을 화폐로 사용했다.

0469 **英雄** yīngxióng 영웅

我爷爷是抗战时期的英雄，我家人都为他感到骄傲。
Wǒ yéye shì kàngzhàn shíqī de yīngxióng, wǒ jiārén dōu wèi tā
gǎndào jiāo'ào.
우리 할아버지는 항일 전쟁 시기의 영웅이시기에, 우리 식구는 모두 할아버지를 자랑스럽게 생각한다.

盖世英雄 gàishì yīngxióng 절세의 영웅

时势造英雄 shíshì zào yīngxióng 시대가 영웅을 만든다

梁山上的英雄 — 志同道合 혈후
liángshān shang de yīngxióng — zhì tóng dào hé
양산의 영웅 — 지향하는 바가 일치하다 : 서로 뜻이 같고 생각이 일치하다

梁山上的好汉 — 草莽英雄 혈후
Liángshān shang de hǎohàn – cǎo mǎng yīng xióng
양산의 호걸 — 평범하게 사는 영웅 : 초야(재야)의 영웅

tip 梁山泊(liángshānpō, 양산박) : 소설 《水浒传(수호전)》에 나오는 호걸들의 근거지. 지금의 산동성 양산현(梁山县), 호걸들의 웅거지를 일컫기도 함.

0470 营养 yíngyǎng 영양 참고 营养价值 yíngyǎng jiàzhí 영양가

水果富含营养物质，多吃水果对身体很好。
Shuǐguǒ fùhán yíngyǎng wùzhì, duō chī shuǐguǒ duì shēntǐ hěn hǎo.
과일에는 영양분이 많이 들어 있어서, 과일을 많이 먹으면 건강에 좋다.

[단어] 富含 fùhán 대량으로 함유하다

0471 影子 yǐngzi 그림자 참고 影子公司 yǐngzi Gōngsī 가명 회사

夏天大树的影子给人们带来了一丝清凉。
Xiàtiān dà shù de yǐngzi gěi rénmen dàilaile yì sī qīngliáng.
여름날 아름드리 나무의 그림자는 사람들에게 청량함을 준다.

那件事我连点影子也记不得了。
Nà jiàn shì wǒ lián diǎn yǐngzi yě jìbudé le.
그 일을 나는 조금도 기억하지 못한다.

人行影子走 — 寸步不离 rén xíng yǐngzi zǒu — cùn bù bù lí 혈후
사람이 걸으면 그림자가 따라간다 — 한 발자국도 떨어지지 않다 : 바짝 뒤따르다, 관계가 밀접하다

□ □ □

0472 硬件 yìngjiàn 하드웨어 [BCT1] 참고 软件 ruǎnjiàn 소프트웨어

这个公司的主打产品是电脑硬件。
Zhège gōngsī de zhǔdǎ chǎnpǐn shì diànnǎo yìngjiàn.
이 회사의 주력 상품은 컴퓨터 하드웨어이다.

这个人硬件够硬，软件也不错。
Zhè ge rén yìngjiàn gòu yìng, ruǎnjiàn yě búcuò.
이 사람은 집안도 좋고, 사람도 괜찮아.

□ □ □

0473 勇气 yǒngqì 용기

昨天我终于鼓起勇气向她表白了。
Zuótiān wǒ zhōngyú gǔqǐ yǒngqì xiàng tā biǎobái le.
어제 나는 마침내 용기를 내어 그녀에게 고백을 했다.

[단어] 表白 biǎobái (마음을) 나타내다, 고백하다

□ □ □

0474 用途 yòngtú 용도 참고 指定用途 zhǐdìng yòngtú [경제] 이어 마아크

我尚不清楚这笔经费的用途。
Wǒ shàng bù qīngchu zhè bǐ jīngfèi de yòngtú.
저는 아직 이 경비의 용도를 모르겠어요.

[단어] 尚 shàng 아직, 여전히

您可以按照用途查找您需要的车型。
Nín kěyǐ ànzhào yòngtú cházhǎo nín xūyào de chēxíng.
손님은 용도에 따라 필요한 차종을 알아보시면 됩니다.

[단어] 查找 cházhǎo 조사하다, 알아보다

□ □ □

0475 优势 yōushì 우세 [BCT1] 반의 劣势 lièshì 열세

他们公司的优势在于资金充足。
Tāmen gōngsī de yōushì zàiyú zījīn chōngzú.
그 회사의 강점은 자금이 충분하다는 데 있다.

[단어] 充足 chōngzú 충분하다, 충족하다

这次比赛，我们有很大优势取得成功。
Zhè cì bǐsài, wǒmen yǒu hěn dà yōushì qǔdé chénggōng.
이번 시합에서 우리는 큰 차이로 승리를 거두었다.

0476 幼儿园 yòu'éryuán 유치원

这所幼儿园办学时间较早，教研及管理成熟。
Zhè suǒ yòu'éryuán bànxué shíjiān jiào zǎo, jiàoyán jí guǎnlǐ chéngshú.
이 유치원은 설립 시기도 이른 편이고, 교육 연구와 관리도 잘 되고 있다.
[단어] 教研 jiāoyán 교육과 연구

관련 표현

八十岁老人进幼儿园 — 返老还童 [혈후]
bāshí suì lǎorén jìn yòu'éryuán — fǎn lǎo huán tóng
80세 노인이 유치원에 들어가다 — 노인에서 소년으로 돌아가다 : 회춘하다, 젊음을 되찾다

0477 娱乐 yúlè 오락, 예능

周末我们就喜欢看娱乐节目。
Zhōumò wǒmen jiù xǐhuan kàn yúlè jiémù.
주말에 우리는 예능 프로그램 보는 것을 좋아한다.

동 즐겁게 하다, 즐겁게 시간을 보내다

高考结束了，我们可以出去娱乐娱乐。
Gāokǎo jiéshù le, wǒmen kěyǐ chūqu yùleyùle.
대학 입학 시험이 끝나서 우리는 놀러 나갈 수 있게 되었다.

0478 语气 yǔqì 어기, 말투, 억양

与人交流要注意自己的语气。
Yǔ rén jiāoliú yào zhùyì zìjǐ de yǔqì.
다른 사람과 교류할 때는 자신의 말투에 신경써야 한다.

0479 玉米 yùmǐ 옥수수

玉米粒像牙齿一样整齐。
Yùmǐlì xiàng yáchǐ yíyàng zhěngqí.
옥수수 알이 이 같이 고르다.

0480 元旦 yuándàn 원단(양력 1월 1일)

明天就是元旦，祝福大家新年快乐！
Míngtiān jiù shì Yuándàn, zhùfú dàjiā xīnnián kuàilè!
내일이면 새해 첫날이군요, 여러분 Happy new year!

0481 员工 yuángōng 직원과 공원, 종업원

最初我们公司只有十五个正式员工，还有二十个临时雇员。
Zuìchū wǒmen gōngsī zhǐ yǒu shíwǔ ge zhèngshì yuángōng, hái yǒu èrshí ge línshí gùyuán.
맨 처음 우리 회사에는 정직원 15명과 임시직 15명이 있었다.

0482 原料 yuánliào 원료 [BCT2]

这个牌子的葡萄酒原料产地在法国。
Zhège páizi de pútáojiǔ yuánliào chǎndì zài Fǎguó.
이 브랜드 와인의 원료 생산지는 프랑스이다.

我们产品的原料都是国产的。
Wǒmen chǎnpǐn de yuánliào dōu shì guóchǎn de.
우리 제품의 원료는 모두 국산입니다.

0483 原则 yuánzé 원칙 [BCT1]

做人要讲原则，不能胡来。
Zuò rén yào jiǎng yuánzé, bù néng hú lái.
사람이면 원칙이 있어야지, 제멋대로 하면 안 된다.
[단어] 胡来 hú lái 제멋대로 행동하다, 함부로 굴다

原则上讲，你这样做是不对的。
Yuánzé shang jiǎng, nǐ zhèyàng zuò shì bú duì de.
원칙적으로 말하면, 자네가 이렇게 하는 것은 잘못된 거야.

0484 愿望 yuànwàng 바람, 희망, 꿈 참고 希望 xīwàng 희망

听说对着流星许愿，愿望就会成真。
Tīngshuō duìzhe liúxīng xǔyuàn, yuànwàng jiù huì chéngzhēn.
유성을 향해 소원을 빌면, 소원이 이루어진대.

他终于实现了当老师的愿望。
Tā zhōngyú shíxiànle dāng lǎoshī de yuànwàng.
그는 마침내 선생님이 되고 싶은 꿈을 이루었다.

0485 乐器 yuèqì 악기

我从没学过乐器，学吉他难不难？
Wǒ cóng méi xuéguo yuèqì, xué jítā nán bu nán?
전 한 번도 악기를 배워 본 적이 없는데, 기타를 배우는 건 어려운가요?

관련 표현

打击乐器 dǎjī yuèqì 타악기 / **键盘乐器** jiànpán yuèqì 건반 악기

弹拨乐器 tánbō yuèqì 현악기 / **吹奏乐器** chuīzòu yuèqì 관악기, 취주 악기

0486 运气 yùnqi 운, 운수

你运气真好，买彩票中奖了！
Nǐ yùnqi zhēn hǎo, mǎi cǎipiào zhòngjiǎng le!
너 운이 정말 좋구나, 복권에 당첨되다니!

0487 灾害 zāihài 재해

世界各地每年都有很多自然灾害发生。
Shìjiè gèdì měinián dōu yǒu hěn duō zìrán zāihài fāshēng.
세계 각지에서는 매년 많은 자연재해가 일어난다.

[단어] 自然灾害 zìrán zāihài 자연재해

0488 战争 zhànzhēng 전쟁

战争一旦爆发，将会造成很大的损失。
Zhànzhēng yídàn bàofā, jiāng huì zàochéng hěn dà de sǔnshī.
전쟁이 일단 발발하면 많은 손실을 초래할 것이다.

生活呀！就像一场战争。
Shēnghuó ya! Jiù xiàng yì chǎng zhànzhēng.
삶은 말이지, 전쟁 같아.

长辈 zhǎngbèi 집안 어른, 손윗사람, 연장자

참고 小辈 xiǎobèi, 晚辈 wǎnbèi 후배, 손아랫사람

尊敬长辈自古以来就是被人们所默认的规矩。
Zūnjìng zhǎngbèi zìgǔ yǐlái jiù shì bèi rénmen suǒ mòrèn de guīju.
연장자를 존경하는 것은 예로부터 묵인되어 오는 규범이다.

尊重长辈是小辈应该的，这你也不是不知道。
Zūnzhòng zhǎngbèi shì xiǎobèi yīnggāi de, zhè nǐ yě bú shì bù zhīdào.
윗사람을 존중하는 건 아랫사람으로서 당연한 일이거늘, 자네도 이걸 모르진 않을 테지.

帐户 zhànghù 계좌, 계정

你的账户余额已不足，请及时充值。
Nǐ de zhànghù yú'é yǐ bù zú, qǐng jíshí chōngzhí.
손님 계정의 잔액이 부족하네요, 바로 충전해 주세요.
[단어] 充值 chōngzhí (인터넷 계정이나 신용카드에) 돈을 충전시키다

现在这个年代，每个人都有好几个银行账户。
Xiànzài zhège niándài, měi ge rén dōu yǒu hǎo jǐ ge yínháng zhànghù.
지금 시대에는 사람들마다 은행 계좌를 몇 개씩 가지고 있다.

哲学 zhéxué 철학

从哲学上分析快慢是相对的，是基于现代社会生活得出的结论。
Cóng zhéxué shang fēnxī kuài màn shì xiāngduì de, shì jīyú xiàndài shèhuì shēnghuó déchū de jiélùn.
철학적으로 분석하자면 빠르고 느린 것은 상대적인 것으로, 현대 사회 생활에 바탕을 두고 얻어 낸 결론이다.
[단어] 基于 jīyú ~에 근거하다

真实 zhēnshí 진실

刚才他讲的是真实的故事。
Gāngcái tā jiǎng de shì zhēnshí de gùshi.
방금 전에 그가 얘기한 것은 실화이다.

只有在好朋友面前，她才展现自己真实的一面。
zhǐyǒu zài hǎo péngyou miànqián, tā cái zhǎnxiàn zìjǐ zhēnshí de yímiàn.
친한 친구 앞에서만 그녀는 자신의 진실한 일면을 내보인다.

0493 整体 zhěngtǐ (한 집단의) 전체, 전부 참고 整体利益 zhěngtǐ lìyì 전체 이익

我们这个班是一个整体，所以要团结。
Wǒmen zhège bān shì yí ge zhěngtǐ, suǒyǐ yào tuánjié.
우리 반은 하나니까, 단결해야 해.

从整体上看，他的设计方案还很不错。
Cóng zhěngtǐ shang kàn, tā de shèjì fāng'àn hái hěn búcuò.
전체적으로 볼 때, 그의 설계안은 꽤 괜찮아.

0494 证件 zhèngjiàn 증명서, 증빙 서류 [BCT1]

请出示您的有效证件。
Qǐng chūshì nín de yǒuxiào zhèngjiàn.
귀하의 확인 가능한 신분증을 보여 주세요.

他出示的证件有一些不符合条件。
Tā chūshì de zhèngjiàn yǒu yìxiē bù fúhé tiáojiàn.
그가 제시한 증빙 서류 중에서 조건에 맞지 않는 것들이 있다.

0495 证据 zhèngjù 증거 [BCT1]

光有这些证据不能彻底证明他与这个案子没有任何关系。
Guāng yǒu zhèxiē zhèngjù bù néng chèdǐ zhèngmíng tā yǔ zhège ànzi méiyǒu rènhé guānxi.
이 증거들만 가지고는 그 친구가 이 사건과 아무런 관계가 없다는 것을 확실하게 증명할 수가 없어요.

관련 표현

赖不掉的证据 — 白纸黑字 làibudiào de zhèngjù — bái zhǐ hēi zì 헐후
부인할 수 없는 증거 — 백지에 쓴 검은 글씨 : (명문화된) 명백한 증거

政府 zhèngfǔ 정부

人民政府应该为人民服务才对。
Rénmín zhèngfǔ yīnggāi wèi rénmín fúwù cái duì.
인민 정부는 당연히 인민을 위해 봉사해야 맞는 것이다.

政治 zhèngzhì 정치

他早已退隐，不再过问政治上的事情。
Tā zǎoyǐ tuìyǐn, bú zài guòwèn zhèngzhì shang de shìqing.
그 분은 이미 은퇴한 분이니까, 더 이상은 정치에 관한 일을 묻지 마세요.

[단어] 退隐 tuìyǐn 은퇴하다, 은거하다

支票 zhīpiào 수표 [BCT2]

我收到贵公司发来的支票了。
Wǒ shōudào guì gōngsī fālái de zhīpiào le.
귀사에서 보내 주신 수표를 받았습니다.

你总是喜欢开空头支票，我已经不再信任你了。
Nǐ zǒngshì xǐhuan kāi kōngtóu zhīpiào, wǒ yǐjing bú zài xìnrèn nǐ le.
넌 늘 거짓말만 하더라, 난 더 이상은 널 믿지 않아.

[단어] 开空头支票 kāi kōngtóu zhīpiào 관용 공수표를 발행하다, 거짓 약속을 남발하다

执照 zhízhào 자격증, 면허증, 허가증 [BCT1]

참고 营业执照 yíngyè zhízhào 사업자등록증

开饭馆要有营业执照才可以。
Kāi fànguǎn yào yǒu yíngyè zhízhào cái kěyǐ.
식당을 하려면 사업자등록증이 있어야 해.

考取律师执照真的很难。
Kǎoqǔ lǜshī zhízhào zhēn de hěn nán.
변호사 자격증을 따는 일은 정말 어렵다.

0500 **志愿者** zhìyuànzhě 지원자, 자원 봉사자

昨天我作为志愿者到鲁讯公园参加了一个儿童活动。
Zuótiān wǒ zuòwéi zhìyuànzhě dào Lǔ Xùn gōngyuán cānjiā le yí ge értóng huódòng.
어제 나는 자원봉사자 자격으로 루쉰 공원에 가서 어린이 행사에 참가했다.

0501 **制度** zhìdù 제도, 규정 [BCT1]

참고 经济制度 jīngjì zhìdù 경제 제도, 社会制度 shèhuì zhìdù 사회 제도

我们公司的考勤制度很是严格。
Wǒmen gōngsī de kǎoqín zhìdù hěn shì yángé.
우리 회사의 출근 제도는 아주 엄격하다.

0502 **秩序** zhìxù 질서 [BCT1]

一个灾区里没有秩序将会导致混乱。
Yí ge zāiqū li méiyǒu zhìxù jiāng huì dǎozhì hùnluàn.
재해 구역에서는 질서가 없으면 혼란을 초래하게 된다.

0503 **智慧** zhìhuì 지혜

老人的智慧是人生经验的结晶。
Lǎorén de zhìhuì shì rénshēng jīngyàn de jiéjīng.
노인의 지혜는 인생 경험의 결정체이다.

她的智慧表现在衣食住行的方方面面。
Tā de zhìhuì biǎoxiànzài yī shí zhù xíng de fāngfāng miànmiàn.
그녀의 지혜는 생활 속의 여기저기에서 발휘되었다.

[단어] 衣食住行 yī shí zhù xíng 성 의식주행. 의복 식사 주거 생활, 생활의 기본 요소

0504 **中介** zhōngjiè 중개, 매개 [BCT2]

通过正规中介找工作方便又安全。
Tōngguò zhèngguī zhōngjiè zhǎo gōngzuò fāngbiàn yòu ānquán.
정식 중개 회사를 통해 직장을 구하는 것이 편하고 안전하다.

[단어] 正规 zhèngguī 정규의, 표준의

我是托中介买卖房子的。
Wǒ shì tuō zhōnjiè mǎimài fángzi de.
나는 중개업자에게 위탁해 집을 사고팔아요.

0505 中心 zhōngxīn 센터, 중심 `BCT1`

高峰时间，市中心很拥挤。
Gāofēng shíjiān, shì zhōngxīn hěn yōngjǐ.
러시아워 때는 시내가 많이 붐빈다.

这篇文章的中心思想是对家乡的思念。
Zhè piān wénzhāng de zhōngxīn sīxiǎng shì duì jiāxiāng de sīniàn.
이 문장의 중심 사상은 고향에 대한 그리움이다.

0506 中旬 zhōngxún 중순 `BCT1`

现在已经是2月中旬了，考试成绩怎么还没出来呢？
Xiànzài yǐjing shì èr yuè zhōngxún le, kǎoshì chéngjì zěnme hái méi chūlai ne?
지금이 벌써 2월 중순인데, 시험 성적이 왜 아직도 안 나오지?

我们一定会下个月中旬交货。
Wǒmen yídìng huì xià ge yuè zhōngxún jiāohuò.
우리는 꼭 다음 달 중순에 납품할 것입니다.

0507 种类 zhǒnglèi 종류

微型电机市场上的产品种类太多了。
Wēixíng diànjī shìchǎng shang de chǎnpǐn zhǒnglèi tài duō le.
소형 가전 제품 시장에 나와 있는 상품 종류가 너무 많다.

0508 重量 zhòngliàng 중량, 무게 `BCT1`

这个箱子看起来很大，其实没什么重量。
Zhège xiāngzi kànqilai hěn dà, qíshí méi shénme zhòngliàng.
이 상자는 보기에는 큰데, 무게는 얼마 나가지 않는다.

你快称一下这袋大米的重量。
Nǐ kuài chēng yíxià zhè dài dàmǐ de zhòngliàng.
너 어서 이 쌀자루의 무게 좀 달아 봐.

净重 jìngzhòng 실중량 / **毛重** máozhòng 총중량

0509 猪 zhū 돼지

我家里有三个属猪的。
Wǒ jiā li yǒu sān ge shǔ zhū de.
우리 집에는 돼지띠가 세 사람 있어.

0510 竹子 zhúzi 대나무

竹子往往比喻情操高尚的人。其中，以晋朝"竹林七贤"为典范。
Zhúzi wǎngwǎng bǐyù qíngcāo gāoshàng de rén. Qízhōng, yǐ jìn cháo "zhúlín qī xián" wéi diǎnfàn.
대나무는 종종 지조가 있는 사람을 비유한다. 그중에서 진나라의 '죽림칠현'이 대표적인 예다.

[단어] 情操 qíngcāo 지조/ 高尚 gāoshàng 고상하다, 품위 있다 / 典范 diǎnfàn 본보기

tip 竹林七贤 : 중국 위(魏)·진(晋)의 정권 교체기에 부패한 정치 권력에 등을 돌리고 죽림에 모여 거문고와 술을 즐기며 청담(淸談)으로 세월을 보낸 일곱 명의 선비(嵇康 Jī Kāng, 阮籍 Ruǎn Jí, 山涛 Shān Tāo, 向秀 Xiàng Xiù, 刘伶 Liú Líng, 王戎 Wáng Róng, 阮咸 Ruǎn Xián).

0511 主人 zhǔrén 주인

这小狗是我家的，我就是狗的主人。
Zhè xiǎogǒu shì wǒ jiā de, wǒ jiù shì gǒu de zhǔrén.
이 개는 우리 집 개예요, 제가 개 주인이고요.

他们是主人和仆人的关系。
Tāmen shì zhǔrén hé púrén de guānxi.
그들은 주인과 하인 사이이다.

哈巴狗见了主人 — 俯首帖耳 헐후
hābagǒu jiàn le zhǔrén — fǔ shǒu tiē ěr
발바리가 주인을 만나니 — 고개를 숙이고 귀를 늘어뜨리다 : 순종하다, 순순히 따르다

[단어] 哈巴狗 hābagǒu 발바리

0512 主任 zhǔrèn 장, 주임(한 부서나 기관의 책임자)

唐主任去参加了县人大会议。

Táng zhǔrèn qù cānjiāle xiàn réndàhuìyì.

탕 주임은 현 인민 대표 회의에 참석하러 가셨습니다.

0513 主题 zhǔtí (문학 작품, 연설) 주제, 테마 **참고** 主题歌 zhǔtígē

龙应台的许多作品的主题都是展现两岸历史问题的。

Lóng Yīngtái de xǔduō zuòpǐn de zhǔtí dōu shì zhǎnxiàn liǎng'àn lìshǐ wèntí de.

룽잉타이의 많은 작품 주제는 대륙과 타이완의 역사 문제를 다루고 있다.

tip 龙应台 : (1952~) 타이완의 유명 작가. 대표작에 《目送 mùsòng》이 있다.

2014年9月韩国乐天世界主题游乐场进驻南京了。

Èr líng yī sì nián jiǔ yuè Hánguó lètiān shìjiè zhǔtí yóulèchǎng jìnzhù Nánjīng le

2014년 9월 한국 롯데월드 테마 놀이 공원이 난징에 입성했다.

[단어] 进驻 jìnzhù 진입하다, 투입하다, 진주하다

관련 표현

主题曲 zhǔtíqǔ 주제곡 / **主题股** zhǔtígǔ 테마주 / **主题句** zhǔtíjù 주제문

0514 主席 zhǔxí 주석, 의장, 회장 **참고** 大会主席 dàhuì zhǔxí 대회의장

王珍同学当选了这一届学生会的主席。

Wáng Zhēn tóngxué dāngxuǎnle zhè yí jiè xuéshenghuì de zhǔxí.

왕전 학우가 이번 학생회 회장으로 선출되었다.

中国国家主席习近平在会上发表了重要讲话。

Zhōngguó guójiā zhǔxí Xí Jìnpíng zài huì shang fābiǎole zhòngyào jiǎnghuà.

중국 국가 주석 시진핑은 회의석상에서 중요한 연설을 했다.

tip 习近平 주석은 2013년에 취임했다.

중국 역대 주석 : 毛泽东 Máo Zédōng / 刘少奇 Liú Shàoqí / 李先念 Lǐ Xiānniàn / 杨尚昆 Yáng Shàngkūn / 江泽民 Jiāng Zémín / 胡锦涛 Hú Jǐntāo

0515 专家 zhuānjiā 전문가

他父亲是医学专家，治疗胃癌真的很权威。
Tā fùqīn shì yīxué zhuānjiā, zhìliáo wèi'ái zhēn de hěn quánwēi.
그 친구 아버님은 의학 전문가로 위암 치료에 대단히 권위가 있으시다.

0516 状况 zhuàngkuàng 상황, 상태 [BCT1] 유의 情况 qíngkuàng

现场状况十分混乱，失踪人数仍无法确定。
Xiànchǎng zhuàngkuàng shífēn hùnluàn, shīzōng rénshù réng wúfǎ quèdìng.
현장 상황이 매우 혼란스럽고, 실종자 수도 확인할 수가 없다.

我公司想通过增加股东改善公司资金状况。
Wǒ gōngsī xiǎng tōngguò zēngjiā gǔdōng gǎishàn gōngsī zījīn zhuàngkuàng.
우리 회사에서는 주주를 늘려 회사 자금 사정을 개선하려 한다.

0517 状态 zhuàngtài 상태 [BCT1]

爷爷处于半昏迷状态，我们都等着他醒过来。
Yéye chǔyú bàn hūnmí zhuàngtài, wǒmen dōu děngzhe tā xǐngguolai.
할아버지는 반혼수 상태셔서, 우리는 모두 할아버지가 깨어나시길 기다리고 있다.

政府已经宣布受灾地区进入紧急状态。
Zhèngfǔ yǐjing xuānbù shòuzāi dìqū jìnrù jǐnjí zhuàngtài.
정부는 재해 지역이 긴급 상황에 돌입했다고 발표했다.

0518 姿势 zīshì 자세

这样看书的姿势对眼睛不好。
Zhèyàng kàn shū de zīshì duì yǎnjing bù hǎo.
이렇게 책 보는 자세는 눈에 안 좋아.

这个明星摆好了姿势，让记者照相。
Zhè ge míngxīng bǎihǎole zīshì, ràng jìzhě zhàoxiàng.
이 유명 배우는 포즈를 취해 주며 기자가 사진을 찍게 했다.

0519 资格 zīgé 자격 [BCT1]

这个运动员获得了参加亚运会比赛的资格。
Zhège yùndòngyuán huòdéle cānjiā yàyùnhuì bǐsài de zīgé.
이 운동 선수는 아시안 게임 참가 자격을 얻었다.

我没有资格批评你。
Wǒ méiyǒu zīgé pīpíng nǐ.
나는 너한테 뭐라고 할 자격이 없어.

0520 资金 zījīn 자금 [BCT2]

启动这个项目需要很多资金。
Qǐdòng zhège xiàngmù xūyào hěn duō zījīn.
이 프로젝트를 진행하는 데는 많은 자금이 필요합니다.

现在进口会增加资金负担。
Xiànzài jìnkǒu huì zēngjiā zījīn fùdān.
지금 수입을 하면 자금 부담이 커질 겁니다.

0521 资料 zīliào 자료 [BCT1]

这些资料也许你用得着，参考一下吧。
Zhèxiē zīliào yěxǔ nǐ yòngdezháo, cānkǎo yíxià ba.
이 자료들은 어쩌면 자네한테 소용이 있을 거야, 참고하게.

你把这些资料复印一下，好吗?
Nǐ bǎ zhèxiē zīliào fùyìn yíxià, hǎo ma?
이 자료들을 복사해 주실래요?

资料 vs 原料 vs 材料

1. 材料와 原料는 어떤 제품을 만들 때 필요한 물품을 뜻하는데, 材料는 1차적으로 가공된 것 예를 들면, 건축용 기와나 시멘트 등을 가리킬 수 있지만, 原料는 가공을 거치지 않은 원자재를 말한다.

建筑材料 jiànzhù cáiliào 건축 자재
化工原料 huàgōng yuánliào 화공 원료

2. 材料와 资料에는 연구나 학습에 쓰기 위해 수집한 사실이나 상황의 뜻이 들어 있다. 서면으로 된 문자를 가리킬 때 材料는 1차적인 가공을 거친 자료일 수도 있지만, 资料는 원시적인 데이터를 말한다.

0522 资源 zīyuán 자원 [BCT1]

人力资源是一个公司的核心资源。
Rénlì zīyuán shì yí ge gōngsī de héxīn zīyuán.
인력 자원은 한 회사의 핵심 자원이다.

我们不能浪费水资源，要节约用水。
Wǒmen bù néng làngfèi shuǐ zīyuán, yào jiéyuē yòng shuǐ.
우리는 수자원을 낭비해서는 안 되는 거야, 물을 아껴 써야 해.

0523 自由 zìyóu 자유

如果我们活着没有自由，那么我们的生活是毫无意义的。
Rúguǒ wǒmen huózhe méiyǒu zìyóu, nàme wǒmen de shēnghuó shì háowú yìyì de.
만약에 우리가 사는 동안 자유가 없다면, 우리의 삶은 아무런 의미가 없을 것이다.

🔵형 자유롭다

我们谁都不喜欢被限制，我们要自由自在地活着。
Wǒmen shéi dōu bù xǐhuan bèi xiànzhì, wǒmen yào zìyóu zìzài de huózhe.
우리는 누구나 제약 받기를 싫어한다, 우리는 자유자재로 살기를 원한다.

0524 字母 zìmǔ 자모, 알파벳

汉语拼音采用的是罗马字母。
Hànyǔ pīnyīn cǎiyòng de shì Luómǎ zìmǔ.
중국어 병음은 로마자를 채택하고 있다.

0525 字幕 zìmù 자막

小王看美剧时不看字幕看不懂。
Xiǎo Wáng kàn měijù shí bú kàn zìmù kànbudǒng.
왕 군은 미국 드라마를 볼 때, 자막을 안 보면 이해하지 못한다.

0526 总裁 zǒngcái 정당의 총재, 기업의 총수 [BCT2]

他目前是某有限公司的执行总裁。
Tā mùqián shì mǒu yǒuxiàn gōngsī de zhíxíng zǒngcái.
그는 지금 모 주식회사의 최고 경영자(CEO)이다.

0527 总理 zǒnglǐ (국가의) 총리

国务院总理李克强在北京人民大会堂会见日本首相。
Guówùyuàn zǒnglǐ Lǐ Kèqiáng zài Běijīng rénmín dàhuìtáng huìjiàn
Rìběn shǒuxiàng.
국무원 총리 리커치앙는 베이징 인민 대회당에서 일본 수상을 접견했다.

[단어] 会见 huìjiàn 접견하다, 만나다

tip 중국 역대 국무원 총리 : 周恩来 Zhōu Ēnlái / 华国锋 Huá Guófēng / 赵紫阳 Zhào Zǐyáng / 李鹏 Lǐ Péng / 朱镕基 Zhū Róngjī / 温家宝 Wēn Jiābǎo

0528 总统 zǒngtǒng 대통령, 총통

我曾经采访过美国前任总统比尔·克林顿。
Wǒ céngjīng cǎifāngguo měiguó qiánrèn zǒngtǒng Bǐ'ěr·Kèlíndùn.
나는 전에 미국 전임 대통령 빌·클린턴을 취재했었다.

0529 组 zǔ 조, 그룹, 팀

每十个人分为一组，我们分头进行搜救工作。
Měi shí ge rén fēnwéi yì zǔ, wǒmen fèntóu jìnxíng sōujiù gōngzuò.
10명을 한 조로 해서, 따로따로 수색 구조 작업을 합시다.

[단어] 分头 fèntóu 따로따로, 분담하여 / 搜救 sōujiù 수색하여 구조하다

양 조, 벌, 세트 **유의** 套 tào

新买了两组电池，可是才用了不到两个小时就没电了。
Xīn mǎile liǎng zǔ diànchí, kěshì cái yòngle bú dào liǎng ge xiǎoshí jiù méi diàn le.
새로 건전지 두 세트를 샀는데, 사용한 지 두 시간도 안 되어서 방전되어 버린 거 있지.

동 조직하다, 구성하다

这次我们组团去参观米兰国际家具展。
Zhè cì wǒmen zǔtuán qù cānguān Mǐlán guójì jiājùzhǎn.
이번에 우리는 단체로 밀라노 가구 박람회를 참관하러 간다.

tip 米兰国际家具展(밀라노 가구 박람회, Salone del Mobile. Milano) : 1961년에 시작된 박람회로 50여 년의 역사를 가지고 있으며, 세계 3대 박람회 중 하나이다.

0530 最初 zuìchū 최초, 맨 처음, 처음 **반의** 最后 zuìhòu 최후

路走的越远，越不能忘记最初的目的地是哪儿。
Lù zǒu de yuè yuǎn, yuè bù néng wàngjì zuìchū de mùdìdì shì nǎr.
멀리 갈수록, 처음에 가려던 목적지가 어디였는지를 잊어선 안 된다.

最初，网络只是在美国军队内部使用的。
Zuìchū, wǎngluò zhǐshì zài Měiguó jūnduì nèibù shǐyòng de.
최초에, 인터넷은 단지 미군 내부에서만 사용되었다.

0531 作品 zuòpǐn 작품

宫崎骏的作品每次都不会令人失望。
Gōngqí Jùn de zuòpǐn měi cì dōu bú huì lìng rén shīwàng.
미야자키 하야오(Miyazaki Hayao)의 작품은 매번 실망시키는 법이 없다.

tip 宫崎骏 : 미야자키 하야오(1941~), 애니메이션 감독. 대표작에 〈이웃집 토토로〉, 〈바람 계곡의 나우시카〉, 〈미래 소년 코난〉 등이 있다.

0532 作文 zuòwén 작문

老师要我们写1000字以上的作文。
Lǎoshī yào wǒmen xiě yìqiān zì yǐshàng de zuòwén.
선생님께서는 우리더러 1000자 이상으로 작문을 하라고 하셨다.

대명사

0001 彼此 bǐcǐ 서로, 피차, 서로 마찬가지이다

这是我们彼此的诺言，难道你已经忘了？
Zhè shì wǒmen bǐcǐ de nuòyán, nándào nǐ yǐjing wàng le?
이건 우리 서로가 했던 약속인데, 설마 너 벌써 잊은 거야?

▶중첩형으로 쓰여 겸손을 나타내는 인사말로 쓰인다.

A: **你太了不起了！**　　　　B: **彼此彼此。**
　Nǐ tài liǎobuqǐ le!　　　　　Bǐcǐ bǐcǐ.
　정말 대단하시네요!　　　　　마찬가지입니다.

🙂 **관련 표현**

不分彼此 bù fēn bǐ cǐ 성 내 것 네 것을 따지지 않다

0002 各自 gèzì 각자, 각기

组合解散后，他们各自发行了自己的新歌。
Zǔhé jiěsàn hòu, tāmen gèzì fāxíngle zìjǐ de xīn gē.
그룹이 해체한 후에, 그들은 각자 자신들의 신곡을 발표했다.

每个人都有各自的打算，很难聚在一起了。
Měi ge rén dōu yǒu gèzì de dǎsuan, hěn nán jùzài yìqǐ le.
다들 각자의 계획이 있어, 같이 한 번 모이기가 힘들다.

0003 某 mǒu 어느, 아무, 어떤 사람, 어떤 것

某年某月某一天，你会不会想起我呢？
Mǒu nián mǒu yuè mǒu yì tiān, nǐ huì bu huì xiǎngqǐ wǒ ne?
모년 모월 모일에 너는 내가 생각날까?

从后背看着，真的有点像韩某人。
Cóng hòubèi kànzhe, zhēn de yǒudiǎn xiàng Hán mǒurén.
뒤에서 보니, 정말로 한 모씨를 좀 닮았는데.

其余 qíyú 나머지, 남은 것 [유의] 其他 qítā, 其它 qítā

挑几个好的，其余的都扔掉。
Tiāo jǐ ge hǎo de, qíyú de dōu rēngdiào.
괜찮은 것 몇 개만 고르고, 나머지는 다 버려요.

除了班长，其余的都可以回宿舍了。
Chúle bānzhǎng, qíyú de dōu kěyǐ huí sùshè le.
반장만 빼고 다른 사람들은 다 기숙사로 돌아가도 돼.

관련 표현

攻其一点，不及其余 gōng qí yìdiǎn, bùjí qíyú [성] 장점은 다 무시하고 한 가
지 결점만 가지고 사람을 공격하다

其余 vs 其他 vs 其它

其他와 其它는 어떤 범위 밖의 것을 가리키고, 其余는 어떤 범위 안에 있는 것 중에서 남
는 것을 가리킨다. 其余와 其他는 사람을 가리킬 수 있지만, 其它는 사물만 가리킨다. 其
余가 1음절 단어를 수식할 때는 반드시 '的'를 동반하지만, 其他와 其它가 1음절 단어를
수식할 때는 '的'를 써도 되고 안 써도 된다.

除了两个人，其余的人都来了。 두 사람 빼고, 나머지 사람들은 다 왔어요.
Chúle liǎng ge rén, qíyú de rén dōu lái le.

我就要这个，其他都不要了。 난 이거만 갖고, 다른 건 다 안 가질래.
Wǒ jiù yào zhè ge, qítā dōu bú yào le.

先吃饭，再说其它的。 먼저 밥 먹고, 다른 것에 대해 얘기해요.
Xiān chīfàn, zài shuō qítā de.

如何 rúhé 어떻게, 어떠한가 [참고] 无论如何 wúlùn rúhé 어쨌든 간에

如何才能幸福是每个人都在思考的。
Rúhé cái néng xìngfú shì měi ge rén dōu zài sīkǎo de.
어떻게 해야 행복할 수 있을까는 모두가 고민하고 있는 문제이다.

他今天告诉我他的汉语老师如何如何好。
Tā jīntiān gàosu wǒ tā de Hànyǔ lǎoshī rúhé rúhé hǎo.
그는 오늘 나에게 자기네 중국어 선생님이 어찌어찌 좋은지 얘기해 주었다.

0001 **暗** àn 어둡다, 캄캄하다 반의 亮 liàng 밝다, 빛나다

房间里没有窗户，所以白天也很暗。
Fángjiān li méiyǒu chuānghu, suǒyǐ báitiān yě hěn àn.
방에 창문이 없어서 낮에도 어둡다.

天暗下来了，她一个人走回家，有点儿害怕。
Tiān ànxialai le, tā yí ge rén zǒu huíjiā, yǒudiǎnr hàipà.
날이 어두워져서, 그녀는 혼자 집으로 돌아가려니 조금 무서웠다.

관련 표현

明人不做暗事 míngrén bú zuò ànshì 관용 정직한 사람은 떳떳하지 못한 행동을 하지 않는다

暗箭伤人 àn jiàn shāng rén 성 몰래 사람을 해치다

暗无天日 àn wú tiān rì 성 극도로 암담한 사회, 부패한 사회

0002 **薄** báo 얇다, 야박하다 반의 厚 hòu 두껍다, 두텁다

大冬天了，你穿着这么薄的衣服，不觉得冷啊？
Dà dōngtiān le, nǐ chuānzhe zhème báo de yīfu, bù juéde lěng a?
한 겨울인데, 이렇게 얇게 입고, 안 추워？

他心里喜欢李老师，可他脸皮薄，不好意思跟她告白。
Tā xīnli xǐhuan Lǐ lǎoshī, kě tā liǎnpí báo, bùhǎoyìsi gēn tā gàobái.
그는 마음속으로 이 선생님을 좋아하지만, 부끄러움을 잘 타, 그녀에게 고백하지 못하고 있다.
[단어] 脸皮薄 liǎnpí báo 관용 부끄러움을 잘 타다

我平时待你不薄，你竟然害我！
Wǒ píngshí dài nǐ bù báo, nǐ jìngrán hài wǒ!
내가 평소에 너한테 야박하게 굴지도 않았는데, 네가 날 해치려 들다니!

▶bó 보잘것없다, 사소하다

大哥，这是给您的一份薄礼。
Dàgē, zhè shì gěi nín de yí fèn bólǐ.
형님, 이건 형님께 드리는 변변찮은 선물입니다.

我命薄，结婚不久老公就过世了。
Wǒ mìng bó, jiéhūn bù jiǔ lǎogōng jiù guòshì le.
난 박명해서, 결혼한 지 얼마 안 되어 남편을 잃었어요.

🙂 관련 표현

底子薄 dǐzi báo （관용） 기초가 약하다

佳人薄命 jiā rén bó mìng （성） 미인박명, 여자의 용모가 너무 아름다우면 운명이 기구하다

☐☐☐

0003 **宝贵** bǎoguì 진귀한, 소중한, 귀중한

千万别浪费别人的宝贵时间。
Qiānwàn bié làngfèi biérén de bǎoguì shíjiān.
절대로 다른 사람의 귀한 시간을 낭비하지 하세요.

台北故宫里有很多十分宝贵的文物。
Táiběi gùgōng li yǒu hěn duō shífēn bǎoguì de wénwù.
타이베이의 고궁에는 대단히 진귀한 문화재가 많다.

☐☐☐

0004 **悲观** bēiguān 비관적이다 （반의） 乐观 lèguān 낙관적이다

悲观的人往往觉得生活没有乐趣。
Bēiguān de rén wǎngwǎng juéde shēnghuó méiyǒu lèqù.
비관적인 사람은 종종 사는 게 재미가 없다고 느낀다.

[단어] 乐趣 lèqù 즐거움, 기쁨, 재미

☐☐☐

0005 **必然** bìrán 필연적이다, 당연하다 （반의） 偶然 ǒurán 우연하다

推迟退休年龄，应该说是一种必然趋势。
Tuīchí tuìxiū niánlíng, yīnggāi shuō shì yì zhǒng bìrán qūshì.
정년 퇴직 연령을 연장하는 것은 필연적인 추세라 할 수 있다.

孩子到青春期出现逆反心理是必然的。
Háizi dào qīngchūnqī chūxiàn nìfǎn xīnlǐ shì bìrán de.
아이가 사춘기가 되어 반발 심리가 나타나는 것은 당연한 것이다.

[단어] 逆反心理 nìfǎn xīnlǐ 역반응 심리

명 필연

我们的认识很偶然，也许也是必然。
Wǒmen de rènshi hěn ǒurán, yěxǔ shì bìrán.
우리의 만남은 우연이었지만, 아마도 필연이기도 했을거야.

0006 **必要** bìyào 필요하다, 없어서는 안 된다

加强对青少年进行人性化教育是非常必要的。
Jiāqiáng duì qīngshàonián jìnxíng rénxìnghuà jiàoyù shì fēicháng bìyào de.
청소년들에 대한 인성 교육을 강화하는 것은 대단히 필요한 일이다.

这些事没必要上级批准，你们自己处理也行。
Zhèxiē shì méi bìyào shàngjí pīzhǔn, nǐmen zìjǐ chǔlǐ yě xíng.
이런 일은 윗분께 허가 받을 필요 없이, 자네들이 알아서 처리하면 되네.

0007 **不安** bù'ān 불안하다

面试的前几天，我就开始感到不安。
Miànshì de qián jǐ tiān, wǒ jiù kāishǐ gǎndào bù'ān.
면접을 앞둔 며칠 전부터 나는 불안해지기 시작했다.

관련 표현

忐忑不安 tǎn tè bù ān **성** 안절부절못하다

坐立不安 zuò lì bù ān **성** 앉으나 서나 불안하다, 안절부절못하다

0008 **不得了** bùdéliǎo 큰일 났다, 야단났다, (정도가) 심하다

不得了啦，厂房着火啦！
Bùdéliǎo la, chǎngfáng zháohuǒ la!
큰일 났어요, 공장에 불이 났어요.

我的电脑又被病毒感染了，气得不得了。
Wǒ de diànnǎo yòu bèi bìngdú gǎnrǎn le, qì de bùdéliǎo.
내 컴퓨터가 또 바이러스에 감염되었지 뭐야, 화나 죽겠어.

 不耐烦 bú nàifán 귀찮다, 견딜 수 없다, 지겹다

才等了五分钟她就不耐烦了。
Cái děngle wǔ fēnzhōng tā jiù bú nàifán le.
겨우 5분 기다려 놓고, 그녀는 지겨워했다.

他很不耐烦地说：“这个项目我们还是算了吧!”
Tā hěn bú nàifán de shuō：“zhège xiàngmù wǒmen háishi suàn le ba!”
그는 못 참겠다는 듯 “이번 일은 없었던 걸로 합시다!”라고 말했다.

 不要紧 búyàojǐn 괜찮다, 중요하지 않다

先去做最着急的工作，不要紧的先放一边。
Xiān qù zuò zuì zháojí de gōngzuò, búyàojǐn de xiān fàng yìbiān.
가장 급한 불부터 먼저 끄고, 중요하지 않은 것은 우선 좀 미룹시다.

他的伤不要紧，回家擦擦药就行。
Tā de shāng búyàojǐn, huíjiā cāca yào jiù xíng.
그 사람 상처는 괜찮아요, 집에 가서 약 바르면 돼요.

 不足 bùzú 부족하다, 모자라다

新官上任肯定有很多的不足之处，大家要多帮忙。
Xīnguān shàngrèn kěndìng yǒu hěn duō de bùzú zhī chù, dàjiā yào duō bāngmáng.
신임이라 틀림없이 미흡한 부분이 많을테니, 여러분이 많이 좀 도와 주세요.

由于参赛人数不足，比赛取消了。
Yóuyú cānsài rénshù bùzú, bǐsài qǔxiāo le.
경기 참가자 부족으로, 경기가 취소되었다.

🗣 **관련 표현**

比上不足，比下有余 bǐ shàng bù zú, bǐ xià yǒu yú 성 위에 비하면 조금 떨어지고 아래에 비하면 조금 낫다, 현 상황에 만족하다

不足挂齿 bù zú guà chǐ （성） 말할 만한 가치가 없다
美中不足 měi zhōng bù zú （성） 옥에도 티가 있다
心有余而力不足 xīn yǒu yú ér lì bù zú （성） 생각은 굴뚝같지만 몸이 따라주지 않다

0012 **惭愧** cánkuì 부끄럽다, 송구스럽다

没有实现自己的诺言，他觉得很惭愧。
Méiyou shíxiàn zìjǐ de nuòyán, tā juéde hěn cánkuì.
자신이 말한 약속을 지키지 못해 그는 부끄러웠다.

0013 **超级** chāojí （규모·수량·품질 등이）최상급의, 슈퍼(super)

刘翔是中国体育界的超级明星。
Liú Xiáng shì Zhōngguó tǐyùjiè de chāojí míngxīng.
리우시앙은 중국 체육계의 슈퍼 스타이다.

관련 표현

超级大国 chāojí dàguó 초강대국

超级名模 chāojí míngmó 슈퍼모델

超级市场 chāojí shìchǎng 슈퍼마켓(=超市)

0014 **潮湿** cháoshī 습하다, 축축하다, 눅눅하다

接连下了几天大雨，屋子里相当潮湿。
Jiēlián xiàle jǐ tiān dàyǔ, wūzi li xiāngdāng cháoshī.
며칠 동안 계속 비가 많이 내려 방 안이 상당히 눅눅하다.

0015 **吵** chǎo 시끄럽다, 떠들다, 말다툼하다

别吵了，有话好好说！
Bié chǎo le, yǒu huà hǎohāo shuō!
싸우지 말고, 할 말 있으면 차근차근 말해요.

外面这么吵，是不是出什么事了？
Wàimiàn zhème chǎo, shì bu shì chū shénme shì le?
밖이 너무 시끄러운데, 무슨 일 난 거 아니야?

0016 彻底 chèdǐ 철저하다

这次我又输了，彻彻底底地失败了。
Zhè cì wǒ yòu shū le, chèchedǐdǐ de shībài le.
이번에 또 졌어, 완전히 실패했다고.

最近我一直在咳嗽，想去医院彻底检查一下。
Zuìjìn wǒ yìzhí zài késou, xiǎng qù yīyuàn chèdǐ jiǎnchá yíxià.
최근에 계속 기침이 나서, 병원에 가서 정밀 검사를 받아 보려고.

0017 成熟 chéngshú 성숙하다

她经历过几年的风风雨雨，现在成熟了很多。
Tā jīnglìguo jǐ nián de fēngfēngyǔyǔ, xiànzài chéngshúle hěn duō.
그녀는 몇 년 동안 시련을 겪고 나더니, 지금은 많이 성숙해졌다.

[단어] 风风雨雨 fēngfēngyǔyǔ 시련, 어려움

0018 诚恳 chéngkěn (태도가) 간절하다, 진실하다

我诚恳地求你，帮我一次吧。
Wǒ chéngkěn de qiú nǐ, bāng wǒ yí cì ba.
간절히 부탁할게요, 한 번만 도와 주세요.

既然决定道歉了，态度就一定要诚恳。
Jìrán juédìng dàoqiàn le, tàidù jiù yídìng yào chéngkěn.
사과하려고 마음먹었으면, 태도에 반드시 진정성이 보여야 한다.

0019 充分 chōngfèn 충분하다

虽然你的理由很充分，但是你不能动手打人。
Suīrán nǐ de lǐyóu hěn chōngfèn, dànshì nǐ bù néng dòngshǒu dǎrén.
너한테 충분한 이유가 있긴 했지만, 그래도 사람을 때리면 안 되지.

我希望你们充分利用这次难得的机会。
Wǒ xīwàng nǐmen chōngfèn lìyòng zhè cì nándé de jīhuì.
여러분들이 이번에 모처럼 온 기회를 충분히 활용했으면 해요.

0020 **抽象** chōuxiàng 추상적이다 [반의] **具体** jùtǐ 구체적이다

这幅画很抽象，需要一定的欣赏能力才能看明白。
Zhè fú huà hěn chōuxiàng, xūyào yídìng de xīnshǎng nénglì cái néng kànmíngbai.
이 그림은 추상적이라, 어느 정도의 감상 능력이 있어야만 그림을 이해할 수 있다.

看问题要根据具体事实，不能从抽象的定义出发。
Kàn wèntí yào gēnjù jùtǐ shìshí, bù néng cóng chōuxiàng de dìngyì chūfā.
문제를 볼 때는 구체적인 사실에 근거해야지, 추상적인 정의로부터 출발해서는 안 된다.

[단어] **定义** dìngyì 정의

0021 **丑** chǒu 못생기다, 추하다, 떳떳하지 못한 일

历史上不是有很多名人、伟人都长得很丑吗?
Lìshǐshàng bú shì yǒu hěn duō míngrén、wěirén dōu zhǎng de hěn chǒu ma?
역사적으로 유명 인사나 위인은 대다수가 못생기지 않았던가요?

长得丑不算缺点，没有必要悲伤。
Zhǎng de chǒu bú suàn quēdiǎn, méiyǒu bìyào bēishāng.
못생긴 것은 결점이라고 할 수 없으니 속상해할 것 없어.

为了不让她误会，他把家丑都说出来了。
Wèile bú ràng tā wùhuì, tā bǎ jiāchǒu dōu shuōchulai le.
그녀가 오해하지 않도록, 그는 집안의 불미스러운 일까지 다 말해 주었다.

[단어] **家丑** jiāchǒu 집안의 허물(수치)

 **관련 표현**

丑话说在前头 chǒuhuà shuōzài qiántou [관용] 듣기 싫은 말을 먼저 하다

家丑不可外扬 jiāchǒu bù kě wàiyáng [관용] 집안의 허물은 밖으로 드러내서는 안 된다

丑态百出 chǒu tài bǎi chū [성] 온갖 추태를 다 부리다

0022 **臭** chòu (냄새가) 고약하다, 역겹다, 꼴불견이다

脏水从沟那边流过来，发出臭味。
Zāngshuǐ cóng gōu nàbiān liúguolai, fāchū chòuwèi.
더러운 물이 개울에서 흘러나와 고약한 냄새를 풍긴다.

臭豆腐闻起来臭，但吃起来香。
Chòu dòufu wénqilai chòu, dàn chīqilai xiāng.
취두부는 냄새는 퀴퀴해도 맛은 아주 좋다.

tip 臭豆腐 : 대두와 간수를 이용해 네모난 모양으로 썰어서 발표시킨 두부로, 난징(南京 Nánjīng), 창샤(长沙 Chángshā), 사오씽(绍兴 Shàoxīng)에서 만든 것이 유명하다.

你别臭美了！快换衣服跟我买菜去。
Nǐ bié chòu měi le! Kuài huàn yīfu gēn wǒ mǎi cài qù.
괜히 예쁜 척 하지 말고! 얼른 옷 갈아입고 나랑 장이나 보러 가자.

👤 관련 표현

臭名昭著 chòu míng zhāo zhù **성** 평판이 매우 나쁘다

臭味相投 chòu wèi xiāng tóu **성** (주로 나쁜 일에 있어서) 기호나 의기가 투합하다, 배짱이 맞다

遗臭万年 yí chòu wàn nián **성** 영원히 남의 손가락질을 받다

0023 出色 chūsè 출중하다, 뛰어나다

他工作十分出色，得到了晋级。
Tā gōngzuò shífēn chūsè, dédàole jìnjí.
그는 업무 능력이 대단히 뛰어나 승진했다.

他那出色的外交能力挽救了危难的国家。
Tā nà chūsè de wàijiāo nénglì wǎnjiùle wēinàn de guójiā.
그의 뛰어난 외교 능력으로 위험에 빠진 나라를 구해 냈다.

[단어] 挽救 wǎnjiù (위험에서) 구해 내다, 구제하다

0024 初级 chūjí 초급의, 초등의 **참고** 中级 zhōngjí 중급, 高级 gāojí 고급

中国处在社会主义初级阶段。
Zhōngguó chǔzài shèhuì zhǔyì chūjí jiēduàn.
중국은 사회주의 초급 단계에 머물러 있다.

HSK口试分为初级、中级和高级3个类型。
HSK kǒushì fēnwéi chūjí、zhōngjí hé gāojí sān ge lèixíng.
HSK 구술 시험은 초급, 중급, 고급 3개 유형으로 나뉜다.

0025 **次要** cìyào 부차적이다, 부수적이다 **반의** 主要 zhǔyào 주된

참고 次要原因 cìyào yuányīn 부차적인 원인

我们首先要做的就是生存下来，别的都是次要的。
Wǒmen shǒuxiān yào zuò de jiù shì shēngcúnxialai, bié de dōu shì cìyào de.
우리가 우선 할 일은 살아남는 것이다, 다른 것은 다 부차적이다.

次要的问题先放一边，改天再说吧。
Cìyào de wèntí xiān fàng yìbiān, gǎitiān zàishuō ba.
부차적인 문제는 우선 미뤄 두고, 다음에 다시 얘기해요.

0026 **匆忙** cōngmáng 급하다, 분주하다

遇到问题不要匆忙地下结论。
Yùdào wèntí búyào cōngmáng de xià jiélùn.
문제에 봉착했을 때 급하게 결론을 내리지 마.

每次回上海开会都匆匆忙忙，没来得及看你。
Měi cì huí Shànghǎi kāihuì dōu cōngcong mángmáng, méi láidejí kàn nǐ.
매번 상하이에 회의하러 갈 때마다, 급하게 왔다 가느라 널 볼 시간이 없었어.

0027 **粗糙** cūcāo 매끄럽지 못하다, 조잡하다

鸡蛋壳表面很粗糙。
Jīdàn ké biǎomiàn hěn cūcāo.
계란 껍질 표면은 까끌까끌하다.

这批货做工很粗糙。
Zhè pī huò zuògōng hěn cūcāo.
이 물건들은 작업이 거칠게 되었다.

0028 **大方** dàfang 대범하다, 씀씀이가 시원하다, 세련되다 **반의** 吝啬 lìnsè 인색하다

你是男孩子要大方一点，不要那么小气了。
Nǐ shì nánháizi yào dàfang yìdiǎn, búyào nàme xiǎoqì le.
넌 남자니까 대범해야지, 그렇게 좀생이처럼 굴지 말고.

我感觉她性格开朗，说话大方。
Wǒ gǎnjué tā xìnggé kāilǎng, shuōhuà dàfang.
내가 보기에 그녀는 성격이 명랑하고, 말도 거침없이 해.

他总是穿着大方得体。
Tā zǒngshì chuānzhe dàfang détǐ.
그 사람은 언제나 세련되고 멋스럽게 입어.

0029 大型 dàxíng 대형의 BCT1 반의 小型 xiǎoxíng 소형의

这儿附近还有一个大型的好市多大超市。
Zhèr fùjìn hái yǒu yí ge dàxíng de Hǎoshìduō dà chāoshì.
이 근처에는 대형 마켓인 코스트코(Costco)도 있어요.
[단어] 好市多 Hǎoshìduō 코스트코(Costco)

上海大剧场将要举行大型演出。
Shànghǎi dàjùchǎng jiāng yào jǔxíng dàxíng yǎnchū.
상하이 대극장에서 대공연을 올릴 예정이다.

0030 单纯 dānchún 단순하다, 순진하다
유의 简单 jiǎndān 반의 复杂 fùzá 복잡하다

他是个单纯的男孩子，不谙世事。
Tā shì ge dānchún de nánháizi, bù ān shìshì.
그 애는 순진한 남자애라, 세상 물정을 모른다.
[단어] 不谙世事 bù ān shìshì 세상 물정을 모르다

我想离开城市去郊区单纯地过日子。
Wǒ xiǎng líkāi chéngshì qù jiāoqū dānchún de guò rìzi.
나는 도시를 떠나 교외로 나가 단순하게 살고 싶다.

0031 单调 dāndiào 단조롭다, 무료하다

这首歌很单调，一唱就学会。
Zhè shǒu gē hěn dāndiào, yí chàng jiù xuéhuì.
이 노래는 단조로워서, 한 번만 불러 보면 할 수 있어.

这种工作单调、重复，不需要动脑筋。
Zhè zhǒng gōngzuò dāndiào、chóngfù, bù xūyào dòng nǎojīn.
이 일은 단순하고 반복되는 것이라, 머리를 쓸 필요가 없어.

[단어] 动脑筋 dòng nǎojīn 머리를 쓰다, 머리를 굴리다

这里的生活太单调了，让人受不了。
Zhèli de shēnghuó tài dāndiào le, ràng rén shòubuliǎo.
이곳의 생활은 너무 무료해서 지겨워.

0032 淡 dàn 싱겁다, (농도가) 옅다 [반의] 浓 nóng 짙다, 농밀하다

菜有点儿淡，再放点盐吧。
Cài yǒu diǎnr dàn, zài fàng diǎn yán ba.
음식이 조금 싱겁네요. 소금을 더 넣으세요.

我一进门就闻到了一丝淡淡的兰花香。
Wǒ yí jìnmén jiù wéndàole yì sī dàndān de lánhuāxiāng.
난 문에 들어서자마자 은은한 난초 향을 맡았다.

관련 표현

淡而无味 dàn ér wú wèi [성] 음식이 싱거워 맛이 없다, 무미건조하여 주의를 끌지 못하다

君子之交淡若水 jūnzǐ zhī jiāo dàn ruò shuǐ [성] 군자의 사귐은 물처럼 담박하기 때문에 영원히 변치 않는다

0033 倒霉 dǎoméi 운이 없다, 재수 없다

人倒霉了，喝口凉水都塞牙。
Rén dǎoméi le, hē kǒu liángshuǐ dōu sāi yá.
사람이 재수가 없으려면, 냉수를 마셔도 이에 끼는 법이야.

tip 喝口凉水都塞牙 : '뒤로 넘어져도 코가 깨지는 법이다'라고 의역할 수 있다.

我真倒霉，只因一分之差没考上重点中学。
Wǒ zhēn dǎoméi, zhǐ yīn yì fēn zhī chà méi kǎoshàng zhòngdiǎn zhōngxué.
난 정말 운이 없어, 1점 차이로 중점 고등학교에 못 붙었어.

[단어] 重点中学 zhòngdiǎn zhōngxué 중점 고등학교

0034 地道 dìdao 진짜의, 본고장의

他汉语说得很好，用词很地道。
Tā Hànyǔ shuō de hěn hǎo, yòng cí hěn dìdao.
그는 중국어를 잘해서, 단어 구사를 제대로 한다.

去那个餐厅可以吃到地地道道的上海本帮菜。
Qù nàge cāntīng kěyǐ chīdào dìdidàodào de Shànghǎi běnbāng cài.
그 식당에 가면 정통 상하이 요리를 먹을 수 있어.

[단어] 上海本帮菜 Shànghǎi běnbāng cài 정통 상하이 요리

▶dìdào 명 지하도

在地道里停车是很危险的事情。
Zài dìdào li tíngchē shì hěn wēixiǎn de shìqing.
지하도에 정차하는 것은 위험한 일이다.

0035 逗 dòu 재미있다, 우습다

他真逗，跟他在一起总是那么开心。
Tā zhēn dòu, gēn tā zàiyìqǐ zǒngshì nàme kāixīn.
그 친구는 잘 웃겨서, 그 친구랑 같이 있으면 늘 즐겁다.

동 골리다, 놀리다

弟弟的表情把爸妈逗笑了。
Dìdi de biǎoqíng bǎ bà mā dòuxiào le.
동생의 표정이 아빠, 엄마를 웃게 만들었다.

0036 独特 dútè 독특하다

她的性格比较独特，难以相处。
Tā de xìnggé bǐjiào dútè, nányǐ xiāngchǔ.
그녀의 성격은 좀 독특해서 사귀기가 어렵다.

国家大剧院以其独特的建筑风格，吸引着摄友的镜头。
Guójiā dàjùyuàn yǐ qí dútè de jiànzhù fēnggé, xīyǐnzhe shèyǒu de jìngtóu.
국립 극장은 그 독특한 건축 양식으로, 사진 애호가들의 렌즈를 사로잡는다.

[단어] 镜头 jìngtóu 렌즈

0037 多余 duōyú 여분의, 불필요하다

如果您家里有多余的童书，请邮寄给我。
Rúguǒ nín jiā li yǒu duōyú de tóngshū, qǐng yóujìgěi wǒ.
만약에 댁에 여분의 아동 도서가 있으면, 저에게 좀 부쳐 주세요.

[단어] 邮寄 yóujì 우송하다

既然你已经同意我的观点，其他的话都是多余的。
Jìrán nǐ yǐjing tóngyì wǒ de guāndiǎn, qítā de huà dōu shì duōyú de.
네가 이미 내 생각에 동의했으니, 다른 말은 다 하나마나야.

0038 恶劣 èliè 아주 나쁘다, 열악하다 반의 良好 liánghǎo 좋다, 양호하다

他的行为相当恶劣，一般人都想象不到。
Tā de xíngwéi xiàngdāng èliè, yìbān rén dōu xiǎngxiàngbudào.
그의 행위는 상당히 악랄한 것으로, 보통 사람은 상상도 못한다.

她在那么恶劣的环境里还充满爱、希望与梦想。
Tā zài nàme èliè de huánjìng li hái chōngmǎn ài、xīwàng yǔ mèngxiǎng.
그녀는 그토록 열악한 상황에서도 사랑과 희망과 꿈으로 충만해 있다.

0039 发达 fādá 발달하다, 번성하다 BCT1 참고 发达国家 fādá guójiā 선진국

这里交通便利，商业发达，治安良好。
Zhè li jiāotōng biànlì, shāngyè fādá, zhì'ān liánghǎo.
여기는 교통이 편리하고, 상업이 발달했으며, 치안도 양호하다.

在福祉方面，我们应该向西方发达国家学习。
Zài fúzhǐ fāngmiàn, wǒmen yīnggāi xiàng xīfāng fādá guójiā xuéxí.
복지에 있어서, 우리는 서방 선진국들에게 배워야만 한다.

[단어] 福祉 fúzhǐ 복지

0040 繁荣 fánróng 번영하다, 번창하다

这里是这个城市最繁荣的街道之一。
Zhèli shì zhège chéngshì zuì fánróng de jiēdào zhī yī.
이곳은 이 도시에서 가장 번화한 거리 중 하나이다.

我希望我国变得繁荣富强。
Wǒ xīwàng wǒ guó biàn de fánróng fùqiáng.
나는 우리나라가 번영하고 부강했으면 해.

繁荣昌盛 fánróng chāngshèng 성 국가나 사업이 번영하고 번창하다

0041 疯狂 fēngkuáng 미치다, 광분하다

爱情有时候会让人失去理智，做出疯狂的举动。
Àiqíng yǒushíhou huì ràng rén shīqu lǐzhì, zuòchū fēngkuáng de jǔdòng.
사랑은 때때로 사람으로 하여금 이성을 잃고 광적인 행동을 하게 만든다.

我们找个地方去疯狂地玩一下，这样可以消除压力。
Wǒmen zhǎo ge dìfang qù fēngkuáng de wán yíxià, zhèyàng kěyǐ xiāochú yālì.
우리 어디 가서 미친 듯이 놀아 보자고, 이렇게 하면 스트레스를 풀 수 있어.

0042 干燥 gānzào 건조하다 유의 枯燥 kūzào 반의 湿润 shīrùn 축축하다

拉萨进入秋冬季后，气候开始干燥。
Lāsà jìnrù qiūdōngjì hòu, qìhòu kāishǐ gānzào.
라싸는 가을 겨울로 접어들면 기후가 건조해진다.

[단어] 拉萨 Lāsà 티베트 자치구(西藏自治区)의 정부 소재지

0043 高档 gāodàng 고급의 BCT1 반의 低档 dīdàng 저급의, 하급의

小王的新房子里布置的都是高档家具。
Xiǎo Wáng de xīn fángzi li bùzhì de dōu shì gāodàng jiājù.
왕 군네 새 집에 들여놓은 것들은 모두 고급 가구이다.

0044 高级 gāojí 고급의 BCT1 반의 低级 dījí 저속한, 비속한

虽然我父亲是国家高级干部，但这与我没关系。
Suīrán wǒ fùqīn shì guójiā gāojí gànbù, dàn zhè yǔ wǒ méi guānxi.
비록 우리 아버지께서 국가의 고급 관료이시긴 하지만, 그건 저와는 상관없습니다.

她平时使用高级化妆品。
Tā píngshí shǐyòng gāojí huàzhuāngpǐn.
그녀는 평소에 고급 화장품을 쓴다.

0045 **个别** gèbié 개별적인, 개개의, 일부의

你说的那件事，我觉得应该只是个别现象。
Nǐ shuō de nà jiàn shì, wǒ juéde yīnggāi zhǐ shì gèbié xiànxiàng.
네가 말한 그 일은, 내가 보기엔 단지 개별 현상인 것 같아.

校园内个别同学破坏公物、乱扔垃圾。
Xiàoyuán nèi gèbié tóngxué pòhuài gōngwù、luànrēng lājī.
교정에서 일부 학우들은 공공 기물을 파손하고, 쓰레기를 함부로 버리기도 한다.

0046 **公平** gōngpíng 공평하다 BCT1

社会公平会让所有人都感受到阳光。
Shèhuì gōngpíng huì ràng suǒyǒu rén dōu gǎnshòudào yángguāng.
사회가 공평하면 모든 이들이 골고루 따뜻함을 느낄 수 있다.

老总非常强调尊重他人、公平对待下属。
Lǎozǒng fēicháng qiángdiào zūnzhòng tārén、gōngpíng duìdài
xiàshǔ.
사장님께서는 타인을 존중하고, 부하 직원을 공평히 대하라고 매우 강조하신다.

관련 표현

公平竞争 gōngpíng jìngzhēng 공정 경쟁
公平无私 gōng píng wú sī 성 사심이 없이 공평하다

0047 **古典** gǔdiǎn 고전적인, 고전의

他在研究中国古典文学。
Tā zài yánjiū Zhōngguó gǔdiǎn wénxué.
그는 중국 고전 문학을 연구한다.

我最喜欢的古典音乐家是柴可夫斯基。
Wǒ zuì xǐhuan de gǔdiǎn yīnyuèjiā shì Cháikěfūsījī.
내가 가장 좋아하는 클래식 음악가는 차이코프스키(Tchaikovsky)이다.
tip 차이코프스키 : (1840~1893) 러시아 음악가.

0048 **固定** gùdìng 고정적인 [BCT1] □□□

他没有固定的工作，日子过得有点不稳。
Tā méiyǒu gùdìng de gōngzuò, rìzi guò de yǒudiǎn bù wěn.
그는 고정된 직업이 없어, 생활이 조금 불안정하다.

동 고정하다

我们最好把开会的时间固定下来。
Wǒmen zuìhǎo bǎ kāihuì de shíjiān gùdìngxialai.
우리는 회의 시간을 정해 놓는 게 좋겠어요.

0049 **乖** guāi 착하다, 얌전하다, 말을 잘 듣다, 똑똑하다 □□□

这孩子真乖，从小就懂事。
Zhè háizi zhēn guāi, cóngxiǎo jiù dǒngshì.
이 애는 정말 착해, 어려서부터 말귀를 잘 알아들었다니까.

孩子总不乖乖坐着吃，也不喜欢用勺子。
Háizi zǒng bù guāiguāi zuòzhe chī, yě bù xǐhuan yòng sháozi.
아이는 얌전히 앉아서 먹지도 않고, 숟가락 쓰는 것도 싫어한다.

乖，别捣乱了！
Guāi, bié dǎoluàn le!
착하지, 말썽 부리면 안 돼!

[단어] **捣乱** dǎoluàn 소란 피우다, 말썽 부리다

上了一次当，他也学得乖多了。
Shàngle yí cì dàng, tā yě xué de guāiduō le.
사기를 한 번 당하고 나서, 저 친구는 많이 똑똑해졌다.

관련 표현

出乖露丑 chū guāi lù chǒu **성** 사람들 앞에서 추태를 보이다

0050 **光滑** guānghuá 매끄럽다, 반들반들하다 □□□

那种叫即贴壁纸，贴上去光滑好看。
Nà zhǒng jiào jítiē bìzhǐ, tiēshangqu guānghuá hǎokàn.
저런 걸 시트지라 하는데, 붙여 놓으면 매끄럽고 예뻐.

刚洗过澡，肌肤很光滑。
Gāng xǐguo zǎo, jīfū hěn guānghuá.
금방 샤워하고 나왔더니, 피부가 윤이 나네.

0051 广大 guǎngdà (면적, 공간이) 넓다, (사람이) 많다

金庸和琼瑶小说在大陆拥有最广大的读者。
Jīn Yōng hé Qióng Yáo xiǎoshuō zài dàlù yōngyǒu zuì guǎngdà de dúzhě.
진용과 치옹야오(경요)의 소설은 대륙에서 가장 많은 독자층을 확보하고 있다.

中国的国土广大，陆地面积太大了。
Zhōngguó de guótǔ guǎngdà, lùdì miànjī tài dà le.
중국의 국토가 넓어, 육지 면적도 대단히 크다.

관련 표현

神通广大 shén tōng guǎng dà (성) 능력이 아주 뛰어나다

0052 广泛 guǎngfàn 광범위하다

这次考试的范围太广泛了。
Zhè cì kǎoshì de fànwéi tài guǎngfàn le.
이번 시험 범위가 너무 넓은데.

0053 过分 guòfèn 지나치다

你刚才跟他说的话太过分了，这会让他伤心。
Nǐ gāngcái gēn tā shuō de huà tài guòfèn le, zhè huì ràng tā shāngxīn.
네가 좀 전에 그 사람한테 한 말은 너무 심했어, 그 사람 속상해할 거야.

0054 过敏 guòmǐn 과민하다, 예민하다

你不要过敏，没人说你坏话。
Nǐ búyào guòmǐn, méi rén shuō nǐ huàihuà.
너무 민감하게 반응하지 마, 아무도 너의 뒷담화를 하지 않았어.

他对花生过敏，一吃花生就浑身发痒。
Tā duì huāshēng guòmǐn, yì chī huāshēng jiù húnshēn fāyǎng.
그는 땅콩 알레르기가 있어서, 땅콩만 먹었다 하면 온몸이 간지럽다.

0055 豪华 háohuá 호화롭다 [BCT1]

五一假期我们乘坐豪华旅游巴士去周庄。
Wǔ Yī jiàqī wǒmen chéngzuò háohuá lǚyóu bāshì qù Zhōuzhuāng.
노동절 휴가 기간에 우리는 고급 관광 버스를 타고 저우주앙에 갈 거야.

那栋房子那么豪华，不知道得值多少钱。
Nà dòng fángzi nàme háohuá, bù zhīdào děi zhí duōshao qián.
저 집은 저렇게 호화로운데, 얼마나 비싼지 모르겠다.

0056 好客 hàokè 손님 접대를 좋아하다, 친구 사귀는 것을 좋아하다

热情、好客、朴实、大方、豪爽，都是山东人性格中的优点。
Rèqíng、hàokè、pǔshí、dàfang、háoshuǎng dōu shì shāndōngrén xìnggé zhōng de yōudiǎn.
다정하고, 손님 접대를 잘하고, 소박하고, 대범하고, 솔직한 것은 다 산동 사람들 성격 중의 장점이다.

妈妈是一个非常好客热心的人。
Māma shì yí ge fēicháng hàokè rèxīn de rén.
우리 엄마는 친구 사귀는 걸 좋아하고 마음이 따뜻한 분이시다.

0057 好奇 hàoqí 호기심을 갖다 참고 好奇心 hàoqíxīn 호기심

展览会上大家都对我们的新产品感到好奇。
Zhǎnlǎnhuì shang dàjiā dōu duì wǒmen de xīnchǎnpǐn gǎndào hàoqí.
전시회에서 사람들이 모두 우리의 신제품에 대해 호기심을 가졌다.

0058 合法 héfǎ 합법적이다 [BCT1] 반의 非法 fēifǎ 불법적인

这完全是正当防卫的合法行为。
Zhè wánquán shì zhèngdàng fángwèi de héfǎ xíngwéi.
이건 완전히 정당방위의 합법적인 행위다.

[단어] 正当防卫 zhèngdāng fángwèi 정당방위

国家保护未成年人合法收入、储蓄、房屋。
Guójiā bǎohù wèichéngniánrén héfǎ shōurù、chǔxù、fángwū.
국가는 미성년자의 합법적인 수입과 예금, 집을 보호한다.

0059 合理 hélǐ 합리적이다

我们只要求你们给一个合理的解释以及答复。
Wǒmen zhǐ yāoqiú nǐmen gěi yí ge hélǐ de jiěshì yǐjí dáfù.
우리는 당신들이 합리적인 설명과 답안을 제시해 주기만을 원합니다.

请大家判断一下，A组的方案合理吗?
Qǐng dàjiā pànduàn yíxià, A zǔ de fāng'àn hélǐ ma?
여러분 판단 좀 해 주세요, A조의 방안이 합리적인가요?

0060 糊涂 hútu 어리석다, 멍청하다, 흐릿하다

你呀，不要老做糊涂事。
Nǐ ya, búyào lǎo zuò hútu shì.
너도 참, 바보짓 좀 그만 해.

我当时真是糊涂了，干嘛和她说那些废话。
Wǒ dāngshí zhēnshi hútu le, gànmá hé tā shuō nàxiē fèihuà.
내가 그땐 정말 어리석었어, 왜 그녀한테 그런 쓸데없는 소리를 했는지 몰라.

관련 표현

难得糊涂 nán dé hú tu (성) 자신의 실력이나 총명함을 감추고 어수룩하게 행동하기 어렵다

一塌糊涂 yì tā hú tu (성) 엉망진창이다

出东门往西拐 — 糊里糊涂 (헐후)
chū dōngmén wǎng xī guǎi — hú li hú tu
동문으로 나가 서쪽으로 돌다 — 흐리멍덩하다 : 얼떨떨하다, 어리벙벙하다

瞎子喝米汤 — 稀里糊涂 xiāzi hē mǐtāng — xī li hú tu (헐후)
맹인이 밥물을 마시다 — 얼떨떨하다 : 어리둥절하다, 데면데면하다

0061 滑 huá 반들거리다, 미끄럽다, 교활하다

她的皮肤很紧致，感觉很滑。
Tā de pífū hěn jǐnzhì, gǎnjué hěn huá.
그녀의 피부는 팽팽한 것이 매끄러워 보인다.

刚刚下过大雪，路上很滑。
Gānggāng xiàguo dàxuě, lùshang hěn huá.
방금 전에 눈이 많이 와서 길이 미끄럽다.

他是个油头滑脑的人，我讨厌他！
Tā shì ge yóu tóu huá nǎo de rén, wǒ tǎoyàn tā!
그 사람은 빤질거리는 사람이라, 난 싫어!

[단어] 油头滑脑 yóu tóu huá nǎo 성 (말이나 일하는 폼이) 경망스럽다, 빤질거리다

동 미끄러지다

我刚才不小心滑了一下，右膝盖外侧疼，走路时发软。
Wǒ gāngcái bù xiǎoxīn huále yíxià, yòu xīgài wàicè téng, zǒulù shí fāruǎn.
난 방금 전에 부주의로 미끄러졌는데, 오른쪽 무릎 바깥쪽이 아파서 걸을 때 다리가 풀려.

0062 慌张 huāngzhāng 허둥대다, 당황하다 □□□

一旦有事在我心里，我就会显得特别慌张。
Yídàn yǒu shì zài wǒ xīnli, wǒ jiù huì xiǎnde tèbié huāngzhāng.
일단 무슨 일이 마음에 걸리면, 나는 아주 허둥댄다.

手伤成这样，他一点都不慌张。
Shǒu shāngchéng zhèyàng, tā yìdiǎn dōu bù huāngzhāng.
손이 이 지경이 됐는데도, 그는 조금도 당황하지 않았다.

관련 표현

慌里慌张 huāngli huāngzhāng 허둥지둥하다

0063 活跃 huóyuè 활기차다, 활동적이다 □□□

我们班里他是最活跃的小孩。
Wǒmen bān li tā shì zuì huóyuè de xiǎohái.
우리 반에서 저 애는 가장 활발한 아이야.

晚会的气氛十分活跃，大家都非常开心。
Wǎnhuì de qìfēn shífēn huóyuè, dàjiā dōu fēicháng kāixīn.
파티 분위기가 한껏 고조되어, 모두들 즐거워하고 있다.

동 활기를 띠게 하다, 활약하다

我们请到歌手来活跃活跃爷爷八十大寿宴会气氛。
Wǒmen qǐngdào gēshǒu lái huóyue huóyue yéye bāshí dàshòu yànhuì qìfēn.
우리 가수를 초청해 할아버지 팔순 잔치 분위기를 좀 띄워 보자고.

0064 基本 jīběn 기본적인 **참고** 基本功 jīběngōng 기본기

不要在别人讲话时打断，这是最基本的礼貌。
Búyào zài biérén jiǎnghuà shí dǎduàn, zhè shì zuì jīběn de lǐmào.
다른 사람이 얘기할 땐 말을 끊지 마세요, 이건 가장 기본적인 예의입니다.

부 거의, 대체로

1952年底中国已基本完成了土地改革。
Yī jiǔ wǔ èr niándǐ Zhōngguó yǐ jīběn wánchéngle tǔdì gǎigé.
1952년에 중국은 이미 토지 개혁을 거의 완성했다.

0065 激烈 jīliè 치열하다, 격렬하다 **유의** 剧烈 jùliè

目前，企业之间的市场竞争越来越激烈。
Mùqián, qǐyè zhījiān de shìchǎng jìngzhēng yuèláiyuè jīliè.
현재 기업 간의 시장 경쟁이 갈수록 치열해지고 있다.

围绕环境问题他们展开了激烈的争论。
Wéirào huánjìng wèntí tāmen zhǎnkāile jīliè de zhēnglùn.
환경 문제를 둘러싸고 그들은 격렬한 논쟁을 벌였다.

0066 寂寞 jìmò 적막하다, 외롭다

儿子把老母亲请来一起住后，母亲不再寂寞了。
Érzi bǎ lǎo mǔqīn qǐng lái yìqǐ zhù hòu, mǔqīn bú zài jìmò le.
아들이 노모를 모셔와 함께 살게 된 후로, 어머니는 더 이상 외롭지 않으셨다.

관련 표현

不甘寂寞 bù gān jì mò **성** 가만히 있지 못하다, 어떤 일에 관여하려 하다

0067 坚决 jiānjué 단호하다, 결연하다

老师很高兴看到你们这样坚决的态度。
Lǎoshī hěn gāoxìng kàndào nǐmen zhèyàng jiānjué de tàidù.
선생님은 너희들의 결연한 태도를 보니 기쁘구나.

马克思主义者坚决反对任何形式的个人崇拜。
Mǎkèsī zhǔyìzhě jiānjué fǎnduì rènhé xíngshì de gèrén chóngbài.
마르크스주의자들은 어떠한 형식의 개인 숭배도 결사 반대한다.

0068 坚强 jiānqiáng 강인하다, 굳세다

从小失去父母让他变得比同龄人坚强。
Cóngxiǎo shīqù fùmǔ ràng tā biàn de bǐ tónglíng rén jiānqiáng.
어릴 때 부모님을 여읜 것이 그를 또래보다 강인하게 만들었다.

我相信没有过不了的坎，希望你要坚强地活下去。
Wǒ xiāngxìn méiyǒu guòbuliǎo de kǎn, xīwàng nǐ yào jiānqiáng de huóxiaqu.
나는 극복하지 못하는 난관은 없다고 생각해, 그러니 네가 굳세게 살아갔으면 좋겠어.

 **관련 표현**

坚强不屈 jiān qiáng bù qū 성 의지가 강하여 굽힐 줄 모르다

0069 艰巨 jiānjù 막중하다, 힘들고 어렵다

这个工程非常艰巨，但是我们有信心。
Zhège gōngchéng fēicháng jiānjù, dànshì wǒmen yǒu xìnxīn.
이 공사는 아주 힘들지만, 우리는 자신이 있다.

0070 艰苦 jiānkǔ 힘들고 고되다 유의 艰辛 jiānxīn 반의 安逸 ānyì 안일하다

这些日子生活尽管艰苦，但每天过得都很充实。
Zhèxiē rìzi shēnghuó jǐnguǎn jiānkǔ, dàn měitiān guò de dōu hěn chōngshí.
요즈음 사는 건 비록 고되지만, 하루하루가 보람차다.

관련 표현

艰苦奋斗 jiān kǔ fèn dòu 성 어렵고 힘든 상황에서 완강한 투쟁을 하다

狡猾 jiǎohuá 교활하다

我跟他打过交道，他实在是很狡猾。
Wǒ gēn tā dǎguo jiāodào, tā shízài shì hěn jiǎohuá.
내가 그 친구랑 내왕을 했었는데, 그 친구 정말이지 교활해.

结实 jiēshi 튼튼하다, 단단하다, 질기다

我爷爷身体真结实，都80多了，上楼都不喘粗气。
Wǒ yéye shēntǐ zhēn jiēshi, dōu bāshí duō le, shàng lóu dōu bù chuǎn cūqì.
우리 할아버지는 정말 건강하셔서, 팔순인데도 계단을 오를 때 숨가빠하지 않으셔.

这根绳子很结实，我们就用它包装吧。
Zhè gēn shéngzi hěn jiēshi, wǒmen jiù yòng tā bāozhuāng ba.
이 끈이 질기니까, 우리 이걸로 포장하자.

紧急 jǐnjí 긴급하다 참고 紧急状态 jǐnjí zhuàngtài 긴급 상황

任务紧急，必须加班加点才能完成。
Rènwù jǐnjí, bìxū jiābān jiādiǎn cái néng wánchéng.
임무가 급박한지라, 잔업을 해야만 끝낼 수 있다.

总部紧急命令，要你立刻回总部。
Zǒngbù jǐnjí mìnglìng, yào nǐ lìkè huí zǒngbù.
본사에서 긴급 지시가 내려왔는데, 자네더러 바로 본사로 돌아오라는군.

谨慎 jǐnshèn 조심스럽다, 신중하다 유의 慎重 shènzhòng
반의 轻率 qīngshuài 경솔하다

他做事非常谨慎，我们可以放一百个心。
Tā zuò shì fēicháng jǐnshèn, wǒmen kěyǐ fàng yìbǎi ge xīn.
그 친구 아주 신중하게 일하니까, 우리는 맘을 푹 놓아도 돼요.

관련 표현

小心谨慎 xiǎo xīn jǐn shèn 성 (말이나 일처리를) 매우 조심스럽고 신중하게 하다

0075 巨大 jùdà 거대하다

他们在崇仁县相山镇发现一座占地面积巨大的神秘道观遗址。
Tāmen zài Chóngrén Xiàn Xiàngshān Zhèn fāxiàn yí zuò zhàndì miànjī jùdà de shénmì dàoguàn yízhǐ.
그들은 충런 현 샹산 진에서 점유 면적이 아주 큰 비밀 도교 사원 유적을 발견했다.

0076 具体 jùtǐ 구체적이다, 특정의

他终于制定了具体的作战计划。
Tā zhōngyú zhìdìngle jùtǐ de zuòzhàn jìhuà.
그는 마침내 구체적인 작전 계획을 세웠다.

有关套餐的具体细节，您可以加我们的微信和我交流。
Yǒuguān tàocān de jùtǐ xìjié, nín kěyǐ jiā wǒmen de wēixìn hé wǒ jiāoliú.
코스 요리에 관한 세부 사항은 우리 wechat에 들어오셔서 저와 상의하시면 됩니다.

[단어] 套餐 tàocān 세트 메뉴, 코스 요리 / 微信 wēixìn 중국 메신저 프로그램, wechat(우리나라의 카카오톡과 비슷하다)

0077 绝对 juéduì 절대적이다

这个世上没有什么事情是绝对的。
Zhège shìshàng méiyǒu shénme shìqing shì juéduì de.
이 세상에는 그 어떤 일도 절대적인 것은 없다.

부 절대로

他绝对不是花心汉，在我眼里他一直是个正人君子。
Tā juéduì bú shì huāxīnhàn, zài wǒ yǎn li tā yìzhí shì ge zhèngrén jūnzǐ.
그 사람은 절대로 바람둥이가 아니에요, 제가 볼 때에 그 사람은 줄곧 바른 생활 사나이였다고요.

[단어] 正人君子 zhèngrén jūnzǐ 정인군자, 품행이 단정한 사람

0078 均匀 jūnyún 고르다, 균등하다

最近皮肤经常长痘痘，脸色不是很均匀。
Zuìjìn pífū jīngcháng zhǎng dòudou, liǎnsè bú shì hěn jūnyún.
요즘 피부에 자주 트러블이 생기고, 안색도 안 좋아.

中国人口分布不均匀，东部多，特别集中在沿海各省的平
原地区。
Zhōngguó rénkǒu fēnbù bù jūnyún, dōngbù duō, tèbié jízhōngzài
yánhǎi gè shěng de píngyuán dìqū.
중국은 인구 분포가 고르지 않고 동부에 몰려 있는데, 특히 연해 지역에 위치한 각 성의 평원 지
역에 집중되어 있다.

0079 可靠 kěkào 믿을 만하다

他是可靠的朋友，可以分享自己的秘密。
Tā shì kěkào de péngyou, kěyǐ fēnxiǎng zìjǐ de mìmì.
그는 믿을 만한 친구라, 내 비밀을 공유할 수 있다.

我保证他提供的一切证据是可靠的。
Wǒ bǎozhèng tā tígòng de yíqiè zhèngjù shì kěkào de.
나는 그가 제공한 증거 일체가 믿을 만한 것임을 보증한다.

0080 可怕 kěpà 두렵다, 무섭다

可怕的鬼故事让我晚上都不敢上厕所了。
Kěpà de guǐ gùshi ràng wǒ wǎnshang dōu bù gǎn shàng cèsuǒ le.
무서운 귀신 이야기 때문에 나는 밤에 화장실에도 못 가겠어.

去机场的路上，刹车突然失灵太可怕了。
Qù jīchǎng de lùshang, shāchē tūrán shīlíng tài kěpà le.
공항 가는 길에 브레이크가 갑자기 말을 안 듣는데, 얼마나 무서웠는지 몰라.

0081 刻苦 kèkǔ 고생하다, 애쓰다

他学习很刻苦，但是成绩一直不理想。
Tā xuéxí hěn kèkǔ, dànshì chéngjì yìzhí bù lǐxiǎng.
그 애는 공부는 열심인데, 성적은 그다지 좋지 않다.

他现在所得的一切都是源自于刻苦努力。
Tā xiànzài suǒdé de yíqiè dōu shì yuánzìyú kèkǔ nǔlì.
그가 지금 얻은 모든 것은 다 스스로 힘들게 노력해서 얻은 것이다.

[단어] 源自于 yuánzìyú ～에서 발원하다

0082 客观 kèguān 객관적이다 [반의] 主观 zhǔguān 주관적이다

你得客观地看问题，才不会误事。
Nǐ děi kèguān de kàn wèntí, cái bú huì wùshì
너는 문제를 객관적으로 봐야만, 일을 그르치지 않을 거야.

他分析问题时很客观而且专业，对其他工作也非常尽心尽责。
Tā fēnxī wèntí shí hěn kèguān érqiě zhuānyè, duì qítā gōngzuò yě
fēicháng jìnxīn jìnzé.
그는 문제를 분석할 때 객관적이고 전문적이며, 다른 일을 할 때도 최선을 다한다.

[단어] 尽心 jìnxīn 정성을 다하다 / 尽责 jìnzé 책임을 다하다

0083 宽 kuān 넓다, 넉넉하다 [반의] 窄 zhǎi 좁다

这个房间又宽又干净，我很喜欢。
Zhège fángjiān yòu kuān yòu gānjìng, wǒ hěn xǐhuan.
이 방은 넓고 깨끗해서, 난 맘에 들어.

这两年生意做得不错，手头比较宽。
Zhè liǎng nián shēngyi zuò de búcuò, shǒutóu bǐjiào kuān.
요 몇 년 사업이 잘 되어서, 돈이 좀 넉넉하다.

동 느슨하게 하다, 시간을 늦추다

您能不能再宽几天，我一定还你。
Nín néng bu néng zài kuān jǐ tiān, wǒ yídìng huán nǐ.
며칠만 더 늦춰 주시면 안 될까요, 제가 꼭 갚을게요.

명 넓이

请问这个房间宽是多少?
Qǐngwèn zhège fángjiān kuān shì duōshao?
이 방은 넓이가 어떻게 되나요?

0084 烂 làn 변질되다, 썩다, 흐물흐물해지다

这些西红柿都烂了，没法吃了。
Zhèxiē xīhóngshì dōu làn le, méifǎ chī le.
토마토들이 다 썩어 버려서 먹을 수가 없어.

猪肉煮烂了，现在可以吃了。
Zhūròu zhǔlàn le, xiànzài kěyǐ chī le.
고기가 푹 삶아져서, 이제 먹어도 되겠어요.

부 심하게

他昨天晚上喝了个烂醉，早上醒来什么都记不清。

Tā zuótiān wǎnshang hēle ge làn zuì, zǎoshang xǐnglai shénme dōu jìbuqīng.

그는 어젯밤에 술을 과하게 마셔서, 아침에 일어나니 아무것도 기억이 나지 않았다.

관련 표현

烂摊子 làn tānzi **관용** 혼란스러운 상황이나 국면

三寸不烂之舌 sān cùn bú làn zhī shé **관용** 뛰어난 말재주

滚瓜烂熟 gǔn guā làn shú **성** (읽거나 외우는 것이) 유창하다, 숙련되다

海枯石烂 hǎi kū shí làn **성** 바닷물이 마르고 돌이 썩다, 영원히 변치 않을 것임을 맹세할 때 씀(주로 사랑의 맹세할 때)

烂网打鱼 ― 一无所得 làn wǎng dǎ yú ― yì wú suǒ dé **헐후**

찢어진 그물로 물고기를 잡다 ― 얻은 것이 없다 : 아무런 소득도 없다

0085 **老实** lǎoshi 솔직하다, 성실하다, 얌전하다

他是个老实巴交的人，从不惹事。

Tā shì ge lǎoshi bājiāo de rén, cóng bù rěshì.

그는 성실한 사람으로, 문제를 일으킨 적이 없다.

[단어] 老实巴交 lǎo shi bā jiāo **성** 얌전하다, 고지식하다, 착실하다 / 惹事 rěshì 문제를 일으키다

老实说，我不太习惯吃上海菜。

Lǎoshi shuō, wǒ bú tài xíguàn chī Shànghǎi cài.

솔직히 말해서, 난 상하이 요리가 잘 안 맞아요.

她老老实实地坐着，没有说话。

Tā lǎolaoshíshí de zuòzhe, méiyou shuōhuà.

그녀는 얌전하게 앉아 있을 뿐, 말을 하지 않았다.

0086 **乐观** lèguān 낙관적이다, 희망적이다 **반의** 悲观 bēiguān 비관적이다

참고 乐观主义 lèguān zhǔyì 낙관주의

他最大的长处就是乐观的态度。

Tā zuì dà de chángchu jiù shì lèguān de tàidù.

그 친구의 가장 큰 장점은 낙관적인 태도이다.

我对我自己的前途还是乐观的。
Wǒ duì wǒ zìjǐ de qiántú háishi lèguān de.
나는 내 자신의 미래에 대해 희망적이다.

0087 冷淡 lěngdàn 쌀쌀하다, 냉담하다, 무관심하다

我不知道是不是上辈子欠他的，他总是对我很冷淡。
Wǒ bù zhīdào shì bu shì shàngbèizi qiàn tā de, tā zǒngshì duì wǒ hěn lěngdàn.
내가 전생에 그 사람한테 빚을 졌는지, 그 사람 늘 나한테 쌀쌀맞아요.

她对人对事都很冷淡，总是以一种玩世不恭的态度。
Tā duì rén duì shì dōu hěn lěngdàn, zǒngshì yǐ yì zhǒng wán shì bù gōng de tàidù.
그녀는 사람이든 일이든 다 무관심해서, 언제나 냉소적인 태도를 보인다.

[단어] 玩世不恭 wán shì bù gōng **성** 세상을 우습게 알다, 냉소적으로 세상을 대하다

0088 良好 liánghǎo 좋다, 양호하다

我们要从小养成良好的生活习惯。
Wǒmen yào cóngxiǎo yǎngchéng liánghǎo de shēnghuó xíguàn.
우리는 어릴 때부터 건전한 생활 습관을 길러야 한다.

0089 亮 liàng 밝다, 환하다 **반의** 暗 àn 어둡다

他的房间又宽又亮，挺好的。
Tā de fángjiān yòu kuān yòu liàng, tǐng hǎo de.
그의 방은 넓고 환해서 참 좋아.

刚才不是说灯坏了吗？怎么又亮了？
Gāngcái bú shì shuō dēng huài le ma? Zěnme yòu liàng le?
방금 전에 등이 고장 났다고 안 했어? 어떻게 또 켜졌어?

天还没亮，爸爸就出发了。
Tiān hái méi liàng, bàba jiù chūfā le.
날이 아직 밝기도 전에, 아빠는 출발하셨다.

🧒 **관련 표현**

打开窗户说亮话 dǎkāi chuānghu shuō liànghuà **관용** 숨김없이 말하다, 터놓고 얘기하다

 **0090** ## 了不起 liǎobuqǐ 대단하다

他真了不起，做了一件震天动地的大事。
Tā zhēn liǎobuqǐ, zuòle yí jiàn zhèn tiān dòng dì de dàshì.
그 친구 정말 대단해, 세상을 깜짝 놀라게 할 일을 해냈더라고.

[단어] 震天动地 zhèn tiān dòng dì 성 천지를 뒤흔들다

这也没什么了不起的，你就不用担心了。
Zhè yě méi shénme liǎobuqǐ de, nǐ jiù búyòng dānxīn le.
이건 뭐 별 거 아니에요, 걱정하지 마세요.

0091 ## 灵活 línghuó 민첩하다, 영민하다, 융통성이 있다

奶奶脑溢血后，手脚不灵活了。
Nǎinai nǎoyìxuè hòu, shǒujiǎo bù línghuó le.
할머니는 뇌출혈을 앓으신 후, 거동이 불편해지셨어.

[단어] 脑溢血 nǎoyìxuè 뇌출혈 / 手脚 shǒujiǎo 손발, 거동

他脑筋很灵活，善于随机应变。
Tā nǎojīn hěn línghuó, shànyú suí jī yìng biàn.
그는 머리가 영민해서 임기응변에 능하다.

[단어] 随机应变 suí jī yìng biàn 성 임기응변하다

一个国家的汇率制度应该有一定的灵活性。
Yí ge guójiā de huìlǜ zhìdù yīnggāi yǒu yídìng de línghuóxìng.
한 나라의 환율 제도는 당연히 어느 정도의 변동성을 가져야 한다.

0092 ## 密切 mìqiè 밀접하다, 빈틈없다

他们俩的关系挺密切的。
Tāmen liǎ de guānxi tǐng mìqiè de.
그들 두 사람의 관계는 매우 밀접하다.

我们将密切关注这件事情的发展。
Wǒmen jiāng mìqiè guānzhù zhè jiàn shìqing de fāzhǎn.
우리는 이 일이 어떻게 발전하는지 놓치지 않고 지켜볼 것이다.

0093 苗条 miáotiáo (여성의 몸매가) 날씬하다

她长得不算漂亮，可身材却十分苗条。
Tā zhǎng de bú suàn piàoliang, kě shēncái què shífēn miáotiáo.
그녀는 예쁜 편은 아니지만, 몸매는 아주 끝내준다.

0094 敏感 mǐngǎn 민감하다, 반응이 빠르다

双方都没有讨论关于领土纷争等敏感的话题。
Shuāngfāng dōu méiyou tǎolùn guānyú lǐngtǔ fēnzhēng děng mǐngǎn de huàtí.
쌍방 모두 영토 분쟁 등과 같은 민감한 문제에 대해선 이야기하지 않았다.

优秀的艺术家对事物的反应都很敏感。
Yōuxiù de yìshùjiā duì shìwù de fǎnyìng dōu hěn mǐngǎn.
우수한 예술가들은 사물에 대한 반응이 매우 빠르다.

0095 明确 míngquè 분명하다

他们分工十分明确，而且效率很高。
Tāmen fēngōng shífēn míngquè, érqiě xiàolù hěn gāo.
그들은 업무 분담이 확실하고, 효율이 높다.

동 분명히 하다

他从来就没有明确过自己的态度。
Tā cónglái jiù méiyou míngquèguo zìjǐ de tàidù.
그는 한 번도 자신의 태도를 분명히 밝혀 본 적이 없다.

0096 明显 míngxiǎn 뚜렷하다, 현저하다 **유의** 显著 xiǎnzhù

很明显，他这么做是意图逃跑。
Hěn míngxiǎn, tā zhème zuò shì yìtú táopǎo.
확실하군, 그가 이렇게 한 건 도망치려는 의도인 거야.

这些政策可在短期内起到较明显的效果。
Zhèxiē zhèngcè kě zài duǎnqī nèi qǐdào jiào míngxiǎn de xiàoguǒ.
이 정책들은 단기간 내에 비교적 확실한 효과를 거둘 수 있다.

0097 模糊 móhu 분명치 않다, 모호하다

老年人视力下降，看东西老是模糊。
Lǎoniánrén shìlì xiàjiàng, kàn dōngxi lǎoshì móhu.
노인들은 시력이 저하되어, 사물이 늘 흐릿하게 보인다.

地图上的字印得太模糊了！
Dìtú shang de zì yìn de tài móhu le!
지도 위의 글자가 너무 희미하게 인쇄되었다.

관련 표현

血肉模糊 xuè ròu mó hu (성) 피범벅이 되다

0098 陌生 mòshēng 생소하다, 낯설다

他仔细地打量着这位陌生的客人。
Tā zǐxì de dǎliangzhe zhè wèi mòshēng de kèrén.
그는 낯선 손님을 자세히 뜯어 보았다.

0099 嫩 nèn 부드럽다, (색이) 연하다, 미숙하다

姐姐的皮肤嫩得很。
jiějie de pífū nèn de hěn.
언니의 피부는 아주 보들보들하다.

我比较喜欢嫩黄色。
Wǒ bǐjiào xǐhuan nèn huángsè.
나는 연노랑색을 비교적 좋아한다.

牛肉炒得很嫩，味道也不错。
Niúròu chǎo de hěn nèn, wèidao yě búcuò.
소고기를 참 연하게 볶았네, 맛도 괜찮고.

跟我斗，你还嫩了点儿。
Gēn wǒ dòu, nǐ hái nènle diǎnr.
나하고 대적하기에, 자넨 아직 애송이야.

관련 표현

柔枝嫩叶 róu zhī nèn yè (성) 여린 가지와 보드라운 잎

0100 能干 nénggàn 유능하다

他是个非常能干的小伙子，谁跟他合作，谁就省事。
Tā shì ge fēicháng nénggàn de xiǎohuǒzi, shéi gēn tā hézuò, shéi jiù shěngshì.
그는 아주 유능한 청년으로, 그와 협업하는 사람은 일을 줄일 수 있다고.

别小看他是乡下人，他非常能干。
Bié xiǎokàn tā shì xiāngxiàrén, tā fēicháng nénggàn.
그 친구가 촌놈이라고 무시 말라고, 그 친구 아주 능력 있어.

0101 浓 nóng 진하다, 심해지다 **반의** 浅 qiǎn 옅다, 정도가 낮다

你能不能给我冲一杯浓咖啡？
Nǐ néng bu néng gěi wǒ chōng yì bēi nóng kāfēi?
저한테 진한 커피 한 잔 타 주시겠어요?

中秋过后，秋意渐浓。
Zhōngqiū guò hòu, qiūyì jiàn nóng.
추석이 지난 후에 가을색이 짙어가고 있다.

관련 표현

浓眉大眼 nóng méi dà yǎn **성** 준수하고 늠름한 용모

0102 偶然 ǒurán 우연이다 **반의** 必然 bìrán 필연적이다

我们是偶然遇见的。
Wǒmen shì ǒurán yùjiàn de.
우리는 우연히 만났어요.

这件事的发生并不是偶然的。
Zhè jiàn shì de fāshēng bìng bú shì ǒurán de.
이 일이 일어난 것은 결코 우연이 아니에요.

0103 疲劳 píláo 피로하다, 피곤하다 **유의** 疲倦 píjuàn, 疲乏 pífá

开车时，一旦感觉疲劳，一定不要勉强开车。
Kāichē shí, yídàn gǎnjué píláo, yídìng búyào miǎnqiǎng kāichē.
운전할 때, 피로를 느끼면 무리해서 차를 몰지 마.

0104 片面 piànmiàn 단편적이다, 편파적이다, 일방적이다

无凭无据的，你这样说只能是既片面又没说服力。
Wú píng wú jù de, nǐ zhèyàng shuō zhǐnéng shì jì piànmiàn yòu méi shuōfúlì.
아무 근거도 없이, 이렇게 말하는 것은 일방적이고 설득력도 없다.

他们的报道太片面了，只讲负面不讲正面的。
Tāmen de bàodào tài piànmiàn le, zhǐ jiǎng fùmiàn bù jiǎng zhèngmiàn de.
저들의 보도는 너무 편파적이야, 부정적인 면만 다룰 뿐 긍정적인 면은 보도하지 않잖아.

0105 平 píng 평평하다, 동등하다, 평정하다

马路不平，但是很宽。
Mǎlù bù píng, dànshì hěn kuān.
도로가 평평하진 않지만 넓기는 하다.

他取得了世界冠军，并且平了记录。
Tā qǔdéle shìjiè guànjūn, bìngqiě píngle jìlù.
그는 세계 우승을 하고, 기록도 갱신했다.

他好像跟你爸平辈了。
Tā hǎoxiàng gēn nǐ bà píngbèi le.
그 분은 네 아빠랑 같은 항렬인 것 같아.

관련 표현

一波未平，一波又起 yì bō wèi píng, yì bō yòu qǐ 성 일이 쉴 새 없이 일어나다, 어려운 상황이 꼬리를 물고 일어나다

0106 平安 píng'ān 평안하다, 편안하다, 무사하다

我只希望一家人平平安安过日子。
Wǒ zhǐ xīwàng yìjiārén píngping ān'ān guò rìzi.
나는 우리 가족이 평안하게 살아가길 바랄 뿐이야.

你在那边平安无事就行。
Nǐ zài nàbiān píng'ān wúshì jiù xíng.
네가 거기서 무탈하면 그만이야.

一路平安 yí lù píng'ān 성 (먼길을 떠나는 사람에게) 가시는 길에 평안하시길 빕니다

0107 平衡 pínghéng 균형 잡히다

我国发展不平衡的原因有很多，比如地理环境，历史原因，还有国家的政策。

Wǒ guó fāzhǎn bù pínghéng de yuányīn yǒu hěn duō, bǐrú dìlǐ huánjìng, lìshǐ yuányīn, hái yǒu guójiā de zhèngcè.

우리나라가 균형 있게 발전하지 못하는 원인은 많은데, 예를 들면, 지리 환경이나 역사적인 이유, 거기에 국가의 정책 등이 있다.

동 조절하다, 균형을 맞추다

怎么去平衡工作和生活关系呢?

Zěnme qù pínghéng gōngzuò hé shēnghuó guānxi ne?

어떻게 하면 일과 생활의 밸런스를 맞출 수 있을까요?

명 균형, 밸런스

小脑控制着人身体的平衡。

Xiǎonǎo kòngzhìzhe rén shēntǐ de pínghéng.

작은 뇌가 몸의 균형 감각을 주관한다.

0108 平静 píngjìng 평온하다, 고요하다, (마음이) 차분하다 유의 安静 ānjìng

平静的水面映着月亮，格外美丽。

Píngjìng de shuǐmiàn yìngzhe yuèliang, géwài měilì.

고요한 수면에 달빛이 드리워 아름답기 그지없다.

他的心情已经平静了。

Tā de xīnqíng yǐjing píngjìng le.

그의 마음은 이미 차분하게 가라앉았다.

我只是想过平静的日子。

Wǒ zhǐshì xiǎng guò píngjìng de rìzi.

나는 그저 조용하게 지냈으면 좋겠어.

0109 迫切 pòqiè 절박하다, 절실하다

中秋要到了，想回家的心更加迫切了。
Zhōngqiū yào dào le, xiǎng huíjiā de xīn gèngjiā pòqiè le.
추석이 가까워 오니까 집에 가고 싶은 마음이 더 절실해졌다.

他那迫切的心情，我们还是能感觉到的。
Tā nà pòqiè de xīnqíng, wǒmen háishi néng gǎnjuédào de.
그의 절박한 심정을 우리는 느낄 수가 있었다.

0110 谦虚 qiānxū 겸손하다

谦虚使人进步，骄傲使人落后。
Qiānxū shǐ rén jìnbù, jiāo'ào shǐ rén luòhòu.
겸손은 사람을 발전시키고, 교만은 사람을 낙후시킨다.

像他这么谦虚的人是不多见的。
Xiàng tā zhème qiānxū de rén shì bù duō jiàn de.
그 사람처럼 겸손한 사람도 보기 드물다.

관련 표현

谦虚谨慎 qiān xū jǐn shèn 성 겸손하고 신중하게 처세하다

谦虚的人 — 不骄不躁 qiānxū de rén — bù jiāo bú zào 혈후
겸손한 사람 — 교만하거나 조급해하지 않다 : 교만하지 않고 성급하지 않다

0111 浅 qiǎn 얕다, (지식이) 부족하다, 쉽다, 색이 연하다 **반의** 深 shēn 깊다

这条河很浅，我们可以游过去。
Zhè tiáo hé hěn qiǎn, wǒmen kěyǐ yóuguoqu.
이 강은 얕아서, 우리가 수영해서 건널 수 있어.

我文化很浅，没有创业经验，可我非常想创业。
Wǒ wénhuà hěn qiǎn, méiyǒu chuàngyè jīngyàn, kě wǒ fēicháng xiǎng chuàngyè.
저는 배움도 부족하고 창업 경험도 없지만, 정말로 창업을 하고 싶어요.

这种颜色是不是太浅了？
Zhè zhǒng yánsè shì bu shì tài qiǎn le?
이 색상 너무 연한 거 아니에요?

这个问题他讲得深入浅出。
Zhège wèntí tā jiǎng de shēn rù qiǎn chū.
이 문제를 그는 쉽게 풀이해 주었다.

[단어] 深入浅出 shēn rù qiǎn chū **성** 심오한 내용을 알기 쉽게 표현하다

0112 强烈 qiángliè 강렬하다, 뚜렷하다

这个决定一宣布，立即引起了强烈的反响。
Zhège juédìng yì xuānbù, lìjí yǐnqǐle qiángliè de fǎnxiǎng.
이 결정이 발표된 후, 즉각적으로 굉장한 반향을 불러일으켰다.

保罗·高更的画给我留下了非常强烈的印象。
Bǎoluó·Gāogēng de huà gěi wǒ liúxiàle fēicháng qiángliè de yìnxiàng.
폴 고갱(Paul Gauguin)의 그림은 나에게 아주 강렬한 인상을 남겼다.

0113 巧妙 qiǎomiào 교묘하다

他总是会巧妙地绕开这个话题。
Tā zǒngshì huì qiǎomiào de ràokāi zhège huàtí.
그는 늘 이 화제를 교묘하게 피해 간다.

0114 亲爱 qīn'ài 친애하다, 사랑하다 □□□

母亲，是我最亲爱的人。
Mǔqīn, shì wǒ zuì qīn'ài de rén.
어머니는 내가 가장 사랑하는 분이다.

祝亲爱的朋友们，心想事成、万事如意！
Zhù qīn'ài de péngyoumen, xīn xiǎng shì chéng, wàn shì rú yì!
친애하는 친구들이여, 마음속에 품은 꿈을 이루고, 모든 일이 순조롭게 풀리길 기원하네.

▶ 사랑하는 사람의 애칭으로 부르기도 한다.

亲爱的，你回来了?
Qīn'ài de, nǐ huílai le?
자기야, 돌아왔어?

0115 亲切 qīnqiè 친근하다, 친절하다 □□□

每次听到她的声音就有一种亲切的感觉。
Měi cì tīngdào tā de shēngyīn jiù yǒu yì zhǒng qīnqiè de gǎnjué.
그녀의 목소리를 들을 때마다 나는 친근한 느낌이 든다.

她亲切地握住了我的手。
Tā qīnqiè de wòzhùle wǒ de shǒu.
그녀는 다정하게 내손을 잡아 주었다.

0116 勤奋 qínfèn 부지런하다, 열심히 하다 **유의** 勤快 qínkuai □□□

他学习特别勤奋，从不偷懒。
Tā xuéxí tèbié qínfèn, cóng bù tōulǎn.
그 애는 아주 열심히 공부하고, 게으름 피우는 법이 없다.

成功的秘诀之一就是勤奋。
Chénggōng de mìjué zhī yī jiù shì qínfèn.
성공의 비결 중 하나는 바로 부지런함이다.

0117 青 qīng 푸르다, 녹색을 띤, 검다 □□□

我喜欢吃青苹果。
Wǒ xǐhuan chī qīng píngguǒ.
나는 풋사과를 좋아해.

你看你摔得脸都发青了。
Nǐ kàn nǐ shuāi de liǎn dōu fāqīng le.
너 좀 봐, 넘어져서 얼굴까지 멍들었잖아.

秋天，松树的叶子还是青青的。
Qiūtiān, sōngshù de yèzi háishi qīngqīng de.
가을인데, 솔잎은 여전히 푸르네.

명 청년, 젊은이

知青 zhī qīng 지식 청년 / 青工 qīng gōng 청년 노동자

老中青 lǎo zhōng qīng 노년·중년·청년의 통칭

관련 표현

青出于蓝 qīng chū yú lán **성** 청출어람, 제자가 스승보다 낫다

青梅竹马 qīng méi zhú mǎ **성** 죽마고우, 소꿉친구

0118 轻易 qīngyì 제멋대로이다, 함부로 하다, 쉽다

爱一个人，千万不要轻易说分手。
Ài yí ge rén, qiānwàn búyào qīngyì shuō fēnshǒu.
누군가 사랑할 땐, 절대 함부로 헤어지자고 하면 안 돼.

驾驶证是不能轻易取得的。
Jiàshǐzhèng shì bù néng qīngyì qǔdé de.
면허증은 쉽게 딸 수 있는 게 아니야.

0119 清淡 qīngdàn (음식이) 담백하다, (색깔이) 산뜻하다, 불경기이다

他感冒了，要吃些清淡的东西。
Tā gǎnmào le, yào chī xiē qīngdàn de dōngxi.
그는 감기에 걸려서 담백한 음식을 먹어야 한다.

这家旅馆的生意越来越清淡了。
Zhè jiā lǚguǎn de shēngyì yuèláiyuè qīngdàn le.
이 여관은 갈수록 장사가 안 된다.

☐☐☐

0120 **全面** quánmiàn 전면적이다, 전체적이다

我们考虑问题的时候要全面，这样才不会犯错误。
Wǒmen kǎolǜ wèntí de shíhou yào quánmiàn, zhèyàng cái bú huì
fàn cuòwù.
우리는 어떤 문제에 대해 생각할 때 전체적으로 살펴야 해, 그래야만 실수를 하지 않아.

产品质量检验机构进行全面调查。
Chǎnpǐn zhìliàng jiǎnyàn jīgòu jìnxíng quánmiàn diàochá.
상품 품질 검사 기관에서 전면적인 조사에 나섰다.

☐☐☐

0121 **热烈** rèliè 열렬하다 유의 **猛烈** měngliè

我们再次为你热烈鼓掌。
Wǒmen zàicì wèi nǐ rèliè gǔzhǎng.
우리는 다시 한 번 너에게 박수를 보낸다.

他们受到政府、议会以及社会各界人士的热烈欢迎。
Tāmen shòudào zhèngfǔ、yìhuì yǐjí shèhuì gèjiè rénshì de rèliè
huānyíng.
그들은 정부와 의회 및 사회 각계 인사의 열렬한 환영을 받았다.

☐☐☐

0122 **热心** rèxīn 인정이 많다, 온화하다

他非常热心，乐于助人。
Tā fēicháng rèxīn, lè yú zhù rén.
그는 인정이 아주 많고, 남을 돕는 것을 좋아한다.

동 열성적이다, 적극적이다

她平时热心于公益活动。
Tā píngshí rèxīnyú gōngyì huódòng.
그녀는 평소에 공익 활동에 적극적으로 참여하고 있다.

관련 표현

热心肠 rèxīncháng 관용 인정이 많은 사람

0123 日常 rìcháng 일상의, 일상적인 [BCT1]

开会是日常工作当中不可缺少的一项重要内容。
Kāihuì shì rìcháng gōngzuò dāngzhōng bùkě quēshǎo de yí xiàng
zhòngyào nèiróng.
회의는 일상 업무에서 빼놓을 수 없는 중요한 부분이다.

👤 관련 표현

日常生活 rìcháng shēnghuó 일상생활 / **日常用品** rìcháng yòngpǐn 생필품
日常用语 rìcháng yòngyǔ 일상 용어

0124 软 ruǎn 부드럽다, 힘이 빠지다 반의 硬 yìng 단단하다

我想吃那种很软很软的面包。
Wǒ xiǎng chī nà zhǒng hěn ruǎn hěn ruǎn de miànbāo.
난 아주 보들보들한 빵이 먹고 싶어.

他吓得两腿发软，走都走不动了。
Tā xià de liǎng tuǐ fā ruǎn, zǒu dōu zǒubudòng le.
그는 놀란 나머지 두 다리에 힘이 풀려 걷기조차 힘들었다.

👤 관련 표현

软硬不吃 ruǎn yìng bù chī 관용 어떠한 방법도 통하지 않다

软弱无力 ruǎn ruò wú lì 성 무기력하다, 무능하다

软硬兼施 ruǎn yìng jiān shī 성 강건책과 유화책을 함께 쓰다

东郭先生救狼 — 心慈手软 혈후
Dōngguō xiānshēng jiù láng — xīn cí shǒu ruǎn
동곽 선생이 늑대를 구하다 — 마음이 어질고 손길이 무르다 : 우유부단하고 모질지 못하다

tip 东郭先生 : 명(明)나라 마중석(马中锡)의 《중산랑전(中山狼传 Zhōngshānláng
zhuàn)》에 나오는 어리석고 인정 많은 인물. 늑대를 구해 주었다가 도리어 잡혀 먹힐 뻔함.

0125 弱 ruò 약하다, 나약하다 반의 强 qiáng 강하다

他从小身体很弱，不能上体育课。
Tā cóngxiǎo shēntǐ hěn ruò, bù néng shàng tǐyù kè.
그는 어릴 때부터 몸이 약해 체육 수업에 참가할 수 없었다.

她的声音越来越弱了。
Tā de shēngyīn yuèláiyuè ruò le.
그의 목소리가 점점 작아졌다.

我们应该照顾好老、弱、病、残。
Wǒmen yīnggāi zhàogùhǎo lǎo、ruò、bìng、cán.
우리는 당연히 노인, 약자, 환자, 장애우를 보호해야 한다.

强将手下无弱兵 qiángjiàng shǒuxià wú ruòbīng **속담** 강한 장수 아래 나약한
병사가 있을 수 없다, 훌륭한 스승은 우수한 인재를 배출해 낼 수 있다

弱不禁风 ruò bù jīn fēng **성** 몸이 너무 약해서 바람에도 쓰러질 것 같다

0126 傻 shǎ 어리석다, 융통성이 없다

年轻的时候，我做过很多傻事。
Niánqīng de shíhou, wǒ zuòguo hěn duō shǎ shì.
젊을 때 나는 어리석은 짓을 많이 했었다.

傻孩子，你没有错。
Shǎ háizi, nǐ méiyǒu cuò.
바보 같으니라고, 넌 잘못 없어.

装疯卖傻 zhuāng fēng mài shǎ **성** 일부러 미친 척하고, 어리석은 척하다

0127 善良 shànliáng 착하다, 선량하다

他本质上还是很善良的。
Tā běnzhì shang háishi hěn shànliáng de.
그 친구 본성은 어쨌든 착해요.

0128 深刻 shēnkè (인상, 정도가) 깊다, 본질을 파악하다, 핵심을 찌르다

你这样说，一定会给他们留下深刻的印象。
Nǐ zhèyàng shuō, yídìng huì gěi tāmen liúxià shēnkè de yìnxiàng.
네가 이렇게 말하면, 틀림없이 그들에게 깊은 인상을 남길 거야.

他是专家，看问题当然比我们深刻。
Tā shì zhuānjiā, kàn wèntí dāngrán bǐ wǒmen shēnkè.
저 사람은 전문가인데, 문제를 봄에 있어 우리보다 정확하겠지.

0129 神秘 shénmì 신비롭다

蒙娜丽莎的微笑中透着神秘。
Méngnàlìshā de wēixiào zhōng tòuzhe shénmì.
모나리자의 미소에서는 신비로움이 묻어난다.

0130 生动 shēngdòng 생동감 있다, 살아 있다

她总是用生动的语言来讲故事，特别吸引人。
Tā zǒngshì yòng shēngdòng de yǔyán lái jiǎng gùshi, tèbié xīyǐn rén.
그녀는 생동감 있는 언어로 이야기를 해 줘서, 사람들이 푹 빠져들게 한다.

0131 湿润 shīrùn 축축하다, 촉촉하다, 습하다 [반의] 干燥 gānzào 건조하다

百合花开了，空气里也带有一股清鲜湿润的香味。
Bǎihéhuā kāi le, kōngqì li yě dài yǒu yì gǔ qīngxiān shīrùn de xiāngwèi.
백합꽃이 피어, 공기 속에서도 맑고 촉촉한 향기가 풍긴다.
[단어] 清鲜 qīngxiān 시원하고 신선하다, 싱싱하다

来到南方以后感觉这边的气候比北方湿润一些。
Láidào nánfāng yǐhòu gǎnjué zhèbiān de qìhòu bǐ běifāng shīrùn yìxiē.
남방에 온 후, 이곳의 기후가 북방보다 습함을 느낄 수 있었다.

0132 时髦 shímáo 유행이다, 첨단이다

现在追时髦，那款早就过时了。
Xiànzài zhuī shímáo, nà kuǎn zǎojiù guòshí le.
지금 유행을 좇아 봐야, 그 스타일은 이미 유행이 지났다고.
[단어] 追时髦 zhuī shímáo 유행을 좇다

今天怎么穿得这么时髦啊！
Jīntiān zěnme chuān de zhème shímáo a!
오늘 왜 이렇게 쫙 빼입었어?

0133 实用 shíyòng 실용적이다 [BCT1] 참고 **实用主义** shíyòng zhǔyì 실용주의

买东西不能只看价格要考虑它的实用性。
Mǎi dōngxi bù néng zhǐ kàn jiàgé yào kǎolǜ tā de shíyòngxìng.
물건을 살 때는 가격만 봐서는 안 되고 물건의 실용성을 따져 봐야 한다.

0134 舒适 shūshì (환경, 조건 등이) 쾌적하다, 편안하다

他想舍弃舒适的城市生活，去农村过田园生活。
Tā xiǎng shěqì shūshì de chéngshì shēnghuó, qù nóngcūn guò tiányuán shēnghuó.
그는 편안한 도시 생활을 접고, 농촌으로 가서 전원 생활을 하고 싶어 한다.
[단어] **舍弃** shěqì 포기하다, 버리다

小王家装修得很舒适干净。
Xiǎo Wáng jiā zhuāngxiū de hěn shūshì gānjìng.
왕 군네는 인테리어를 쾌적하고 깨끗하게 했다.

0135 熟练 shúliàn 숙련되다, 능숙하다 참고 **熟练工** shúliàngōng 숙련공

他已经熟练地使用这些设备了。
Tā yǐjing shúliàn de shǐyòng zhèxiē shèbèi le.
그는 이미 이 설비들을 능숙하게 사용할 수 있게 되었다.

我们好多熟练工，工资拿得也挺高。
Wǒmen hǎo duō shúliàngōng, gōngzī ná de yě tǐng gāo.
우리 회사의 많은 숙련공들은 급여도 꽤 높다.

0136 坦率 tǎnshuài 솔직하다, 정직하다

他坦率地说出了自己的缺点。
Tā tǎnshuài de shuōchule zìjǐ de quēdiǎn.
그는 자신의 결점을 솔직하게 말했다.

0137 烫 tàng 뜨겁다, 파마하다, 화상 입다

□□□

水怎么这么热，烫死我了。
Shuǐ zěnme zhème rè, tàngsǐ wǒ le.
물이 왜 이렇게 뜨거운 거야, 데일 뻔했어.

妹妹昨天把头发给烫了。
Mèimei zuótiān bǎ tóufa gěi tàng le.
여동생은 어제 파마를 했다.

0138 淘气 táoqì 장난이 심하다, 말을 듣지 않다

□□□

我觉得小孩子还是淘气点的好。
Wǒ juéde xiǎoháizi háishi táoqì diǎn de hǎo.
난 어린아이는 개구쟁이 짓을 하는 게 낫더라고.

0139 特殊 tèshū 특수하다, 특별하다 반의 一般 yìbān 보통이다

□□□

他被派遣到南方去执行特殊任务。
Tā bèi pàiqiǎndào nánfāng qù zhíxíng tèshū rènwù.
그는 남방으로 파견되어 특수 임무를 수행하게 되었다.

你不要搞特殊，要听从安排。
Nǐ búyào gǎo tèshū, yào tīngcóng ānpái.
너 괜히 튀지 말고, 시키는 대로 해.

0140 体贴 tǐtiē 자상하게 돌보다

□□□

她大赞老公细心体贴。
Tā dàzàn lǎogōng xìxīn tǐtiē.
그녀는 남편이 세심하고 자상하다고 크게 칭찬했다.

谢谢你关心我爱我体贴照顾我。
Xièxie nǐ guānxīn wǒ ài wǒ tǐtiē zhàogù wǒ.
제게 관심 가져주고 사랑해 주고 세심하게 배려해 줘서 감사합니다.

🐾 **관련 표현**

体贴入微 tǐ tiē rù wēi 성 극진히 보살피다, 세세한 것까지 돌보다

0141 **天真** tiānzhēn 천진하다, 순진하다, 단순하다 □□□

我同桌是一个天真、浪漫、可爱的女孩。
Wǒ tóngzhuō shì yí ge tiānzhēn、làngmàn、kě'ài de nǚhái.
내 짝은 천진하고 낭만적이며 귀여운 여자아이다.

他是无忧无虑的天真派，属于今朝有酒今朝醉的类型。
Tā shì wú yōu wú lǜ de tiānzhēnpài, shǔyú jīnzhāo yǒu jiǔ jīnzhāo
zuì de lèixíng.
그는 걱정근심 없는 단순파로, 현재를 즐기고 보자는 타입이야.
[단어] 今朝有酒今朝醉 jīnzhāo yǒu jiǔ jīnzhāo zuì 오늘 아침 술은 오늘 마시자, 눈앞의
현실을 즐기다

> 🔴 관련 표현

天真烂漫 tiān zhēn làn màn **성** 천진난만하다

0142 **调皮** tiáopí 말썽을 부리다, 장난치다 **참고** 调皮鬼 tiáopíguǐ 장난꾸러기 □□□

你再调皮，我就把你关到房间里去。
Nǐ zài tiáopí, wǒ jiù bǎ nǐ guāndào fángjiān li qù.
너 또 장난치면, 방에다 가두어 버린다.

0143 **痛苦** tòngkǔ 고통스럽다, 슬프다 □□□

想起那件事，我就痛苦。
Xiǎngqǐ nà jiàn shì, wǒ jiù tòngkǔ.
그 일이 생각나면 나는 슬퍼진다.

我现在已经绝望了，没有人能够体会到这种病的痛苦。
Wǒ xiànzài yǐjing juéwàng le, méiyǒu rén nénggòu tǐhuìdào zhè
zhǒng bìng de tòngkǔ.
난 이미 절망적이야, 아무도 이 병의 고통스러움을 알 수 없을 거야.

0144 **痛快** tòngkuài 통쾌하다, 기분 좋다, 후련하다 □□□

有什么要求你就痛快地说吧。
Yǒu shénme yāoqiú nǐ jiù tòngkuài de shuō ba.
무슨 요구 사항이 있으면 속 시원히 말해요.

今天咱们就痛痛快快喝一杯吧。
Jīntiān zánmen jiù tòngtongkuàikuài hē yì bēi ba.
오늘 우리 거하게 한 잔 하자고.

看到别人拿了奖金他心里十分不痛快。
Kàndào biérén nále jiǎngjīn tā xīnli shífēn bú tòngkuài.
다른 사람이 보너스 탄 걸 보고 그는 기분이 많이 상했다.

관련 표현

痛快淋漓 tòng kuài lín lí **성** 대단히 통쾌하고 후련하다, (글이나 말이) 거침없고 힘차다

0145 透明 tòumíng 투명하다, 공개적이다

这些透明玻璃很容易误导人，一不注意就能撞上。
Zhèxiē tòumíng bōli hěn róngyì wùdǎo rén, yì bú zhùyì jiù néng zhuàngshàng.
이런 투명한 유리는 사람을 헷갈리게 만들어, 아차 하면 부딪치게 된다.
[단어] 误导 wùdǎo 오도하다, 잘못 이끌다.

政府在税收管理方面更加透明化了。
Zhèngfǔ zài shuìshōu guǎnlǐ fāngmiàn gèngjiā tòumínghuà le.
정부에서는 세수 관리 부분을 더욱 투명하게 하기로 했다.

0146 突出 tūchū 출중하다, 돌출하다

这次比赛8号选手表现突出。
Zhè cì bǐsài bā hào xuǎnshǒu biǎoxiàn tūchū.
이번 시합에서는 8번 선수의 활약이 돋보였다.

동 부각시키다, 돌출시키다

这部电视剧突出清代宫廷礼仪。
Zhè bù diànshìjù tūchū Qīngdài gōngtíng lǐyí.
이 드라마는 청대 궁중 예절을 부각시켰다.

0147 歪 wāi 비뚤다, 기울다, 바르지 못하다

他的身子一歪，摔倒在地上。
Tā de shēnzi yì wāi, shuāidǎozài dìshang.
그의 몸이 비틀하더니 바닥으로 쓰러졌다.

我觉得那幅画好像挂歪了一点，你把它摆正吧。
Wǒ juéde nà fú huà hǎoxiàng guàwāile yìdiǎn, nǐ bǎ tā bǎizhèng ba.
내가 보기엔 저 그림이 삐뚤게 걸린 것 같은데, 네가 좀 바로 해 봐.

歪理，你别忽悠我了。
Wāilǐ, nǐ bié hūyou wǒ le.
말도 안 돼, 너 나 놀리지 마라.

[단어] 歪理 wāilǐ 궤변 / 忽悠 hūyou 흔들다, 허풍떨다

관련 표현

上梁不正下梁歪 shàngliáng bú zhèng, xiàliáng wāi 속담 윗물이 맑아야 아랫물이 맑다

歪打正着 wāi dǎ zhèng zháo 성 무의식중에 제대로 맞추다, 뜻밖에 좋은 결과를 얻다

歪风邪气 wāi fēng xié qì 성 좋지 않은 풍조

0148 完美 wánměi 완벽하다 유의 完善 wánshàn

世界上竟然有这么完美的人！
Shìjiè shang jìngrán yǒu zhème wánměi de rén!
세상에 이렇게 완벽한 사람이 있다니!

他不愧是跳水冠军，跳水动作完美无缺。
Tā búkuì shì tiàoshuǐ guànjūn, tiàoshuǐ dòngzuò wán měi wú quē.
그는 과연 다이빙 우승자답게 다이빙 동작이 완전무결하다.

[단어] 完美无缺 wán měi wú quē 성 완전무결하다, 전혀 흠잡을 데가 없다

0149 完善 wánshàn 완벽하다, 빈틈없다 유의 完美 wánměi

我们一定要尽快完善工人福利制度。
Wǒmen yídìng yào jǐnkuài wánshàn gōngrén fúlì zhìdù.
우리는 가능한 빨리 노동자 후생 복지 제도를 보완해야 합니다.

这也是一个需要补充完善的问题。
Zhè yě shì yí ge xūyào bǔchōng wánshàn de wèntí.
이 역시 보충하고 다듬을 필요가 있는 문제이다.

0150 完整 wánzhěng 완벽하다, 완전하다

一个完整的家庭对孩子来说非常重要。
Yí ge wánzhěng de jiātíng duì háizi lái shuō fēicháng zhòngyào.
온전한 가정은 아이에게 있어 대단히 중요하다.

你能给我一套完整的设计方案吗?
Nǐ néng gěi wǒ yí tào wánzhěng de shèjì fāng'àn ma?
저한테 완벽한 설계 방안을 주실 수 있으세요?

0151 唯一 wéiyī 유일하다

他是我唯一的朋友。
Tā shì wǒ wéiyī de péngyou.
그는 나의 유일한 친구이다.

这是他写的唯一的一本书。
Zhè shì tā xiě de wéiyī de yì běn shū.
이것은 그가 쓴 유일한 책이다.

0152 伟大 wěidà 위대하다 반의 渺小 miǎoxiǎo 보잘것없다

他把买房子的钱都捐了,真伟大!
Tā bǎ mǎi fángzi de qián dōu juān le, zhēn wěidà!
그 사람 집 살 돈을 다 기부했어, 정말 위대해!

这就是我们伟大的祖国!
Zhè jiù shì wǒmen wěidà de zǔguó!
여기가 바로 우리의 위대한 조국이다!

0153 **委屈** wěiqu 억울하다 □□□

小李，这次可委屈你了。
Xiǎo Lǐ, zhè cì kě wěiqu nǐ le.
이 군, 이번에 정말 자네를 서운하게 했네 그려.

他好像是受了委屈，一见到我就哭了。
Tā hǎoxiàng shì shòule wěiqu, yí jiàndào wǒ jiù kū le.
그애는 억울한 일을 당했는지, 나를 보자마자 울었어.

0154 **未必** wèibì 꼭 ~한 건 아니다, 반드시 ~이라고는 할 수 없다 □□□
유의 **不一定** bù yídìng, **不见得** bújiànde

今天的敌人未必是明天的敌人。
Jīntiān de dírén wèibì shì míngtiān de dírén.
오늘의 적이 내일의 적이 된다고는 할 수 없다.

这对他来说未必是坏事。
Zhè duì tā láishuō wèibì shì huàishì.
이건 그 사람한테 꼭 나쁜 일이라고만 할 수는 없다.

0155 **温暖** wēnnuǎn 따뜻하다, 포근하다, 다정하다 □□□

他的笑容温暖了我的心。
Tā de xiàoróng wēnnuǎnle wǒ de xīn.
그의 미소가 나의 마음을 훈훈하게 한다.

希望我也有个温暖的家。
Xīwàng wǒ yě yǒu ge wēnnuǎn de jiā.
나도 단란한 가정이 있었으면 좋겠다.

我想在一个温暖的房间里躺着看书。
Wǒ xiǎng zài yí ge wēnnuǎn de fángjiān li tǎngzhe kànshū.
난 따뜻한 방에 누워 책이나 봤으면 좋겠어.

관련 표현

送温暖 sòng wēnnuǎn [신조어] 온정을 베풀다

□□□

0156 温柔 wēnróu 다정하다, 부드럽다

他的声音很温柔，温柔得令人心碎。
Tā de shēngyīn hěn wēnróu, wēnróu de lìng rén xīnsuì.
그의 목소리는 감미로워서 사람의 마음을 애잔하게 만든다.

她长得很秀丽，性格很温柔。
Tā zhǎng de hěn xiùlì, xìnggé hěn wēnróu.
그녀는 용모가 수려하고, 성격이 온화하다.

□□□

0157 稳定 wěndìng 안정되다 BCT1

我刚下海不久，收入还不稳定。
Wǒ gāng xiàhǎi bù jiǔ, shōurù hái bù wěndìng.
나는 사업을 시작한 지 얼마 안 되어, 수입이 불안정하다.

동 진정시키다

发火前先稳定一下自己的情绪。
Fāhuǒ qián xiān wěndìng yíxià zìjǐ de qíngxù.
화내기 전에 자신의 감정을 먼저 진정시키세요.

□□□

0158 无奈 wúnài 어찌할 수 없다

无奈之下，他们只好求别人帮忙。
Wúnài zhī xià, tāmen zhǐhǎo qiú biérén bāngmáng.
어쩔 수 없는 상황이라, 그들은 남에게 도움을 청할 수밖에 없었다.

她无奈地摇了摇头。
Tā wúnài de yáole yáotóu.
그녀는 어쩔 수 없다는 듯 고개를 저었다.

관련 표현

万般无奈 wàn bān wú nài 성 아무리 해도 어쩔 수 없다, 방법이 없다

□□□

0159 无数 wúshù 무수하다, 셀 수 없다

无数星星在夜空中眨着眼睛。
Wúshù xīngxīng zài yèkōngzhōng zhǎzhe yǎnjing.
무수히 많은 별들이 밤하늘에 떠서 눈을 반짝이고 있다.

虽然受到过无数的打击，但他都挺了过来。
Suīrán shòudàoguo wúshù de dǎjī, dàn tā dōu tǐngle guòlai.
비록 무수한 공격을 받았지만, 그래도 그는 잘 버텨 왔다.

0160 **鲜艳** xiānyàn **선명하다, 산뜻하고 예쁘다** □□□

她特别时尚，爱穿颜色很鲜艳的衣服。
Tā tèbié shíshàng, ài chuān yánsè hěn xiānyàn de yīfu.
그녀는 아주 멋쟁이로, 색상이 화려한 옷을 좋아한다.

穿得这么鲜艳干嘛去?
Chuān de zhème xiānyàn gànmá qù?
이렇게 예쁘게 차려 입고 어디 가니?

관련 표현

鲜艳夺目 xiān yàn duó mù **성** 화려하게 눈길을 끌다

0161 **显然** xiǎnrán **명확하다, 분명하다** □□□

很显然，在这件事上，你我谁都没错。
Hěn xiǎnrán, zài zhè jiàn shì shang, nǐ wǒ shéi dōu méi cuò.
분명히 이 일에 있어서, 너랑 나 다 잘못이 없어.

大家显然都不愿意离开这儿。
Dàjiā xiǎnrán dōu bú yuànyì líkāi zhèr.
다들 확실히 여기를 떠나고 싶어 하지 않는다.

0162 **相对** xiāngduì **상대적이다** **반의** **绝对** juéduì **절대적이다** □□□

由于资源丰富，开采成本相对较低。
Yóuyú zīyuán fēngfù, kāicǎi chéngběn xiāngduì jiào dī.
자원이 풍부해서, 채굴 원가가 상대적으로 적게 든다.

相对来说，这辆车比那辆车更省油。
Xiàngduì láishuō, zhè liàng chē bǐ nà liàng chē gèng shěng yóu.
상대적으로 말해서, 이 차는 저 차보다 기름이 훨씬 적게 든다.

0163 消极 xiāojí 소극적이다, 의기소침하다, 부정적이다 **반의** 积极 jījí 적극적이다

你得改一改这种消极的生活态度。
Nǐ děi gǎi yi gǎi zhè zhǒng xiāojí de shēnghuó tàidù.
너는 이런 소극적인 생활 태도를 바꿔야만 해.

有些人看待问题总是很消极。
Yǒu xiē rén kàndài wèntí zǒngshì hěn xiāojí.
어떤 이들은 문제를 볼 때 늘 부정적이다.

0164 小气 xiǎoqi 인색하다, 소심하다

那个人也太小气了吧!
Nàge rén yě tài xiǎoqi le ba!
저 친구도 참 좀스러워!

这件礼物拿出去会不会叫人觉得小气啊?
Zhè jiàn lǐwù náchuqu huì bu huì jiào rén juéde xiǎoqi a?
이 선물을 가지고 가면 남들이 인색하다고 느끼지 않을까?

0165 斜 xié 기울다, 비스듬하다

太阳已经西斜，一天就快过去了。
Tàiyáng yǐjing xī xié, yì tiān jiù kuài guòqu le.
해가 이미 서쪽으로 기울었으니 하루가 곧 저물겠네.

图书馆就在农行斜对面。
Túshūguǎn jiù zài nóngháng xié duìmiàn.
도서관은 농업은행 대각선 맞은편에 있다.

관련 표현

身正不怕影子斜 shēn zhèng bú pà yǐngzi xié 몸이 바르면 그림자가 기울어
지는 것을 두려워하지 않는다, 자신의 행동이 바르면 남의 말을 두려워하지 않는다

0166 幸运 xìngyùn 운이 좋다

我非常幸运地见到了那位作家。
Wǒ fēicháng xìngyùn de jiàndàole nà wèi zuòjiā.
나는 아주 운이 좋게도 그 작가님을 뵈었다.

他能活下来真是太幸运了。
Tā néng huóxialai zhēnshi tài xìngyùn le.
그가 살아남을 수 있었던 것은 정말 행운이다.

0167 虚心 xūxīn 겸손하다, 겸허하다

我能够做到虚心接受别人的指点。
Wǒ nénggòu zuòdào xūxīn jiēshòu biérén de zhǐdiǎn.
나는 다른 이의 지적을 겸허하게 받아들일 수 있다.

她是个虚心的人，绝对不会轻举妄动。
Tā shì ge xūxīn de rén, juéduì bú huì qīng jǔ wàng dòng.
그녀는 겸손한 사람으로 절대 경거망동할 리 없다.

0168 迅速 xùnsù 신속하다, 재빠르다

老总一进来，他迅速地站了起来。
Lǎozǒng yí jìnlai, tā xùnsù de zhànle qǐlai.
사장님이 들어오시자, 그는 재빨리 일어섰다.

这个消息在社会上迅速地传播了出去。
Zhège xiāoxi zài shèhuì shang xùnsù de chuánbōle chūqu.
이 소식은 세상에 신속하게 퍼져 나갔다.

0169 严肃 yánsù (표정, 분위기)가 엄숙하다, (태도, 업무 방식)이 진지하다

我从来没见过姐姐那么严肃地跟我说话。
Wǒ cónglái méi jiànguo jiějie nàme yánsù de gēn wǒ shuōhuà.
나는 언니가 그렇게 진지하게 나한테 얘기하는 걸 한 번도 본 적이 없다.

上午考试时，考场气氛格外严肃。
Shàngwǔ kǎoshì shí, kǎochǎng qìfēn géwài yánsù.
오전 시험 때, 시험장 분위기가 아주 숙연했다.

0170 痒 yǎng 간지럽다, 가렵다 ~하고 싶어 좀이 쑤시다

嗓子发痒，可又咳不出来。
Sǎngzi fā yǎng, kě yòu kébuchūlái.
목이 간지럽긴 한데 그렇다고 기침이 나오지도 않는다.

痒死了，你帮我抓一下。
Yǎngsǐ le, nǐ bāng wǒ zhuā yíxià.
가려워 죽겠어, 좀 긁어 주라.

刚拿到驾驶证的时候，我一看见车就手痒痒。
Gāng nádào jiàshǐzhèng de shíhou, wǒ yí kànjiàn chē jiù shǒu yǎngyǎng.
막 운전면허증을 땄을 때, 나는 차만 보면 운전하고 싶어 안달이 났어.
[단어] 手痒痒 shǒu yǎngyǎng 손이 근질근질하다

관련 표현

脚痒痒 jiǎo yǎngyǎng 발이 간질간질하다

嗓子痒痒 sǎngzi yǎngyǎng 목이 간질간질하다

心里痒痒 xīnli yǎngyǎng 마음이 들썩 들썩하다

不痛不痒 bú tòng bù yǎng **성** 미적지근하다, 일 처리를 시원하게 못하다

无关痛痒 wú guān tòng yǎng **성** 별로 관계가 없다, 중요하지 않다

0171 业余 yèyú 여가의, 아마추어의 **반의** 专业 zhuānyè 전문의, 프로의

这是我的业余爱好。
Zhè shì wǒ de yèyú àihào.
이건 제가 여가로 즐기는 취미입니다.

我只是个业余的，说不上什么专家。
Wǒ zhǐ shì ge yèyú de, shuōbushàng shénme zhuānjiā.
저는 그냥 아마추어예요, 전문가라고 할 수가 없어요.

0172 一律 yílǜ 일률적이다, 한결같다

对于她的出身有各种说法，她一律微笑不答。
Duìyú tā de chūshēn yǒu gè zhǒng shuōfǎ, tā yílǜ wēixiào bù dá.
그녀의 출신에 대한 여러 가지 억측에 대해, 그녀는 한결같이 미소로 함구하고 있다.

부 전부, 예외 없이

凡是享受优惠的物品一律不能退货。
Fánshì xiǎngshòu yōuhuì de wùpǐn yílǜ bù néng tuìhuò.
할인된 상품은 모두 환불이 되지 않습니다.

千篇一律 qiān piān yí lǜ 성 천편일률적이다, 조금도 변화가 없다

0173 **一致** yízhì 일치하다 □□□

经过讨论，双方取得了一致的意见。
Jīngguò tǎolùn, shuāngfāng qǔdéle yízhì de yìjiàn.
토론을 통해, 쌍방은 의견 일치를 보았다.

他的作品获得了评委的一致好评。
Tā de zuòpǐn huòdéle píngwěi de yízhì hǎopíng.
그의 작품은 심사위원의 일치된 호평을 받았다.

八个人抬大轿 — 步调一致 bā ge rén tái dà jiào — bù diào yí zhì 헐후
8인이 가마를 들다 — 보조가 맞다 : 발이 맞다, 동조하다

0174 **遗憾** yíhàn 유감스럽다, 섭섭하다, 아쉽다 BCT1 □□□

很遗憾，大学时候没有听到这堂课。
Hěn yíhàn, dàxué shíhou méiyou tīngdào zhè táng kè.
대학 다닐 때 이 수업을 못 들은 것이 아쉽다.

他的决定令人深感遗憾。
Tā de juédìng lìng rén shēngǎn yíhàn.
그의 결정은 사람들을 아주 실망스럽게 했다.

0175 **英俊** yīngjùn 재능이 출중하다, 준수하다 □□□

这些年轻人都英俊有为。
Zhèxiē niánqīng rén dōu yīngjùn yǒuwéi.
이 젊은이들은 모두 재능이 출중하고 장래가 촉망된다.

一个英俊的小伙子突然出现在我的眼前。
Yí ge yīngjùn de xiǎohuǒzi tūrán chūxiànzài wǒ de yǎnqián.
준수한 청년 하나가 갑자기 내 눈앞에 나타났다.

硬 yìng 딱딱하다, 견고하다, 의지가 강하다, 변하지 않다 반의 软 ruǎn 부드럽다

法国面包太硬，我估计牙不好的人没法吃。
Fǎguó miànbāo tài yìng, wǒ gūjì yá bù hǎo de rén méifǎ chī.
바케트 빵은 너무 딱딱해서, 내 생각엔 이가 안 좋은 사람들은 먹을 수가 없을 것 같아.

他就是吃软不吃硬。
Tā jiù shì chī ruǎn bù chī yìng.
그는 부드럽게 대하면 받아들이고, 강하게 나가면 거부한다.

邓小平曾经提出过"发展才是硬道理"。
Dèng Xiǎopíng céngjīng tíchūguo "fāzhǎn cái shì yìng dàolǐ".
덩시아오핑은 일찍이 "발전이야말로 변하지 않는 법칙"이라 했다.

부 억지로

我最不喜欢吃水果，妈妈却硬要我多吃水果。
Wǒ zuì bù xǐhuan chī shuǐguǒ, māma què yìng yào wǒ duō chī shuǐguǒ.
나는 과일이 가장 먹기 싫은데, 엄마는 억지로 나에게 과일을 많이 먹이려 하신다.

你不愿意去就算了，不要硬着头皮去。
Nǐ bú yuànyì qù jiù suàn le, búyào yìngzhe tóupí qù.
가기 싫으면 그만 둬, 억지로 가지 말고.

[단어] 硬着头皮 yìngzhe tóupí 관용 억지로

관련 표현

硬钉子碰碰 yìng dīngzi pèngpeng 관용 거절 당하다, 좌절을 맛보다

拥挤 yōngjǐ 붐비다, 혼잡하다

由于车上人多拥挤，人们个个是前胸贴后背。
Yóuyú chē shang rén duō yōngjǐ, rénmen gègè shì qiánxiōng tiē hòubèi.
차 안에 사람이 많아, 다들 가슴이 다른 사람 등에 밀착되어 있다.

优惠 yōuhuì 특별 대우하다, 할인해 주다 BCT2

阳澄湖大闸蟹天天特价，今天特价优惠90元。
Yángchéng Hú dàzháxiè tiāntiān tèjià, jīntiān tèjià yōuhuì jiǔshí yuán.
양청호의 민물 게를 매일 특가로 드립니다, 오늘 특가 할인 가격은 90위엔입니다.

为了吸引外资，在税收上可以给与优惠。
Wèile xīyǐn wàizī, zài shuìshōu shang kěyǐ jǐyǔ yōuhuì.
외자 유치를 위해 세제에 대한 혜택을 드리겠습니다.

优惠待遇 yōuhuì dàiyù 최혜국 대우 / **优惠价** yōuhuì jià 우대 가격

0179 优美 yōuměi (언어 · 목소리 · 풍경 · 동작 등이) 우아하고 아름답다

这首诗的语言优美而且非常动人。
Zhè shǒu shī de yǔyán yōuměi érqiě fēicháng dòngrén.
이 시의 언어는 아름다울 뿐 아니라 무척 감동적이다.

这位舞蹈家的姿势真优美。
Zhè wèi wǔdǎojiā de zīshì zhēn yōuměi.
이 무용가의 춤사위는 정말 우아하다.

0180 悠久 yōujiǔ 오래되다

印度历史悠久，与古埃及、巴比伦、中国并称世界四大文明古国。
Yìndù lìshǐ yōujiǔ, yǔ gǔ Āijí、Bābǐlún、Zhōngguó bìngchēng shìjiè sì dà wénmíng gǔguó.
인도는 역사가 유구한데, 고대 이집트, 바빌론, 중국과 더불어 세계 4대 문명 발상지로 일컬어지고 있다.

[단어] **并称** bìngchēng 합쳐 부르다, 병칭하다

0181 犹豫 yóuyù 주저하다, 망설이다 **유의** 踌躇 chóuchú

他几乎没有犹豫就答应了。
Tā jīhū méiyou yóuyù jiù dāying le.
그는 거의 주저하지 않고 바로 대답했다.

拿到录取通知书，他又犹豫了。
Nádào lùqǔ tōngzhīshū, tā yòu yóuyù le.
합격 통지서를 받고, 그는 또 망설였다.

犹豫不决 yóu yù bù jué (성) 결단을 내리지 못하고 망설이다, 머뭇거리다

0182 **有利** yǒulì 유리하다, 이롭다 [BCT1]

要多表扬，少批评，这样有利于学生进步。
Yào duō biǎoyáng, shǎo pīpíng, zhèyàng yǒulìyú xuésheng jìnbù.
많이 칭찬해 주고, 덜 혼내면 학생들의 발전에 도움이 된다.

税收的降低为企业的发展创造了有利条件。
Shuìshōu de jiàngdī wèi qǐyè de fāzhǎn chuàngzàole yǒulì tiáojiàn.
세금을 감면함으로써 기업 발전에 유리한 조건이 만들어졌다.

0183 **圆** yuán 둥글다, 원만하다

她的脸圆圆的，像十五的月亮。
Tā de liǎn yuányuān de, xiàng shíwǔ de yuèliang.
그녀의 얼굴은 동그란 게 꼭 보름달 같다.

我们买一个圆桌，放院子里吧。
Wǒmen mǎi yí ge yuánzhuō, fàng yuànzi li ba.
우리 원탁 하나 사서 정원에 놓자고요.

我觉得越是好梦越难圆。
Wǒ juéde yuè shì hǎomèng yuè nán yuán.
내가 보기엔 아름다운 꿈일수록 더 이루기가 힘든 것 같아.

명 동그라미

小孩在地上画了一个圆。
Xiǎohái zài dìshang huàle yí ge yuán.
아이는 바닥에 동그라미를 하나 그렸다.

好梦难圆 hǎo mèng nán yuán (성) 아름다운 꿈은 현실로 이루기 힘들다

花好月圆 huā hǎo yuè yuán (성) 행복하고 원만하다(신혼 부부를 축복하는 말로 쓰임)

0184 晕 yūn 어지럽다 □□□

大热天在外面站了很长时间，我头很晕。
Dà rètiān zài wàimiàn zhànle hěn cháng shíjiān, wǒ tóu hěn yūn.
무더운 날 밖에서 오랫동안 서 있었더니, 머리가 어지럽네.

동 멀미하다

他一坐船就晕，你们坐别的交通工具，好不好？
Tā yí zuò chuán jiù yūn, nǐmen zuò bié de jiāotōng gōngjù, hǎo bu hǎo?
저 애는 배만 타면 멀미하니까, 너희들 다른 교통수단을 이용하면 어떻겠니?

관련 표현

头晕目眩 tóu yūn mù xuàn **성** 머리가 어지럽고 눈앞이 캄캄하다

0185 糟糕 zāogāo 엉망이 되다, 망치다, 큰일 나다 □□□

糟糕，末班车已经出发了。
Zāogāo, mòbānchē yǐjing chūfā le.
큰일 났어, 막차가 이미 출발했어.

如果找不到O型血，那就糟糕了。
Rúguǒ zhǎobudào O xíng xuè, nà jiù zāogāo le.
만약에 O형 혈액을 구하지 못하면, 정말 큰일인데.

0186 窄 zhǎi 좁다 **반의** 宽 kuān 넓다 □□□

以前这边的路很窄，走路不方便，现在路修宽了。
Yǐqián zhèbian de lù hěn zhǎi, zǒulù bù fāngbiàn, xiànzài lù xiūkuān le.
예전에는 이곳의 길이 좁아서, 걷기가 불편했는데, 지금은 길이 넓어졌다.

관련 표현

冤家路窄 yuān jiā lù zhǎi **성** 원수는 외나무다리에서 만난다

0187 整个 zhěnggè 전체의, 온통의, 전부의 □□□

眼镜款式好，戴上会改变整个人的形象。
Yǎnjìng kuǎnshì hǎo, dàishàng huì gǎibiàn zhěnggè rén de xíngxiàng.
안경 디자인이 좋아서, 이걸 쓰면 사람의 전체 인상이 달라 보일 거야.

这不是一个人的问题，而是整个社会问题。
Zhè búshì yí ge rén de wèntí, érshì zhěnggè shèhuì wèntí.
이건 한 사람의 문제가 아니라, 사회 전체의 문제이다.

0188 整齐 zhěngqí 깔끔하다, 가지런하다

把筷子和勺整齐地放在饭碗的右边。
Bǎ kuàizi hé sháo zhěngqí de fàngzài fànwǎn de yòubian.
젓가락과 숟가락을 가지런히 밥그릇 오른쪽에 놓으세요.

这里的建筑规划得很好，座座房屋都很整齐。
Zhèli de jiànzhù guīhuà de hěn hǎo, zuòzuò fángwū dōu hěn zhěngqí.
여기는 건축 계획이 잘 되어 있어서 집들이 모두 깔끔하게 배치되어 있다.

0189 正 zhèng 바르다, 중간에 위치하다, 표준에 부합하다, 주요하다, 0보다 크다

这幅画挂得不正。
Zhè fú huà guà de bú zhèng.
이 그림은 반듯하게 걸리지 않았네요.

这里是小区的后门，正门在三号楼旁边。
Zhèli shì xiǎoqū de hòumén, zhèngmén zài sān hào lóu pángbiān.
여기는 아파트 단지의 후문이고요, 정문은 3동 옆쪽에 있어요.

他脸色不正，发生什么事了吗?
Tā liǎnsè bú zhèng, fāshēng shénme shì le ma?
저 친구 얼굴색이 이상한데, 무슨 일 생긴 거야?

他虽然年轻，但已经是正教授了。
Tā suīrán niánqīng, dàn yǐjing shì zhèng jiàoshòu le.
그 사람 비록 젊지만, 이미 정교수야.

正数和负数以0分界。
Zhèngshù hé fùshù yǐ líng fēnjiè.
정수와 음수는 0으로 경계를 나눈다.

🄫 마침, ~하는 중이다

咱俩心有灵犀啊，我正想找你问事儿呢。
Zán liǎ xīn yǒu líng xī a, wǒ zhèng xiǎng zhǎo nǐ wèn shìr ne.
우리가 텔레파시가 통했네, 내가 마침 너한테 가서 뭐 좀 물어보려고 했거든.

[단어] 心有灵犀 xīn yǒu líng xī 성 서로 마음이 통하다

今天真冷，外边正刮着风飘着雪花呢。
Jīntiān zhēn lěng, wàibian zhèng guāzhe fēng piāozhe xuěhuā ne.
오늘 정말 추워, 밖에는 바람이 불고 눈발이 날리고 있어.

관련 표현

心术不正 xīn shù bú zhèng 성 마음 씀씀이가 바르지 못하다

正襟危坐 zhèng jīn wēi zuò 성 옷깃을 여미고 단정하게 앉다, 경건하고 엄숙한 태도를 취하다

正中下怀 zhèng zhòng xià huái 성 자기가 생각하는 바와 꼭 들어맞다, 자기 마음에 꼭 들다

0190 **直** zhí 곧다 반의 **曲** qǔ 굽다

公路两旁的法桐很整齐，笔直笔直的。
Gōnglù liǎngpáng de fǎtóng hěn zhěngqí, bǐzhí bǐzhí de.
도로 양쪽의 플라타너스가 가지런하고 올곧게 뻗어 있다.

你画得不直，重画。
Nǐ huà de bù zhí, chóng huà.
반듯하게 안 그려졌구나, 다시 그리렴.

관련 표현

奋起直追 fèn qǐ zhí zhuī 성 떨쳐 일어나 앞으로 나아가다

扶摇直上 fú yáo zhí shàng 성 (가격·직위가) 빠르게 오르다

心直口快 xīn zhí kǒu kuài 성 거침없이 말하다

0191 **重大** zhòngdà 중대하다, 무겁고 크다

这次救灾工作，责任特别重大，任务特别艰巨。
Zhè cì jiùzāi gōngzuò, zérèn tèbié zhòngdà, rènwu tèbié jiānjù.
이번 재난 구제 작업은 책임이 아주 무겁고, 임무가 대단히 막중하다.

看来他们公司内部已经出现重大问题了。
Kànlái tāmen gōngsī nèibù yǐjing chūxiàn zhòngdà wèntí le.
보아 하니 그 회사 내부에 이미 심각한 문제가 생겼어.

0192 周到 zhōudào 주도면밀하다, 세심하다, 꼼꼼하다

这家餐厅的服务真周到啊！
Zhè jiā cāntīng de fúwù zhēn zhōudào a!
이 식당의 서비스는 정말 완벽하군!

有什么不周到的地方你尽管说。
Yǒu shénme bù zhōudào de dìfang nǐ jǐnguǎn shuō.
부족한 점이 있으면 말씀해 주세요.

0193 主动 zhǔdòng 능동적이다, 자발적이다 **반의** 被动 bèidòng 수동적이다

是他主动提出交朋友的。
Shì tā zhǔdòng tíchū jiāo péngyou de.
그 사람이 주동적으로 친구하자고 제의한 거예요.

他做任何事都很主动。
Tā zuò rènhé shì dōu hěn zhǔdòng.
그는 무슨 일을 하든 능동적이다.

0194 主观 zhǔguān 주관적이다 **반의** 客观 kèguān 객관적이다

有些人太过于主观臆想，当然也包括我。
Yǒuxiē rén tài guòyú zhǔguān yìxiǎng, dāngrán yě bāokuò wǒ.
어떤 사람들은 지나치게 주관적으로 억측을 한단 말이지, 당연히 나도 포함되고.
[단어] 臆想 yìxiǎng 억측하다, 주관적으로 추측하다

这是我主观看法，不知你们有什么看法。
Zhè shì wǒ zhǔguān kànfǎ, bù zhī nǐmen yǒu shénme kànfǎ.
이건 제 주관적인 생각입니다, 여러분은 어떤 생각을 갖고 계신지 모르겠군요.

0195 专心 zhuānxīn 심혈을 기울이다, 전념하다

老师正专心批改作业。
Lǎoshī zhèng zhuānxīn pīgǎi zuòyè.
선생님께서는 공들여 숙제 검사를 하고 계신다.

不管做什么事情都要专心做完。
Bùguǎn zuò shénme shìqing dōu yào zhuānxīn zuòwán.
무슨 일을 하든지 심혈을 기울여 해내야 한다.

관련 표현

专心致志 zhuān xīn zhì zhì 성 온 마음을 다 기울이다, 전심전력으로 몰두하다

0196 紫 zǐ 자줏빛, 보라색

我最喜欢紫色。
Wǒ zuì xǐhuan zǐsè.
나는 보라색을 가장 좋아한다.

天气冷了，她脸老是冻得发紫。
Tiānqì lěng le, tā liǎn lǎoshì dòng de fā zǐ.
날씨가 추워지니까, 그 애 얼굴이 늘 파랗게 얼어 있어.

관련 표현

千红万紫 qiān hóng wàn zǐ 성 매우 다채롭고 풍부하다

0197 自动 zìdòng 자동이다, 자발적이다 [BCT1]

반의 手动 shǒudòng 수동적이다

这辆车载着4速自动变速器。
Zhè liàng chē zàizhe sì sù zìdòng biànsùqì.
이 차에는 4단 자동 변속기가 장착되어 있다.

机遇不会自动找上门来。
Jīyù bú huì zìdòng zhǎo shàngmén lái.
기회는 자발적으로 찾아오지 않는다.

[단어] 上门 shàngmén 방문하다, 찾아오다

0198 自豪 zìháo 자랑스럽다, 자부심을 갖다

有这样的朋友，我感到自豪。
Yǒu zhèyàng de péngyou, wǒ gǎndào zìháo.
이런 친구가 있어서 나는 자랑스럽다.

他自豪地说 ：“我和毛主席是老乡”。
Tā zìháo de shuō：“Wǒ hé Máo zhǔxí shì lǎoxiāng”.
그는 자랑스러운 듯 "나하고 마오 주석은 고향 사람이라네."라고 했다.

自私 zìsī 이기적이다 **반의** 无私 wúsī 사심이 없다

他这个人太自私，交不了朋友。
Tā zhège rén tài zìsī, jiāobuliǎo péngyou.
그 사람은 너무 이기적이라 친구로 사귈 수 없어.

관련 표현

自私自利 zì sī zì lì **성** 지나치게 이기적이다, 자신의 이익만을 생각하고 다른 사람을 생각하지 않다

0001 爱护 àihù 아끼고 보호하다, 보살피다 **유의** 爱惜 àixī

我们要爱护环境，保护大自然。
Wǒmen yào àihù huánjìng, bǎohù dà zìrán.
우리는 환경을 보호하고, 대자연을 보호해야 한다.

0002 爱惜 àixī 아끼다, 소중히 여기다 **유의** 爱护 àihù, 珍惜 zhēnxī

你觉得你的时间很重要，那也要懂得爱惜他人的时间。
Nǐ juéde nǐ de shíjiān hěn zhòngyào, nà yě yào dǒngde àixī tārén de shíjiān.
너한테 네 시간이 중요하다 느껴지면, 타인의 시간도 소중히 여길 줄 알아야 해.

관련 표현

爱惜羽毛 ài xī yǔ máo **성** 명예를 중시하다, 매사에 자중자애하다

爱惜 vs 爱护

爱惜는 '아끼다, 아까워하다' 의 뜻으로, 쉽게 소모되는 사물이나 사람에 쓰이고. 爱护는 '보호하고 해를 입지 않게 하다'라는 뜻으로, 해를 입기 쉬운 사람이나 생물 및 기타 사물에 쓰인다.

爱惜时光 àixī shíguāng 시간을 소중히 여기다
爱惜友谊 àixī yǒuyì 우정을 소중히 하다
爱惜公物 àixī gōngwù 공공 기물을 아끼다
爱惜名誉 àixī míngyù 명예를 소중히 여기다

爱护孩子 àihù háizi 아이를 아끼고 보살피다
爱护自然 àihù zìrán 자연을 보호하다
爱护动物 àihù dòngwù 동물을 애호하다

0003 安慰 ānwèi 위로하다

她伤心得一直在哭，我真不知该怎么安慰她。
Tā shāngxīn de yìzhí zài kū, wǒ zhēn bù zhī gāi zěnme ānwèi tā.
그녀는 속이 상해서 계속 울기만 하는데, 나는 정말이지 어떻게 위로를 해야 할지 모르겠다.

0004 安装 ānzhuāng 설치하다 BCT1

厂里新安装的空调噪音有点儿大。
Chǎng li xīn ānzhuāng de kōngtiáo zàoyīn yǒudiǎnr dà.
공장에 새로 설치한 에어컨 소음이 조금 크다.

0005 熬夜 áo∥yè 밤새다, 철야하다

他熬夜熬得眼睛都红了。
Tā áoyè áo de yǎnjing dōu hóng le.
그는 밤을 새서 눈까지 빨개졌다.

熬了几天几夜才把报告写完了。
Áole jǐ tiān jǐ yè cái bǎ bàogào xiěwán le.
며칠 밤을 새고서야 보고서를 다 썼다.

0006 把握 bǎwò (꽉 움켜) 쥐다, 파악하다, 장악하다

考试的时候要把握好时间。
Kǎoshì de shíhou yào bǎwòhǎo shíjiān.
시험 볼 때는 시간 조절을 잘해야 한다.

把握住现在，才能赢得了将来。
Bǎwòzhù xiànzài, cái néng yíngdéle jiānglái.
현재에 충실해야만 미래를 보장 받을 수 있다.

명 가능성, 자신

没有万全把握，她是不会出手的。
Méiyǒu wànquán bǎwò, tā shì bú huì chūshǒu de.
100퍼센트 자신이 없으면 그녀는 시도하지 않을 것이다.

对于这次演讲比赛，我非常有把握。
Duìyú zhè cì yǎnjiǎng bǐsài, wǒ fēicháng yǒu bǎwò.
이번 웅변 대회에 대한 거라면, 나는 자신이 있다.

0007 摆 bǎi 놓다, 흔들다, 나타내다 **유의** 摇 yáo

我家阳台上摆着几盆菊花。
Wǒ jiā yángtái shang bǎizhe jǐ pén júhuā.
우리 집 베란다에 국화 화분 몇 개가 놓여 있다.

小狗高兴的时候尾巴摆来摆去的。
Xiǎogǒu gāoxìng de shíhou wěiba bǎi lái bǎi qù de.
강아지는 기분 좋을 때 꼬리를 살랑거린다.

虽然他是大牌球星，但他从来不会摆架子。
Suīrán tā shì dàpái qiúxīng, dàn tā cónglái bú huì bǎi jiàzi.
그는 유명한 축구 스타지만, 절대로 으스대는 법이 없다.

[단어] 大牌 dàpái 큰 인물, 슈퍼스타 / 摆架子 bǎi jiàzi **관용** 잘난 체하다, 거드름 피우다

관련 표현

在那儿摆着呢 zài nàr bǎi zhe ne **관용** 상황이 아주 분명하다

摇头摆尾 yáo tóu bǎi wěi **성** 득의양양하다, 경망스럽게 기뻐하다

摇摇摆摆 yáo yáo bǎi bǎi **성** 휘청휘청하다, 비틀거리다, 입장이 확고하지 않고 흔들리다

0008 办理 bànlǐ 처리하다, 취급하다, 수속하다 [BCT1]

需要办理签证延期的，请到这边来。
Xūyào bànlǐ qiānzhèng yánqī de, qǐng dào zhèbiān lái.
비자 연장을 하시려는 분은 이쪽으로 오세요.

综合服务台可以办理任何业务。
Zōnghé fúwùtái kěyǐ bànlǐ rènhé yèwù.
종합 민원 센터에서는 어떤 업무든 처리할 수 있다.

0009 包含 bāohán 포함하다, 내포하다 [BCT1] **유의** 包括 bāokuò

困难里包含着胜利，失败里孕育着成功。
Kùnnan li bāohánzhe shènglì, shībài li yùnyùzhe chénggōng.
어려움 속에 승리가 내포되어 있고, 실패 속에 성공이 잉태되어 있다.

[단어] 孕育 yùnyù 배태하다, 생육하다

请问，房价包含早餐吗?
Qǐng wèn, fángjià bāohán zǎocān ma?
실례지만, 객실 비용에 아침 식사가 포함되어 있나요?

0010 包括 bāokuò 포괄하다, 포함하다 [BCT1] 유의 包含 bāohán

包括韩国在内，这次联合国会议共有三十个国家参加。
Bāokuò Hánguó zàinèi, zhè cì liánhéguó huìyì gòng yǒu sānshí ge guójiā cānjiā.
한국을 포함해서, 이번 유엔 회의에는 모두 합쳐 30개 나라가 참가했다.

常见的交通工具包括汽车、地铁、公交车、火车等。
Chángjiàn de jiāotōng gōngjù bāokuò qìchē、dìtiě、gōngjiāochē、huǒchē děng.
자주 볼 수 있는 교통수단으로는 자동차, 지하철, 시내 버스, 기차 등이 포함된다.

包括 vs 包含

包括는 '총괄하다'의 뜻으로 구체적인 사람과 사물에 쓰이고, 수량이나 범위를 포함하고 있는 부분에 중점을 둔다. 包含은 '안에 내포하고 있다'의 뜻으로, 주로 추상적인 사물에 많이 쓰이고, 내면에 내재되어 있는 것에 중점을 둔다.

包括你在内一共十个人。 너까지 넣어서 모두 열 사람이야.
Bāokuò nǐ zài nèi yígòng shí ge rén.

这句话里包含着深刻的智慧。 이 말에는 심오한 지혜가 담겨 있다.
Zhè jù huà li bāohánzhe tā shēnkè de zhìhuì.

0011 保持 bǎochí 유지하다 유의 维持 wéichí

希望大家都来努力保持这样清洁的环境。
Xīwàng dàjiā dōu lái nǔlì bǎochí zhèyàng qīngjié de huánjìng.
여러분이 이런 청결한 환경을 유지하기 위해 노력해 주셨으면 합니다.

以后我们保持联系吧。
Yǐhòu wǒmen bǎochí liánxì ba.
앞으로 우리 계속 연락해요.

0012 保存 bǎocún 보존하다, 간직하다 BCT1

博物馆里保存着一件极其珍贵的文物。
Bówùguǎn li bǎocúnzhe yí jiàn jíqí zhēnguì de wénwù.
박물관에는 대단히 진귀한 문화재가 보존되어 있다.

我一直保存着小时候的照片。
Wǒ yìzhí bǎocúnzhe xiǎoshíhou de zhàopiàn.
나는 어릴 적 사진을 계속 간직하고 있다.

0013 保留 bǎoliú 유지하다, 남겨 두다, 보류하다

尼泊尔保留着一妻多夫制。
Níbó'ěr bǎoliúzhe yì qī duō fū zhì.
네팔에는 일처다부제가 남아 있다.

到现在我还保留着他为我画的肖像。
Dào xiànzài wǒ hái bǎoliúzhe tā wèi wǒ huà de xiāoxiàng.
지금까지 나는 그가 나에게 그려 준 초상화를 가지고 있다.

[단어] 肖像 xiāoxiàng 초상, 화상

对这个问题，我暂时保留意见。
Duì zhège wèntí, wǒ zànshí bǎoliú yìjiàn.
이 문제에 대해서 저는 잠시 의견을 보류할게요.

0014 报到 bào∥dào 도착하였음을 보고하다, 도착 보고를 하다, 도착 등록을 하다

已经开学一周了，他还没有到学校报到。
Yǐjing kāixué yì zhōu le, tā hái méiyou dào xuéxiào bàodào.
개강한 지 벌써 1주일째인데, 그는 아직까지 학교에 도착 등록을 하지 않았다.

今天去体检过的来报个到吧。
Jīntiān qù tǐjiǎnguo de lái bào ge dào ba.
오늘 신체 검사 하고 온 사람들은 보고하세요.

□ □ □

0015 报道 bàodào 보도하다

据新华社记者报道近日巴基斯坦水灾很严重。
Jù Xīnhuáshè jìzhě bàodào jìnrì Bājīsītǎn shuǐzāi hěn yánzhòng.
신화사 기자의 보도에 의하면 최근 파키스탄의 수해가 심각하다고 한다.

명 보도

他正在看一篇关于北京交通情况的报道。
Tā zhèngzài kàn yì piān guānyú Běijīng jiāotōng qíngkuàng de bàodào.
그는 베이징 교통 상황에 대한 보도를 보고 있다.

□ □ □

0016 报告 bàogào 보고하다 [BCT1]

下面由我来报告一下这次研究成果。
Xiàmiàn yóu wǒ lái bàogào yíxià zhè cì yánjiū chéngguǒ.
다음에는 제가 이 연구의 성과에 대해 보고하겠습니다.

명 보고서

你把生产报告交给部长吧。
Nǐ bǎ shēngchǎn bàogào jiāogěi bùzhǎng ba.
자네 생산 보고서를 부장님께 드리게.

□ □ □

0017 抱怨 bàoyuàn (불만을 품고) 원망하다 **유의** 埋怨 mányuàn

生气不如争气，抱怨不如改变。
Shēngqì bùrú zhēngqì, bàoyuàn bùrú gǎibiàn.
화내느니 노력하는 게 낫고, 불평하느니 변하는 게 낫다.

不要总是抱怨别人抢了你的奶酪！
Búyào zǒngshì bàoyuàn biérén qiǎngle nǐ de nǎilào!
늘 다른 사람이 당신의 치즈를 빼앗아 갔다고 원망하지 마세요!

□ □ □

0018 避免 bìmiǎn 피하다

这里车多，走路要小心，避免发生事故。
Zhèli chē duō, zǒulù yào xiǎoxīn, bìmiǎn fāshēng shìgù.
여긴 차가 많으니까 조심해서 다녀, 사고 나지 않게.

下一次一定要避免再出现这样的低级失误。
Xià yí cì yídìng yào bìmiǎn zài chūxiàn zhèyàng de dījí shīwù.
다음번엔 절대로 이런 하찮은 실수를 하지 않도록 해야 한다.

0019 辩论 biànlùn 변론하다, 논쟁하다 **유의** 争论 zhēnglùn

他们对哲学问题展开了辩论。
Tāmen duì zhéxué wèntí zhǎnkāile biànlùn.
그들은 철학 문제를 놓고 논쟁을 벌였다.

명 변론, 논쟁

通过这场辩论，大家都学到了许多课本外的知识。
Tōngguò zhè chǎng biànlùn, dàjiā dōu xuédàole xǔduō kèběn wài de zhīshi.
이번 변론을 통해서 모두들 교과서 밖에 있는 많은 지식을 배울 수 있었다.

0020 表达 biǎodá (생각 · 감정을) 표현하다

同样的意思，表达方法不同，效果也不一样。
Tóngyàng de yìsi, biǎodá fāngfǎ bù tóng, xiàoguǒ yě bù yíyàng.
같은 뜻이라도 표현하는 방법이 다르면 효과도 다르다.

他终于向她表达了自己的爱意。
Tā zhōngyú xiàng tā biǎodále zìjǐ de àiyì.
그는 마침내 그녀에게 자신의 사랑하는 감정을 표현했다.

0021 表明 biǎomíng 표명하다, 분명하게 나타내다

对这种现象怎么看？请表明你的观点。
Duì zhè zhǒng xiànxiàng zěnme kàn? Qǐng biǎomíng nǐ de guāndiǎn.
이런 현상을 어떻게 보시나요? 선생님의 생각을 말씀해 주십시오.

就算是给我买生日蛋糕，也不能表明他追我啊。
Jiùsuàn shì gěi wǒ mǎi shēngrì dàngāo, yě bù néng biǎomíng tā zhuī wǒ a.
설령 나한테 생일 케이크를 사 줬다 할지라도, 그 사람이 나를 쫓아다니는 거라고는 할 수 없지.

□□□

0022 表现 biǎoxiàn 나타내다, 표현하다 **유의** 表示 biǎoshì

人的喜怒哀乐都可以通过脸部表情表现出来。
Rén de xǐ nù āi lè dōu kěyǐ tōngguò liǎnbù biǎoqíng biǎoxiànchulai.
사람의 희노애락은 모두 얼굴 표정을 통해 나타난다.

今天你表现得不错，我可以奖励你。
Jīntiān nǐ biǎoxiàn de búcuò, wǒ kěyǐ jiǎnglì nǐ.
오늘 아주 잘했어, 내가 상 줄게.

[단어] 奖励 jiǎnglì 표창하다

명 태도, 품행, 언행

进门不敲门是没有礼貌的表现。
Jìn mén bù qiāo mén shì méiyou lǐmào de biǎoxiàn.
들어가면서 노크를 하지 않는 것은 예의 없는 태도이다.

관련 표현

自我表现 zì wǒ biǎo xiàn **성** 자기의 장점을 드러내다, 자신을 표현하다

> **表现 vs 表示**
>
> 表现은 행동이나 외모, 태도 등을 통해 인물의 사상이나 정신 등을 표출하거나 사물 안에 내재하고 있는 것을 나타내는 것이고, 表示는 자신의 감정이나 사상을 언어나 행동에 실어 드러내는 것이다.
>
> **表现得很勇敢** biǎoxiàn de hěn yǒnggǎn 용감하게 대처하다
> **红灯表示停止** hóngdēng biǎoshì tíngzhǐ 빨간 등은 정지를 나타낸다.

□□□

0023 播放 bōfàng 방송하다, 방영하다

凤凰卫视正在播放西沙海战纪录片。
Fènghuáng wèishì zhèngzài bōfàng xīshā hǎizhàn jìlùpiàn.
봉황위성 TV에서는 파라셀(Paracel) 해전 다큐멘터리를 방영하고 있다.

tip 西沙海战 : 파라셀 해전. 1974년 중국과 베트남이 파라셀 영유권을 놓고 벌인 전쟁.

这几天大街小巷都在播放同一首流行歌曲，我简直要听腻了。
Zhè jǐ tiān dà jiē xiǎo xiàng dōu zài bōfàng tóng yì shǒu liúxíng gēqǔ,
wǒ jiǎnzhí yào tīngnì le.
요 며칠 가는 곳마다 같은 유행곡을 틀어 놓아서, 정말이지 지겨워 죽겠어.

[단어] 大街小巷 dà jiē xiǎo xiàng **성** 골목골목, 거리마다

补充 bǔchōng 보충하다, 보완하다

就这个问题，哪位同学还想补充一下？
Jiù zhège wèntí, nǎ wèi tóngxué hái xiǎng bǔchōng yíxià?
이 문제에 대해서 더 보충을 하고 싶은 학생이 있나요?

我来补充补充吧，我就买过这样的票。
Wǒ lái bǔchong bǔchong ba, wǒ jiù mǎiguo zhèyàng de piào.
제가 보충 좀 할게요, 제가 그런 표를 사 봤거든요.

采访 cǎifǎng 취재하다, 인터뷰하다 [BCT1]

孙记者采访到了当时现场的工人。
Sūn jìzhě cǎifǎngdàole dāngshí xiànchǎng de gōngrén.
손 기자는 당시 현장에 있던 노동자와 인터뷰를 했다.

명 취재, 인터뷰

我想对一些公司进行采访。
Wǒ xiǎng duì yìxiē gōngsī jìnxíng cǎifǎng.
나는 몇몇 회사를 취재하고 싶다.

采取 cǎiqǔ 채택하다, 취하다 [BCT1]

如果遇到火灾，我们应该采取什么措施保全生命呢？
Rúguǒ yùdào huǒzāi, wǒmen yīnggāi cǎiqǔ shénme cuòshī bǎoquán shēngmìng ne?
만약 화재를 당하면, 우리는 어떤 조치를 취해 생명을 지키지?

[단어] 保全 bǎoquán 보전하다, 지키다

踩 cǎi 밟다, 디디다

有人说出门踩狗屎，全天都倒霉。
Yǒurén shuō chū mén cǎi gǒushǐ, quántiān dōu dǎoméi.
혹자는 밖에 나가서 개똥을 밟으면 하루 종일 재수가 없다고 한다.

我个子高，不用踩凳子了。
Wǒ gèzi gāo, búyòng cǎi dèngzi le.
난 키가 크니까 의자를 받칠 필요가 없어요.

一只脚踩着两只船 yì zhī jiǎo cǎizhe liǎng zhī chuán 관용 양다리를 걸치다

0028 参考 cānkǎo 참고하다 BCT1

此消息仅供参考。
Cǐ xiāoxi jǐn gòng cānkǎo.
이 정보는 단지 참고로만 제공합니다.

[단어] 仅 jǐn 다만, 단지

请参考课本第117页注释部分。
Qǐng cānkǎo kèběn dì yìbǎi yìshíqī yè zhùshì bùfen.
교재 117쪽 주석 부분을 참고하세요.

0029 参与 cānyù 참여하다 유의 参加 cānjiā 참고 参与度 cānyùdù 참여도

我市许多市民积极参与到植树造林的活动中。
Wǒ shì xǔduō shìmín jījí cānyùdào zhíshù zàolín de huódòng zhōng.
우리 시의 많은 시민들이 식수 조림 행사에 적극적으로 참여했다.

0030 操心 cāo∥xīn 마음을 쓰다, 애태우다

他操心过重，终于累倒了。
Tā cāoxīn guòzhòng, zhōngyú lèidǎo le.
그는 걱정을 너무 많이 한 탓에, 결국 지쳐 쓰러지고 말았다.

你的父母为了你操了不少心，流了不少泪。
Nǐ de fùmǔ wèile nǐ cāole bùshǎo xīn, liúle bùshǎo lèi.
너희 부모님이 너 때문에 걱정도 많이 하시고, 눈물도 많이 흘리셨어.

0031 测验 cèyàn 시험하다, 측정하다

高三的学生几乎每天都是在测验中度过的。
Gāo sān de xuésheng jīhū měitiān dōu shì zài cèyàn zhōng dùguò de.
고3 학생은 거의 매일 시험 속에 산다.

这次测验的结果报告我已经写完了。
Zhè cì cèyàn de jiéguǒ bàogào wǒ yǐjing xiěwán le.
이번에 측정한 결과 보고서를 나는 이미 작성했다.

 插 chā 끼우다, 꽂다, 개입하다, 끼어들다

你去看看电源插上了没有。
Nǐ qù kànkan diànyuán chāshàngle méiyou.
전원이 연결되어 있는지 가 보세요.

花瓶里插着许多花，漂亮极了。
Huāpíng li chāzhe xǔduō huā, piàoliang jíle.
꽃병에 꽃이 많이 꽂혀 있네, 정말 예쁘다.

打扰一下，让我插一句，好吗？
Dǎrǎo yíxià, ràng wǒ chā yí jù, hǎo ma?
죄송한데, 제가 한 마디 거들어도 될까요?

大家按照顺序来，不要插队。
Dàjiā ànzhào shùnxù lái, búyào chāduì.
여러분, 순서대로 오세요, 새치기하지 말고요.

관련 표현

插翅难飞 chā chì nán fēi **성** 날개를 달아도 날기가 어렵다, 독안에 든 쥐 신세가 되다

插不上手 chā bú shàng shǒu **관용** 손을 쓸 수가 없다, 참견할 수 없다

 拆 chāi 떼어내다, 헐다, 해체하다

老乡们拆掉旧房子，盖起新的砖瓦房。
Lǎoxiāngmen chāidiào jiù fángzi, gàiqǐ xīn de zhuānwǎ fáng.
고향 사람들은 낡은 집을 헐고, 새 기와집을 지었다.

你快把这封信拆开，信里写什么呢？
Nǐ kuài bǎ zhè fēng xìn chāikāi, xìn li xiě shénme ne?
얼른 이 편지 좀 뜯어 봐, 편지에 뭐라고 쓰여 있어?

관련 표현

过河拆桥 guò hé chāi qiáo **성** 강을 건넌 뒤 다리를 부수다, 배은망덕하다

0034 产生 chǎnshēng 나타나다, 생겨나다

时间久了，他们俩自然产生了感情。
Shíjiān jiǔ le, tāmen liǎ zìrán chǎnshēngle gǎnqíng.
시간이 오래 흐르다 보니, 그 둘 사이에 자연히 좋은 감정이 생겼다.

社会在不断发展和进步，不可避免会产生新的矛盾和问题。
Shèhuì zài búduàn fāzhǎn hé jìnbù, bùkě bìmiǎn huì chǎnshēng xīn de máodùn hé wèntí.
사회가 부단히 발전하고 진보하다 보면, 새로운 모순과 문제가 생기게 마련이다.

0035 抄 chāo 베끼다

考场上作弊的同学飞快地抄着什么东西。
Kǎochǎng shang zuòbì de tóngxué fēikuài de chāozhe shénme dōngxi.
시험장에서 커닝을 하는 학생이 아주 빨리 뭔가를 베껴 썼다.

老师让学生把课文抄十遍。
Lǎoshī ràng xuésheng bǎ kèwén chāo shí biàn.
선생님께서 학생들에게 본문을 열 번 베껴 쓰라고 하셨다.

0036 吵架 chǎo∥jià 다투다, 말다툼하다

这小两口子恩恩爱爱，从来没吵过架。
Zhè xiǎo liǎng kǒuzi ēnen'àiài, cónglái méi chǎoguo jià.
이 젊은 부부는 금실이 좋아서, 한 번도 다툰 적이 없어요.

尽管两个人吵架，也不该揭开对方的伤疤。
Jǐnguǎn liǎng ge rén chǎojià, yě bù gāi jiēkāi duìfāng de shāngba.
두 사람이 말다툼을 하더라도 상대의 상처를 건드려선 안 된다.

관련 표현

夫妻吵架没有隔夜的仇 fūqī chǎojià méiyǒu géyè de chóu 부부 싸움은
칼로 물 베기다

狐狸吵架 — 一派胡言 húli chǎojià — yí pài hú yán （헐후）
여우가 말싸움하면 — 온통 허튼소리 : 헛소리만 하다

十五个麻雀吵架 — 七嘴八舌 shíwǔ ge máquè chǎojià — qī zuǐ bā shé （헐후）
참새 열다섯 마리가 말싸움하다 — 왁자지껄 떠들다 : 말이 많다, 의견이 분분하다

0037 炒 chǎo 볶다 □□□

用花生油炒菜时，油热后要先放盐。
Yòng huāshēngyóu chǎocài shí, yóu rè hòu yào xiān fàng yán.
땅콩 기름으로 요리를 할 때는, 기름을 달군 후 먼저 소금을 넣어야 한다.

관련 표현

炒鱿鱼 chǎo yóuyú 〔관용〕 해고하다

炒买炒卖 chǎo mǎi chǎo mài 〔성〕 투기성 매매를 하다

0038 沉默 chénmò 침묵하다 □□□

他沉默了一会儿，只回答"好"。
Tā chénmòle yíhuìr, zhǐ huídá "hǎo".
그는 잠시 침묵한 후에 '알았어'라고만 대답했다.

관련 표현

沉默寡言 chén mò guǎ yán 〔성〕 과묵하다, 입이 무겁다

0039 称 chēng 무게를 달다, 부르다, ～라 일컫다 □□□

麻烦把这几个苹果给我称一下。
Máfan bǎ zhè jǐ ge píngguǒ gěi wǒ chēng yíxià.
실례합니다만 이 사과 몇 개 무게 좀 달아 주세요.

我们都称他吴老师。
Wǒmen dōu chēng tā Wú lǎoshī.
우리는 모두 그를 오 선생님이라고 부른다.

0040 称呼 chēnghu 부르다, 호칭하다 □□□

您怎么称呼?
Nín zěnme chēnghu?
제가 어떻게 불러드리면 될까요?

不要冒冒失失地称呼女性为小姐。
Búyào màomaoshīshī de chēnghu nǚxìng wéi xiǎojiě.
여성을 함부로 '시아오지에(小姐)'라 부르지 마세요.

0041 称赞 chēngzàn 칭찬하다

多鼓励人家，多称赞人家，多看人家的优点。
Duō gǔlì rénjiā, duō chēngzàn rénjiā, duō kàn rénjiā de yōudiǎn.
다른 사람을 더 많이 격려하고, 더 많이 칭찬해 주고, 장점을 더 많이 보세요.

관련 표현

交口称赞 jiāo kǒu chēng zàn (성) 이구동성으로 칭찬하다

啧啧称赞 zé zé chēng zàn (성) 입에 침이 마르게 칭찬하다

0042 成立 chénglì 성립하다, 설립하다, 수립하다 유의 建立 jiànlì

我们集团公司成立于2008年。
Wǒmen jítuán gōngsī chénglìyú èr líng líng bā nián.
우리 그룹은 2008년도에 설립되었다.

孙中山在南京成立了临时中央政府。
Sūn Zhōngshān zài Nánjīng chénglìle línshí zhōngyāng zhèngfǔ.
손중산은 남경에서 임시 중앙 정부를 수립했다.

> tip 孙中山 : (Sūn Zhōngshān, 1866~1925년) 이름은 문(文). 중국의 위대한 민주주의 혁명가로, 신해혁명(1911년) 후 중화민국의 임시 대통령으로 추대됨.

0043 成长 chéngzhǎng 성장하다, 자라다

妈妈为我记载了我的成长过程。
Māma wèi wǒ jìzǎile wǒ de chéngzhǎng guòchéng.
어머니는 나를 위해 내 성장 과정을 적어 놓으셨다.

我们公司正在快速成长，希望更多的人才加入我们团队。
Wǒmen gōngsī zhèngzài kuàisù chéngzhǎng, xīwàng gèng duō de réncái jiārù wǒmen tuánduì.
우리 회사는 빠르게 성장 중이니, 더 많은 인재들이 우리 회사에 합류했으면 합니다.

관련 표현

成长产业 chéngzhǎng chǎnyè 성장 산업

成长激素 chéngzhǎng jīsù 성장 호르몬(HGH)

茁壮成长 zhuó zhuàng chéng zhǎng (성) 건강하게 자라다

0044 承担 chéngdān 맡다, 담당하다, 부담하다, 책임지다 [BCT1]

送货费用由买家自行承担。
Sònghuò fèiyòng yóu mǎijiā zìxíng chéngdān.
배송 요금은 매입자가 알아서 부담합니다.

如果出现问题我来承担维修责任。
Rúguǒ chūxiàn wèntí wǒ lái chéngdān wéixiū zérèn.
만약 문제가 생긴다면 제가 수리 책임을 지겠습니다.

[단어] 维修 wéixiū 수리하다

0045 承认 chéngrèn 인정하다 [BCT1]

유의 认可 rènkě 반의 否认 fǒurèn 부정하다

玲玲承认自己做错了，并向他道了歉。
Língling chéngrèn zìjǐ zuòcuò le, bìng xiàng tā dàole qiàn.
링링은 자신의 잘못을 인정하고는, 그에게 사과했다.

厂家还是不承认质量有问题。
Chǎngjiā háishi bù chéngrèn zhìliàng yǒu wèntí.
제조업체에서는 여전히 품질에 문제가 있다는 것을 인정하지 않았다.

0046 承受 chéngshòu 감당하다, 이겨내다

他小小年纪就承受了别人无法想象的痛苦。
Tā xiǎoxiāo niánjì jiù chéngshòule biérén wúfǎ xiǎngxiàng de tòngkǔ.
그는 어린 나이에 다른 사람이 상상할 수 없는 슬픔을 감당해야 했다.

她在此期间承受了巨大的压力。
Tā zài cǐ qījiān chéngshòule jùdà de yālì.
그녀는 이 기간 동안 엄청난 스트레스를 이겨냈다.

0047 吃亏 chī//kuī 손해 보다

你这次吃了大亏，以后要小心谨慎啊。
Nǐ zhè cì chīle dà kuī, yǐhòu yào xiǎoxīn jǐnshèn a.
자네는 이번에 큰 손해를 봤으니, 앞으로는 신중하게.

两人争来吵去，谁都不愿吃亏。
Liǎng rén zhēng lái chǎo qù, shéi dōu bú yuàn chīkuī.
두 사람은 언쟁을 하며, 누구도 손해를 보려 하지 않았다.

관련 표현

吃哑巴亏 chī yǎba kuī 관용 말 못할 손해를 보다, 손해를 보고도 아무 소리 못하다

不听老人言，吃亏在眼前 bù tīng lǎorén yán, chīkuī zài yǎnqián
윗사람의 말을 듣지 않으면 손해를 보게 된다

0048 持续 chíxù 지속하다 BCT1

病情持续恶化的话只有听天由命了。
Bìngqíng chíxù èhuà dehuà zhǐyǒu tīng tiān yóu mìng le.
병세가 계속 악화된다면 하늘에 맡기는 수밖에 없어요.

[단어] **听天由命** tīng tiān yóu mìng 성 하늘에 따르다

我看牛市持续不了多长时间。
Wǒ kàn niúshì chíxùbuliǎo duō cháng shíjiān.
내가 보기엔 상승세가 오래 가지 못할 것 같아.

[단어] **牛市** niúshì 상승세인 주식 시장

0049 冲 chōng 돌진하다, (물로) 씻어내다, (차·커피를) 타다

一道黑影冲了进来，掳走了黄蓉。
Yí dào hēiyǐng chōngle jìnlai, lǔzǒule Huángróng.
검은 그림자가 들이닥치더니, 황룡을 데려갔다.

[단어] **掳** lǔ 약탈하다, 노략질하다

tip 黄蓉 : 金庸(Jīn Yōng)의 소설 《射雕英雄传(사조영웅전)》 속의 여주인공.

把水果用流水冲干净。
Bǎ shuǐguǒ yòng liúshuǐ chōnggānjìng.
과일을 흐르는 물로 깨끗이 씻어요.

稍等，我去冲咖啡。
Shāo děng, wǒ qù chōng kāfēi.
잠시 기다려요, 제가 커피 타 올게요.

▶chòng 동 향하다

你别把背冲着我，好吗?
Nǐ bié bǎ bèi chòngzhe wǒ, hǎo ma?
너 등을 내 쪽으로 돌리지 말아 줄래?

▶chòng 형 냄새가 코를 쏘다, 힘차다, 세차다

吃芥末会冲鼻子。
Chī jièmo huì chòng bízi.
겨자를 먹으면 코를 톡 쏜다.

你说话太冲了，我有点儿不习惯。
Nǐ shuōhuà tài chòng le, wǒ yǒudiǎnr bù xíguàn.
네가 말을 너무 쏘아붙이니까, 내가 적응이 좀 안 되네.

▶chòng 전 ~쪽으로, ~향해서

说真的，我就是冲你来的。
Shuō zhēn de, wǒ jiù shì chòng nǐ lái de.
솔직히, 난 너를 보고 온 거야.

气冲牛斗 qì chōng niú dǒu 성 노기충천하다, 노발대발하다

气冲霄汉 qì chōng xiāo hàn 성 기세가 하늘을 찌를 듯하다

首当其冲 shǒu dāng qí chōng 성 가장 먼저 공격을 받거나 그 대상이 되다, 맨 먼저 재난을 당하다

0050 **充满** chōngmǎn 가득 차다, 충만하다

屋子里充满着明媚的阳光。
Wūzi li chōngmǎnzhe míngmèi de yángguāng.
방안은 눈부신 햇살로 가득 차 있다.

他说话一直是这样，充满自信，不失幽默。
Tā shuōhuà yìzhí shì zhèyàng, chōngmǎn zìxìn, bù shī yōumò.
그는 말하는 모습이 한결 같은데, 자신감에 차 있고, 유머 감각을 잃지 않는다고.

0051 重复 chóngfù 중복하다, 반복하다 □□□

学习语言没有捷径，只有不断重复。
Xuéxí yǔyán méiyǒu jiéjìng, zhǐyǒu búduàn chóngfù.
언어를 배우는 데는 지름길이 없다, 끊임없이 반복하는 수밖에.

不要重复在一个地方犯同样的错误。
Búyào chóngfù zài yí ge dìfang fàn tóngyàng de cuòwù.
같은 곳에서 똑같은 실수를 중복하지 마세요.

0052 出版 chūbǎn 출판하다 □□□

台湾大地出版社出版席慕容的第一本诗集《七里香》。
Táiwān Dàdì chūbǎnshè chūbǎn Xí Mùróng de dìyī běn shījí
《Qīlǐxiāng》.
타이완 대지출판사에서 시무룽의 첫 시집《七里香》을 출판했다.

tip 席慕容 : (1943~) 대만의 여류 시인, 수필가, 화가. 대표작으로 시집《无怨的青春 Wúyuàn
de qīngchūn》, 수필집에《槭树下的家 Qìshù xià de jiā》,《透明的哀伤 Tòumíng
de āishāng》등이 있다.

0053 出示 chūshì 내보이다, 제시하다 □□□

先生，请出示您的护照，好吗?
Xiānsheng, qǐng chūshì nín de hùzhào, hǎo ma?
선생님, 여권을 보여 주시겠습니까?

0054 出席 chūxí 출석하다, 참석하다 [BCT1] □□□

很多政府要员出席了今天的庆祝晚会。
Hěn duō zhèngfǔ yàoyuán chūxíle jīntiān de qìngzhù wǎnhuì.
다수의 정부 관리들이 오늘 축하 파티에 참석했다.

[단어] 要员 yàoyuán 요원, 고위직 관리

金城武等知名演员将出席"釜山国际电影节"。

Jīn Chéngwǔ děng zhīmíng yǎnyuán jiāng chūxí "Fǔshān guójì diànyǐngjié".

진청우 등 유명 배우들이 부산국제영화제에 참석할 것이다.

 金城武 : (1973~) 홍콩 배우, 영화 〈赤壁 Chìbì〉, 〈四面埋伏 Sìmiàn máifú〉 등에 출연했다.

0055 处理 chǔlǐ 처리하다, 해결하다, 처분하다, 처벌하다, 가공하다 BCT1

老王最善于处理这种棘手问题了。
Lǎo Wáng zuì shànyú chǔlǐ zhè zhǒng jíshǒu wèntí le.

왕씨는 이런 골치 아픈 문제를 해결하는 데 일가견이 있다.

[단어] 棘手 jíshǒu 골치 아프다, 까다롭다

那个服装店今天开始清仓处理了，你们可以去看看。
Nàge fúzhuāngdiàn jīntiān kāishǐ qīngcāng chǔlǐ le, nǐmen kěyǐ qù kànkan.

그 옷가게 오늘부터 창고 정리하니까 너희들 가 봐.

他离职时，人事部会处理的。
Tā lízhí shí, rénshìbù huì chǔlǐ de.

그 친구가 퇴사할 때, 인사과에서 조치를 취할 거야.

产品出来后，再进行一次表面装饰性的处理。
Chǎnpǐn chūlai hòu, zài jìnxíng yí cì biǎomiàn zhuāngshìxìng de chǔlǐ.

제품이 나오면, 다시 한 번 표면에 장식 처리를 할 거예요.

0056 传播 chuánbō 전파하다, 널리 퍼뜨리다

참고 传播媒介 chuánbō méijiè 매스미디어 / 传播学 chuánbōxué 미디어학

胜利的喜讯被广泛传播。
Shènglì de xǐxùn bèi guǎngfàn chuánbō.

승리했다는 낭보가 널리 퍼졌다.

有些病毒可以通过空气传播。
Yǒuxiē bìngdú kěyǐ tōngguò kōngqì chuánbō.

일부 병균은 공기를 통해 전파된다.

0057 传染 chuánrǎn 전염하다, (기분 · 정서 등을) 전염시키다

很多疾病都可以通过接触传染。
Hěn duō jíbìng dōu kěyǐ tōngguò jiēchù chuánrǎn.
많은 질병이 접촉을 통해 전염된다.

跟他在一起，感觉他那愉快的情绪都传染给了我们。
Gēn tā zàiyìqǐ, gǎnjué tā nà yúkuài de qíngxù dōu chuánrǎngěile
wǒmen.
그와 함께 있으면, 그의 유쾌한 기운이 우리에게 전염되는 느낌이다.

0058 闯 chuǎng (맹렬하게) 뛰어들다, 돌진하다, 경험하다

他开着车闯进了学校大门。
Tā kāizhe chē chuǎngjìnle xuéxiào dàmén.
그는 차를 몰아 학교 정문 안으로 돌진했다.

年轻人要闯出一片属于自己的天地。
Niánqīngrén yào chuǎngchū yí piàn shǔyú zìjǐ de tiāndì.
젊은이는 자신만의 세계를 개척해 가야 한다.

你经常闯红灯，这太危险了。
Nǐ jīngcháng chuǎng hóngdēng, zhè tài wēixiǎn le.
너 자꾸 신호등을 위반하는데, 너무 위험해.

관련 표현

老司机闯红灯 — 明知故犯 헐후
lǎo sījī chuǎng hóngdēng — míng zhī gù fàn
노련한 운전기사가 신호등을 위반하다 — 알면서 고의로 죄를 짓다 : (법규 등에) 위반된다는 것
을 알면서도 죄를 범하다.

0059 创造 chuàngzào 창조하다, 발명하다 유의 发明 fāmíng

救援队伍不断地从废墟中创造出一个个奇迹。
Jiùyuán duìwǔ búduàn de cóng fèixū zhōng chuàngzàochū yí gè
gè qíjì.
구조 대원들은 폐허 속에서 계속 기적을 만들어 내고 있다.

[단어] 救援队伍 Jiùyuán duìwǔ 구조 대원 / 废墟 fèixū 폐허

명 창조

每个人都是历史的创造者。
Měi ge rén dōu shì lìshǐ de chuàngzàozhě.
모든 사람이 역사의 창조자이다.

0060 吹 chuī 불다, 헤어지다, 허풍떨다, (일이) 수포로 돌아가다

哎哟，吹得牛皮都飞上天了。
Āiyō, chuī de niúpí dōu fēi shàngtiān le.
아이구, 허풍이 아주 극에 달했군 그래.
[단어] 上天 shàngtiān 하늘에 올라가다

在农村，人们结婚的时候吹喇叭，敲鼓打锣好热闹。
Zài nóngcūn, rénmen jiéhūn de shíhou chuī lǎba, qiāogǔdǎluó hǎo rènao.
농촌에서는, 사람들이 결혼할 때 나팔을 불고, 북치고 징치고 흥이 넘친다.

听说你们俩吹了，好端端的，怎么回事?
Tīngshuō nǐmen liǎ chuī le, hǎoduānduān de, zěnme huí shì?
너희 두 사람 헤어졌다면서, 잘 지내더니 어떻게 된 거야?

我们的计划吹了，这让我很难过。
Wǒmen de jìhuà chuī le, zhè ràng wǒ hěn nánguò.
우리 계획이 수포로 돌아가서 내가 좀 힘들어.

관련 표현

吹胡子瞪眼 chuī húzi dèngyǎn **관용** 눈을 부라리며 화를 내다, 노발대발하다

风吹雨打 fēng chuī yǔ dǎ **성** 비바람을 맞다, 고난을 겪다

地毯上寻针 — 吹毛求疵 dìtán shang xún zhēn — chuī máo qiú cī **헐후**
카펫에서 바늘을 찾다 — 털을 불어 헤쳐서 결점을 찾다 : 공연히 생트집을 잡다

0061 辞职 cí∥zhí 사직하다, 사표 내다 BCT1

实在受不了加班，他终于辞职了。
Shízài shòubuliǎo jiābān, tā zhōngyú cízhí le.
잔업을 견디지 못한 나머지, 그는 결국 사표를 냈다.

我们两个辞了职，开始创业。
Wǒmen liǎng ge cíle zhí, kāishǐ chuàngyè.
우리 두 사람은 사표를 내고 창업을 했어요.

 刺激 cìjī 자극하다, 흥분시키다 [BCT1]

他的成功深深刺激了我。
Tā de chénggōng shēnshēn cìjīle wǒ.
그의 성공은 나에게 큰 자극이 되었다.

杜蕾斯广告，太刺激了。
Dùlěisī guǎnggào, tài cìjī le.
듀렉스(Durex) 광고는 너무 자극적이다.

tip 杜蕾斯 : 듀렉스사(Durex). 세계적인 콘돔 제조업체

명 자극, 충격

这件事给了他很大刺激。
Zhè jiàn shì gěile tā hěn dà cìjī.
이 사건은 그에게 큰 충격을 주었다.

 从事 cóngshì 종사하다, 처리하다

大学毕业后，他一直从事翻译员一职。
Dàxué bìyè hòu, tā yìzhí cóngshì fānyìyuán yì zhí.
대학 졸업 후에, 그는 계속 통역사 일에 종사했다.

LTE市场竞争激烈，我们应该谨慎从事。
LTE shìchǎng jìngzhēng jīliè, wǒmen yīnggāi jǐnshèn cóngshì.
LTE 시장은 경쟁이 치열하니, 우리는 당연히 신중하게 처리해야 한다.

관련 표현

便宜从事 biàn yí cóng shì **성** 재량권을 위임 받아 상황에 따라 알아서 처리하다

□□□

0064 **促进** cùjìn 촉진하다 참고 促进剂 cùjìnjì 촉진제

这次会议在促进两国友好方面起了重要作用。

Zhè cì huìyì zài cùjìn liǎngguó yǒuhǎo fāngmiàn qǐle zhòngyào zuòyòng.

이번 회의는 양국의 우호 관계를 촉진하는 데 중요한 역할을 했다.

山楂含有丰富的维生素C，促进消化。

Shānzhā hányǒu fēngfù de wéishēngsù C, cùjìn xiāohuà.

산수유는 풍부한 비타민C를 함유하고 있어, 소화를 촉진시킨다.

□□□

0065 **促使** cùshǐ ～으로 하여금 ～하도록 (재촉)하다, 촉구하다

为了促使袁世凯退位，从而有了"护国运动"。

Wèile cùshǐ Yuán Shìkǎi tuìwèi, cóng'ér yǒule "hùguó yùndòng".

위엔스카이의 퇴위를 촉구하기 위해 '호국 운동'이 일어났다.

tip 袁世凯 : (1859～1916) 중국의 군인, 정치가이며 총리교섭통상대신으로 조선에 부임하여 국정을 간섭하고 일본, 러시아를 견제한 인물. 신해혁명 때 청나라 조정의 실권을 잡고 임시 총통이 되었으며 스스로를 황제라 칭하기도 했다.

□□□

0066 **催** cuī 재촉하다, 다그치다

你去催催他们，领导们快到了。

Nǐ qù cuīcui tāmen, lǐngdǎomen kuài dào le.

자네가 가서 그 친구들을 좀 재촉하게, 윗분들이 곧 도착하네.

物业又来催缴卫生费了。

Wùyè yòu lái cuī jiǎo wèishēngfèi le.

관리사무소에서 청소비를 내라고 또 재촉했다.

[단어] 缴 jiǎo 납부하다

 **관련 표현**

催人泪下 cuī rén lèi xià 성 눈물이 나도록 감동적이다

0067 存在 cúnzài 존재하다

东西方文化之间存在许多差异。
Dōngxīfāng wénhuà zhījiān cúnzài xǔduō chāyì.
동서양 문화 사이에는 많은 차이가 존재한다.

我发现这个厂里确实存在很多问题。
Wǒ fāxiàn zhège chǎng li quèshí cúnzài hěn duō wèntí.
나는 이 공장에 확실히 문제가 많이 산재해 있다는 것을 발견했다.

0068 答应 dāying 대답하다, 약속하다, 허락하다, 승낙하다

我叫了你半天，你怎么没答应？
Wǒ jiàole nǐ bàntiān, nǐ zěnme méi dāying?
내가 한참이나 불렀는데, 너 왜 대답을 안 하니?

我对你是守信的，我答应的事我会做。
Wǒ duì nǐ shì shǒuxìn de, wǒ dāying de shì wǒ huì zuò.
난 너한테 신의를 지킬 거야, 난 내가 약속한 건 지켜.

他追了我两年多，最后我就答应他了。
Tā zhuīle wǒ liǎng nián duō, zuìhòu wǒ jiù dāying tā le.
그 사람이 날 2년이 넘게 쫓아다녀서, 결국 나는 그와 사귀기로 했어.

0069 达到 dádào 도달하다, 달성하다, ~에 이르다 유의 到达 dàodá

你们的要求太高了，我恐怕达不到。
Nǐmen de yāoqiú tài gāo le, wǒ kǒngpà dábudào.
여러분의 기준이 너무 높아, 제가 못 맞출까 걱정이에요.

我要测试一下你们的中文达到了什么水平。
Wǒ yào cèshì yíxià nǐmen de zhōngwén dádàole shénme shuǐpíng.
나는 너희들의 중국어가 어느 수준에 이르렀는지 테스트하려고 한다.

□□□

0070 打工 dǎ//gōng 아르바이트하다, 일하다

给别人打工就要看别人的脸色。
Gěi biérén dǎgōng jiù yào kàn biérén de liǎnsè.
다른 사람 밑에서 일할 때는 그 사람의 눈치를 보아야 한다.

[단어] 脸色 liǎnsè 안색, 눈치

我在上学期间打过工，有一定的经验。
Wǒ zài shàngxué qījiān dǎguo gōng, yǒu yídìng de jīngyàn.
나는 학교 다닐 때 아르바이트를 해 봐서, 어느 정도는 경험이 있어.

□□□

0071 打交道 dǎ jiāodao 사귀다, 내왕하다, 접촉하다 BCT1

我不喜欢和吝啬的人打交道。
Wǒ bù xǐhuan hé lìnsè de rén dǎ jiāodao.
나는 인색한 사람이랑은 사귀기 싫어.

我跟他打过交道，他是一位信得过的人。
Wǒ gēn tā dǎguo jiāodao, tā shì yí wèi xìndeguò de rén.
제가 그 사람과 안면이 있는데, 그 사람은 믿을 만한 사람입니다.

□□□

0072 打喷嚏 dǎ pēntì 재채기를 하다

一到春天，我就特别容易打喷嚏。
Yí dào chūntiān, wǒ jiù tèbié róngyì dǎ pēntì.
봄철만 되면 나는 재채기를 달고 살아.

관련 표현

吃猪血打喷嚏 — 血口喷人 chī zhū xiě dǎ pēntì — xuè kǒu pēn rén 헐후
돼지피를 먹으며 재채기 하다 — 피를 사람에게 내뿜다 : 악독한 말로 남을 중상 모략하다

黄牛打喷嚏 — 笨嘴拙舌 huángniú dǎ pēntì — bèn zuǐ zhuō shé 헐후
황소가 재채기를 하다 — 어눌하다 : 말재주가 없다.

□□□

0073 打听 dǎting 알아보다, 물어보다

你帮我打听一下那个女生的电话号码吧。
Nǐ bāng wǒ dǎting yíxià nàge nǚshēng de diànhuà hàomǎ ba.
너 그 여학생 전화번호 좀 알아봐 줘.

0074 呆 dāi 머물다, 다니다

我在石家庄呆了三天。
Wǒ zài Shíjiāzhuāng dāile sān tiān.
나는 스지아주앙에서 3일 동안 머물렀어.

[단어] **石家庄** Shíjiāzhuāng 河北省(하북성)의 성도

他在这个公司呆不下去了。
Tā zài zhège gōngsī dāi bu xiàqù le.
그는 이 회사를 계속 다닐 수가 없게 되었다.

형 멍하다, 미련하다

你呆呆地在想什么呢?
Nǐ dāidāi de zài xiǎng shénme ne?
너 멍하니 무슨 생각하고 있어?

他看着有点儿呆，其实比谁都聪明。
Tā kànzhe yǒudiǎnr dāi, qíshí bǐ shéi dōu cōngming.
그는 미련해 보이지만, 사실은 누구보다 똘똘하다.

 **관련 표현**

目瞪口呆 mù dèng kǒu dāi **성** (놀라거나 두려워서) 눈이 휘둥그레지다, 어리둥절하다

木偶谈恋爱 — 呆头呆脑 mù'ǒu tán liàn'ài — dāi tóu dāi nǎo **헐후**
꼭두각시가 연애하다 — 어리벙벙하다 : 우둔하다, 바보스럽다

0075 代表 dàibiǎo 대표하다, 대신하다, 나타내다 [BCT1]

我代表公司衷心地感谢大家。
Wǒ dàibiǎo gōngsī zhōngxīn de gǎnxiè dàjiā.
저는 회사를 대표해서 여러분께 깊이 감사드립니다.

[단어] **衷心** zhōngxīn 충심의, 진심의

年龄的大小并不一定代表一切。
Niánlíng de dàxiǎo bìng bùyídìng dàibiǎo yíqiè.
나이가 많고 적음이 결코 모든 걸 대변하지는 않는다.

月亮代表我的心。
Yuèliang dàibiǎo wǒ de xīn.
달님이 내 마음을 대신하네요.

명 대표, 대표자

他是我们访问团的代表，有事跟他商量吧。
Tā shì wǒmen fǎngwèntuán de dàibiǎo, yǒu shì gēn tā shāngliang ba.
저분이 우리 방문단의 대표이시니, 무슨 일 있으면 저분과 상의하세요.

0076 代替 dàitì 대신하다, 대체하다 □□□

机器永远代替不了人。
Jīqì yǒugyuǎn dàitìbuliǎo rén.
기계는 영원히 사람을 대신할 수 없다.

没有人能代替你在我心中的地位。
Méiyǒu rén néng dàitì nǐ zài wǒ xīnzhōng de dìwèi.
그 누구도 네가 내 맘속에 차지하고 있는 자리를 대신할 순 없어.

0077 贷款 dài∥kuǎn 대출하다 BCT2 □□□

他买房子的时候，从银行里贷款了。
Tā mǎi fángzi de shíhou, cóng yínháng li dàikuǎn le.
그는 집을 살 때, 은행에서 대출을 받았다.

公司最近资金很紧张，又贷了一笔款。
Gōngsī zuìjìn zījīn hěn jǐnzhāng, yòu dàile yì bǐ kuǎn.
회사는 최근에 자금이 달려서 또 대출을 받았다.

0078 担任 dānrèn 맡다, 담당하다 □□□

从一年级开始她就担任班长。
Cóng yì niánjí kāishǐ tā jiù dānrèn bānzhǎng.
1학년 때부터 그녀는 반장을 했다.

他在这个公司担任技术经理。
Tā zài zhège gōngsī dānrèn jìshù jīnglǐ.
그는 이 회사에서 기술 팀장을 맡고 있다.

0079 耽误 dānwu 지체하다, 그르치다 [BCT1]

这样做会一时耽误生产。
Zhèyàng zuò huì yìshí dānwu shēngchǎn.
이렇게 하면 일시적으로 생산에 차질을 빚게 됩니다.

放心，我也耽误不了您很长时间。
Fàngxīn, wǒ yě dānwubuliǎo nín hěn cháng shíjiān.
안심하세요, 저도 댁의 시간을 많이 뺏지는 않아요.

0080 当心 dāngxīn 조심하다, 주의하다 **유의** 小心 xiǎoxīn

▶ 위험한 일을 당하지 않도록 주의하라는 뜻을 나타낸다.

我突然有事不能陪你去了，那里比较乱，你得当心点儿。
Wǒ tūrán yǒu shì bù néng péi nǐ qù le, nàli bǐjiào luàn, nǐ děi dāngxīn diǎnr.
내가 급한 일이 생겨서 너랑 같이 못 가게 되었어, 그곳은 그리 안전하지 않으니까, 모쪼록 조심해야 해.

0081 挡 dǎng 막다, 차단하다

一只猛虎跳了出来，挡在了武松面前。
Yì zhī měnghǔ tiàole chūlai, dǎngzàile Wǔ Sōng miànqián.
사나운 호랑이가 나타나 우송의 앞을 가로막았다.

tip 武松 : 《水浒传(수호전)》에 나오는 영웅호걸 중의 하나.

我想用手挡着阳光，可是阳光根本挡不住。
Wǒ xiǎng yòng shǒu dǎngzhe yángguāng, kěshì yángguāng gēnběn dǎngbuzhù.
나는 손으로 해를 가려 보려 했으나 해는 전혀 가려지지 않았다.

관련 표현

挡箭牌 dǎngjiànpái **관용** (화살을 막는) 방패, (책임 회피의) 구실

兵来将挡，水来土掩 bīng lái jiàng dǎng, shuǐ lái tǔ yǎn **성** 정황에 알맞은 방법으로 대처하다

0082 **导致** dǎozhì 초래하다, 야기시키다 **유의** 造成 zàochéng, 引起 yǐnqǐ

▶목적어는 보통 안 좋은 결과를 동반한다.

这次追尾事故是信号系统故障导致的。
Zhè cì zhuī wěi shìgù shì xìnhào xìtǒng gùzhàng dǎozhì de.
이번 접촉 사고는 신호 시스템의 고장으로 야기된 것이다.

由于过度紧张导致了面试失败。
Yóuyú guòdù jǐnzhāng dǎozhìle miànshì shībài.
과도하게 긴장한 탓에 면접에 실패했다.

0083 **到达** dàodá 도착하다, 도달하다 **유의** 抵达 dǐdá, 达到 dádào

印度访问团乘坐的飞机已经到达大连国际机场了。
Yìndù fǎngwèntuán chéngzuò de fēijī yǐjing dàodá Dàlián guójì jīchǎng le.
인도 방문단이 탑승한 비행기가 이미 따리엔 국제공항에 도착했다.

托大家的福，我平安到达目的地了。
Tuō dàjiā de fú, wǒ píng'ān dàodá mùdìdì le.
여러분 덕분에, 제가 무사히 목적지에 도착했습니다.

[단어] **托福** tuōfú 덕을 보다

> **到达 vs 达到**
>
> 到达는 공간의 이동에 쓰이고, 达到는 추상적인 것으로 '부합하다', '진입하다'의 뜻으로 쓰인다. 到达의 목적지는 '장소, 국가, 지역' 등이 될 수 있고, 达到의 목표는 '경계, 기준, 정도, 목적, 수량' 등이 된다. 达到는 가능 보어 형식(达得到 / 达不到)으로 쓸 수 있지만, 到达는 가능 보어 용법이 없다.
>
> **达到目的** dádào mùdì 목적을 달성하다
> **我们到达目的地。** Wǒmen dàodá mùdìdì. 우리는 목적지에 도착했다.

0084 **登记** dēngjì 등록하다, 기재하다, 혼인 신고하다

今天登记的人肯定很多，你早点儿来排队吧。
Jīntiān dēngjì de rén kěndìng hěn duō, nǐ zǎo diǎnr lái páiduì ba.
오늘 등록하는 사람이 틀림없이 많을 거니까, 너 일찍 와서 줄 서.

把这些数据登记一下。
Bǎ zhèxiē shùjù dēngjì yíxià.
이 수치를 기재해 주세요.

他们决定先登记，明年再办喜事。
Tāmen juédìng xiān dēngjì, míngnián zài bàn xǐshì.
그들은 먼저 혼인 신고를 하고, 내년에 결혼식을 올리기로 했다.

□□□

0085 等待 děngdài 기다리다

大家都等待新年的到来。
Dàjiā dōu děngdài xīnnián de dàolái.
모두들 새해가 오길 기다리고 있다.

机会肯定会来的，请耐心等待。
Jīhuì kěndìng huì lái de, qǐng nàixīn děngdài.
기회는 틀림없이 올 거예요, 인내심을 갖고 기다리세요.

관련 표현

等待春天 děngdài chūntiān 봄을 기다리다

等待新年 děngdài xīnnián 새해를 기다리다

等待自由 děngdài zìyóu 자유를 기다리다

零等待 líng děngdài [신조어] 고객을 기다리지 않게 하는 즉각적인 서비스

□□□

0086 等于 děngyú (수량이) ~과 같다, ~과 마찬가지이다 [BCT1]

现在放弃就等于是前功尽弃了。
Xiànzài fàngqì jiù děngyú shì qián gōng jìn qì le.
지금 그만두면 공든 탑이 무너지는 것과 같다고.

[단어] 前功尽弃 qián gōng jìn qì [성] 이전의 공로가 모두 쓸모 없게 되다, 공든 탑이 무너지다

六加八等于十四。
Liù jiā bā děngyú shísì.
6 더하기 8은 14이다.

0087 递 dì 넘겨 주다, 전해 주다 □□□

麻烦把那些照片递给我，好吗?
Máfan bǎ nàxiē zhàopiàn dìgěi wǒ, hǎo ma?
죄송하지만 그 사진들을 저한테 건네 주실래요?

领奖名单被递到了主持人手中。
Lǐngjiǎng míngdān bèi dìdàole zhǔchírén shǒuzhōng.
수상자 명단이 사회자 손으로 넘어갔다.

관련 표현

关山迢递 guān shān tiáo dì 성 갈길이 아득히 멀다

0088 钓 diào 낚다, 낚시질하다 □□□

今天我钓了几只鲤鱼。
Jīntiān wǒ diàole jǐ zhī lǐyú.
오늘 나는 잉어를 몇 마리 잡았다.

李家的闺女钓来一只金龟婿。
Lǐ jiā de guīnǚ diàolái yì zhī jīnguīxù.
이씨네 딸이 부자 사위를 만났어.

[단어] 金龟婿 jīnguīxù 부자 사위

관련 표현

姜太公钓鱼，愿者上钩 Jiāng tàigōng diào yú, yuànzhě shànggōu 성
강태공의 곧은 낚싯바늘에도 원하는 자는 스스로 걸려든다, 스스로 남의 올가미에 걸려들다

0089 冻 dòng 얼다(곱다), 굳다, 춥다 유의 冷 lěng □□□

哎呀，冻死了！外边太冷，你别想出去了。
Āiyā, dòngsǐle! Wàibian tài lěng, nǐ bié xiǎng chūqu le.
아이구, 얼어 죽겠네! 밖이 엄청 추우니까, 넌 나갈 생각하지 마.

寒冬，水盆里的水都冻了。
Hándōng, shuǐpén li de shuǐ dōu dòng le.
추운 겨울이라 대야의 물까지 다 얼었다.

명 결빙, 빙결, 동결

肉冻儿 ròudòngr 고기 젤리 / 果冻儿 guǒdòngr 과일젤리

관련 표현

冰冻三尺，非一日之寒 bīngdòng sān chǐ, fēi yí rì zhī hán **성** 하루 이틀
에 된 것이 아니라 오랜 시간 누적되어 이루어진 것이다

天寒地冻 tiān hán dì dòng **성** 날씨가 무척 춥다

0090 独立 dúlì 독립하다

柬埔寨人民经过艰苦斗争，终于赢得了独立。
Jiǎnpǔzhài rénmín jīngguò jiānkǔ dòuzhēng, zhōngyú yíngdéle dúlì.
캄보디아 국민들은 힘든 투쟁을 거쳐, 마침내 독립을 쟁취했다.

越是女孩，越要学会独立。
Yuè shì nǚhái, yuè yào xuéhuì dúlì.
여자아이일수록, 더 홀로 서는 법을 배워야 한다.

관련 표현

独立王国 dú lì wáng guó **성** 독립 왕국, 독립적인 영역

金鸡独立 jīn jī dú lì **성** 외발로 서다, (체육) 아라베스크, 외발 서기 자세

0091 度过 dùguò (시간을) 보내다, 지내다 **유의** 渡过 dùguò

我永远不会忘记我们一起度过的日子。
Wǒ yǒngyuǎn bú huì wàngjì wǒmen yìqǐ dùguò de rìzi.
나는 우리가 같이 지낸 날들을 영원히 잊지 못할 거야.

你打算怎么度过暑假？
Nǐ dǎsuan zěnme dùguò shǔjià?
너는 여름 휴가를 어떻게 보낼 생각이야?

> **度过 vs 渡过**
>
> 度过는 시간을 보내는 것을 나타내고, 渡过는 강, 호수, 바다와 난관 등을 건너는 것에
> 쓰인다.
>
> **度过幸福的童年** dùguò xìngfú de tóngnián 행복한 어린 시절을 보내다
> **渡过难关** dùguò nánguān 난관을 극복하다

断 duàn 단절되다, 끊어지다

地震发生后，这里就停电、断水了。
Dìzhèn fāshēng hòu, zhèli jiù tíng diàn、duàn shuǐ le.
지진이 발생한 후에, 이곳은 단전, 단수가 되었다.

手表带突然断了，我得去修。
Shǒubiǎo dài tūrán duàn le, wǒ děi qù xiū.
시계 줄이 갑자기 끊어져 버렸지 뭐야, 난 수리하러 가야 해.

관련 표현

一刀两断 yì dāo liǎng duàn 〔성〕 한칼에 두동강이를 내다, 관계를 단호하게 끊다

堆 duī 쌓다, 쌓여 있다

我把那些没用的书都堆在了一起。
Wǒ bǎ nàxiē méiyòng de shū dōu duīzàile yìqǐ.
나는 필요 없는 책들을 다 같이 쌓아 놓았다.

〔명〕 무더기

她从垃圾堆里捡到了金戒指。
Tā cóng lājī duī li jiǎndàole jīn jièzhi.
그녀는 쓰레기 더미 속에서 금반지를 주웠다.

〔양〕 더미, 무더기

他抱着一堆书从图书馆走出来。
Tā bàozhe yì duī shū cóng túshūguǎn zǒuchulai.
그는 책을 한 아름 안고 도서관에서 걸어 나왔다.

还有一大堆事等着我去处理呢。
Hái yǒu yí dà duī shì děngzhe wǒ qù chǔlǐ ne.
아직 많은 일들이 내 손길을 기다리고 있다.

관련 표현

堆金积玉 duī jīn jī yù 〔성〕 금은보화를 쌓아 놓다, 큰 부자이다

0094 **对比** duìbǐ 대비하다, 대조하다 [BCT1]

请重新对比一下数据，我的好像有漏洞。
Qǐng chóngxīn duìbǐ yíxià shùjù, wǒ de hǎoxiàng yǒu lòudòng.
데이터를 다시 대조해 주세요, 제 것엔 뭔가 빠뜨린 것 같아요.

[단어] 漏洞 lòudòng 허점, 빈틈, 맹점

这两种颜色差别明显，形成鲜明的对比。
Zhè liǎng zhǒng yánsè chābié míngxiǎn, xíngchéng xiānmíng de duìbǐ.
이 두 색상은 차이가 뚜렷해서, 분명한 대비를 이루고 있다.

명 비율

我们班的男女对比为二比一。
Wǒmen bān de nánnǚ duìbǐ wéi èr bǐ yī.
우리 반의 남녀 비율은 2대 1이다.

0095 **对待** duìdài 상대하다, 대응하다, 대해 주다

我们对待残疾儿童要有一颗真诚的爱心。
Wǒmen duìdài cánjí értóng yào yǒu yì kē zhēnchéng de àixīn.
우리는 장애 아동을 대할 때 진실한 사랑으로 대해야 한다.

这件事非常重要，你得认真对待。
Zhè jiàn shì fēicháng zhòngyào, nǐ děi rènzhēn duìdài.
이 일은 아주 중요하니까 자네는 진지하게 대처해야 하네.

0096 **兑换** duìhuàn 환전하다, 현금으로 바꾸다 [BCT2]

兑换奥运纪念钞的市民早早就在银行门口排起了长龙。
Duìhuàn àoyùn jìniàn chāo de shìmín zǎozāo jiù zài yínháng ménkǒu
páiqǐle chánglóng.
올림픽 기념 화폐를 바꾸려는 시민들이 벌써부터 은행 앞에 길게 줄을 서 있다.

现在人民币兑换美元汇率是多少?
Xiànzài rénmínbì duìhuàn měiyuán huìlǜ shì duōshao?
지금 인민폐를 달러로 바꾸는 데 환율이 어떻게 되나요?

0097 蹲 dūn 쪼그리고 앉다, 틀어박혀 있다

老老实实蹲在原地别动!
Lǎolaoshíshí dūnzài yuándì bié dòng!
얌전하게 원래 자리에 앉아서 움직이지 마세요!

毕业到现在一个多月，我还在家里蹲。
Bìyè dào xiànzài yí ge duō yuè, wǒ hái zài jiā li dūn.
졸업해서 지금까지 한 달이 넘었건만, 나는 아직도 집에 틀어박혀 있다.

0098 多亏 duōkuī 은혜를 입다, ~ 덕택이다

我一时糊涂差点坏了大事，多亏你下手及时。
Wǒ yìshí hútu chàdiǎn huàile dà shì, duōkuī nǐ xiàshǒu jíshí.
한 순간 어리석음으로 큰 우를 범할 뻔했는데, 당신이 제때 손을 써 줘서 고마워요.

부 ~덕분에

多亏你们帮我，要不我就回不了家了。
Duōkuī nǐmen bāng wǒ, yàobù wǒ jiù huíbuliǎo jiā le.
여러분이 도와주셨기에 망정이지, 아니었으면 제가 집에 못 돌아갈 뻔 했어요.

0099 躲藏 duǒcáng 숨다, 피하다 **유의** 隐藏 yǐncáng

地震来的时候大家都要躲藏在安全的地方。
Dìzhèn lái de shíhou dàjiā dōu yào duǒcángzài ānquán de dìfang.
지진이 발생하면 여러분은 모두 안전한 곳으로 피하셔야 해요.

敌人还在追你呢，你还是躲藏一下吧。
Dírén hái zài zhuī nǐ ne, nǐ háishi duǒcáng yíxià ba.
적들이 아직 자네를 쫓고 있으니 자네는 숨는 게 낫겠어.

관련 표현

东躲西藏 dōng duǒ xī cáng **성** 여기저기 숨다

躲藏 vs 隐藏

躲藏은 몸을 숨기는 것을 뜻하고, 隐藏은 사람과 사물을 숨기는 것을 뜻한다.

赶快躲藏起来 guǎnkuài duǒcángqilai 재빨리 피하다
隐藏在桌子后面 yǐncángzài zhuōzi hòumiàn 탁자 뒤에 숨다

0100 **发表** fābiǎo (글이나 의견을) 발표하다, 선포하다

他在博客上发表了几篇文章。
Tā zài bókè shang fābiǎole jǐ piān wénzhāng.
그는 블로그에 몇 편의 글을 올렸다.

欧元集团当即发表声明表示，尊重希腊人民的选择。
Ōu'yuán jítuán dāngjí fābiǎo shēngmíng biǎoshì, zūnzhòng Xīlà rénmín de xuǎnzé.
유럽 연합(EU)에서는 즉시 성명을 내고, 그리스 국민의 선택을 존중한다고 선포했다.

[단어] 当即 dāngjí 즉시, 당장

0101 **发愁** fā∥chóu 걱정하다, 근심하다

每年这个时候就有很多人为了高考而发愁。
Měinián zhège shíhou jiù yǒu hěn duō rén wèile gāokǎo ér fāchóu.
매년 이맘때가 되면 많은 사람들이 대학 입학 시험 때문에 근심을 한다.

你在发什么愁啊，光发愁是解决不了问题的。
Nǐ zài fā shénme chóu a, guāng fāchóu shì jiějuébuliǎo wèntí de.
너 무슨 걱정을 그렇게 하고 있어, 걱정만 한다고 문제가 해결되는 게 아니야.

0102 **发抖** fādǒu (춥거나 무서워서) 떨다

他从外边回来，冻得一直在发抖。
Tā cóng wàibian huílai, dòng de yìzhí zài fādǒu.
그는 밖에서 돌아왔는데, 추워서 계속 떨고 있다.

人在受到惊吓的情况下容易全身发抖。
Rén zài shòudào jīngxià de qíngkuàng xià róngyì quánshēn fādǒu.
사람은 깜짝 놀랐을 때 쉽게 온몸을 떨게 된다.

🧑 관련 표현

六月天发抖 — 不寒而栗 liù yuè tiān fādǒu — bù hán ér lì **헐후**
6월에 떨다 — 춥지 않은데도 떨다 : 몹시 두려워하다

听到猫叫身发抖 — 胆小如鼠 **헐후**
tīngdào māo jiào shēn fādǒu — dǎn xiǎo rú shǔ
고양이 울음소리를 듣고 떨다 — 쥐처럼 간이 콩알만하다 : 매우 겁이 많다

0103 发挥 fāhuī 발휘하다　□□□

希望大家发挥各自的聪明才智，取得好成绩。
Xīwàng dàjiā fāhuī gèzì de cōngming cáizhì, qǔdé hǎo chéngjì.
여러분 각자의 지혜를 발휘해 좋은 성적을 거두길 바랍니다.

[단어] **聪明才智** cōngming cáizhì 지혜, 총명하고 기지가 넘치다

发挥你良好的人际关系的时候到了。
Fāhuī nǐ liánghǎo de rénjì guānxi de shíhou dào le.
자네의 좋은 인맥을 보여줄 때가 되었네.

관련 표현

借题发挥 jiè tí fā huī 성 어떤 일을 기회 삼아 자신의 입장이나 의견을 표명하다

0104 发明 fāmíng 발명하다　유의 **创造** chuàngzào　□□□
참고 **发明家** fāmíngjiā 발명가

古代中国最早发明出火药。
Gǔdài Zhōngguó zuì zǎo fāmíngchū huǒyào.
고대 중국은 가장 먼저 화약을 발명해 냈다.

명 **발명**

塑料袋被誉为最成功和最失败的发明之一。
Sùliàodài bèi yùwéi zuì chénggōng hé zuì shībài de fāmíng zhī yī.
비닐봉지는 가장 성공함과 동시에 가장 실패한 발명품 중의 하나로 일컬어진다.

[단어] **誉为** yùwéi ~라고 일컬어지다

发明 vs 创造

发明은 '발견하고, 분명히 밝히는 것'에 중점을 두어 '사유 활동'을 강조하고, 创造는 '창조하고, 건설하는 것'에 중점을 두어 '실천 행위'를 강조한다. 发明의 목적어는 주로 사유를 통해 얻어낸 구체적인 사물이고(예: 指南针 zhǐnánzhēn 나침반, 火药 huǒyào 화약), 创造의 목적어는 실천 행위를 통해 얻어낸 산물(历史 lìshǐ 역사, 奇迹 qíjì 기적, 财富 cáifù 부) 등이다.

发明了造纸的技术 fāmíngle zàozhǐ de jìshù 제지술을 발명하다
创造了灿烂的文化 chuàngzàole cànlàn de wénhuà 찬란한 문화를 창조하다

0105 发言 fā∥yán 발언하다, 연설하다

□□□

联合国秘书长潘基文在全球气候大会上发言。
Liánhéguó mìshūzhǎng Pān Jīwén zài quánqiú qìhòu dàhuì shang fāyán.
반기문 유엔 사무총장이 지구 기후 포럼에서 연설했다.

tip 潘基文 : (1944~) 제8대 UN 사무총장

他在讨论会上发过两次言。
Tā zài tǎolùnhuì shang fāguo liǎng cì yán.
그는 토론회에서 두 차례 발언했다.

0106 罚款 fá∥kuǎn 벌금을 부과하다 BCT1

□□□

错不在我，这笔罚款我是不会交的。
Cuò bú zài wǒ, zhè bǐ fákuǎn wǒ shì bú huì jiāo de.
나한테 잘못이 있는 게 아니니까, 난 이 벌금을 낼 수 없어요.

我哥哥骑摩托车没带头盔，被交警罚了款。
Wǒ gēge qí mótuōchē méi dài tóukuī, bèi jiāojǐng fále kuǎn.
우리 오빠는 오토바이를 타면서 헬멧 착용을 안 해서 교통 경찰한테 딱지를 떼였다.

0107 翻 fān 열다, 펴다, 뒤집다, 들추다

□□□

都过去的事了，大家不要翻旧账了。
Dōu guòqù de shì le, dàjiā búyào fān jiùzhàng le.
이미 지나간 일이에요, 모두 옛날 얘긴 들춰내지 맙시다.

[단어] 翻旧账 fān jiùzhàng 지난 일을 들춰내다, 과거의 일을 따지다

翻开课本第二百三十六页。
Fānkāi kèběn dì èrbǎi sānshíliù yè.
교재 236쪽을 펴세요.

工作上的种种烦事，让他翻了翻身，总是睡不着觉。
Gōngzuò shang de zhǒngzhǒng fánshì, ràng tā fānle fān shēn, zǒngshì shuìbuzháo jiào.
업무상의 소소한 문제들 때문에, 그는 몸을 뒤척이며 내내 잠을 이룰 수 없었다.

我们翻山越岭徒步20多公里，游玩了凤凰山。
Wǒmen fān shān yuè lǐng túbù èrshí duō gōnglǐ, yóuwán le Fènghuáng Shān.
우리는 산 넘고 재를 넘어 도보로 20여 킬로미터를 가서 봉황산을 유람했다.

[단어] 翻山越岭 fān shān yuè lǐng 성 산을 넘고 재를 넘다, 갈 길이 멀고 험하다

관련 표현

打翻身仗 dǎ fān shēn zhàng 관용 낙후된 면모를 철저히 개혁하다, 불리한 처지를 철저히 바꾸다

翻天覆地 fān tiān fù dì 성 커다란 변화가 생기다, 난리가 나다, 야단법석이 일어나다

0108 反复 fǎnfù 반복하다, 변덕스럽다

今天正式上班，反复同样的动作。
Jīntiān zhèngshì shàngbān, fǎnfù tóngyàng de dòngzuò.
오늘 정식으로 출근해서 같은 일만 반복했다.

부 거듭, 재차

周老师反复强调上课不许带手机。
Zhōu lǎoshī fǎnfù qiángdiào shàngkè bù xǔ dài shǒujī.
저우 선생님은 수업 시간에 휴대 전화를 가지고 들어오지 말라고 거듭 강조하셨다.

관련 표현

反复无常 fǎn fù wú cháng 성 변덕스럽다, 변화무쌍하다

0109 反映 fǎnyìng 반영하다, 보고하다

这部小说反映了当代都市青年人的理想和爱情。
Zhè bù xiǎoshuō fǎnyìngle dāngdài dūshì qīngniánrén de lǐxiǎng hé àiqíng.
이 소설은 당대 도시 젊은이의 이상과 사랑을 반영하고 있다.

我们已经向老总反映了他们公司的情况。
Wǒmen yǐjing xiàng lǎozǒng fǎnyìngle tāmen gōngsī de qíngkuàng.
우리는 이미 사장님께 그 회사의 상황을 보고했습니다.

0110 妨碍 fáng'ài 방해하다, 지장을 주다 **유의** 阻碍 zǔ'ài

别站在那儿妨碍别人走路。
Bié zhànzài nàr fáng'ài biérén zǒulù.
거기 서서 다른 사람이 지나가는 걸 방해하지 말아요.

这里蚊子、虫子多，妨碍大家休息。
Zhèli wénzi、chóngzi duō, fáng'ài dàjiā xiūxi.
이곳은 모기와 벌레가 많아 사람들의 휴식에 지장을 준다.

0111 非 fēi ～이 아니다

不到长城非好汉。
Bú dào Chángchéng fēi hǎohàn.
만리장성에 가지 않으면 대장부가 아니다.(목표를 꼭 이루어야 한다.)

似懂非懂不如不懂。
Sì dǒng fēi dǒng bùrú bù dǒng.
알쏭달쏭한 것은 모르는 것만 못하다.

부 반드시, 꼭

我不想去，可他非让我去不可。
Wǒ bù xiǎng qù, kě tā fēi ràng wǒ qù bùkě.
난 가고 싶지 않은데, 그 사람은 꼭 내가 가야 한다고 하네.

[단어] 非…不可 fēi…bùkě 반드시 ～해야 한다

这事儿非得你来处理才行。
Zhè shìr fēiděi nǐ lái chǔlǐ cái xíng.
이 일은 자네가 와서 처리해야만 하네.

[단어] 非得 fēiděi 반드시 ～해야만 한다

관련 표현

非亲非故 fēi qīn fēi gù **성** 서로 아무 관계가 없다

非同小可 fēi tóng xiǎo kě **성** 보통 일이 아니다, 예삿일이 아니다

面目全非 miàn mù quán fēi **성** 사물의 모습이 전혀 달라지다, 원래 모습을 찾아 볼 수 없다

0112 分别 fēnbié 나누다, 구별하다, 이별하다

分别的时刻总是让人不舍。
Fēnbié de shíkè zǒngshì ràng rén bù shě.
이별의 시간은 늘 사람을 아쉽게 만든다.

他们俩是双胞胎，我分别不出谁是哥哥。
Tāmen liǎ shì shuāngbāotāi, wǒ fēnbiébuchū shéi shì gēge.
그애 둘은 쌍둥이인데, 나는 누가 형인지 구별 못하겠더라고.

부 각기, 따로따로

父亲把三件宝物分别交给了三个儿子。
Fùqīn bǎ sān jiàn bǎowù fēnbié jiāogěile sān ge érzi.
아버지는 세 가지 보물을 세 명의 아들에게 각각 나눠 주셨다.

我们应该分别处理各类问题。
Wǒmen yīnggāi fēnbié chǔlǐ gè lèi wèntí.
우리는 다양한 문제들을 개별적으로 해결해야 한다.

0113 分布 fēnbù 분포하다

这种鱼广泛分布在黄海和渤海。
Zhè zhǒng yú guǎngfàn fēnbùzài Huánghǎi hé Bóhǎi.
이 물고기는 황해와 발해에 광범위하게 분포해 있다.

目前华人分布在世界各地。
Mùqián huárén fēnbùzài shìjiè gèdì.
오늘날 중국인은 세계 각지에 퍼져 있다.

0114 分配 fēnpèi 분배하다, 배치하다 BCT2

上个世纪80年代，大学生毕业国家包分配。
Shàng ge shìjì bāshí niándài, dàxuéshēng bìyè guójiā bāo fēnpèi.
지난 세기 80년대에는, 대학 졸업생은 국가에서 직장을 배정해 주었다.

分配到的任务要尽职尽责完成。
Fēnpèidào de rènwù yào jìn zhí jìn zé wánchéng.
분배된 임무는 직무와 책임을 다해 완수해야 한다.

[단어] 尽职尽责 jìn zhí jìn zé 직무를 다하고 책임을 다하다

0115 分手 fēn∥shǒu 헤어지다, 이별하다

我见证了他俩从牵手到分手的全过程。
Wǒ jiànzhèngle tā liǎ cóng qiānshǒu dào fēnshǒu de quán guòchéng.
나는 그 둘이 만났을 때부터 이별할 때까지의 전 과정을 지켜봤다.

[단어] 见证 jiànzhèng 목격하다, 증명할 수 있다

我们一起走过了五年，却还是分了手，没有走到最后。
Wǒmen yìqǐ zǒuguole wǔ nián, què háishi fēnle shǒu, méiyou zǒudào zuìhòu.
우리는 5년을 사귀었지만, 결국 헤어졌고 끝까지 가지 못했어.

0116 分析 fēnxī 분석하다

请帮我分析一下治疗方案。
Qǐng bāng wǒ fēnxī yíxià zhìliáo fāng'àn.
치료 방안을 좀 분석해 주세요.

分析结果最快也要两个月以后才能出来。
Fēnxī jiéguǒ zuì kuài yě yào liǎng ge yuè yǐhòu cái néng chūlai.
분석 결과는 아무리 빨라도 두 달 후에나 나옵니다.

0117 奋斗 fèndòu 분투하다

我奋斗了30年，为的是不让自己的孩子沦为"贫三代"。
Wǒ fèndòule sānshí nián, wèideshì búràng zìjǐ de háizi lúnwéi "pín sān dài".
내가 30년 동안 열심히 달려온 것은, 내 아이만큼은 '가난한 3대'로 전락시키지 않기 위해서이다.

年轻的时候就要为了梦想而奋斗。
Niánqīng de shíhou jiùyào wèile mèngxiǎng ér fèndòu.
젊을 때는 꿈을 위해 분투해야 한다.

0118 讽刺 fěngcì 풍자하다

鲁迅的书有力地讽刺了当时的国民政府。
Lǔ Xùn de shū yǒulì de fěngcìle dāngshí de guómín zhèngfǔ.
루쉰의 책은 당시의 국민 정부를 노골적으로 풍자하고 있다.

0119 否定 fǒudìng 부정하다

最好不要随意否定别人的建议。
Zuìhǎo búyào suíyì fǒudìng biérén de jiànyì.
함부로 다른 사람의 의견을 부정하지 마세요.

否定的否定，就是肯定。
Fǒudìng de fǒudìng, jiù shì kěndìng.
부정의 부정은 곧 긍정이다.

형 부정의

他好像对我持着否定的态度。
Tā hǎoxiàng duì wǒ chízhe fǒudìng de tàidù.
그는 나에 대해 부정적인 태도를 갖고 있는 것 같다.

0120 否认 fǒurèn 부인하다, 부정하다 [BCT1]

반의 承认 chéngrèn 승인하다, 인정하다

他果然一口否认了过去的错误。
Tā guǒrán yì kǒu fǒurènle guòqù dè cuòwù.
그는 과연 과거의 잘못을 한마디로 부인했다.

对方对这件事持否认态度。
Duìfāng duì zhè jiàn shi chí fǒurèn tàidù.
상대방은 이 일에 대해 부정적인 태도를 취하고 있다.

관련 표현

矢口否认 shǐ kǒu fǒu rèn **성** 끝까지 부인하다, 딱 잡아떼다

0121 扶 fú 부축하다, 기대다, 일으키다

她小心地扶着爷爷上车。
Tā xiǎoxīn de fúzhe yéye shàng chē.
그녀는 조심스럽게 할아버지를 부축해 차에 올랐다.

他扶住了身旁的一棵大树。
Tā fúzhùle shēnpáng de yì kē dà shù.
그는 곁에 있던 큰 나무에 기댔다.

快把病人扶起来。
Kuài bǎ bìngrén fúqilai.
어서 환자를 일으켜 드리세요.

扶摇直上 fú yáo zhí shàng 성 회오리바람을 타고 오르다, (지위나 신분이) 빠르게 상승하다

0122 辅导 fǔdǎo 과외 지도하다

他每天给我们辅导书法。
Tā měitiān gěi wǒmen fǔdǎo shūfǎ.
그는 매일 우리에게 서예 지도를 해 준다.

명 과외

每星期一、三、五下午有钢琴辅导。
Měi xīngqī yī、sān、wǔ xiàwǔ yǒu gāngqín fǔdǎo.
매주 월, 수, 금 오후에 피아노 과외가 있다.

0123 复制 fùzhì 복제하다, 복사하다

他在浏览网页的时候，遇到好的帖子就复制下来。
Tā zài liúlǎn wǎngyè de shíhou, yùdào hǎo de tiězi jiù fùzhìxialai.
그는 인터넷 검색할 때, 좋은 글이 있으면 바로 복사해 놓는다.
[단어] 帖子 tiězi 글, 댓글, 쪽지

这是复制品，看上去就像真品一样，丝毫不差。
Zhè shì fùzhìpǐn, kànshangqu jiù xiàng zhēnpǐn yíyàng, sīháo bú chà.
이건 복제품인데, 보기에 꼭 진품처럼, 조금도 차이가 안 나.

0124 改革 gǎigé 개혁하다 BCT1 유의 改造 gǎizào

教育制度改革得很成功。
Jiàoyù zhìdù gǎigé de hěn chénggōng.
교육 제도 개혁이 성공적이다.

改革开放以来，中国取得了举世瞩目的成就。
Gǎigékāifàng yǐlái, Zhōngguó qǔdéle jǔ shì zhǔ mù de chéngjiù.
개혁개방 이래, 중국은 전 세계가 주목할 만한 성과를 거두었다.

[단어] 举世瞩目 jǔ shì zhǔ mù 성 전 세계 사람들이 주목하다

명 개혁

改革不能停顿，需要大刀阔斧进行。
Gǎigé bù néng tíngdùn, xūyào dà dāo kuò fǔ jìnxíng.
개혁을 멈추어서는 안 되며 과감하게 진행할 필요가 있다.

[단어] 大刀阔斧 dà dāo kuò fǔ 성 과감하고 패기가 있다

> ### 改革 vs 改造
> 改革와 改造는 원래 있던 것을 필요에 맞게 변화시킨다는 뜻으로, 改革는 불합리한 부분을 고치는 대신 합리적인 부분은 남겨둔다는 것에 중점을 두고, 改造는 근본적인 것을 바꾸는 데 중점을 둔다.
>
> 改造工厂 gǎizào gōngchǎng 공장을 개조하다
> 文字改革 wénzì gǎigé 문자 개혁

0125 **改进** gǎijìn 개선하다, 개량하다 [BCT1] 유의 改良 gǎiliáng □□□

改进新的生产工艺，公司获得了新生。
Gǎijìn xīn de shēngchǎn gōngyì, gōngsī huòdéle xīnshēng.
생산 공정을 개선해서 회사는 새로운 활로를 찾았다.

[단어] 新生 xīnshēng 새로 생긴, 새 생명

人需要改进的不仅是外表，更是内心。
Rén xūyào gǎijìn de bùjǐn shì wàibiǎo, gèng shì nèixīn.
사람이 개선해야 할 것은 외모뿐 아니라, 마음이 더 중요하다.

0126 **改善** gǎishàn 개선하다 [BCT1] 유의 改良 gǎiliáng □□□

改善投资环境，大力吸引外资，增加就业。
Gǎishàn tóuzī huánjìng, dàlì xīyǐn wàizī, zēngjiā jiùyè.
투자 환경을 개선하면, 적극적으로 외자 유치를 할 수 있어 일자리를 늘릴 수 있다.

他们的居住条件和生活条件得到了明显改善。
Tāmen de jūzhù tiáojiàn hé shēnghuó tiáojiàn dédàole míngxiǎn gǎishàn.
그들의 주거 환경과 생활 여건이 확실히 개선되었다.

0127 改正 gǎizhèng 고치다, 바꾸다 [BCT1] 유의 纠正 jiūzhèng

改正以前的错误才能更好地前进。
Gǎizhèng yǐqián de cuòwù cái néng gèng hǎo de qiánjìn.
예전의 잘못을 고쳐야만 더 멋지게 전진할 수 있다.

旧的问题没有改正，新的问题就又来了。
Jiù de wèntí méiyou gǎizhèng, xīn de wèntí jiù yòu lái le.
기존의 문제가 아직 해결되기도 전에 새로운 문제가 또 나타났다.

0128 盖 gài 덮다, 날인하다, (집을) 짓다

天冷了，睡觉记得盖好被子。
Tiān lěng le, shuìjiào jìde gàihǎo bèizi.
날씨가 추워졌어요, 잘 때 이불 잘 덮고 자요.

合同上盖公章就完事了。
Hétong shang gài gōngzhāng jiù wánshì le.
계약서에 공인을 찍으면 끝납니다.
[단어] 完事 wánshì 일이 끝나다, 종결되다 / 公章 gōngzhāng 공인(公印)

房子盖得还很快，下个月可以住进去了。
Fángzi gài de hái hěn kuài, xià ge yuè kěyǐ zhùjinqu le.
집이 빨리 지어져서, 다음 달이면 이사 들어갈 수 있겠어요.

명 덮개, 마개

这种瓶盖呢，不需要起子，稍微拧开就行。
Zhè zhǒng pínggài ne, bù xūyào qǐzi, shāowēi nǐngkāi jiù xíng.
이런 뚜껑은 말야, 병따개 필요 없이 살짝 돌려 주기만 하면 돼.
[단어] 拧 nǐng 비틀어 돌리다

盖棺论定 gài guān lùn dìng 성 그 사람이 죽기 전에는 그 사람에 대한 올바른 평가를 내릴 수 없다

盖世无双 gài shì wú shuāng 성 천하제일이다, 유일무이하다

欲盖弥彰 yù gài mí zhāng 성 덮으려고 할수록 더욱 드러나다

0129 概括 gàikuò 요약하다, 개괄하다

张三，你把这篇文章的内容概括一下。
Zhāng Sān, nǐ bǎ zhè piān wénzhāng de nèiróng gàikuò yíxià.
장싼, 이 문장의 내용을 요약해 보거라.

형 간단한, 간략한

你说得太概括了，这样我怎么帮你设计呢？
Nǐ shuō de tài gàikuò le, zhèyàng wǒ zěnme bāng nǐ shèjì ne?
앞뒤 다 자르고 말하면, 내가 어떻게 디자인을 해 주겠어?

명 개괄, 개략, 요약

今天的会议快要结束了，希望金代理能做一个概括。
Jīntiān de huìyì kuàiyào jiéshù le, xīwàng jīndàilǐ néng zuò yí ge gàikuò.
오늘 회의가 거의 끝나가니까, 김 대리가 정리해 주시면 좋겠네요.

0130 感激 gǎnjī 감격하다, 감사하다

您能帮忙，我将感激不尽。
Nín néng bāngmáng, wǒ jiāng gǎn jī bú jìn.
도와 주시면 정말 감사하겠습니다.

[단어] 感激不尽 gǎn jī bú jìn 성 감격스럽기 그지없다

为表达感激之情，特送上一份薄礼。
Wèi biǎodá gǎnjī zhī qíng, tè sòng shàng yí fèn bólǐ.
감사의 마음을 전하고자, 작은 선물을 보냅니다.

[단어] 薄礼 bólǐ 변변찮은 선물을 뜻하는 단어로, 겸손한 표현임

0131 感受 gǎnshòu 느끼다, 여기다 □□□

四目对视，她从他的眼神中感受到了爱意。
Sì mù duìshì, tā cóng tā de yǎnshén zhōng gǎnshòudàole àiyì.
두 사람의 눈이 마주쳤을 때, 그녀는 그의 눈빛에서 사랑을 느꼈다.

명 느낌, 감상

你能感受到我的感受吗?
Nǐ néng gǎnshòudào wǒ de gǎnshòu ma?
넌 내 기분이 어떤지 알 수 있겠니?

0132 干活儿 gàn//huór 일을 하다 □□□

总得有人干活儿，有人享福啊。
Zǒngděi yǒurén gànhuór, yǒurén xiǎngfú a.
어쨌든 누군가는 일하고, 누군가는 누리게 되지.

这些活快干完了，下面还要做什么呢?
Zhèxiē huó kuài gànwán le, xiàmiàn hái yào zuò shénme ne?
이 일은 곧 마무리 돼요, 다음엔 뭘 하죠?

관련 표현

黑猩猩干活 — 大手大脚 hēixīngxing gànhuó — dà shǒu dà jiǎo **헐후**
침팬지가 일하다 — 큰 손 큰 발 : 돈이나 물건을 헤프게 쓰다, 돈을 물 쓰듯 하다

0133 搞 gǎo ～하다, 행하다, 종사하다 □□□

▶ 대동사로 쓰이므로 목적어에 따라 다르게 해석하면 된다.

这个事情搞不好的话，"饭碗"恐怕也保不住了。
Zhège shìqing gǎobuhǎo dehuà, "fànwǎn" kǒngpà yě bǎobuzhù le.
이 일을 잘못 처리하면, 일자리도 보전할 수 없을 걸세.

听说又有个高官被搞下台了。
Tīngshuō yòu yǒu ge gāoguān bèi gǎo xiàtái le.
고위직 간부가 또 밀려났다더군.

这是怎么搞的?
Zhè shì zěnme gǎo de?
이게 어찌된 일인가요?

他到底在搞什么鬼？
Tā dàodǐ zài gǎo shénme guǐ?
저 친구 도대체 무슨 수작을 부리고 있는 거야?

[단어] 搞鬼 gǎoguǐ 나쁜 짓을 꾸미다, 수작을 부리다

她是搞艺术的。
Tā shì gǎo yìshù de.
그녀는 예술업에 종사하고 있다.

有没有搞错？ Yǒu méiyou gǎocuò? 관용 뭐 잘못 알고 있는 거 아니예요?

0134 告别 gào//bié 이별을 고하다, 떠나다

明天我就要回国了，今天我是来向您告别的。
Míngtiān wǒ jiùyào huíguó le, jīntiān wǒ shì lái xiàng nín gàobié de.
내일 제가 귀국할 거라서, 오늘 작별 인사 드리러 왔습니다.

你应该去跟同学们告个别。
Nǐ yīnggāi qù gēn tóngxuémen gào ge bié.
너는 당연히 친구들한테 이별 인사를 해야 해.

0135 公布 gōngbù 공포하다, 공표하다, 발표하다

法律在公布之前是没有效力的。
Fǎlǜ zài gōngbù zhīqián shì méiyǒu xiàolì de.
법률은 공포하기 전에는 효력이 없다.

[단어] 效力 xiàolì 효력

国家统计局公布了全国23个省2014年四季度GDP数据。
Guójiā tǒngjìjú gōngbùle quánguó èrshísān ge shěng èr líng yī sì nián sì jìdù GDP shùjù.
국가 통계국에서는 전국 23개 성의 2014년 4분기 GDP를 공표했다.

[단어] GDP(国内生产总值) guónèi shēngchǎn zǒngzhí 국내총생산

北京青年报发表了这次选举的结果。
Běijīng qīngniánbào fābiǎole zhè cì xuǎnjǔ de jiéguǒ.
베이징 청년 신문은 이번 선거 결과를 발표했다.

0136 公开 gōngkāi 공개하다

他们公司公开了2014年第一季度财报。
Tāmen gōngsī gōngkāile èr líng yī sì nián dìyī jìdù cáibào.
그 회사는 2012년 제1분기 재무재표를 공개했다.

형 터놓은, 드러난

这其实是行业内公开的秘密。
Zhè qíshí shì hángyè nèi gōngkāi de mìmì.
이것은 사실 업계에서 다 알고 있는 비밀이다.

0137 恭喜 gōngxǐ 축하하다

听说，你老婆生了对龙凤胎，恭喜啊！
Tīngshuō, nǐ lǎopo shēngle duì lóngfèngtāi, gōngxǐ a!
자네 집사람이 아들, 딸 쌍둥이를 낳았다며, 축하하네!

恭喜你顺利通过了公务员考试！
Gōngxǐ nǐ shùnlì tōngguòle gōngwùyuán kǎoshì!
네가 순조롭게 공무원 시험에 합격한 것을 축하해!

관련 표현

恭喜恭喜 gōngxǐ gōngxǐ 축하합니다
恭喜发财 gōngxǐ fācái 돈 많이 버세요

0138 贡献 gòngxiàn 공헌하다, 헌신하다

他把自己的一生都贡献给了自己的祖国。
Tā bǎ zìjǐ de yìshēng dōu gòngxiàngěile zìjǐ de zǔguó.
그는 평생을 자신의 조국을 위해 헌신했다.

명 공헌, 기여

我想为公司做些贡献。
Wǒ xiǎng wèi gōngsī zuò xiē gòngxiàn.
나는 회사를 위해 조금이나마 기여를 하고 싶다.

0139 沟通 gōutōng (의사) 소통하다 [BCT1]

公司领导有必要和员工多沟通一下。
Gōngsī lǐngdǎo yǒu bìyào hé yuángōng duō gōutōng yíxià.
회사 임원들은 직원과 많이 소통할 필요가 있다.

他这个人太死板，跟他根本沟通不了。
Tā zhège rén tài sǐbǎn, gēn tā gēnběn gōutōngbuliǎo.
그 사람은 너무 꽉 막혀서, 전혀 얘기가 통하지 않아요.

[단어] 死板 sǐbǎn 융통성이 없다, 완고하다

0140 构成 gòuchéng 구성하다, 이루다

氧元素构成了水。
Yǎng yuánsù gòuchéngle shuǐ.
산소 원소는 물을 이루고 있다.

这个故事是由两部分构成的。
Zhè ge gùshi shì yóu liǎng bùfen gòuchéng de.
이 이야기는 두 부분으로 구성되어 있다.

这种病毒对人类不足以构成威胁。
Zhè zhǒng bìngdú duì rénlèi bù zúyǐ gòuchéng wēixié.
이 바이러스는 인류에게 위협이 될 정도는 아니다.

[단어] 足以 zúyǐ ~하기에 족하다

0141 鼓舞 gǔwǔ 고무하다, 격려하다, 용기를 북돋우다

这次考试的成绩大大鼓舞了她的自信。
Zhè cì kǎoshì de chéngjì dàdā gǔwǔle tā de zìxìn.
이번 시험 성적은 그녀의 자신감을 크게 북돋았다.

在老师的鼓舞下，小明改掉了胆小的毛病。
Zài lǎoshī de gǔwǔ xià, Xiǎomíng gǎidiàole dǎnxiǎo de máobìng.
선생님의 격려 하에, 시아오밍은 소심한 성격을 고쳤다.

🔸 관련 표현

欢欣鼓舞 huān xīn gǔ wǔ 성 날 듯이 기뻐하다, 펄쩍 뛰면서 좋아하다

0142 鼓掌 gǔ∥zhǎng 박수 치다

今天的动物表演，马上要开始了，大家热烈鼓掌欢迎。
Jīntiān de dòngwù biǎoyǎn, mǎshàng yào kāishǐ le, dàjiā rèliè guzhǎng huānyíng.
오늘의 동물 공연이 곧 시작됩니다, 여러분 열렬한 박수로 환영해 주시기 바랍니다.

听到好消息，他激动得鼓起掌来了。
Tīngdào hǎo xiāoxi, tā jīdòng de gǔqǐ zhǎng lái le.
좋은 소식을 듣고 그는 감격해서 박수를 쳤다.

0143 挂号 guà∥hào 접수하다, 등기로 부치다

如果挂不上专家号，可以先挂一个普通号。
Rúguǒ guàbushàng zhuānjiāhào, kěyǐ xiān guà yí ge pǔdōnghào.
특진 접수를 못하면, 일반 접수 하면 돼요.

我今天在邮局寄了一封挂号信。
Wǒ jīntiān zài yóujú jìle yì fēng guàhàoxìn.
나는 오늘 우체국에서 등기 우편을 한 통 부쳤다.

0144 拐弯 guǎi∥wān 모퉁이를 돌다, 방향을 바꾸다, 돌려서 이야기하다

拐弯的时候一定要减速。
Guǎiwān de shíhou yídìng yào jiǎnsù.
모퉁이를 돌 때는 반드시 감속해야 한다.

往右拐小弯就是你要找的那个饭店。
Wǎng yòu guǎi xiǎowān jiù shì nǐ yào zhǎo de nàge fàndiàn.
오른쪽으로 살짝 돌면 바로 당신이 찾는 호텔이 나와요.

说话别拐弯了，有什么话就直接说吧。
Shuōhuà bié guǎiwān le, yǒu shénme huà jiù zhíjiē shuō ba.
말 돌리지 말고, 할 말 있으면 직접 말해요.

명 모퉁이

这个拐弯没有标志特别危险。
Zhè ge guǎiwān méiyǒu biāozhì tèbié wēixiǎn.
이 모퉁이에는 표지판이 없어서 굉장히 위험하다.

拐弯抹角 guǎi wān mò jiǎo 성 빙 돌아가다, 말을 돌려서 하다

0145 关闭 guānbì 닫다, 파산(도산)하다, 문을 닫다

유의 **倒闭** dǎobì 반의 **启动** qǐdòng 시작하다, 개시하다

离开办公室要关闭电脑显示器电源。
Líkāi bàngōngshì yào guānbì diànnǎo xiǎnshìqì diànyuán.
사무실에서 나올 때 컴퓨터 모니터 전원을 끄세요.

厂子关闭了，很多人不得不另谋出路。
Chǎngzi guānbì le, hěn duō rén bùdébù lìng móu chūlù.
공장이 도산해서, 많은 사람들이 할 수 없이 다른 방도를 찾고 있다.

[단어] **另谋出路** lìng móu chūlù 다른 활로를 도모하다, 따로 출로를 찾다

0146 观察 guānchá 관찰하다 [BCT1] 참고 **观察力** guānchálì 관찰력

经过细心观察，他终于发现了那个工厂的秘密。
Jīngguò xìxīn guānchá, tā zhōngyú fāxiànle nàge gōngchǎng de mìmì.
세심히 관찰한 끝에, 그는 마침내 그 공장의 비밀을 발견했다.

警方观察到王某的异常举动，决定对其进行抓捕。
Jǐngfāng guānchádào Wáng Mǒu de yìcháng jǔdòng, juédìng duì qí jìnxíng zhuābǔ.
경찰에서는 왕모 씨의 이상 행동을 관찰하고는 그를 체포하기로 결정했다.

[단어] **抓捕** zhuābǔ 체포하다

0147 光临 guānglín 오다, 왕림하다 [BCT1]

유의 **惠顾** huìgù, **光顾** guānggù

欢迎光临本餐厅，祝您用餐愉快。
Huānyíng guānglín běn cāntīng, zhù nín yòngcān yúkuài.
저희 식당에 오신 것을 환영합니다, 즐거운 식사 시간 되십시오.

欢迎光临！先生，请问您几位？
Huānyíng guānglín! Xiānsheng, qǐngwèn nín jǐ wèi?
어서 오세요! 손님 몇 분이신가요?

感谢您的光临并祝您购物愉快！
Gǎnxiè nín de guānglín bìng zhù nín gòuwù yúkuài!
찾아 주셔서 감사합니다. 아울러 즐거운 쇼핑 하십시오!

光临 vs 光顾

光临과 光顾 모두 상대방을 공경하는 뜻을 나타내는데, 光临에는 '상대방이 찾아주어 영광이다'라는 뜻이 들어 있고, 光顾는 상점이나 서비스업에서 손님이 오는 것을 환영한다는 뜻을 나타낸다.

欢迎光临寒舍。 저희 집 방문을 환영합니다.
Huānyíng guānglín hánshè.

如蒙光顾，不胜荣幸。 (저희 상점을) 찾아주신다면 더 없는 영광이겠습니다.
Rú méng guānggù, bú shèng róngxìng.

0148 **归纳** guīnà 귀납하다, 종합하다 참고 归纳法 guīnàfǎ 귀납법

他给我们归纳出了正确读拼音的方法。
Tā gěi wǒmen guīnàchūle zhèngquè dú pīnyīn de fāngfǎ.
그는 우리에게 병음을 정확히 읽는 법을 정리해 주었다.

这篇文章的内容太多，我得归纳归纳。
Zhè piān wénzhāng de nèiróng tài duō, wǒ děi guīnaguīna.
이 글은 너무 길어서, 정리 좀 해야겠어요.

0149 **滚** gǔn 구르다, 떠나다

孩子们在草地上滚来滚去，玩得很开心。
háizimen zài cǎodì shang gǔn lái gǔn qù, wán de hěn kāixīn.
아이들은 풀밭에서 뒹굴거리며 재미있게 논다.

我不想看见你，你现在就给我滚！
Wǒ bù xiǎng kànjiàn nǐ, nǐ xiànzài jiù gěi wǒ gǔn!
난 널 보고 싶지 않아, 당장 내 앞에서 꺼져!

관련 표현

屁滚尿流 pì gǔn niào liú 성 몹시 놀라다, 쩔쩔매다, 혼비백산하다

滔滔滚滚 tāo tāo gǔn gǔn 성 물이 세차게 흐르다, 생각이 끊임없이 계속되다

0150 **过期** guòqī 기한을 넘기다

这个罐头过期了，不要买了。
Zhège guàntou guòqī le, bú yào mǎi le.
이 통조림 유통 기한이 지났어, 사지 마.

我的签证过期了要续签。
Wǒ de qiānzhèng guòqīle yào xùqiān.
내 비자 기한이 만료되어서 기한 연장을 해야 해.

0151 **喊** hǎn 고함치다, 부르다

嘘！别喊了！爸爸在休息呢。
Xū! Bié hǎn le! Bàba zài xiūxi ne.
쉿! 소리 지르지 마! 아빠가 주무시고 계셔.

你喊也没用，这里没有人能帮你。
Nǐ hǎn yě méi yòng, zhèli méiyǒu rén néng bāng nǐ.
네가 소리 질러 봐야 소용없어, 여기엔 널 도와 줄 사람이 없다고.

苗族人经常在大山里喊歌来传达情感。
Miáozú rén jīngcháng zài dà shān li hǎn gē lái chuándá qínggǎn.
묘족 사람들은 자주 산에서 노래를 불러 감정을 전달한다.

관련 표현

老鼠过街，人人喊打 lǎoshǔ guò jiē, rénrén hǎn dǎ 【속담】 못된 사람이나
나쁜 일은 모든 사람들이 미워하고 싫어한다

大喊大叫 dà hǎn dà jiào 【성】 큰 소리로 외치다

喊冤叫屈 hǎn yuān jiào qū 【성】 억울함을 호소하다

0152 **合影** héyǐng 함께 사진을 찍다

参加会议的同仁们，咱们合影留念一下吧。
Cānjiā huìyì de tóngrénmen, zánmen héyǐng liúniàn yíxià ba.
회의에 참석하신 여러분, 우리 기념으로 단체 사진 찍읍시다.

[단어] **同仁** tóngrén (동일 계통에서) 함께 일하는 사람, 동인, 동종업자

他经常拿着大学毕业的合影，回想以前的日子。
Tā jīngcháng názhe dàxué bìyè de héyǐng, huíxiǎng yǐqián de rìzi.
그는 자주 대학 졸업 때 단체 사진을 꺼내 보며, 지난날을 회상한다.

0153 合作 hézuò 협력하다, 협조하다 [BCT1]

他为人豪爽，合作起来相当顺利。
Tā wéirén háoshuǎng, hézuòqilai xiāngdāng shùnlì.
그는 사람이 호탕해서 협업이 잘 된다

明年两家公司仍然会继续合作。
Míngnián liǎng jiā gōngsī réngrán huì jìxù hézuò.
내년에도 두 회사는 원래대로 계속 협력할 것이다.

0154 恨 hèn 미워하다, 증오하다

我恨你一辈子，绝不会原谅你的。
Wǒ hèn nǐ yíbèizi, jué bú huì yuánliàng nǐ de.
난 너를 평생 증오할 거야, 절대로 용서하지 않아.

명 한(恨)

小明，该解开那尘封多年的恨了吧？
Xiǎomíng, gāi jiěkāi nà chénfēng duō nián de hènle ba?
시아오밍, 가슴에 묻어 둔 한을 이젠 풀어야 하지 않을까?

[단어] 尘封 chénfēng 먼지로 뒤덮이다, 오랫동안 방치하다

관련 표현

报仇雪恨 bào chóu xuě hèn 성 원수를 갚고 원한을 풀다

0155 呼吸 hūxī 호흡하다

他感到头晕，便习惯性地走到阳台上呼吸新鲜空气。
Tā gǎndào tóuyūn, biàn xíguànxìng de zǒudào yángtái shang hūxī xīnxiān kōngqì.
그는 어지러움을 느끼고는 습관처럼 베란다로 나가 신선한 공기를 마셨다.

倒吸一口凉气 dào xī yì kǒu liángqì 관용 (매우 놀라거나 두려워) 숨을 한 번 들이
마시다

0156 忽视 hūshì 소홀히 하다, 홀시하다 유의 忽略 hūlüè

目前没有人敢忽视中国市场。
Mùqián méiyǒu rén gǎn hūshì Zhōngguó shìchǎng.
지금은 그 누구도 중국 시장을 홀시하지 못한다.

他们只重视速度，却忽视质量。
Tāmen zhǐ zhòngshì sùdù, què hūshì zhìliàng.
그들은 속도만 따지고, 품질은 소홀히 한다.

0157 胡说 húshuō 헛소리하다, 허튼 소리하다

你胡说！事情根本不是这样子的。
Nǐ húshuō! Shìqing gēnběn bú shì zhè yàngzi de.
쓸데없는 소리 하네, 일이 그런 게 아니거든.

胡说！你是听谁说的呀？
Húshuō! Nǐ shì tīng shéi shuō de ya?
웃기고 있네! 누가 그런 얘길하든?

胡说八道 hú shuō bā dào 성 말도 안 되는 소리를 하다

0158 划 huá 배를 젓다, 베다

昨天我们去颐和园划了两个小时船。
Zuótiān wǒmen qù Yíhéyuán huále liǎng ge xiǎoshí chuán.
어제 우리는 이화원에 가서 배를 두 시간 탔다.

你的手划破了？赶紧在伤口上涂点红药水吧。
Nǐ de shǒu huápò le? Gǎnjǐn zài shāngkǒu shang tú diǎn hóngyàoshuǐ
ba.
너 손을 베인 거야? 어서 상처에 머큐로크롬을 발라.

[단어] 红药水 hóngyàoshuǐ 머큐로크롬

▶ **huà** (금을)긋다, 나누다

中华人民共和国的诞生，在中华民族几千年历史中具有划时代的意义。

Zhōnghuá rénmín gònghéguó de dànshēng, zài zhōnghuá mínzú jǐ qiān nián lìshǐ zhōng jùyǒu huà shídài de yìyì.

중화인민공화국의 탄생은 중화민족의 몇 천 년 역사에서 획기적인 의의를 갖는다.

这个城市划为六个区。

Zhè ge chéngshì huàwéi liù ge qū.

이 도시는 6개 구로 나눈다.

0159 怀念 huáiniàn 그리워하다

爷爷说："人老了都这样，怀念过去，听老歌，看老片"。

Yéye shuō: "rén lǎole dōu zhèyàng, huáiniàn guòqù, tīng lǎogē, kàn lǎopiàn".

할아버지께서는 "사람이 늙으면 다 똑같단다, 옛날을 그리워하고, 옛날 노래를 듣고, 옛날 사진을 보게 돼."라고 하셨다.

□□□

0160 怀孕 huáiyùn 임신하다

在怀孕初期，许多妇女感到疲乏，没有力气，想睡觉。

Zài huáiyùn chūqī, xǔduō fùnǚ gǎndào pífá, méiyǒu lìqi, xiǎng shuìjiào.

임신 초기에는 많은 여성들이 피로와 무기력을 느끼고, 졸려 한다.

□□□

0161 缓解 huǎnjiě 완화하다, 개선하다

为缓解职员工作压力，公司每年都组织几次旅游。

Wèi huǎnjiě zhíyuán gōngzuò yālì, gōngsī měinián dōu zǔzhī jǐ cì lǚyóu.

직원들의 업무 스트레스를 완화시키기 위해, 회사에서는 매년 몇 번씩 여행을 계획한다.

新政策的推行有效缓解了交通困难。

Xīn zhèngcè de tuīxíng yǒuxiào huǎnjiěle jiāotōng kùnnan.

새 정책의 추진으로 교통난을 효과적으로 개선했다.

[단어] 推行 tuīxíng 시행하다, 추진하다

0162 灰心 huī∥xīn 낙심하다, 의기소침하다

失败了不要灰心，我们从头再来。
Shībàile búyào huīxīn, wǒmen cóngtóu zài lái.
실패해도 낙심하지 말고, 우리 다시 시작하자고.

你看你灰心的样子，跟个丧家之犬似的。
Nǐ kàn nǐ huīxīn de yàngzi, gēn ge sāng jiā zhī quǎn shìde.
이 친구 풀죽은 모습하고는, 꼭 상가 집 개 같구먼.
[단어] 丧家之犬 sāng jiā zhī quǎn 성 상갓집 개, 의지할 데 없이 떠돌아다니는 사람

不论遇到什么困难，我是没大灰过心的。
Búlùn yùdào shénme kùnnan, wǒ shì méi dà huīguo xīn de.
어떤 어려움에도 난 크게 낙심한 적이 없어.

🙂 **관련 표현**

灰心丧气 huī xīn sàng qì 성 (실패나 좌절로) 낙담하다

0163 挥 huī 흔들다, 휘두르다, 눈물을 닦아내다

我落下车窗向他挥了挥手。
Wǒ luòxià chēchuāng xiàng tā huīle huīshǒu.
나는 차창을 내리고 그를 향해 손을 흔들었다.

他挥起胜利的旗帜，跑在队伍的前面。
Tā huīqǐ shènglì de qízhì, pǎozài duìwǔ de qiánmiàn.
그는 승리의 깃발을 휘날리며, 대오의 선두에서 달렸다.

当时，我们都依依不舍，挥泪告别。
Dāngshí, wǒmen dōu yī yī bù shě, huīlèi gàobié.
당시에 우리는 아쉬운 마음에, 눈물을 흘리며 헤어졌다.
[단어] 依依不舍 yī yī bù shě 성 헤어지기 서운해하다

🙂 **관련 표현**

挥汗如雨 huī hàn rú yǔ 성 땀이 비 오듯 하다

挥金如土 huī jīn rú tǔ 성 돈을 물 쓰듯 하다, 극도로 사치하고 낭비하다

一挥而就 yì huī ér jiù 성 단번에 훌륭한 글을 써 내다, 글씨·문장·그림 빠르고 쓰고
그려내다, 일필휘지

0164 恢复 huīfù 회복하다

果然是年轻人，伤口恢复得真快。
Guǒrán shì niánqīngrén, shāngkǒu huīfù de zhēn kuài.
역시 젊은 사람이라 달라, 상처가 엄청 빨리 회복되는군.

金融危机后全球经济正在慢慢恢复。
Jīnróng wēijī hòu quánqiú jīngjì zhèngzài mànmān huīfù.
금융 위기 후에 세계 경제가 서서히 회복되고 있다.

0165 及格 jí∥gé 합격하다, 통과하다 **참고** 及格塞 jígé sài 예선 시합

不求高分，及格就行。
Bù qiú gāofēn, jígé jiù xíng.
고득점까진 바라지 않고, 합격만 하면 돼.

万一你们英语考试及不了格就不能毕业。
Wànyī nǐmen yīngyǔ kǎoshì jíbuliǎo gé jiù bù néng bìyè.
만일 너희들이 영어 시험에 통과하지 못하면 졸업을 할 수 없다.

0166 集合 jíhé 집합하다, 모이다

明天早上七点在时代广场门口集合。
Míngtiān zǎoshang qī diǎn zài Shídài guǎngchǎng ménkou jíhé.
내일 아침 7시 타임스퀘어 앞에서 집합합니다.

请告诉我集合地点。
Qǐng gàosu wǒ jíhé dìdiǎn.
저에게 집합 장소를 알려 주세요.

0167 集中 jízhōng 집중하다, 집중시키다

把两个眼睛集中到中间，就成了斗鸡眼儿。
Bǎ liǎng ge yǎnjing jízhōngdào zhōngjiān, jiù chéngle dòujīyǎnr.
두 눈을 가운데로 집중시키면 내사시가 된다.

[단어] 斗鸡眼儿 dòujīyǎnr 내사시(눈이 한 곳으로 몰리는 현상)

我们集中力量，先解决员工的住房问题吧。
Wǒmen jízhòng lìliàng, xiān jiějué yuángōng de zhùfáng wèntí ba.
우리 힘을 모아 먼저 직원들의 주택문제부터 해결해요.

형 모으다, 집약되다

上课的时间安排得集中一点儿好。
Shàngkè de shíjiān ānpái de jízhōng yìdiǎnr hǎo.
수업 시간은 붙어 있으면 더 좋아요.

0168 **计算** jìsuàn 계산하다, 고려하다 [BCT1] □□□

快帮我计算一下，还有多长时间才能完工。
Kuài bāng wǒ jìsuàn yíxià, hái yǒu duō cháng shíjiān cái néng wángōng.
얼른 계산해 보세요, 얼마나 걸려야 일을 마칠 수 있는지.

计算过程中稍有差错，就会影响最后的结果。
Jìsuàn guòchéng zhōng shāo yǒu chācuò, jiù huì yǐngxiǎng zuìhòu de jiéguǒ.
계산 과정에서 조금만 실수가 있어도, 최종 결과에 영향을 미칠 수 있다.

把五险一金也计算进来的话工资还是挺多的。
Bǎ wǔ xiǎn yì jīn yě jìsuànjinlai dehuà gōngzī háishi tǐng duō de.
5종 보험과 주택 기금을 계산에 넣으면, 월급이 그래도 많은 편이야.

tip 五险 : 5종 보험 즉, 养老保险(yǎnglǎo bǎoxiǎn 연금 보험), 医疗保险(yīliáo bǎoxiǎn 의료 보험), 失业保险(shīyè bǎoxiǎn 실업 보험), 工伤保险(gōngshāng bǎoxiǎn 산재 보험), 生育保险(shēngyù bǎoxiǎn 육아 보험)이고, '一金'은 住房公积金(zhùfáng gōngjījīn 주택 기금)을 말한다.

0169 **记忆** jìyì 기억하다 **참고** 记忆力 jìyìlì 기억력 □□□

我对这件事记忆得不是很完整。
Wǒ duì zhè jiàn shì jìyì de bú shì hěn wánzhěng.
나는 이 일을 완벽하게 기억하지는 못한다.

他的电话号码我记忆不起来了。
Tā de diànhuà hàomǎ wǒ jìyìbuqǐlái le.
그 친구 전화번호가 기억이 안 나네.

在我的记忆当中，丽江是一个美丽的地方。
Zài wǒ de jìyì dāngzhōng, Lìjiāng shì yí ge měilì de dìfang.
내 기억 속에서 리지앙은 아름다운 곳이야.

tip 丽江 : 운남성(云南省)의 관광 도시. 옛 모습을 그대로 간직하고 있으며, 독특하고 수려한 경관을 자랑한다. 1999년에 세계문화유산으로 지정되었다.

因为这起车祸，他失去了记忆。
Yīnwèi zhè qǐ chēhuò, tā shīqule jìyì.
이번 사고로 그는 기억을 잃었다.

관련 표현

记忆犹新 jì yì yóu xīn **성** 기억이 생생하다

0170 **系领带** jì lǐngdài 넥타이를 매다

我老公最喜欢我给他系领带。
Wǒ lǎogōng zuì xǐhuan wǒ gěi tā jì lǐngdài.
우리 남편은 내가 넥타이 매 주는 걸 가장 좋아한다.

0171 **假装** jiǎzhuāng ~한 척하다, 가장하다

他假装在看窗外，其实他一直看着那个女生。
Tā jiǎzhuāng zài kàn chuāng wài, qíshí tā yìzhí kànzhe nàge nǚ shēng.
그는 창밖을 보는 척했지만, 사실은 계속 그 여학생을 보고 있었다.

两人擦肩而过，都假装不认识对方。
Liǎng rén cā jiān ér guò, dōu jiǎzhuāng bú rènshi duìfāng.
두 사람은 스쳐 지나가면서, 서로를 모른 척했다.

[단어] 擦肩而过 cā jiān ér guò **성** 어깨를 스치고 지나가다, 인연이 닿을 듯 하면서 비껴가다

0172 **驾驶** jiàshǐ 운전하다 **참고** 驾驶证 jiàshǐzhèng 면허증

他驾驶一辆兰博基尼疾驰而过。
Tā jiàshǐ yí liàng Lánbójīní jíchí ér guò.
그는 람보르기니를 몰면서 쏜살같이 휙 지나갔다.

[단어] 兰博基尼 Lánbójīní 람보르기니(Lamborghini), 이탈리아 스포츠카 / 疾驰 jíchí 질주하다

0173 嫁 jià 시집가다 [반의] 娶 qǔ 장가들다

妈妈愿意女儿嫁给一个真正爱她的男人。
Māma yuànyì nǚ'ér jiàgěi yí ge zhēnzhèng ài tā de nánrén.
어머니는 딸이 진정으로 그녀를 사랑해주는 남자에게 시집가길 바란다.

관련 표현

嫁祸于人 jià huò yú rén [성] 자신의 죄명이나 잘못을 남에게 덮어씌우다

男婚女嫁 nán hūn nǚ jià [성] 남자와 여자가 결혼하여 가정을 이루다

七仙女嫁董永 ― 男耕女织 qī xiānnǚ jià Dǒng Yǒng ―nán gēng nǚ zhī [헐후]
칠선녀가 동용에게 시집가다 ― 남경여직 : 남자는 농사 짓고 여자는 길쌈을 하다.

郑板桥嫁女 ― 分文不取 Zhèng Bǎnqiáo jià nǚ ― fēn wén bù qǔ [헐후]
정반치아오가 딸을 시집보내다 ― 한 푼도 안 받다 : (당연히 받아야 할 보수나 비용을) 한 푼도
받지 않다

tip 郑板桥 : (1693~1765) 청대 관리로 서화가, 문학가. '扬州八怪 Yángzhōu bā guài' 중의
하나로 불림.

0174 兼职 jiān∥zhí 겸직하다 [BCT1]

我们公司不让员工在外兼职。
Wǒmen gōngsī bú ràng yuángōng zài wài jiānzhí.
우리 회사에서는 직원들이 외부에서 겸직하는 것을 금한다.

你身兼三职，哪个是你的本职工作?
Nǐ shēn jiān sān zhí, nǎge shì nǐ de běnzhí gōngzuò?
자넨 직업이 세 개나 되는데, 어떤 것이 본업인가?

[명] 겸직, 겸업 [반의] 正职 zhèngzhí 본업, 정직

我想做一份可以在家做的兼职。
Wǒ xiǎng zuò yí fèn kěyǐ zài jiā zuò de jiānzhí.
나는 집에서 할 수 있는 겸직이 있었으면 한다.

0175 捡 jiǎn 줍다

老李捡起来一张皱巴巴的一百元钱。
Lǎo Lǐ jiǎnqilai yì zhāng zhòubābā de yìbǎi yuán qián.
이씨는 꼬깃꼬깃한 100위엔짜리 한 장을 주웠다.

小时候妈妈逗我说，我是从小桥下面捡来的。
Xiǎoshíhou māma dòu wǒ shuō, wǒ shì cóng xiǎo qiáo xiàmiàn jiǎnlai de.
어릴 때 엄마는 나를 놀리시며, 다리 밑에서 주워 온 아이라고 하셨다.

0176 建立 jiànlì 세우다, 건립하다, 만들다 `BCT1` 유의 树立 shùlì, 成立 chénglì

我们公司与一家研究所建立了长期合作关系。
Wǒmen gōngsī yǔ yì jiā yánjiūsuǒ jiànlìle chángqī hézuò guānxi.
우리 회사는 한 연구소와 장기 제휴 관계를 맺었다.

学校新建立一个学术信息资源中心。
Xuéxiào xīn jiànlì yí ge xuéshù xìnxī zīyuán zhōngxīn.
학교는 학술 정보 센터를 신설했다.

建立 vs 成立

국가, 조직, 기구 등에는 建立와 成立를 같이 쓸 수 있다. 그러나 질서, 관계, 감정 등에는 '建立'는 사용할 수 있지만, '成立'는 쓰지 못한다.

建立学生会 jiànli xuéshēnghuì (O) 학생회를 만들다
成立学生会 chénglì xuéshēnghuì (O) 학생회를 만들다

两国建立了外交关系。 양국은 외교 관계를 수립했다.
Liǎngguó jiànlìle wàijiāo guānxi. (O)
两国成立了外交关系。 (X)

0177 建设 jiànshè 건설하다, 만들다

建设节约型社会是每个公民的义务。
Jiànshè jiéyuēxíng shèhuì shì měi ge gōngmín de yìwù.
절약형 사회를 만드는 것은 모든 국민의 의무이다.

这个公园建设了一个水上电影院。
Zhège gōngyuán jiànshèle yí ge shuǐshàng diànyǐngyuàn.
이 공원은 수상 영화관을 만들었다.

명 건설

自改革开放以来，中国经济建设取得了巨大的成功。
Zì gǎigé kāifàng yǐlái, Zhōngguó jīngjì jiànshè qǔdéle jùdà de chénggōng.
개혁 개방 이후로 중국 경제 건설은 거대한 성공을 거두었다.

0178 健身 jiànshēn 신체를 건강하게 하다, 튼튼하게 하다

冬泳是一种健身的好办法。
Dōngyǒng shì yì zhǒng jiànshēn de hǎo bànfǎ.
겨울 수영은 몸을 튼튼하게 만드는 좋은 방법이다.

我每天去健身房锻炼一个小时。
Wǒ měitiān qù jiànshēnfáng duànliàn yí ge xiǎoshí.
나는 매일 헬스클럽에 가서 한 시간씩 운동을 한다.

0179 讲究 jiǎngjiū 중시하다, 주의하다

他特别讲究礼貌，也爱面子。
Tā tèbié jiǎngjiū lǐmào, yě ài miànzi.
그는 예의를 굉장히 중시하고, 체면도 많이 따진다.

형 정교하다

大厅里放着一个十分讲究的景泰蓝花瓶。
Dàtīng li fàngzhe yí ge shífēn jiǎngjiū de jǐngtàilán huāpíng.
로비에는 매우 정교하게 만들어진 경태람 화병이 놓여 있다.

tip 景泰蓝 : 경태람. 구리로 만든 그릇 표면에 무늬를 내고 광물을 원료로 한 유약(법랑)을 발라서 불에 구워 낸 공예품. 명대 경태(景泰 Jǐngtài) 연간부터 대량으로 제작하기 시작하였으며, 유약이 주로 파란색(蓝色 lánsè)을 띠기 때문에 붙여진 이름이다.

명 따지는 것, 주의하는 것

他们吃饭讲究还真多。
Tāmen chīfàn jiǎngjiū hái zhēn duō.
저 사람들은 식사하면서 따지는 것이 참 많네요.

0180 交换 jiāohuàn 교환하다

双方交换场地后马上进行决赛。
Shuāngfāng jiāohuàn chǎngdì hòu mǎshàng jìnxíng juésài.
쌍방은 코트를 바꾼 후에 바로 결승전에 들어갔다.

[단어] 场地 chǎngdì 코트, 운동장

他们用大米交换茶叶和肉。
Tāmen yòng dàmǐ jiāohuàn cháyè hé ròu.
그들은 쌀을 찻잎과 고기로 바꿨다.

0181 交际 jiāojì 사귀다, 교제하다 **참고** 交际舞 jiāojìwǔ 사교춤

她善于交际，喜欢交朋友。
Tā shànyú jiāojì, xǐhuan jiāo péngypou.
그녀는 교제에 능하고, 친구 사귀는 걸 좋아한다.

명 교제

她可是名满上海滩的交际花。
Tā kě shì míng mǎn Shànghǎitān de jiāojìhuā.
그녀는 상하이탄에서 명성이 자자한 사교계의 꽃이다.

0182 交往 jiāowǎng 왕래하다, 내왕하다, 교제하다

新罗与唐朝交往非常密切。
Xīnluó yǔ Tángcháo jiāowǎng fēicháng mìqiē.
신라와 당조의 관계는 매우 친밀했다.

你误会我了，我们没有在交往，他只是我的好朋友。
Nǐ wùhuì wǒ le, wǒmen méiyou zài jiāowǎng, tā zhǐshì wǒ de hǎo
péngyou.
네가 날 오해한 거야, 우리는 사귀는 게 아니라, 쟨 그냥 친한 친구일 뿐이야.

0183 浇 jiāo 물을 주다, (액체를) 뿌리다

别忘了出去之前给这些花浇水。
Bié wàng le chūqu zhīqián gěi zhèxiē huā jiāo shuǐ.
나가기 전에 이 화분들에 물 주는 거 잊지 마.

事情已经这样，你就别再火上浇油了。
Shìqing yǐjing zhèyàng, nǐ jiù bié zài huǒ shàng jiāo yóu le.
일이 이렇게 되었으니, 더 이상은 불난 집에 부채질하지 말게.

[단어] 火上浇油 huǒ shàng jiāo yóu **성** 불에 기름을 끼얹다, 불난 집에 부채질하다

0184 教训 jiàoxùn 훈계하다, 가르치고 타이르다

这种不懂礼貌的人应该教训教训。
Zhè zhǒng bù dǒng lǐmào de rén yīnggāi jiàoxun jiàoxun.
이렇게 예의를 모르는 사람한테는 훈계를 좀 해야 해.

希望你从这次失败中吸取教训。

Xīwàng nǐ cóng zhè cì shībài zhōng xīqǔ jiàoxùn.

네가 이번 실패에서 교훈을 얻었으면 좋겠어.

0185 接触 jiēchù 교제하다, 접촉하다, 만지다

从小开始他就接触过社会各界名流。

Cóngxiǎo kāishǐ tā jiù jiēchùguo shèhuì gèjiè míngliú.

그는 어릴 때부터 사회 각계 명사와 교류가 있었다.

不要用湿手接触电源开关。

Búyào yòng shīshǒu jiēchù diànyuán kāiguān.

젖은 손으로 전원 스위치를 만지지 마세요.

只有扩大接触面儿，才能长见识嘛。

zhǐyǒu kuòdà jiēchù miànr, cái néng zhǎng jiànshi ma.

이것저것 많이 경험해 보아야만, 식견을 넓힐 수 있는 거야.

0186 接待 jiēdài 접대하다, 응접하다 BCT1

유의 招待 zhāodài 참고 接待室 jiēdàishì 접견실

不知陈老板大驾光临，接待不周之处还请海涵。

Bù zhī Chén lǎobǎn dàjià guānglín, jiēdài bù zhōu zhī chù hái qǐng hǎihán.

천 사장님께서 오신 걸 몰랐습니다, 접대에 미흡한 점이 있다면 용서해 주십시오.

[단어] 大驾 dàjià [경어] 귀하, 당신 / 海涵 hǎihán 너그럽게 용서하다

客户来访时，我们要热情接待。

Kèhù láifǎng shí, wǒmen yào rèqíng jiēdài.

바이어가 방문하면, 우리는 친절하게 모셔야 한다.

0187 接近 jiējìn 다가서다, 접근하다

狮子无声无息地接近了野牛。

Shīzi wúshēng wúxī de jiējìnle yěniú.

사자는 아무런 기척도 없이 들소에게 접근했다.

他的英语发音已经接近美国人了。

Tā de yīngyǔ fāyīn yǐjing jiējìn Měiguórén le.

그의 영어 발음은 이미 미국인과 거의 흡사하다.

他接近你是有目的的，你不要完全相信他。

Tā jiējìn nǐ shì yǒu mùdì de, nǐ búyào wánquán xiāngxìn tā.

그가 너한테 접근하는 것은 목적이 있어서니까, 넌 그 사람을 전적으로 믿지는 마.

형 가깝다, 비슷하다

两组选手水平比较接近，比赛一定会很好看。

Liǎng zǔ xuǎnshǒu shuǐpíng bǐjiào jiējìn, bǐsài yídìng huì hěn hǎokàn.

두 팀 선수들의 수준이 막상막하라, 시합이 틀림없이 재미있을 거야.

0188 节省 jiéshěng 절약하다 **유의** 节约 jiéyuē

坐飞机虽然可以节省时间，但不能节省费用。

Zuò fēijī suīrán kěyǐ jiéshěng shíjiān, dàn bù néng jiéshěng fèiyòng.

비행기를 타면 시간은 절약할 수 있지만, 비용은 절약할 수 없다.

형 검소하다

他对自己很小气、很节省，但在捐款上却很大方。

Tā duì zìjǐ hěn xiǎoqì, hěn jiéshěng, dàn zài juānkuǎn shang què hěn dàfang.

그 사람은 자신한테는 인색하고 검소하지만, 기부할 때는 통이 크다.

节省 vs 节约

节省과 节约 모두 되도록 적게 쓰거나 안 쓴다는 뜻을 나타낸다. 节省은 구어와 일반적인 일에 많이 쓰이고, 节约는 문어와 중대한 일에 많이 쓰인다.

节约는 품성이나, 의식, 관념, 방침 등을 표현할 때 쓰이기도 하고, 节省은 언어, 문자를 표현하는 문장에 쓰이기도 한다.

勤俭节约 qínjiǎn jiéyuē 근검 절약하다
节约经费 jiéyuē jīngfèi 경비를 절약하다
节省开支 jiéshěng kāizhī 지출을 줄이다
节省时间 jiéshěng shíjiān 시간을 아끼다

0189 结合 jiéhé 결합하다

必须同时结合理论和实际才能正确处理问题。
Bìxū tóngshí jiéhé lǐlùn hé shíjì cái néng zhèngquè chǔlǐ wèntí.
반드시 동시에 이론과 실제를 결합해야만 문제를 올바르게 처리할 수 있다.

관련 표현

土洋结合 tǔ yáng jié hé 성 재래식과 현대식을 결합하다, 중국적인 것과 서구적인 것을 결합하다

0190 结账 jié∥zhàng 계산하다, 결산하다 BCT2

小姐，前面那位先生已经为您结账了。
Xiǎojiě, qiánmiàn nà wèi xiānsheng yǐjing wèi nín jiézhàng le.
손님, 앞에 나가신 저 신사께서 손님 것까지 이미 계산을 하셨습니다.

宾馆已经结了账，我们可以走了。
Bīnguǎn yǐjing jiéle zhàng, wǒmen kěyǐ zǒu le.
호텔비는 이미 정산했으니까, 우리는 가면 돼요.

0191 戒 jiè (좋지 못한 습관을) 끊다, 경계하다, 타이르다

他曾经戒过三次烟，但是都失败了。
Tā céngjīng jièguo sān cì yān, dànshì dōu shībài le.
그는 이전에 담배를 3번 끊었었는데, 다 실패했다.

听说你的心脏不好，你把酒戒了吧。
Tīngshuō nǐ de xīnzàng bù hǎo, nǐ bǎ jiǔ jiè le ba.
자네 심장이 안 좋다며, 술을 끊어.

명 계

5戒 wǔ jiè 불교에서 금하는 계율

tip 5戒：不杀生 bù shāshēng 죽이지 말 것 / 不偷窃 bù tōuqiè 훔치지 말 것 / 不邪淫 bù xiéyín 음행하지 말 것 / 不妄语 bú wàngyǔ 거짓말하지 말 것 / 不饮酒食肉 bù yǐn jiǔ shí ròu 술과 고기를 먹지 말 것

0192 尽力 jìn//lì 힘을 다하다, 최선을 다하다

我一定会尽力帮助你渡过难关。
Wǒ yídìng huì jìnlì bāngzhù nǐ dùguò nánguān.
내가 반드시 자네가 난관을 극복할 수 있도록 최선을 다해 돕겠네.

我是真的，都尽了全力了。
Wǒ shì zhēn de, dōu jìnle quánlì le.
난 정말이지, 할 만큼 했어.

관련 표현

尽力而为 jìn lì ér wéi 🛐 최선을 다하다

0193 进步 jìnbù 진보하다, 향상되다

你这次考得不错，希望下次取得更大进步。
Nǐ zhècì kǎo de búcuò, xīwàng xiàcì qǔdé gèng dà jìnbù.
너 이번에 시험 잘 봤더구나, 다음 번엔 더 잘했으면 좋겠다.

형 진보적이다

在他的一些诗中有一定的进步思想倾向。
Zài tā de yìxiē shī zhōng yǒu yídìng de jìnbù sīxiǎng qīngxiàng.
그의 몇몇 시에서 어느 정도 진보 사상의 성향이 보인다.

0194 进口 jìnkǒu 수입하다 BCT2 반의 出口 chūkǒu 수출하다

玉米最初是在明朝时候进口到中国来的。
Yùmǐ zuìchū shì zài Míngcháo shíhou jìnkǒudào Zhōngguó lái de.
옥수수는 최초로 명조 때 중국에 수입되었다.

由于汇率变动的关系，进口成本又高了。
Yóuyú huìlù biàndòng de guānxi, jìnkǒu chéngběn yòu gāo le.
환율 변동 관계로 인해, 수입 원가가 또 올랐다.

0195 **经商** jīngshāng 장사하다, 상업에 종사하다 [BCT2]

凡是经商的人都有自己的一套生意经。
Fánshì jīngshāng de rén dōu yǒu zìjǐ de yí tào shēngyìjīng.
무릇 장사를 하는 사람들에게는 다 자신만의 노하우가 있게 마련이다.

[단어] **生意经** shēngyìjīng 사업(장사)의 비결

现在很多农村人弃农经商，种地的人也少了。
Xiànzài hěn duō nóngcūnrén qìnóng jīngshāng, zhòngdì de rén yě shǎo le.
지금은 많은 농촌 사람들이 농업을 버리고 상업에 종사해, 농사를 짓는 사람들도 적어졌다.

[단어] **弃农经商** qì nóng jīng shāng 성 농사를 포기하고 장사를 하다

0196 **经营** jīngyíng 운영하다, 경영하다, 기획하고 관리하다 [BCT2]

他经营着一家电子企业。
Tā jīngyíngzhe yì jiā diànzǐ qǐyè.
그는 전자 회사를 운영하고 있다.

稻盛和夫被誉为"经营之神"。
Dàoshèng Héfū bèi yùwéi "jīngyíng zhī shén".
이나모리 가즈오(Inamori Kazuo)는 '경영의 신'이라 추앙받는다.

tip 稻盛和夫 : 이나모리 가즈오(Dàoshèng Héfū, 1932~). 일본의 실업가로 교세라 KDDI의 창업주이며 현재 일본항공의 회장.

관련 표현

苦心经营 kǔ xīn jīng yíng 성 정성을 다해 경영하다

两分钱买卖 — 小本经营 liǎng fēn qián mǎimài — xiǎoběn jīngyíng 헐후
이 푼의 거래 — 소자본 경영 : 소자본(소규모) 장사

0197 **救** jiù 구하다, 구제하다 참고 救护车 jiùhùchē 구호차

农夫救了蛇，却反被蛇咬了。
Nóngfū jiùle shé, què fǎn bèi shé yǎo le.
농부가 뱀을 구해 줬지만, 되레 뱀에게 물리고 말았다.

没救儿 méijiùr `관용` 구제할 방법이 없다, 희망이 없다

舍己救人 shě jǐ jiù rén `성` 자신을 돌보지 않고 남을 구하다, 자신을 희생하여 남을 구하다

远水救不得近火 yuǎn shuǐ jiùbudé jìn huǒ `성` 먼 곳에 있는 물로는 가까이 난 불을 끌 수 없다, 먼 친척이 가까운 이웃보다 못하다

石狮子得病 — 不可救药 shí shīzi débìng — bù kě jiù yào `헐후`
돌사자가 병에 걸리다 — 병이 심해서 치료할 방법이 없다 : 구제불능이다

0198 具备 jùbèi 갖추다, 구비하다 `유의` **具有** jùyǒu

现在一切具备，就差老总一句话。
Xiànzài yíqiè jùbèi, jiù chà lǎozǒng yí jù huà.
모든 게 구비됐습니다. 사장님께서 OK만 하시면 됩니다.

要想参赛，必须具备全部条件。
Yào xiǎng cān sài, bìxū jùbèi quánbù tiáojiàn.
시합에 참가하려면, 모든 조건을 갖추어야만 한다.

> **具备 vs 具有**
>
> 具备는 조건이나 능력을 갖추고 있음을 뜻하고, 具有는 '有'에 중점을 두어 '具备'의 뜻 외에 '가치, 영향, 의의, 흥미' 등 다른 특성까지 가지고 있음을 뜻한다.
>
> **具备全部条件** jùbèi quánbù tiáojiàn 모든 조건을 갖추다
> **具有个性** jùyǒu gèxìng 개성이 있다

0199 据说 jùshuō 듣자하니 ～라 한다, ～라 들린다

据他说，养鱼对孩子的情绪很好。
Jù tā shuō, yǎng yú duì háizi de qíngxù hěn hǎo.
그 친구가 그러는데 물고기를 키우면 아이 정서에 좋다고 하더군.

据说陈局长因贪污被"双开"了。
Jùshuō Chén júzhǎng yīn tānwū bèi "shuāng kāi" le.
천 국장이 횡령을 하다가, 당적을 박탈당하고 공직에서 물러났대.

[단어] 双开 shuāng kāi 당적을 박탈당하고, 공직에서 물러나게 됨을 뜻한다.

0200 **捐** juān 기부하다, 헌납하다 참고 **捐款** juānkuǎn 기부금, 헌금

我为贫困地区的小孩捐了一些衣服和书。
Wǒ wèi pínkùn dìqū de xiǎohái juānle yìxiē yīfu hé shū.
나는 빈곤 지역의 아이를 위해 옷과 책을 조금 기부했다.

0201 **开发** kāifā (자연·자원) 개발하다, (재능을) 개발하다, (신제품을) 만들다

不断开发新产品出来，才能保证公司生存和发展。
Búduàn kāifā xīn chǎnpǐn chūlai, cái néng bǎozhèng gōngsī shēngcún hé fāzhǎn.
끊임없이 신제품을 개발해야만 회사의 생존과 발전을 보장할 수 있다.

据说这块地要被开发成度假村。
Jùshuō zhè kuài dì yào bèi kāifāchéng dùjiàcūn.
이 땅은 휴양지로 개발된다고 한다.

每个人都有尚待开发的潜在才能。
Měi ge rén dōu yǒu shàngdài kāifā de qiánzài cáinéng.
모든 이에게는 개발이 필요한 숨은 재능이 있다.

[단어] **尚待** shàngdài 아직 ~가 필요하다

🧑 **관련 표현**

开发区 kāifāqū 경제기술 개발 구역 / **开发商** kāifāshāng 부동산 투자가

0202 **开放** kāifàng (도로·공공 시설·정책 등을) 개방하다

清政府开放烟台为通商口岸。
Qīng zhèngfǔ kāifàng Yāntái wéi tōngshāng kǒu'àn.
청나라 정부는 옌타이를 무역항으로 개방했다.

tip 烟台 : 山东省(Shāndōngshěng)의 도시, 사과와 와인(张裕 Zhāngyù)으로 유명하다.

观念越是开放越是容易接受新事物。
Guānniàn yuè shì kāifàng yuè shì róngyì jiēshòu xīn shìwù.
생각이 개방적일수록 새로운 문물을 더 쉽게 받아들인다.

十一期间，这里的公园都免费开放。
Shí Yī qījiān, zhèli de gōngyuán dōu miǎnfèi kāifàng.
건국기념일 기간 동안 이곳의 공원은 모두 무료로 개방한다.

对外开放 duìwài kāifàng 대외적으로 개방하다
改革开放 gǎigé kāifàng 개혁개방
开放股 kāifànggǔ 개방 주식(open stock)

0203 砍 kǎn (도끼 등으로) 베다, 찍다, (값을) 깎다

木匠一下子把木头砍成一半。
Mùjiàng yíxiàzi bǎ mùtou kǎnchéng yí bàn.
목수는 단번에 나무를 반 토막 냈다.

您砍价砍得太厉害了，这样我们就亏本了。
Nín kǎnjià kǎn de tài lìhai le, zhèyàng wǒmen jiù kuīběn le.
값을 그렇게나 많이 깎으시면, 저희는 손해 봐요.

磨刀不误砍柴工 mó dāo bú wù kǎn chái gōng **속담** 칼을 가는 것이 장작 패
는 일을 지체시키지는 않는다, 사전에 미리 준비해 두면 일을 효율적으로 진행할 수 있다

0204 看不起 kànbuqǐ 무시하다, 경시하다 **반의** 看得起 kàndeqǐ 존중하다

有的人看不起别人，而有的人看不起自己。
Yǒu de rén kànbuqǐ biérén, ér yǒu de rén kànbuqǐ zìjǐ.
어떤 사람은 남을 무시하지만, 어떤 사람은 자기 자신을 무시한다.

0205 看望 kànwàng 찾아가보다, 문안하다

事隔几年后，他又回来看望我们了。
Shì gé jǐ nián hòu, tā yòu huílai kànwàng wǒmen le.
일이 있은 지 몇 년 후, 그는 또 우리를 찾아왔었다.

他经常利用节假日去养老院看望孤寡老人。
Tā jīngcháng lìyòng jiéjiàrì qù yǎnglǎoyuàn kànwàng gūguǎ lǎorén.
그는 자주 공휴일을 이용해 양로원으로 외로운 노인들을 뵈러 간다.

[단어] 孤寡老人 gūguǎ lǎorén 고독한 노인

0206 **靠** kào 기대다, (물건을) 기대어 두다, 접근하다

我的肩膀随时可以借你靠。
Wǒ de jiānbǎng suíshí kěyǐ jiè nǐ kào.
내 어깨는 언제든 네가 기댈 수 있게 빌려 줄게.

师傅，您靠边上停停也行。
Shīfu, nín kào biānshang tíngting yě xíng.
기사님, 길 가에 세워 주셔도 되겠어요.

我的老家是个靠海的地方。
Wǒ de lǎojiā shì ge kào hǎi de dìfang.
내 고향은 바다를 끼고 있는 곳이다.

0207 **克服** kèfú 극복하다, 참고 견디다

如果不能克服自己的弱点，就不能战胜别人。
Rúguǒ bù néng kèfú zìjǐ de ruòdiǎn, jiù bù néng zhànshèng biérén.
만약 자신의 약점을 극복할 수 없다면, 다른 사람을 이길 수 없다.

这里住宿条件较差，希望大家克服一下。
Zhèli zhùsù tiáojiàn jiào chà, xīwàng dàjiā kèfú yíxià.
이곳의 숙박 환경이 별로 안 좋아요, 여러분이 좀 참아 주세요.

0208 **控制** kòngzhì 조절하다, 통제하다, 억누르다

人长大了需要学会控制自己的情绪。
Rén zhǎngdàle xūyào xué huì kòngzhì zìjǐ de qíngxù.
어른이 되면 자신의 감정을 조절하는 법을 배워야 해.

控制食欲是减肥的重要环节。
Kòngzhì shíyù shì jiǎnféi de zhòngyào huánjié.
식욕을 억제하는 것이 다이어트의 관건이다.

0209 **夸** kuā 칭찬하다, 자랑하다

老师夸她字写得很好。
Lǎoshī kuā tā zì xiě de hěn hǎo.
선생님께서는 그 애가 글씨를 잘 쓴다고 칭찬하셨다.

金部长总是夸自己女儿漂亮。
Jīn bùzhǎng zǒngshì kuā zìjǐ nǚ'ér piàoliang.
김 부장님은 늘 당신 딸이 예쁘다고 자랑을 하신다.

관련 표현

夸海口 kuā hǎikǒu **관용** 허풍떨다, 큰소리치다

王婆卖瓜 — 自卖自夸 wáng pó mài guā — zì mài zì kuā **헐후**
왕씨 부인이 오이를 팔다 — 스스로 칭찬하다 : 자화자찬하다

0210 夸张 kuāzhāng 과장하여 말하다

他说话特别夸张，甚至爱无中生有。
Tā shuō huà tèbié kuāzhāng, shènzhì ài wú zhōng shēng yǒu.
그는 부풀려서 말을 잘하는데, 없는 것도 있는 것처럼 꾸민다니까.

[단어] 无中生有 wú zhōng shēng yǒu **성** 본래 없던 일을 있다고 말하다, 터무니없이 꾸며대다

他那夸张的动作逗得在场的人哈哈大笑。
Tā nà kuāzhāng de dòngzuò dòu de zàichǎng de rén hāhā dàxiào.
그의 과장된 동작이 그 자리에 있던 사람들을 박장대소하며 웃게 만들었다.

명 과장법

夸张是狄更斯小说的主要艺术手法之一。
Kuāzhāng shì Dígēngsī xiǎoshuō de zhǔyào yìshù shǒufǎ zhī yī.
과장법은 디킨스 소설의 주된 예술 기법 중 하나이다.

0211 扩大 kuòdà 확대하다, 확장하다 **반의** 缩小 suōxiǎo 축소하다

我公司今年要扩大打印机产量。
Wǒ gōngsī jīnnián yào kuòdà dǎyìnjī chǎnliàng.
우리 회사는 올해 프린터 생산량을 늘리기로 했다.

这个城市开发区的面积比五年前扩大了一倍。
Zhège chéngshì kāifāqū de miànjī bǐ wǔ nián qián kuòdàle yí bèi.
이 도시의 개발구 면적이 5년 전보다 배로 확장되었다.

0212 拦 lán 막다, 말리다

我去找他算账，你就别拦着我了。
Wǒ qù zhǎo tā suànzhàng, nǐ jiù bié lánzhe wǒ le.
나 그 친구한테 따지러 가니까, 나 말리지 마.

[단어] 算账 suànzhàng 결산하다, (보복의 의미로) 결판내다, 끝장내다

他拦下一辆出租车，赶紧逃离了现场。
Tā lánxià yí liàng chūzūchē, gǎnjǐn táolíle xiànchǎng.
그는 택시를 못 가게 막고, 재빨리 현장을 빠져나갔다.

0213 朗读 lǎngdú 낭독하다, 맑고 큰 소리로 읽다 **유의** 诵读 sòngdú
반의 默读 mòdú 속으로 읽다, 묵독하다

现在我们请四位同学来朗读一下课文，每人读一段。
Xiànzài wǒmen qǐng sì wèi tóngxué lái lǎngdú yíxià kèwén, měi rén dú yí duàn.
이제 우리는 네 명의 학우들에게 본문을 읽게 하겠어요, 한 사람이 한 단락씩 읽으면 돼요.

0214 劳动 láodòng 노동하다

只有通过劳动赚来的钱才觉得踏实。
zhǐyǒu tōngguò láodòng zuànlái de qián cái juéde tāshi.
노동해서 번 돈이라야 떳떳하게 느껴진다.

명 노동

我们从小被教育劳动最光荣。
Wǒmen cóngxiǎo bèi jiàoyù láodòng zuì guāngróng.
우리는 어릴 때부터 노동이 가장 영예로운 것이라 배웠다.

관련 표현

不劳而获 bù láo ér huò **성** 일하지 않고 이익을 얻다, 불로 소득하다

0215 劳驾 láo∥jià 실례합니다, 죄송합니다

劳驾您稍微让一下，我过去。
Láojià nín shāowēi ràng yíxià, wǒ guòqu.
죄송한데, 조금만 비켜 주세요, 지나갈게요.

劳您大驾，把这东西递给他，好吗？
Láo nín dà jià, bǎ zhè dōngxi dìgěi tā, hǎo ma?
정말 죄송한데, 이것 좀 저분께 건네 주시겠어요?

0216 离婚 lí∥hūn 이혼하다

要离婚的时候，必须慎重考虑才是。
Yào líhūn de shíhou, bìxū shènzhòng kǎolǜ cái shì.
이혼할 때는 반드시 신중하게 생각해야 한다.

他离了婚以后移民去新西兰了。
Tā líle hūn yǐhòu yímín qù Xīnxīlán le.
그는 이혼 후에 뉴질랜드로 이민 갔다.

0217 利用 lìyòng 이용하다, 활용하다 BCT1

这些艺术品是利用废品来做的。
Zhèxiē yìshùpǐn shì lìyòng fèipǐn lái zuò de.
이 예술품은 폐품을 이용해서 만든 것이다.

他利用自己的权力，不断营私肥己。
Tā lìyòng zìjǐ de quánlì, búduàn yíngsī féi jǐ.
그는 자신의 권력을 이용해, 계속 사적인 부를 축적하고 있다.

[단어] 营私 yíngsī 개인적인 이익을 꾀하다

0218 连续 liánxù 연속하다, 계속하다 참고 连续剧 liánxùjù 드라마

他开车，连续二十年没有发生过一起事故。
Tā kāichē, liánxù èrshí nián méiyou fāshēngguo yì qǐ shìgù.
그는 운전하면서, 연속 20년 간 한 번도 사고를 낸 적이 없다.

他连续喝了几天，肠炎又犯了。
Tā liánxù hēle jǐ tiān, chángyán yòu fàn le
그는 계속해서 며칠 동안 술을 마시더니, 장염이 재발했다.

0219 **联合** liánhé 연합하다 □□□

双方联合举办了记者招待会。
Shuāngfāng liánhé jǔbànle jìzhě zhāodàihuì.
쌍방은 연합해서 기자 회견을 열었다.

江苏卫视联合多家单位举办了这次相亲活动。
Jiāngsū wèishì liánhé duō jiā dānwèi jǔbànle zhè cì xiàngqīn huódòng.
지앙쑤 위성TV는 여러 회사와 협력해 이번 맞선 행사를 개최했다.

0220 **恋爱** liàn'ài 연애하다 참고 三角恋爱 sānjiǎo liàn'ài 삼각 관계 □□□

有人说恋爱中的女人最美丽。
Yǒu rén shuō liàn'ài zhōng de nǚrén zuì měilì.
누군가는 연애 중인 여인이 가장 아름답다고 한다.

명 연애

恋爱和结婚是两码事儿，前者是逗感情，后者是过日子。
Liàn'ài hé jiéhūn shì liǎng mǎ shìr, qiánzhě shì dòu gǎnqíng, hòuzhě shì guò rìzi.
연애와 결혼은 별개야, 전자는 사랑에 빠지는 것이고, 후자는 생활이거든.

0221 **浏览** liúlǎn 일람하다, 둘러보다 □□□

我只是走马观花地浏览了一遍，还挺有意思。
Wǒ zhǐshì zǒu mǎ guān huā de liúlǎnle yí biàn, hái tǐng yǒu yìsi.
단지 대충 훑어봤을 뿐인데, 참 재미있네요.

[단어] 走马观花 zǒu mǎ guān huā 성 대충 보고 지나가다

我流览过亚马逊网站，那里面的东西真不少。
Wǒ liúlǎnguo Yàmǎxùn wǎngzhàn, nà lǐmiàn de dōngxi zhēn bùshǎo.
내가 아마존 사이트를 둘러봤는데, 물건이 정말 많더라고.

[단어] 亚马逊网站 Yàmǎxùn wǎngzhàn 아마존, 미국의 인터넷 쇼핑몰(www.amazon.com)

0222 **流传** liúchuán 전해 내려오다, 유전되다 □□□

这里流传着许多美丽的传说。
Zhèli liúchuánzhe xǔduō měilì de chuánshuō.
이곳에는 아름다운 전설이 많이 전해 내려오고 있습니다.

302

0223 流泪 liú//lèi 눈물을 흘리다

她脸上的笑容一下子不见了，她低着头，在流泪。
Tā liǎn shang de xiàoróng yíxiàzi bú jiàn le, tā dīzhe tóu, zài liúlèi.
그녀 얼굴에 서렸던 웃음기가 한 순간에 걷히더니, 그녀는 고개를 숙이고 눈물을 흘렸다.

这么多年不管遇到什么事，我都没流过泪。
Zhème duō nián bùguǎn yùdào shénme shì, wǒ dōu méi liúguo lèi.
이만큼 살아오면서 무슨 일을 당해도 난 눈물을 흘려본 적이 없어.

0224 漏 lòu 새다, 누설하다, 빠뜨리다

屋顶年久失修，一下雨就漏。
Wūdǐng nián jiǔ shī xiū, yí xiàyǔ jiù lòu.
옥상은 여러 해 동안 수리를 안 해서 비만 오면 샌다.

天机不可泄漏。
Tiānjī bùkě xièlòu.
천기는 누설하면 안 된다.

[단어] 不可 bùkě ~해서는 안 된다

这里好像漏了一个字，你看该补什么字?
Zhèli hǎoxiàng lòule yí ge zì, nǐ kàn gāi bǔ shénme zì?
여기에 글자가 하나 빠진 것 같은데, 어떤 글자를 써야 할까?

관련 표현

船到江心补漏迟 chuán dào jiāngxīn bǔ lòu chí **속담** 배가 강 복판에 이르러
서야 물이 새는 것을 막아 보려 하지만 그때는 이미 늦다, 때를 놓치다

漏洞百出 lòu dòng bǎi chū **성** 실수투성이이다, 결점이나 빈틈이 아주 많다

漏网之鱼 lòu wǎng zhī yú **성** 그물을 빠져나간 물고기, 요행히 도망친 범인이나 적

0225 录取 lùqǔ 채용하다, 뽑다

得知自己被录取的消息，他兴奋地跳了起来。
Dézhī zìjǐ bèi lùqǔ de xiāoxi, tā xīngfèn de tiàole qǐlai.
자신이 채용되었다는 소식을 듣고, 그는 흥분해서 펄쩍펄쩍 뛰었다.

▶ 녹취하다

警方录取了罪犯的第二轮口供。
Jǐngfāng lùqǔle zuìfàn de dì'èr lún kǒugòng.
경찰에서는 죄인의 두 번째 진술을 녹취했다.

관련 표현

择优录取 zé yōu lù qǔ 성 우수한 인재를 골라 등용하다

0226 录音 lù∥yīn 녹음하다 참고 录音机 lùyīnjī 녹음기, 录音笔 lùyīnbǐ 녹음펜

有些声音一旦被录音后就感觉不是一个味了。
Yǒuxiē shēngyīn yídàn bèi lùyīn hòu jiù gǎnjué bú shì yí ge wèi le.
어떤 목소리는 녹음된 후에 같은 소리처럼 느껴지지 않는다.

我当时把我们的对话录了音。
Wǒ dāngshí bǎ wǒmen de duìhuà lùle yīn.
나는 그때 우리의 대화를 녹음했어.

명 녹음

这些都是名校老师的讲课录音。
Zhèxiē dōu shì míngxiào lǎoshī de jiǎngkè lùyīn.
이것들은 다 명문교 선생님들의 강의 녹음이야.

0227 轮流 lúnliú 차례로 ~하다

老师让我们轮流主持一次班会。
Lǎoshī ràng wǒmen lúnliú zhǔchí yí cì bānhuì.
선생님께서는 우리에게 돌아가면서 반회의를 주재하도록 하셨다.

0228 落后 luòhòu 낙후되다, 뒤처지다

这个地方比较偏僻，也比较落后。
zhè ge dìfang bǐjiào piānpì, yě bǐjiào luòhòu.
이곳은 좀 외지고, 낙후되어 있다.

不想落后于人就只有奋起直追。
bù xiǎng luòhòuyú rén jiù zhǐyǒu fèn qǐ zhí zhuī.
다른 사람에 뒤처지지 않으려면, 열심히 앞을 보고 달리는 수밖에 없다.

[단어] **奋起直追** fèn qǐ zhí zhuī 성 떨쳐 일어나 줄곧 앞을 따라잡다

0229 **骂** mà 욕하다, 꾸중하다

我犯错误时，妈妈不是骂我，而是跟我讲道理。
Wǒ fàn cuòwù shí, māma búshì mà wǒ, érshì gēn wǒ jiǎng dàolǐ.
내가 잘못했을 때, 엄마는 나를 꾸중하지 않고, 나에게 이치를 설명하신다.

不能随便说脏话骂人。
bù néng suíbiàn shuō zānghuà mà rén.
함부로 상스러운 말로 욕하지 마세요.

관련 표현

破口大骂 pò kǒu dà mà 관용 큰소리로 욕을 퍼붓다, 입에 거품을 물고 욕하다

指桑骂槐 zhǐ sāng mà huái 성 뽕나무를 가리키며 홰나무를 욕하다, 빗대어 욕하다

0230 **满足** mǎnzú 만족하다, 만족시키다 유의 满意 mǎnyì

你能考上大学，妈妈已经很满足了。
Nǐ néng kǎoshàng dàxué, māma yǐjing hěn mǎnzú le.
네가 대학만 붙으면, 엄마는 그걸로 만족해.

我们希望贵公司能满足我们的要求。
Wǒmen xīwàng guì gōngsī néng mǎnzú wǒmen de yāoqiú.
귀사가 저희들의 요구 조건에 맞춰 주셨으면 좋겠습니다.

관련 표현

心满意足 xīn mǎn yì zú 성 아주 흡족하다

满足 vs 满意

满足는 자신이 '필요로 하는 것'에 대해 만족하거나 누군가의 '필요나 바람을 만족시키다'의 뜻으로 쓰이고, 满意는 어떤 외부적인 '현상'에 대해 만족한다는 뜻을 나타낸다. 满意는 형용사이기 때문에 관형어로 많이 쓰인다.

满足需要 mǎnzú xūyào 수요를 만족시키다
满足要求 mǎnzú yāoqiú 요구 사항에 맞추다
满足于~ mǎnzú yú ~에 만족하다

满意的工作 mǎnyì de gōngzuò 만족스러운 직장
满意的环境 mǎnyì de huánjìng 좋은 환경
十分满意 shífēn mǎnyì 대단히 만족하다

0231 冒险 mào//xiǎn 모험하다, 위험을 무릅쓰다

참고 **冒险精神** màoxiǎn jīngshén 모험 정신

那笔交易值得我们冒险，我们就去做吧。
Nà bǐ jiāoyì zhíde wǒmen màoxiǎn, wǒmen jiù qù zuò ba.
그 거래는 우리가 모험해 볼 만해, 우리 한 번 해 보자고.

这个险，你敢冒吗?
Zhège xiǎn, nǐ gǎn mào ma?
넌 이런 모험을 할 수 있겠어?

0232 面对 miànduì 직면하다, 대처하다, 마주보다

我们需要面对现实。
Wǒmen xūyào miànduì xiànshí.
우리는 현실을 직시해야 할 필요가 있다.

面对前所未有的困难局面，大家都想着解决办法。
Miànduì qián suǒ wèi yǒu de kùnnan júmiàn, dàjiā dōu xiǎngzhe jiějué bànfǎ.
전대미문의 어려운 국면을 맞이하여, 모두가 해결 방법을 생각하고 있다.

[단어] **前所未有** qián suǒ wèi yǒu 성 역사상 유래가 없다

0233 面临 miànlín 직면하다, 당면하다, 등지다

公司面临着良好的发展机会。
Gōngsī miànlínzhe liánghǎo de fāzhǎn jīhuì.
회사는 양호한 발전 기회를 갖고 있다.

人们对即将面临的灾难还一无所知。
Rénmen duì jíjiāng miànlín de zāinàn hái yì wú suǒ zhī.
사람들은 곧 닥칠 재난에 대해 아무것도 모르고 있다.

[단어] **一无所知** yì wú suǒ zhī 성 아무것도 모른다

这个饭店面临高山。
Zhège fàndiàn miànlín gāoshān.
이 호텔은 높은 산을 등지고 있다.

0234 描写 miáoxiě 묘사하다, 그리다

这部小说生动地把主人公的内心世界描写了出来。
Zhè bù xiǎoshuō shēngdòng de bǎ zhǔréngōng de nèixīn shìjiè miáoxiěle chūlai.
이 소설은 주인공의 내면 세계를 생동감 있게 그려 내고 있다.

这幅壁画描写的是图坦卡蒙的再生之旅。
Zhè fú bìhuà miáoxiě de shì Tútǎnkǎméng de zàishēng zhī lǚ.
이 벽화가 묘사하는 것은 투탕카멘(Tutankhamen)의 환생 여정이다.

> **tip** 图坦卡蒙：투탕카멘(Tútǎnkǎméng). 이집트 제18왕조 제12대 왕(재위 BC 1361~BC 1352), 왕가의 계곡에 있는 왕묘가 발굴되면서 유명해졌다. 18세에 요절하였다.

0235 命令 mìnglìng 명령하다

大将军命令我们继续前进！
Dàjiāngjūn mìnglìng wǒmen jìxù qiánjìn!
대장군이 우리에게 계속 전진하라고 명령하셨다!

명 명령

这毕竟是上级的命令，我也不得不听从。
Zhè bìjìng shì shàngjí de mìnglìng, wǒ yě bùdébú tīngcóng.
어쨌든 상사의 명령이니, 저도 복종할 수밖에요.

0236 摸 mō 쓰다듬다, 더듬다, 이해하다

奶奶微笑着摸了摸我的头。
Nǎinai wēixiàozhe mōle mō wǒ de tóu.
할머니는 미소 지으시며 내 머리를 쓰다듬어 주셨다.

他从口袋里摸出50块钱，把它塞在我手里。
Tā cóng kǒudài li mōchū wǔshí kuài qián, bǎ tā sāizài wǒ shǒu li.
그는 주머니에서 50위엔을 꺼내더니, 내 손에 쥐어 주었다.

他的性格，我早就摸透了。
Tā de xìnggé, wǒ zǎojiù mōtòu le.
그 사람 성격은 내가 벌써 간파했지.

摸不着头脑 mōbuzháo tóunǎo **관용** 실마리를 찾을 수가 없다, 영문을 모르겠다

摸透了…的脾气 mōtòu le … de píqi **관용** ~의 성질을 파악하다

摸着石头过河 mōzhe shítou guò hé **속담** 돌다리도 두들겨보고 건너다

0237 模仿 mófǎng 모방하다

别老模仿人家的东西，要做出你自己的产品来。
Bié lǎo mófǎng rénjiā de dōngxi, yào zuòchū nǐ zìjǐ de chǎnpǐn lái.
계속 다른 사람 거 모방하지 말고, 자네만의 제품을 만들어 봐.

伟大的艺术都是从模仿开始的。
Wěidà de yìshù dōu shì cóng mófǎng kāishǐ de.
위대한 예술은 모두 모방에서 비롯된 것이다.

0238 难免 nánmiǎn 면하기 어렵다, 피하기 어렵다, ~하게 마련이다

第一次去面试难免有点紧张。
dìyī cì qù miànshì nánmiǎn yǒudiǎn jǐnzhāng.
처음 면접하러 가면 조금 긴장하게 마련이다.

人生在世难免会犯这样那样的错误。
Rénshēng zài shì nánmiǎn huì fàn zhèyàng nàyàng de cuòwù.
사람이 살다 보면 이런저런 실수를 하게 마련이다.

0239 念 niàn 생각하다, (소리 내어) 읽다, 공부하다, 그리워하다

一念之差，他又被你骗了。
Yí niàn zhī chā, tā yòu bèi nǐ piàn le.
한 순간 생각을 잘못해서, 그 사람 또 자네한테 속았군.
[단어] 一念之差 yí niàn zhī chā 생각 하나의 잘못으로

我念得对不对，哪里不顺口？
Wǒ niàn de duì bu duì, nǎli bú shùnkǒu?
제가 잘 읽었나요? 어디가 매끄럽지 않나요?

我儿子在外地念书，偶尔回来一趟。
Wǒ érzi zài wàidì niànshū, ǒu'ěr huílai yí tàng.
우리 아들은 외지에서 학교를 다녀서, 가끔 한 번씩 집에 와요.

他一直对母校念念不忘。
Tā yìzhí duì mǔxiào niàn niàn bú wàng.
그는 줄곧 모교를 잊지 못하고 있었다.

[단어] 念念不忘 niàn niàn bú wàng 성 마음에 두고 한시도 잊지 못하다

관련 표현

念念有词 niàn niàn yǒu cí 성 작은 소리로 경문을 낭독하거나 주문을 외다, 중얼거리다

0240 拍 pāi 치다, 촬영하다(사진 찍다), 아첨하다

他轻轻地拍着肩膀鼓励我了。
Tā qīngqīng de pāizhe jiānbǎng gǔlì wǒ le.
그는 내 어깨를 다독이며 용기를 북돋아 주었다.

冯小刚导演拍了很多贺岁片。
Féng Xiǎogāng dǎoyǎn pāile hěn duō hèsuìpiàn.
펑시아오강 감독은 신년 특집 영화를 많이 찍었다.

tip 冯小刚 Féng xiǎogāng : (1958~) 중국의 유명 영화감독. 베이징인들의 생활상이 반영된 영화를 많이 만들었으며, 특히 신년 특집 영화를 많이 찍었다. 대표작으로 〈甲方乙方 Jiǎfāng yǐfāng〉, 〈不见不散 Bú jiàn bú sàn〉, 〈天下无贼 Tiān xià wú zéi〉, 〈非诚勿扰 Fēi chéng wù rǎo〉 등이 있다.

得了吧，谁不知道你在拍马屁呢？
Déle ba, shéi bù zhīdào nǐ zài pāi mǎpì ne?
됐거든, 네가 아부 떨고 있다는 걸 누가 모르니?

[단어] 拍马屁 pāi mǎpì 관용 아부하다, 아첨하다

관련 표현

一个巴掌拍不响 yíge bāzhang pāi bù xiǎng 속담 고장난명, 손뼉도 부딪쳐야 소리가 난다

□□□

0241 派 pài 보내다, 파견하다 [BCT1]

总经理派王秘书去接客人。
Zǒngjīnglǐ pài Wáng mìshū qù jiē kèrén.
사장님은 왕 비서를 보내 손님을 모셔오게 했다.

명 파, 파벌, 파이

这是改革派与保守派的生死之战。
Zhè shì gǎigé pài yǔ bǎoshǒu pài de shēng sǐ zhī zhàn.
이는 개혁파와 보수파의 한판 승부다.

他绝对是一个乐观派。
Tā juéduì shì yí ge lèguān pài.
저 앤 확실히 낙관주의자야.

我们都点了苹果派，你要吃什么?
Wǒmen dōu diǎnle píngguǒ pài, nǐ yào chī shénme?
우리는 다 애플파이 시켰는데, 너는 뭘 먹을 거야?

관련 표현

派上用场 pài shang yòng chǎng **관용** 도움이 되다, 유용하게 쓰이다

□□□

0242 盼望 pànwàng 희망하다, 간절히 바라다 **유의** 渴望 kěwàng

我们都盼望着你早日归来。
Wǒmen dōu pànwàngzhe nǐ zǎorì guīlái.
우리는 모두 네가 조속히 돌아오길 바라고 있어.

他心里最盼望的结果出来了。
Tā xīnli zuì pànwàng de jiéguǒ chūlai le.
그가 맘속으로 가장 바라던 결과가 나왔다.

□□□

0243 培训 péixùn 양성하다, 육성하다, 훈련하다 [BCT1]

现在很多企业都在花费重资培训优秀人才。
Xiànzài hěn duō qǐyè dōu zài huāfèi zhòngzī péixùn yōuxiù réncái.
현재 많은 기업에서 거액의 자금을 들여 우수한 인재를 양성하고 있다.

在整个培训过程中，他始终表现得很出色。
Zài zhěnggè péixùn guòchéng zhōng, tā shǐzhōng biǎoxiàn de hěn chūsè.
전체 교육 과정 중, 그는 줄곧 뛰어난 실력을 보였다.

0244 培养 péiyǎng　양성하다, 육성하다, 기르다　□□□

对大学来说，培养精英人才是首要任务。
Duì dàxué láishuō, péiyǎng jīngyīng réncái shì shǒuyào rènwù.
대학에 있어 훌륭한 인재를 배양하는 것이야말로 선결 과제이다.

人与人的感情是培养出来的。
Rén yǔ rén de gǎnqíng shì péiyǎngchulai de.
사람과 사람 사이의 감정은 키워 가는 것이다.

0245 赔偿 péicháng　배상하다, 보상하다　BCT2　□□□

法院判被告赔偿原告精神损失费50万元。
Fǎyuàn pàn bèigào péicháng yuángào jīngshén sǔnshīfèi wǔshí wàn yuán.
법원은 피고에게 원고의 정신적인 피해에 대해 50만 위엔을 배상하라고 판결했다.

这次贵公司的损失由我公司来赔偿。
Zhè cì guì gōngsī de sǔnshī yóu wǒ gōngsī lái péicháng.
이번에 귀사에서 입은 손실에 대해 폐사에서 배상하겠습니다.

0246 佩服 pèifú　감복하다, 감탄하다　□□□

姜部长，真佩服您，里里外外都是一把手。
Jiāng bùzhǎng, zhēn pèifú nín, lǐlǐ wàiwài dōu shì yì bǎ shǒu.
강 부장님, 집안일과 직장 생활을 다 기막히게 해내시니 정말 존경스러워요.

同事们都佩服他的销售能力。
Tóngshìmen dōu pèifú tā de xiāoshòu nénglì.
동료들은 모두 그의 마케팅 능력을 부러워한다.

□□□

0247 配合 pèihé 조화를 이루다, 서로 잘 맞다, 협동(협력)하다 [BCT1]

居民配合警方工作，很快找到了嫌疑人的线索。
Jūmín pèihé jǐngfāng gōngzuò, hěn kuài zhǎodàole xiányírén de xiànsuǒ.
주민들이 경찰에 협조해 주어서, 아주 빨리 용의자의 단서를 찾을 수 있었다.
[단어] 线索 xiànsuǒ 실마리, 단서

最近一段时间，我们双方配合得很好。
Zuìjìn yí duàn shíjiān, wǒmen shuāngfāng pèihé de hěn hǎo.
최근에 우리 양측은 협력이 잘 이루어지고 있다.

□□□

0248 碰 pèng 부딪치다, 만지다, (우연히) 만나다

你这么做简直是拿鸡蛋碰石头。
Nǐ zhème zuò jiǎnzhí shì ná jīdàn pèng shítou.
네가 이렇게 하는 건 그야말로 계란으로 바위를 치는 격이야.

今天在路上碰见了一个明星。
Jīntiān zài lùshang pèngjiànle yí ge míngxīng.
오늘 길에서 스타를 만났어.

现在只能靠碰运气了。
Xiànzài zhǐnéng kào pèng yùnqi le.
지금은 그저 운에 맡기는 수밖에 없어요.

明天早上开个碰头会吧。
Míngtiān zǎoshang kāi ge pèngtóuhuì ba.
내일 아침에 미팅합시다.
[단어] 碰头会 pèngtóuhuì 미팅, 면담, 시간이 짧은 회의

관련 표현

碰钉子 pèng dīngzi 관용 난관에 부딪치다, 일에 지장이 생기다

□□□

0249 批准 pīzhǔn 허가하다, 승인하다, 결재하다 [BCT1]

董事会已经批准了公司总经理辞职的申请。
Dǒngshìhuì yǐjing pīzhǔnle gōngsī zǒngjīnglǐ cízhí de shēnqǐng.
이사회에서는 이미 CEO의 퇴사 신청을 받아들였다.

没有局长的批准，谁都不能出城。

Méiyǒu júzhǎng de pīzhǔn, shéi dōu bù néng chū chéng.

국장의 허가가 떨어지지 않으면, 누구도 이 도시를 벗어날 수 없다.

명 허가, 승인

建立体育馆的计划，日前已获市长批准。

Jiànlì tǐyùguǎn de jìhuà, rìqián yǐ huò shìzhǎng pīzhǔn.

체육관 건립 건은 현재 이미 시장의 허가를 받은 상태이다.

□□□

0250 披 pī 덮다, 걸치다

小女孩披着红色斗蓬很可爱。

Xiǎo nǚhái pīzhe hóngsè dǒupeng hěn kě'ài.

여자아이가 빨간색 망토를 입고 있는 모습이 귀엽다.

[단어] 斗蓬 dǒupeng 망토, 케이프

他披上雨衣就冲了出去，雨鞋都没穿。

Tā pīshàng yǔyī jiù chōngle chūqu, yǔxié dōu méi chuān.

그는 비옷을 걸치고 뛰쳐나갔는데, 장화도 신지 않았다.

관련 표현

披肝沥胆 pī gān lì dǎn **성** 속을 터놓고 대하다, 충성을 다하다

披头散发 pī tóu sàn fà **성** 머리를 풀어헤치다, 몸가짐이 단정치 못하다

□□□

0251 飘 piāo 나부끼다, 흩날리다

早上出门的时候天上还飘着雪花。

Zǎoshang chūmén de shíhou tiān shang hái piāozhe xuěhuā.

아침에 나갈 때 하늘에 눈발이 날리고 있었다.

天上飘着细细的雨丝，空气里满是春天的气息。

Tiān shang piāozhe xìxì de yǔsī, kōngqì li mǎn shì chūntiān de qìxī.

하늘엔 이슬비가 흩뿌리고, 공기 중엔 봄기운이 가득하다.

[단어] 气息 qìxī 숨결, 기운, 냄새

관련 표현

风雨飘摇 fēng yǔ piāo yáo **성** 형세가 매우 불안정하다, 위태위태하다

0252 评价 píngjià 평가하다 [BCT1]

评论家对他的作品评价很高。
Pínglùnjiā duì tā de zuòpǐn píngjià hěn gāo.
평론가는 그의 작품에 대해 높이 평가했다.

명 평가

他待人真诚，人们对他的评价一直不错。
Tā dàirén zhēnchéng, rénmen duì tā de píngjià yìzhí búcuò.
그는 진심으로 사람들을 대해서, 사람들한테 줄곧 좋은 평판을 들었다.

0253 破产 pò∥chǎn 파산하다, 도산하다 [BCT2]

雷曼兄弟国际公司将于本周宣布破产。
Léimàn xiōngdì guójì gōngsī jiāngyú běn zhōu xuānbù pòchǎn.
리먼브라더스는 이번 주에 파산 선고를 할 것이다.

tip 雷曼兄弟 : 리먼브라더스(lehman Brothers Holdings). 서브프라임모기지 부실 사태로 파산한 미국의 글로벌 투자 은행.

我曾经发过财，也破过产什么事没经历过呢?
Wǒ céngjīng fāguo cái, yě pòguo chǎn shénme shì méi jīnglìguo ne?
나는 전에 돈도 벌어 봤고, 파산도 해 봤고 뭘들 안 해 봤겠어?

0254 破坏 pòhuài 파괴하다, 손상시키다, 해치다

强台风破坏了本地的通信系统。
Qiáng táifēng pòhuàile běndì de tōngxìn xìtǒng.
강력한 태풍이 현지 통신 시스템을 마비시켰다.

"文革"期间对文物进行了不可估量的大破坏。
"Wéngé" qījiān duì wénwù jìnxíngle bùkě gūliáng de dà pòhuài.
문화 대혁명 기간에는 문화재를 헤아릴 수 없을 정도로 많이 파손했다.

[단어] 文革 Wéngé 문화대혁명(文化大革命)

0255 期待 qīdài 기대하다, 고대하다

合作很愉快，期待与您再次携手。
Hézuò hěn yúkuài, qīdài yǔ nín zài cì xiéshǒu.
같이 일할 수 있어 기뻤습니다, 다음에 다시 함께 일하기를 고대하겠습니다.

有所期待，所以才会失望。
Yǒu suǒ qīdài, suǒyǐ cái huì shīwàng.
기대하는 것이 있기 때문에 실망도 하게 된다.

0256 启发 qǐfā 일깨우다, 계몽하다

对于成绩落后的学生，要耐心启发。
Duìyú chéngjì luòhòu de xuésheng, yào nàixīn qǐfā.
성적이 안 좋은 학생에 대해서는, 인내심을 갖고 깨우쳐 주어야 한다.

명 깨우침, 계몽

法顶禅师所说的话给了我很大的启发。
Fǎdǐng chánshī suǒ shuō de huà gěile wǒ hěn dà de qǐfā.
법정 스님의 말씀은 나에게 큰 깨우침을 주셨다.

tip 法顶禅师 : 법정 스님(Fǎdǐng chánshī, 1932~2010). 불교 승려이자 수필가. '무소유의 정신'으로 알려져 있으며, 많은 저서를 통해 자신만의 불교 철학을 널리 전파했다.

0257 签 qiān 서명하다, 사인하다

请你在这儿签个名字吧。
Qǐng nǐ zài zhèr qiān ge míngzì ba.
여기에 사인해 주세요.

房屋租赁合同签下来了吗?
Fángwū zūlìn hétong qiānxialai le ma?
주택 임대 계약서는 썼어요?

명 표지, 꼬리표

标签 biāoqiān 상표 [BCT1]

书签 shūqiān 책갈피

牙签 yáqiān 이쑤시개

관련 표현

签证 qiānzhèng 비자, 비자를 발급해 주다 / 签字 qiān//zì 서명하다

签名 qiān//míng 사인하다, 서명하다 / 签订 qiāndìng (조약을) 조인하다

签署 qiānshǔ (중요한 문서상에) 정식 서명하다

0258 欠 qiàn 빚지다 [BCT1]

公司一倒闭，他一夜间欠了一屁股债。
Gōngsī yì dǎobì, tā yíyèjiān qiànle yí pìgu zhài
회사가 망하면서, 그는 하루아침에 빚을 잔뜩 졌다.

[단어] 一夜间 yíyèjiān 하루아침에 / 一屁股 yí pìgu 수량이 많은

欠了人情债，最难还了。
Qiànle rénqíngzhài, zuì nán huán le.
마음의 빚이 가장 갚기 힘들다.

 관련 표현

万事俱备，只欠东风 wànshì jùbèi, zhǐ qiàn dōngfēng 성 모든 것이 준비
되었으나 중요한 한 가지가 빠지다

0259 强调 qiángdiào 강조하다

爸爸强调说做人要厚道。
Bàba qiángdiào shuō zuòrén yào hòudao.
아버지는 사람은 관대해야 한다고 강조하셨다.

质量的重要性，怎么强调也不过分。
Zhìliàng de zhòngyàoxìng, zěnme qiángdiào yě bú guòfèn.
품질의 중요성은 아무리 강조해도 지나치지 않다.

0260 抢 qiǎng 빼앗다, 약탈하다, 서두르다, 앞을 다투다

飞车党抢走行人的包之后迅速逃离现场。
Fēichēdǎng qiǎngzǒu xíngrén de bāo zhīhòu xùnsù táolí xiànchǎng.
폭주족이 행인의 가방을 낚아채 재빨리 현장을 빠져나갔다.

[단어] 飞车党 fēichēdǎng 오토바이를 타고 다니며 날치기를 하는 사람들

当你在犹豫不决的时候，别人已经抢在你的前面。
Dāng nǐ zài yóuyù bù jué de shíhou, biérén yǐjing qiǎng zài nǐ de qiánmiàn.
당신이 머뭇거릴 때 다른 사람은 이미 당신을 앞서고 있다.

[단어] 犹豫不决 yōu yù bù jué 성 결단을 내리지 못하고 망설이다

呼天抢地 hū tiān qiǎng dì **성** 큰소리로 하늘을 부르고 머리로 땅을 치다, 극도로 비통해하다

0261 瞧 qiáo 보다, 방문하다 **유의** 看 kàn

你瞧，他们都回来了。
Nǐ qiáo, tāmen dōu huílai le.
보세요, 그들이 모두 돌아왔어요.

这事就托金博士瞧着办吧。
Zhè shì jiù tuō Jīn bóshì qiáozhe bàn ba.
이 일은 김 박사한테 알아서 하라고 하죠.

관련 표현

瞧不起 qiáobuqǐ 깔보다, 무시하다

瞧你那德行 qiáo nǐ nà déxing **관용** 꼬락서니 하고는

走着瞧 zǒuzhe qiáo **관용** 두고 보자

吃着碗里，瞧着锅里 chīzhe wǎn li, qiáozhe guōli **속담** 공깃밥을 먹으면서 솥 안을 보다, 너무 큰 욕심을 부리다

0262 切 qiē 자르다, 썰다, 나누다

你先把土豆去皮切成片。
Nǐ xiān bǎ tǔdòu qùpí qiēchéng piàn.
먼저 감자 껍질을 벗기고 얇게 저미세요.
[단어] 去皮 qùpí 껍질을 벗기다

小心点儿，别切到手。
Xiǎoxīn diǎnr, bié qiēdào shǒu.
조심해요, 손 베지 않게.

你把这个梨切成五块儿。
Nǐ bǎ zhège lí qiēchéng wǔ kuàir.
이 배를 다섯 조각으로 잘라 주세요.

관련 표현

怒目切齿 nù mù qiè chǐ **성** 매우 분노하다

0263 轻视 qīngshì 경시하다, 가볍게 보다

유의 小看 xiǎokàn　**반의** 重视 zhòngshì

学外语的时候千万不要轻视发音。
Xué wàiyǔ de shíhou qiānwàn búyào qīngshì fāyīn.
외국어를 배울 때 절대로 발음을 우습게 보아서는 안 된다.

0264 请求 qǐngqiú 부탁하다, 의뢰하다 BCT1

刘大夫，我们请求您救救我爷爷吧。
Liú dàifu, wǒmen qǐngqiú nín jiùjiu wǒ yéye ba.
유 선생님, 부탁이니 저희 할아버지 좀 살려 주세요.

명 부탁, 요청

希望您能答应我这个请求。
Xīwàng nín néng dāying wǒ zhège qǐngqiú.
제 부탁을 들어 주셨으면 좋겠습니다.

0265 庆祝 qìngzhù 경축하다, 축하하다 BCT1

참고 庆祝活动 qìngzhù huódòng 축하 행사

庆祝辛亥革命100周年大会隆重召开。
Qìngzhù Xīnhài gémìng yìbǎi zhōunián dàhuì lóngzhòng zhàokāi.
신해혁명 100주년을 경축하는 행사가 성대히 거행되었다.

罗纳尔多用桑巴舞来庆祝自己的进球。
Luóná'ěrduō yòng Sāngbāwǔ lái qìngzhù zìjǐ de jìnqiú.
호나우두는 삼바춤을 추며 골인 세레머니를 했다.

tip 罗纳尔多：호나우두(Luóná'ěrduō, 1976~). 브라질의 축구 선수.

0266 取消 qǔxiāo 취소하다 BCT1

受恶劣天气的影响，今天的足球赛取消。
Shòu èliè tiānqì de yǐngxiǎng, jīntiān de zúqiúsài qǔxiāo.
악천후로 인해 오늘 축구 시합이 취소되었다.

如果客户取消订单，要赔偿我们的损失。
Rúguǒ kèhù qǔxiāo dìngdān, yào péicháng wǒmen de sǔnshī.
바이어가 주문을 취소하면, 우리의 손해를 배상해야 한다.

0267 **娶** qǔ 장가들다, 아내를 얻다

他娶了她，她成为了他幸福的新娘。
Tā qǔle tā, tā chéngwéile tā xìngfú de xīnniáng.
그는 그녀를 아내로 맞았고, 그녀는 그의 행복한 신부가 되었다.

관련 표현

明媒正娶 míng méi zhèng qǔ （성） 정식으로 혼인하다

陈世美娶皇姑 — 喜新厌旧 （헐후）
Chén Shìměi qǔ huánggū — xǐ xīn yàn jiù
천스메이가 황녀를 아내로 삼다 — 새로운 것을 좋아하고 옛 것을 싫어하다 : (애정이) 한결같지 않다

> **tip** 陈世美 Chén Shìměi : 중국 전통극 《진향련(秦香莲)》에 나오는 인물로 과거에 장원 급제한 후 조강지처를 버리고 부마가 된다. 오늘날에는 여자를 배신한 남자의 대명사로 쓰임.

玉皇大帝娶土地婆 — 惊天动地 （헐후）
yùhuáng dàdì qǔ tǔdì pó — jīng tiān dòng dì
옥황상제가 토지의 아내에게 장가들다 — 세상을 깜짝 놀라게 하다 : 기세와 영향력이 대단하다.

> **tip** 土地婆 : 신화 속 토지의 아내.

做梦娶西施 — 胡思乱想 zuòmèng qǔ Xīshī — hú sī luàn xiǎng （헐후）
꿈에서 서시를 아내로 맞다 — 허튼 생각을 하다 : 터무니없는 생각을 하다.

> **tip** 西施 : 서시(Xīshī). 춘추 시대 월나라의 미녀.

0268 **去世** qùshì 세상을 떠나다 （참고） **安然去世** ānrán qùshì 안락사

爷爷早在我出生以前就去世了。
Yéye zǎozài wǒ chūshēng yǐqián jiù qùshì le.
할아버지는 일찍이 내가 태어나기도 전에 돌아가셨다.

家里孩子父亲去世得早，我一手把孩子拉扯大。
Jiā li háizi fùqīn qùshì de zǎo, wǒ yì shǒu bǎ háizi lāche dà.
아이 아버지가 일찍 돌아가셔서, 저 혼자 아이를 키웠어요.

0269 **劝** quàn 권하다, 타이르다, 설득하다

我劝你还是去看医生吧。
Wǒ quàn nǐ háishi qù kàn yīshēng ba.
너 아무래도 의사를 찾아가 보는 게 좋겠어.

这个人脾气倔得很，任谁都劝不动。
Zhège rén píqi juè de hěn, rèn shéi dōu quànbudòng.
이 친구 고집이 엄청 세서, 누구의 말도 안 들어.

 缺乏 quēfá 모자라다, 결핍되다 [BCT1]

缺乏维生素D的人容易得骨质疏松症。
Quēfá wéishēngsù D de rén róngyì dé gǔzhì shūsōngzhèng.
비타민D가 부족한 사람은 골다공증에 걸리기 쉽다.
[단어] 骨质疏松症 gǔzhì shūsōngzhèng 골다공증

上班族总是缺乏足够的睡眠。
Shàngbānzú zǒngshì quēfá zúgòu de shuìmián.
직장인들은 늘 충분한 수면을 취하지 못한다.

 确定 quèdìng 명확히 하다, 확정하다

谁都无法确定明天会发生什么事情。
Shéi dōu wúfǎ quèdìng míngtiān huì fāshēng shénme shìqing.
아무도 내일 무슨 일이 일어날 거라 장담할 수 없다.

형 명확하다, 확정적이다

对于不确定的事情，不要轻易向外传播。
Duìyú bú quèdìng de shìqing, búyào qīngyì xiàng wài chuánbō.
확정적이지 않은 일에 대해서는, 함부로 외부에 유출하지 마세요.

 确认 quèrèn 확인하다, 인정하다 [BCT1]

死者家属来到派出所，确认了死者的身份。
Sǐzhě jiāshǔ láidào pàichūsuǒ, quèrènle sǐzhě de shēnfen.
사망자 가족이 파출소에 와서 사망자의 신분을 확인했다.

请考生重新确认一下自己的考号是否一致。
Qǐng kǎoshēng chóngxīn quèrèn yíxià zìjǐ de kǎohào shìfǒu yízhì.
수험생들은 다시 한 번 본인의 수험 번호가 맞는지 확인해 주세요.

0273 燃烧 ránshāo 타다, 연소하다

青春在燃烧，抓住这稍纵即逝的时光吧。
Qīngchūn zài ránshāo, zhuāzhù zhè shāo zòng jí shì de shíguāng ba.
청춘은 사그러드는 것이니, 곧 지나갈 이 시간을 꼭 붙잡아요.

[단어] 稍纵即逝 shāo zòng jí shì 성 (시간이나 기회는) 조금만 늦어도 사라진다

怒火在民众的胸中燃烧，最终导致了起义。
Nùhuǒ zài mínzhòng de xiōngzhōng ránshāo, zuìzhōng dǎozhìle qǐyì.
민중의 가슴 속에 불타고 있던 분노가 결국 봉기를 유발했다.

관련 표현

燃眉之急 rán méi zhī jí 성 눈썹에 불이 붙은 것처럼 다급한 상황, 상황이 매우 긴박하다

0274 绕 rào 빙빙 돌다, 감다, 우회하다

司机不认识路，绕了很久才到。
Sījī bú rènshi lù, ràole hěn jiǔ cái dào.
기사 양반이 길을 몰라 한참을 돌아서야 도착했다.

你就别绕弯子了，有话直说吧。
Nǐ jiù bié rào wānzi le, yǒu huà zhí shuō ba.
빙빙 돌려 얘기하지 말고, 할 말 있음 솔직히 말해.

粽子包好后如果怕散开的话，用绳子多绕几圈。
Zòngzi bāohǎo hòu rúguǒ pà sànkāi dehuà, yòng shéngzi duō rào jǐ quān.
쫑즈를 싼 후에 만약 터질까 걱정되면, 끈으로 몇 번 감아 주세요.

夏天的夜晚总是会见到蛾子绕着灯飞。
Xiàtiān de yèwǎn zǒngshì huì jiàndào ézi ràozhe dēng fēi.
여름밤에는 나방이 등 주위를 날아다니는 것을 쉽게 보게 된다.

0275 热爱 rè'ài 매우 좋아하다

我深情地热爱着这片土地和这片土地上的人民。
Wǒ shēnqíng de rè'àizhe zhè piàn tǔdì hé zhè piàn tǔdì shang de rénmín.
나는 이 땅과 이 땅에 살고 있는 사람들을 깊이 사랑한다.

忍不住 rěnbuzhù 견딜 수 없다, 참을 수 없다

表演太精彩了，以至于人们忍不住起立鼓掌。
Biǎoyǎn tài jīngcǎi le, yǐzhìyú rénmen rěnbuzhù qǐlì gǔzhǎng.
공연이 너무 멋져, 사람들이 기립 박수를 칠 정도였다.

[단어] 以至于 yǐzhìyú ~까지 이르다

他夸张的表情让我忍不住笑了出来。
Tā kuāzhāng de biǎoqíng ràng wǒ rěnbuzhù xiàole chūlai.
그의 과장된 표정이 내 웃음보를 터뜨렸다.

洒 sǎ 뿌리다, 엎지르다

咖啡壶打了，洒了一地的咖啡。
Kāfēihú dǎ le, sǎle yí dì de kāfēi.
커피 포트가 깨지면서 온 바닥에 커피를 쏟았다.

天气炎热时，地上洒一些水，会感到凉爽。
Tiānqì yánrè shí, dìshang sǎ yìxiē shuǐ, huì gǎndào liángshuǎng.
날씨가 무더울 때, 바닥에 물을 좀 뿌리면 시원하게 느껴진다.

관련 표현

挥洒自如 huī sǎ zì rú 성 능수능란하게 글을 쓰거나 그림을 그리다

杀 shā 죽이다

他呀，杀了那么多人，连赔罪道歉都没有，真可恶！
Tā ya, shāle nàme duō rén, lián péizuì dàoqiàn dōu méiyou, zhēn kěwù!
그 사람 말야, 그렇게나 많은 사람을 죽였으면서, 용서를 구하지도 않고, 사죄도 안 하고 있다니, 정말 가증스러워!

관련 표현

借刀杀人 jiè dāo shā rén 성 남의 칼을 빌려서 사람을 죽이다, 자신은 직접 드러내지 않고 남을 이용하여 사람을 해치다

杀一儆百 shā yī jǐng bǎi 성 일벌백계하다

斩尽杀绝 zhǎn jìn shā jué 성 깡그리 죽이다, 몰살시키다

陈世美杀妻灭子 — 忘恩负义 Chén Shìměi shā qī miè zǐ — wàng ēn fù yì
헐후 천스메이가 아내와 아이를 죽이다 — 배은망덕하다: 은혜와 의리를 저버리다

0279 晒 shài (햇볕을) 쬐다, 햇볕에 말리다, 그을리다

发财树喜欢阳光，应该让它多晒太阳。
Fācáishù xǐhuan yángguāng, yīnggāi ràng tā duō shài tàiyáng.
파키라는 햇볕을 좋아하니까, 햇볕을 많이 쐬게 해야 한다.

[단어] 发财树 fācáishù [식물] 파키라

常晒太阳有利于身体健康。
Cháng shài tàiyáng yǒulìyú shēntǐ jiànkāng.
자주 일광욕을 하면 건강에 좋다.

趁着天气好，把被子拿出去晒一晒吧。
Chènzhe tiānqì hǎo, bǎ bèizi náchūqu shài yi shài ba.
날씨가 좋을 때, 이불을 내다 말려요.

관련 표현

三天打鱼，两天晒网 sān tiān dǎ yú, liǎng tiān shài wǎng 성 사흘간 고기를 잡고 이틀간 그물을 말리다, 일이나 공부를 꾸준히 하지 못하다, 작심삼일

0280 删除 shānchú 삭제하다, 지우다 BCT1

我一不小心把重要资料删除了。
Wǒ yí bù xiǎoxīn bǎ zhòngyào zīliào shānchú le.
실수로 중요한 자료를 지워 버렸지 뭐야.

0281 善于 shànyú ～에 뛰어나다, 잘하다 BCT1

他学习很好，尤其善于解决数学难题。
Tā xuéxí hěn hǎo, yóuqí shànyú jiějué shùxué nántí.
그는 공부를 잘하는데, 특히 수학에서 어려운 문제를 잘 푼다.

性格活泼的人一般都比较善于交际。
Xìnggé huópo de rén yìbān dōu bǐjiào shànyú jiāojì.
성격이 활발한 사람들이 보통 사교에 능하다.

0282 伤害 shānghài (몸과 정신에) 상처를 주다

喝酒太多，会伤害身体。
Hē jiǔ tài duō, huì shānghài shēntǐ.
술을 너무 과하게 마시면, 몸이 상해.

有时候我们无意间的一句话，就可能伤害到他人。
Yǒushihou wǒmen wúyìjiān de yí jù huà, jiù kěnéng shānghàidào tārén.
때때로 우리가 무의식적으로 던진 한 마디가 타인에게 상처를 줄 수도 있다.

0283 上当 shàng∥dàng 속아 넘어가다 BCT1

我以前上过他的当，你们也小心吧。
Wǒ yǐqián shàngguo tā de dàng, nǐmen yě xiǎoxīn ba.
내가 전에 저 사람한테 사기 당했어, 너희들도 조심해.

你又上当了！你这是怎么回事？
Nǐ yòu shàngdàng le! Nǐ zhè shì zěnme huí shì?
너 또 속았어! 웬 일이니?

0284 舍不得 shěbude 섭섭하다, (헤어지기) 아쉽다

妈妈舍不得吃，都留给孩子。
Māma shěbude chī, dōu liúgěi háizi.
엄마는 먹기가 아까워서 다 자식에게 남겨 주신다.

这是我们认识的地方，我很舍不得离开。
Zhè shì wǒmen rènshi de dìfang, wǒ hěn shěbude líkāi.
이곳은 우리가 알게 된 곳이라, 떠나려니 참 섭섭하다.

0285 设计 shèjì 설계하다, 디자인하다, 계획하다 BCT1

古斯塔夫·埃菲尔设计了当时人类最高的建筑埃菲尔铁塔。
Gǔsītǎfū·Āifēi'ěr shèjìle dāngshí rénlèi zuì gāo de jiànzhù Āifēi'ěr tiětǎ.
구스타브 에펠은 당시 세계에서 가장 높은 건축물인 에펠탑을 설계했다.

tip 古斯塔夫·埃菲尔 : 구스타브 에펠(Gustave Eiffel, 1832년~1923년). 프랑스 건축가.

婚礼大厅的布置、婚礼的开场，都是他亲自设计的。
Hūnlǐ dàtīng de bùzhì、hūnlǐ de kāichǎng, dōu shì tā qīnzì shèjì de.
예식장 장식, 결혼식 오프닝은 다 그 친구가 손수 기획한 거야.

[단어] 开场 kāichǎng 오프닝, 시작

명 설계, 디자인

他成为首席设计师后他的设计越来越成熟。
Tā chéngwéi shǒuxí shèjìshī hòu tā de shèjì yuèláiyuè chéngshú.
그가 수석 디자이너가 된 후에 그의 디자인은 갈수록 물이 올랐다.

0286 摄影 shèyǐng 사진을 찍다, 영화를 촬영하다

《赤壁》由吕乐担任摄影。
《Chìbì》yóu Lǚ Lè dānrèn shèyǐng.
〈적벽대전〉은 뤼러(吕乐)가 촬영을 담당했다.

tip 吕乐 : (1957~) 중국 5세대 감독 겸 촬영 감독.

这些照片确实是摄影大师安塞尔·亚当斯的作品。
Zhèxiē zhàopiàn quèshí shì shèyǐng dàshī Ānsāi'ěr·Yàdāngsī de zuòpǐn.
이 사진들은 확실히 사진의 대가 안셀 아담스의 작품이다.

tip 安塞尔·亚当斯 : 안셀 아담스(Ansel Adams, 1902~1984). 미국의 사진 작가.

0287 伸 shēn (신체 일부를) 내밀다, 펴다

看到有困难的人就应该伸出援手。
Kàndào yǒu kùnnan de rén jiù yīnggāi shēnchū yuánshǒu.
어려운 사람을 보면 도움의 손길을 내밀어야 한다.

孩子们都竖着耳朵，伸着脖子，认认真真地听他讲话。
Háizimen dōu shùzhe ěrduo, shēnzhe bózi, rèrenzhēnzhēn de tīng tā jiǎnghuà.
아이들이 귀를 쫑긋 세우고, 목을 빼고는 진지하게 그의 이야기를 듣고 있다.

동 뻗다, 확장하다

我走在一条马路上，马路伸向前方，看不到边际。
Wǒ zǒuzài yì tiáo mǎlù shang, mǎlù shēnxiàng qiánfāng, kànbudào biānjì
내가 길을 걷고 있는데, 길이 앞으로 쭉 뻗어 있고 끝이 안 보여.

伸手不见五指 shēn shǒu bú jiàn wǔ zhǐ 〔속담〕 손을 내밀어도 손가락이 보이지 않는다, 어두워서 지척을 분간할 수 없다

0288 升 shēng 상승하다, 오르다, 진급하다

草原上升起红红的太阳。
Cǎoyuán shang shēngqǐ hónghōng de tàiyáng.
초원 위에 붉은 태양이 떠올랐다.

每天都有很多人到天安门广场看升国旗。
Měitiān dōu yǒu hěn duō rén dào Tiān'ānmén guǎngchǎng kàn shēng guóqí.
매일 많은 사람들이 천안문 광장에 가서 국기 게양하는 것을 본다.

他由副局长升为局长了。
Tā yóu fùjúzhǎng shēngwéi júzhǎng le.
그는 부국장에서 국장으로 승진했다.

步步高升 bù bù gāo shēng 〔성〕 차츰차츰 승진하다

白日升天 bái rì shēng tiān 〔성〕 갑자기 부자가 되거나 출세하다

0289 生产 shēngchǎn 생산하다 〔BCT1〕

本公司专门生产液晶显示器，质优价廉。
Běn gōngsī zhuānmén shēngchǎn yèjīng xiǎnshìqì, zhì yōu jià lián.
폐사는 액정 모니터를 전문적으로 생산하는데, 품질은 우수하고 가격은 저렴합니다.

这个电风扇厂上半年共生产电风扇10万台。
Zhège diànfēngshàn chǎng shàngbànnián gòng shēngchǎn diànfēngshàn shí wàn tái.
이 선풍기 공장에서는 상반기에 모두 합쳐 10만 대를 생산했다.

0290 生长 shēngzhǎng 생장하다, 자라다, 성장하다

참고 **生长素** shēngzhǎngsù 성장 호르몬

生长期的孩子天天都要补钙。
Shēngzhǎngqī de háizi tiāntiān dōu yào bǔ gài.
성장기의 아이는 날마다 칼슘을 보충해야 한다.

他从小就生长在大城市。
Tā cóngxiǎo jiù shēngzhǎngzài dàchéngshì.
그는 어릴 때부터 대도시에서 자랐다.

0291 省略 shěnglüè 생략하다

这句话是多余的，把它省略掉吧。
Zhè jù huà shì duōyú de, bǎ tā shěnglüèdiào ba.
이 말은 사족 같은데, 생략하죠.

上级叫下级往往是叫名字，省略姓。
Shàngjí jiào xiàjí wǎngwǎng shì jiào míngzi, shěnglüè xìng.
상사가 부하 직원을 부를 땐 종종 이름만 부르고, 성씨는 생략한다.

0292 胜利 shènglì 승리하다, 성과를 거두다 반의 **败北** bàiběi 패배하다

我们胜利了！日本人无条件投降！
Wǒmen shènglì le! Rìběnrén wú tiáojiàn tóuxiáng!
우리가 승리했어요! 일본인들이 무조건 항복했어요!

只要有胜利的信心，就有胜利的希望。
Zhǐyào yǒu shènglì de xìnxīn, jiù yǒu shènglì de xīwàng.
승리한다는 믿음이 있으면 승리할 수 있다는 희망이 생긴다.

명 승리

让我们一起坚持住！胜利就在眼前。
Ràng wǒmen yìqǐ jiānchízhù! Shènglì jiù zài yǎnqián.
우리 함께 끝까지 버팁시다! 승리가 바로 눈앞에 있습니다.

0293 失眠 shīmián 잠을 못 이루다, 불면증에 걸리다 □□□

我最近总是失眠而且消化不良。
Wǒ zuìjìn zǒngshì shīmián érqiě xiāohuà bùliáng.
나는 최근에 계속 잠도 못 자고, 소화도 잘 안 된다.

很多人都被失眠和抑郁症所困扰。
Hěn duō rén dōu bèi shīmián hé yìyùzhèng suǒ kùnrǎo.
많은 사람들이 불면증과 우울증으로 고생한다.

0294 失去 shīqù 잃다, 잃어버리다 □□□

在国共内战中很多人失去了自己的亲人。
Zài guógòng nèizhàn zhōng hěn duō rén shīqùle zìjǐ de qīnrén.
국공 내전 중에 많은 사람들이 자신의 가족을 잃었다.

tip 国共内战 : 중국에서 항일(抗日) 전쟁이 끝난 후, 중국 재건을 둘러싸고 국민당과 공산당 사이에 벌어진 국내 전쟁. 1947년부터 공산당 쪽으로 세가 기울면서 결국 국민당을 몰아내고 중화인민공화국을 수립하게 된다.

失去自由比失去任何东西都可怕。
Shīqù zìyóu bǐ shīqù rènhé dōngxi dōu kěpà.
자유를 잃는 것은 그 어떤 것을 잃는 것보다 더 무섭다.

0295 失业 shī//yè 직업을 잃다 **참고** 失业率 shīyèlǜ 실업률 □□□

失业问题是我们面临的一个十分严重的问题。
Shīyè wèntí shì wǒmen miànlín de yí ge shífēn yánzhòng de wèntí.
실업 문제는 우리가 당면하고 있는 매우 심각한 문제이다.

目前西班牙的失业率已经达到23%。
Mùqián Xībānyá de shīyèlǜ yǐjing dádào bǎifēnzhī èrshísān.
현재 스페인의 실업률은 23%에 이른다.

0296 实践 shíjiàn 실천하다, 실행하다 □□□

只有亲自去实践，才能真正理解。
Zhǐyǒu qīnzì qù shíjiàn, cái néng zhēnzhèng lǐjiě.
직접 실천을 해 봐야 진정으로 이해할 수 있다.

实践证明你的研究方法是正确的。
Shíjiàn zhèngmíng nǐ de yánjiū fāngfǎ shì zhèngquè de.
자네의 연구 방법이 정확하다는 것이 실천으로 증명되었네.

관련 표현

实践出真知 shíjiàn chū zhēnzhī 실천에서 참지식이 나온다

0297 实习 shíxí 실습하다 참고 实习员工 shíxí yuángōng 인턴 사원

他得到了在一家IT公司实习的机会。
Tā dédàole zài yì jiā IT gōngsī shíxí de jīhuì.
그는 IT 회사에서 실습할 수 있는 기회를 얻었다.

我下个星期开始到第一高中去教学实习。
Wǒ xià ge xīngqī kāishǐ dào dìyī gāozhōng qù jiàoxué shíxí.
나는 다음 주부터 제일고등학교로 교생 실습을 나간다.

0298 实现 shíxiàn 실현시키다, 달성하다

我的创业梦，终于实现了。
Wǒ de chuàngyè mèng, zhōngyú shíxiàn le.
나의 창업 꿈이 마침내 이루어졌다.

预计明年可以实现增产一倍的目标。
Yùjì míngnián kěyǐ shíxiàn zēngchǎn yí bèi de mùbiāo.
내년에는 두 배를 생산하겠다는 목표를 이룰 수 있을 것 같다.

0299 实验 shíyàn 실험하다

医生经常拿小白鼠来实验新药的功效。
Yīshēng jīngcháng ná xiǎobáishǔ lái shíyàn xīnyào de gōngxiào.
의사들은 자주 흰쥐를 가지고 신약의 효능을 실험한다.

[단어] 功效 gōngxiào 효능, 효과

명 실험

这次实验非常成功。
Zhè cì shíyàn fēicháng chénggōng.
이번 실험은 아주 성공적이다.

0300 使劲儿 shǐ//jìnr 힘껏 하다

我心情不好，使劲儿吃巧克力。
Wǒ xīnqíng bù hǎo, shǐjìnr chī qiǎokèlì.
나는 기분이 안 좋으면 죽어라 초콜릿을 먹는다.

大家使了很大劲儿终于把海豚拉上来了。
Dàjiā shǐle hěn dà jìnr zhōngyú bǎ hǎitún lāshanglai le.
모두가 있는 힘을 다해 마침내 돌고래를 끌어올렸다.

0301 收获 shōuhuò 수확하다, 성과가 있다

李叔叔今年收获了3吨苹果，其中一半达到一级质量标准。
Lǐ shūshu jīnnián shōuhuòle sān dūn píngguǒ, qízhōng yíbàn dádào yì jí zhìliàng biāozhǔn.
이씨 아저씨는 올해 사과 3톤을 수확하셨는데, 그중에서 반이 1등품 기준에 부합한다.

这次出差收获很大，拿到了不少订单。
Zhè cì chūchāi shōuhuò hěn dà, nádàole bùshǎo dìngdān.
이번 출장은 성과가 좋았어, 수주를 많이 받았다고.

명 수확, 성과

我今年最大的收获是买到了一套房子。
Wǒ jīnnián zuì dà de shōuhuò shì mǎidàole yí tào fángzi.
나의 올해 가장 큰 성과는 집을 한 채 산 것이다.

0302 受伤 shòu//shāng 부상당하다, 다치다

请带好安全帽，否则容易受伤。
Qǐng dàihǎo ānquánmào, fǒuzé róngyì shòushāng.
안전모를 쓰세요. 그렇지 않으면 다치기 쉬워요.

自从上次受过伤后，一下雨腿就疼。

Zìcóng shàng cì shòuguo shāng hòu, yí xià yǔ tuǐ jiù téng.

지난번에 부상당한 후로, 비만 오면 다리가 쑤셔.

 输入 shūrù 입력하다, 들여보내다, 수입하다 [BCT1]

院方经过血检后，给她的丈夫输入了相匹配的O型血。

Yuànfāng jīngguò xuèjiǎn hòu, gěi tā de zhàngfu shūrùle xiāng pǐpèi de O xíng xuè.

병원 측에서는 혈액 검사 후에, 그녀의 남편에게 맞는 O형 혈액을 수혈했다.

凡外国商品输入英国，只许用英国船装载。

Fán wàiguó shāngpǐn shūrù yīngguó, zhǐ xǔ yòng yīngguó chuán zhuāngzài.

외국 상품이 영국으로 수입될 때는, 영국 선박에만 적재해야 한다.

请输入您的用户名和密码。

Qǐng shūrù nín de yònghùmíng hé mìmǎ.

아이디와 비밀 번호를 입력하세요.

 属于 shǔyú ~에 속하다, ~의 것이다

虽然中国近几年发展很快，但还属于发展中国家。

Suīrán Zhōngguó jìn jǐ nián fāzhǎn hěn kuài, dàn hái shǔyú fāzhǎn zhōng guójiā.

비록 중국이 근 몇 년 동안 빠르게 발전하고 있긴 하지만, 아직도 개발도상국에 속한다.

属于我的决不能允许别人抢走。

Shǔyú wǒ de jué bù néng yǔnxǔ biérén qiǎngzǒu.

내 것을 절대 남에게 빼앗길 수 없어.

 数 shǔ 세다, 뛰어나다

天上的星星就像地上的人，多得数也数不过来。

Tiānshàng de xīngxing jiù xiàng dìshàng de rén, duō de shǔ yě shǔbuguòlái.

하늘의 별은 땅 위의 사람처럼 너무 많아 다 셀 수가 없다.

他俩的业务能力是数一数二的。
Tā liǎ de yèwù nénglì shì shǔ yī shǔ èr de.
그 둘의 영업 능력은 아주 뛰어나다.

[단어] 数一数二 shǔ yī shǔ èr (성) 손꼽히다, 뛰어나다

0306 摔倒 shuāidǎo 쓰러지다, 넘어지다

我弟弟骑自行车撞到一个女生 ，自己也摔到了。
Wǒ dìdi qí zìxíngchē zhuàngdào yí ge nǚshēng, zìjǐ yě shuāidǎo le.
내 동생은 자전거를 타다가 한 여학생을 치고는, 자기도 넘어졌다.

在哪里摔倒在哪里站起来 ，这样可以重新开始。
Zài nǎli shuāidǎo zài nǎli zhànqilai, zhèyàng kěyǐ chóngxīn kāishǐ.
넘어진 곳에서 일어나면, 새롭게 시작할 수 있어.

0307 甩 shuǎi 뿌리치다, 내던지다, 떼버리다, (상대를) 차버리다

舒马赫车速超快，远远地把对手甩在了后面。
Shūmǎhè chēsù chāo kuài, yuǎnyuān de bǎ duìshǒu shuǎizàile hòumiàn.
슈마허(Schumacher)는 운전 속도가 매우 빨라, 상대 선수를 아주 멀리 따돌렸다.

tip 舒马赫 : 미카엘 슈마허(Michael Schumacher, 1969~). 독일 출신의 F1 드라이버.

衣服想要快点干，就得甩一甩。
Yīfu xiǎng yào kuài diǎn gān, jiù děi shuǎi yi shuǎi.
옷을 빨리 말리고 싶으면, 털어 주어야 해.

奇怪，像你这么好的男人也被甩呀?
Qíguài, xiàng nǐ zhème hǎo de nánrén yě bèi shuǎi ya?
이상하네, 너 같이 괜찮은 남자도 차이니?

관련 표현

甩手掌柜 shuǎi shǒu zhǎngguì (관용) 직책만 있고 실무는 하지 않는 사람, 집안일에 신경 쓰지 않는 남편

0308 说不定 shuōbudìng ~일지도 모른다, 확실히 단언하기 어렵다

这次谁得奖还说不定呢。
Zhè cì shéi déjiǎng hái shuō bú dìng ne.
이번에 누가 상을 받을지는 아직 뭐라 할 수 없어.

[단어] 得奖 déjiǎng 상을 받다, 수상하다

부 아마, 어쩌면

他说不定已经到了，赶紧给他打电话吧。
Tā shuōbudìng yǐjing dào le, gǎnjǐn gěi tā dǎ diànhuà ba.
그 사람 어쩌면 이미 도착했을지도 몰라, 얼른 전화해 봐.

0309 说服 shuōfú 설득하다 [BCT1]

他最终还是说服了对方降价。
Tā zuìzhōng háishi shuōfúle duìfāng jiàngjià.
그는 결국에는 상대방이 값을 내리도록 설득했다.

她那五头牛都拉不回来的脾气，谁都说服不了。
Tā nà wǔ tóu niú dōu lābuhuílái de píqi, shéi dōu shuōfúbuliǎo.
그 애는 소 다섯 마리가 덤벼도 꼼짝 안할 정도로 고집이 세서, 그 누구도 설득 불가야.

0310 思考 sīkǎo 사고하다, 사유하다

这事发生得太突然，我们根本没有思考的余地。
Zhè shì fāshēng de tài tūrán, wǒmen gēnběn méiyou sīkǎo de yúdì.
이 일은 너무 갑작스럽게 일어나서, 우리는 아예 생각해 볼 여지도 없었다.

他思考了很久，最终决定换工作了。
Tā sīkǎole hěn jiǔ, zuìzhōng juédìng huàn gōngzuò le.
그는 오랫동안 생각한 끝에 결국 직장을 옮기기로 했다.

0311 撕 sī 손으로 잡아 찢다, 떼어내다

她撕下来一块布，缠了缠伤口。
Tā sīxialai yí kuài bù, chánle chán shāngkǒu.
그녀는 천을 좀 찢어서 상처를 동여맸다.

他撕碎了我的机票，说他不愿意我走。

Tā sīsuìle wǒ de jīpiào, shuō tā bú yuànyì wǒ zǒu.

그는 내 비행기 표를 갈기갈기 찢더니, 내가 안 갔으면 좋겠다고 했다.

撕破脸皮 sīpò liǎnpí **관용** 감정을 폭발시키다, 얼굴을 붉히다, 감정이 틀어지다

0312 搜索 sōusuǒ 인터넷 검색하다, (사람·물건 등을) 수색하다 BCT1

这位明星的名字占据了网络搜索关键词的首位。

Zhè wèi míngxīng de míngzi zhànjùle wǎngluò sōusuǒ guānjiàncí de shǒuwèi.

이 유명 연예인의 이름이 인기 검색어 1위에 올랐다.

谷歌在这次会议上推出了最新的搜索方式。

Gǔgē zài zhè cì huìyì shang tuīchūle zuìxīn de sōusuǒ fāngshì.

구글은 이번 회의에서 새로운 검색 방식을 선보였다.

在案发现场，五六个警察正在地上展开搜索。

Zài ànfā xiànchǎng, wǔ liù ge jǐngchá zhèngzài dìshàng zhǎnkāi sōusuǒ.

사건 현장에서, 대여섯 명의 경찰들이 지상 수색을 벌이고 있다.

[단어] 案发现场 ànfā xiànchǎng 사건(범행, 사고) 현장

0313 随身 suíshēn 몸에 지니다

这个戒指是我的随身之物，不过现在它是你的了。

Zhège jièzhi shì wǒ de suíshēn zhī wù, búguò xiànzài tā shì nǐ de le.

이 반지는 내가 늘 끼고 다니던 것인데, 이제부터는 네 것이야.

家有千金，不如一艺随身。

Jiā yǒu qiān jīn, bùrú yí yì suíshēn.

집에 돈이 많은 것보다, 한 가지 재주를 갖고 있는 게 나아.

随身宝 suíshēn bǎo 몸에서 뗄 수 없는 귀중품

随身保镖 suíshēn bǎobiāo 그림자처럼 따라다니는 경호원

随身灯 suíshēn dēng 영전에 밝히는 등

随身看 suíshēn kàn 소형 모니터

碎 suì 부수다, 깨지다

公司买了一台碎纸机。
Gōngsī mǎile yì tái suìzhǐjī.
회사에서 문서 절단기를 한 대 샀다.

那丸药在他的手中碎成了粉末。
Nà wányào zài tā de shǒu zhōng suìchéngle fěnmò.
그 알약은 그의 손에서 가루가 되었다.

형 부서지다, 온전치 못하다.

她离我而去了，我的心都碎了。
Tā lí wǒ ér qù le, wǒ de xīn dōu suì le.
그녀가 내 곁을 떠나, 내 마음이 찢어지게 아프다.

缩短 suōduǎn 단축하다, 줄어들다 반의 延长 yáncháng 늘리다

由于生产速度快，大大缩短了生产时间。
Yóuyú shēngchǎn sùdù kuài, dàdā suōduǎnle shēngchǎn shíjiān.
생산 속도가 빨라져 생산 시간을 크게 단축했다.

原来98厘米的裤子，洗完后缩短了2厘米。
Yuánlái jiǔshíbā límǐ de kùzi, xǐwán hòu suōduǎnle liǎng límǐ.
원래 98cm였던 바지가 빨고 나니 2cm가 줄었다.

谈判 tánpàn 담판하다, 협상하다 [BCT1]

老板们决定先碰个头商量这次谈判的策略。
Lǎobǎnmen juédìng xiān pèng ge tóu shāngliang zhè cì tánpàn de cèlüè.
사장님들은 먼저 만나 이번 담판의 전략에 대해 상의하기로 결정했다.

中俄能源谈判代表举行第三次会晤。
Zhōng É néngyuán tánpàn dàibiǎo jǔxíng dì sān cì huìwù.
중·러 에너지 협상 대표는 제3차 회담을 가졌다.

0317 逃 táo 도주하다, 도망가다

他是个胆小鬼，一见到狗就逃之夭夭了。
Tā shì ge dǎnxiǎoguǐ, yí jiàndào gǒu jiù táo zhī yāo yāo le.
그는 겁쟁이라 개를 보더니 줄행랑을 쳤다.
[단어] 逃之夭夭 táo zhī yāo yāo 성 멀리 달아나다

他的绝技就是打不过赶紧逃。
Tā de juéjì jiù shì dǎbuguò gǎnjǐn táo.
그 친구의 재주는 못 이길 것 같으면 재빨리 도망치는 거야.
[단어] 绝技 juéjì 뛰어난 재주, 솜씨, 묘기

▶ 피하다
이때는 단독으로 술어로 쓰이지 않고, 다른 단어와 같이 쓰인다.

逃难 táonàn 피난하다

逃税 táoshuì 탈세하다

관련 표현

闻风而逃 wén fēng ér táo 성 소문을 듣고 도망가다, 어떤 일에 즉각 반응하다

在劫难逃 zài jié nán táo 성 팔자에 있는 재난은 피할 수 없다, 재앙을 피할 수 없다

0318 逃避 táobì 도피하다 유의 躲避 duǒbì

你这样逃避问题是无济于事的。
Nǐ zhèyàng táobì wèntí shì wú jì yú shì de.
이렇게 문제를 회피하는 건 아무 도움이 안 돼.
[단어] 无济于事 wú jì yú shì 성 일에 아무런 도움이 안 되다

他低下头，逃避对方的视线。
Tā dīxià tóu, táobì duìfāng de shìxiàn.
그는 고개를 숙이고 상대방의 시선을 피했다.

0319 疼爱 téng'ài 사랑하다

家里人都对他这个独生子格外地疼爱。
Jiā li rén dōu duì tā zhège dúshēngzǐ géwài de téng'ài.
식구들은 다 외동아들인 그를 매우 예뻐한다.

提倡 tíchàng 제창하다

中国从1970年代初开始提倡一对夫妇生育一个孩子。
Zhōngguó cóng yì jiǔ qī líng niándài chū kāishǐ tíchàng yíduì fūfù shēngyù yí ge háizi.
중국은 1970년대 초부터 한 부부가 한 자녀만 기르자고 장려했다.

tip 중국은 2013년부터 기존의 산아 제한 정책을 수정한 '二胎政策(Èrtāi zhèngcè : 둘째 아이 낳을 수 있는 정책)'을 시행하고 있다.

学校提倡大家都讲普通话。
Xuéxiào tíchàng dàjiā dōu jiǎng pǔtōnghuà.
학교에서는 모두 다 표준어를 쓰도록 장려하고 있다.

0321

提问 tíwèn 문제를 제기하다, 질문하다

下面请青年报社记者提问。
Xiàmian qǐng Qīngnián bàoshè jìzhě tíwèn.
다음은 청년일보사 기자님의 질문을 받겠습니다.

명 문제

我现在回答张同学的提问。
Wǒ xiànzài huídá Zhāng tóngxué de tíwèn.
내가 이제 장 군의 질문에 답하겠어요.

0322

体会 tǐhuì 느끼다, 몸소 느끼다, 체득하다

这次我真正体会到了农民的辛苦。
Zhè cì wǒ zhēnzhèng tǐhuìdàole nóngmín de xīnkǔ.
이번에 나는 진정으로 농민의 어려움을 알게 되었다.

명 경험, 느낌

我的体会是：忍耐确实是很难受的事情。
Wǒ de tǐhuì shì: rěnnài quèshí shì hěn nánshòu de shìqing.
내가 느낀 건, 참는다는 것이 확실히 참 힘든 일이라는 것이다.

体现 tǐxiàn 구현하다, 구체적으로 드러나다

越是无人处，越能体现一个人的素质。
Yuè shì wúrénchù, yuè néng tǐxiàn yí ge rén de sùzhì.
사람이 없는 곳일수록 한 사람의 품성이 잘 나타난다.

这段话体现了作者热爱祖国大好河山的感情。
Zhè duàn huà tǐxiànle zuòzhě rè'ài zǔguó dàhǎo héshān de gǎnqíng
이 단락에는 작가가 조국의 아름다운 강산을 사랑하는 마음이 녹아 있다.

[단어] 大好河山 dàhǎo héshān 아름다운 강산

体验 tǐyàn 체험하다

为了写一本医术方面的剧本，作家到医院去体验生活。
Wèile xiě yì běn yìshù fāngmiàn de jùběn, zuòjiā dào yīyuàn qù tǐyàn shēnghuó.
의술 방면의 시나리오를 쓰기 위해, 작가는 병원으로 생활 체험을 하러 갔다.

今天我给你讲我体验过的草原生活吧。
Jīntiān wǒ gěi nǐ jiǎng wǒ tǐyànguo de cǎoyuán shēnghuó ba.
오늘은 내가 너한테 내가 체험한 초원 생활에 대해 얘기해 줄게.

调整 tiáozhěng 조정하다, 조절하다

一定要学会调整好自己的情绪，情绪决定你的心态。
Yídìng yào xuéhuì tiáozhěnghǎo zìjǐ de qíngxù, qíngxù juédìng nǐ de xīntài.
스스로의 감정을 조절할 줄 알아야 해, 감정이 심리 상태를 결정하니까.

到了冬天，学校的作息时间表也跟着做了调整。
Dàole dōngtiān, xuéxiào de zuòxī shíjiānbiǎo yě gēnzhe zuòle tiáozhěng.
겨울이 되어서 학교의 수업과 쉬는 시간도 조정되었다.

挑战 tiǎo∥zhàn 도전하다 BCT1

不要再挑战我的耐心，赶紧走人。
Búyào zài tiǎozhàn wǒ de nàixīn, gǎnjǐn zǒurén.
더 이상 내 인내심 테스트하지 말고, 얼른 가 버려.

[단어] 走人 zǒurén 떠나다, 해고되다

仪表行业面临着越来越多的挑战。

Yíbiǎo hángyè miànlínzhe yuèláiyuè duō de tiǎozhàn.

계측기 업계는 갈수록 더 많은 도전을 받고 있다.

[단어] **仪表** yíbiǎo 측정 기계, 계기, 계량기

0327 统一 tǒngyī 통일하다

秦始皇灭六国统一天下。

Qínshǐhuáng miè liù guó tǒngyī tiānxià.

진시황은 6국을 멸망시키고 천하를 통일했다.

tip 秦始皇 : (BC 259 ～ BC 210). 진(秦, Qín)나라 황제로 중국을 처음으로 통일함.

首先要把咱们的奋斗目标统一起来。

Shǒuxiān yào bǎ zánmen de fèndòu mùbiāo tǒngyīqilai.

먼저 우리의 투쟁 목표를 통일해야 합니다.

형 일치된, 단일한

他们对质量标准的意见不统一。

Tāmen duì zhìliàng biāozhǔn de yìjiàn bù tǒngyī.

그들의 품질 기준에 대한 의견이 일치하지 않는다.

0328 偷 tōu 훔치다, 도둑질하다 **참고** 小偷 xiǎotōu 도둑

刚买的自行车又被偷走了，这太让我难过。

Gāng mǎi de zìxíngchē yòu bèi tōuzǒu le, zhè tài ràng wǒ nánguò.

금방 산 자전거를 또 도둑맞아서 너무 속상해.

傻瓜，是你偷了我的心。

Shǎguā, shì nǐ tōule wǒ de xīn.

바보, 네가 내 마음을 뺏은 거야.

0329 投入 tóurù 투입하다, 몰두하다

我们公司在这个项目上投入了大量的人力物力。

Wǒmen gōngsī zài zhège xiàngmù shang tóurùle dàliàng de rénlì wùlì.

우리 회사는 이 프로젝트에 대량의 인력과 물자를 투입했다.

有些人谈恋爱时，把所有的感情都投入到对方身上。
Yǒuxiē rén tán liàn'ài shí, bǎ suǒyǒu de gǎnqíng dōu tóurùdào duìfāng shēnshang.
어떤 이들은 연애할 때, 온 마음을 다 상대에게 쏟아붓는다.

0330 投资 tóuzī 투자하다 [BCT2]

他最近投资了一家家庭购物公司。
Tā zuìjìn tóuzīle yì jiā jiātíng gòuwù gōngsī.
그는 최근에 홈쇼핑 회사에 투자했다.

[단어] 家庭购物公司 jiātíng gòuwù gōngsī 홈쇼핑 회사(중국 최초의 홈쇼핑 회사는 东方 CJ이다.)

명 투자, 투자금

没有投资，怎么会有回报？
Méiyǒu tóuzī, zěnme huì yǒu huíbào?
투자도 안 하고 어떻게 수익을 얻겠어?

0331 吐 tǔ 뱉다, 얘기하다

儿子，千万不要随地吐痰啊。
Érzi, qiānwàn búyào suí dì tǔ tán a.
아들아, 절대로 아무 데나 침 뱉지 마라.

她声音很响亮，吐字清楚，语音标准。
Tā shēngyīn hěn xiǎngliàng, tǔzì qīngchu, yǔyīn biāozhǔn.
그녀는 목소리가 맑고, 발음이 분명하며, 억양이 정확하다.

▶ tù 토하다, 물건을 돌려주다

我今天吐了一天，现在连拿勺子的力气都没有。
Wǒ jīntiān tùle yì tiān, xiànzài lián ná sháozi de lìqi dōu méiyou.
오늘 하루 종일 토했더니 지금은 숟가락 들 힘도 없어.

你收到了多少，全部给我吐出来。
Nǐ shōudàole duōshao, quánbù gěi wǒ tùchulai.
자네가 받은 것 다 뱉어 내게.

喷云吐雾 pēn yún tǔ wù 〈성〉 담배연기가 자욱하다

吞吞吐吐 tūn tūn tǔ tǔ 〈성〉 말을 얼버무리다, 우물쭈물하다

0332 推辞 tuīcí 거절하다, 사양하다

人家一再坚持给，我就不好意思再推辞了。
Rénjiā yí zài jiānchí gěi, wǒ jiù bùhǎoyìsi zài tuīcí le.
그 친구가 계속 주겠다고 고집피우는데, 나도 거절하기가 뭣하더라고.

那个杂志社的记者要来采访，老总已经推辞了四次了。
Nàge zázhìshè de jìzhě yào lái cǎifǎng, lǎozǒng yǐjing tuīcíle sì cì le.
그 잡지사 기자가 취재 나오겠다는 걸, 사장님께서 이미 네 번이나 거절하셨어.

0333 推广 tuīguǎng 보급하다, 판촉하다

产品推广是营销部要处理的事项。
Chǎnpǐn tuīguǎng shì yíngxiāobù yào chǔlǐ de shìxiàng.
제품 판촉은 마케팅 부서에서 처리할 사항입니다.

自1998年起，每年9月份的第三周为全国推广普通话宣传周。
Zì yī jiǔ jiǔ bā nián qǐ, měinián jiǔ yuèfèn de dìsān zhōu wéi quánguó tuīguǎng pǔtōnghuà xuānchuán zhōu.
1998년부터, 매년 9월 셋째 주를 전국 보통화 홍보 활동 주로 정했다.

0334 推荐 tuījiàn 추천하다 참고 推举 tuījǔ 참고 推荐书 tuījiànshū 추천서

售货员给我推荐海尔无霜三门冰箱。
Shòuhuòyuán gěi wǒ tuījiàn Hǎi'ěr wú shuāng sān mén bīngxiāng.
판매원은 나에게 하이얼의 성애 방지 three door 냉장고를 추천했다.

tip 海尔 : 하이얼. 중국의 전자 회사, 1984년에 설립됨.

你推荐给我们的厂长很优秀，我们非常满意。
Nǐ tuījiàngěi wǒmen de chǎngzhǎng hěn yōuxiù, wǒmen fēicháng mǎnyì.
자네가 우리한테 소개해 준 공장장이 훌륭하더라고, 우리 맘에 꼭 들어.

0335 退 tuì 뒤로 물러서다, (힘, 기세 등이) 약해지다, 내려가다, (물건을) 돌려주다

潮水退去，沙滩上满是螃蟹。
Cháoshuǐ tuìqù, shātān shang mǎn shì pángxiè.
썰물이 빠지니, 모래사장이 온통 게들 세상이 되었다.

我现在有点进退两难了，不知怎么处理好。
Wǒ xiànzài yǒudiǎn jìn tuì liǎng nán le, bù zhī zěnme chǔlǐhǎo.
내가 지금 좀 진퇴양난이야, 어떻게 해야 할지 모르겠어.

这批货有严重的质量问题，我们要退货。
Zhè pī huò yǒu yánzhòng de zhìliàng wèntí, wǒmen yào tuìhuò.
이번 물건엔 심각한 품질 문제가 있어서, 저희는 반품하려고요.

관련 표현

打退堂鼓 dǎ tuì táng gǔ 성 중도에 그만두다

进退两难 jìn tuì liǎng nán 성 진퇴양난

0336 退步 tuì//bù 퇴보하다, (물러나며) 양보하다

学习就如逆水行舟，不前进就会退步。
Xuéxí jiù rú nì shuǐ xíng zhōu, bù qiánjìn jiù huì tuìbù.
공부는 물을 거슬러 올라가는 것과 같아서, 꾸준히 하지 않으면 퇴보하게 된다.

[단어] 逆水行舟 nì shuǐ xíng zhōu 성 물을 거슬러 배를 몰다, 어려움이 있어도 헤쳐 나가 야 한다

退一步，是为了进两步的战略。
Tuì yí bù, shì wèile jìn liǎng bù de zhànlüè.
1보 후퇴는 2보 전진을 위한 전략이다.

명 퇴로

凡事都要留个退步，不可做绝。
Fánshì dōu yào liú ge tuìbù, bùkě zuò jué.
무슨 일을 하든지 여지를 남겨 두어야지, 극단적으로 해서는 안 된다.

0337 退休 tuìxiū 퇴직하다

老张退休后在家里带孙子。
Lǎo Zhāng tuìxiū hòu zài jiā li dài sūnzi.
장 씨는 퇴직 후에 집에서 손자를 돌본다.

据说新加坡政府把退休年龄延长至六十七岁。
Jùshuō Xīnjiāpō zhèngfǔ bǎ tuìxiū niánlíng yáncháng zhì liùshíqī suì.
싱가포르 정부는 퇴직 연령을 67세로 늘렸다고 한다.

0338 往返 wǎngfǎn 왕복하다 [BCT1] [반의] 单程 dānchéng 편도

生意人经常往返于京沪两地。
Shēngyì rén jīngcháng wǎngfǎnyú Jīng Hù liǎng dì.
사업하는 사람들은 자주 베이징 — 상하이 두 곳을 왕복한다.

我要买从北京到罗马的往返机票。
Wǒ yào mǎi cóng Běijīng dào Luómǎ de wǎngfǎn jīpiào.
저는 베이징에서 로마로 가는 왕복 항공권을 사려고 합니다.

관련 표현

万喜良修长城 — 一去不返 [헐후]
Wàn Xǐliáng xiū Chángchéng — yí qù bù fǎn
완시랑이 만리장성을 축조하다 — 한번 떠나더니 돌아오지 않는다 : 한 번 떠나면 절대 돌아오지 않음을 이르는 말

tip 万喜良 : 완시랑(Wàn Xǐliáng). 중국 4대 민간 소설 《孟姜女哭长城 Mèng Jiāngnǚ kū Chángchéng》에 나오는 孟姜女(Mèng Jiāngnǚ)의 남편으로 만리장성 축조 사업에 징발되어 가서 죽어서 돌아옴.

0339 危害 wēihài 해가 되다, 해를 끼치다

这是一种严重危害社会公共安全的行为。
Zhè shì yì zhǒng yánzhòng wēihài shèhuì gōnggòng ānquán de xíngwéi.
이는 사회 공공 안전을 심각하게 해치는 행위이다.

명 위해, 손상

这种非法做法对教育的危害是极大的。
Zhè zhǒng fēifǎ zuòfǎ duì jiàoyù de wēihài shì jídà de.
이런 불법 행위가 교육에 끼치는 해는 아주 크다.

0340 威胁 wēixié (무력이나 권세로) 위협하다, (어떤 원인이) 위협을 가하다

敌军手里拿着枪威胁无辜的村民。
Díjūn shǒulǐ názhe qiāng wēixié wúgù de cūnmín.
적군은 손에 총을 들고 무고한 마을 주민을 위협했다.

[단어] 无辜 wúgù 무고하다, 죄가 없다

传染病威胁着人们的生命。
Chuánrǎnbìng wēixiézhe rénmen de shēngmìng.
전염병이 사람들의 생명을 위협하고 있다.

0341 微笑 wēixiào 미소를 짓다

她微笑着对我说："咱去看樱花吧"。
Tā wēixiàozhe duì wǒ shuō: "zán qù kàn yīnghuā ba".
그녀는 미소를 지으며 내게 "우리 벚꽃 보러 가요."라고 했다.

명 미소

微笑是全世界最通用的语言。
Wēixiào shì quán shìjiè zuì tōngyòng de yǔyán.
미소는 전 세계에서 가장 널리 통용되는 언어이다.

0342 违反 wéifǎn 위반하다, 어기다 BCT1

国有国法家有家规，违反了就要挨罚。
Guó yǒu guófǎ jiā yǒu jiāguī, wéifǎnle jiùyào áifá.
국가에는 국법이 있고, 가정에는 집안의 규칙이 있는 거야, 그걸 어기면 벌을 받아야지.

他们这样做是属于违反合同法的行为。
Tāmen zhèyàng zuò shì shǔyú wéifǎn hétóngfǎ de xíngwéi.
그들이 이렇게 하는 것은 계약법 위반 행위에 해당됩니다.

0343 围绕 wéirào 둘러싸다, 문제의 중심에 서다

代表大会围绕着如何节能减排展开。
Dàibiǎo dàhuì wéiràozhe rúhé jiénéng jiǎn pái zhǎnkāi.
대표 대회는 어떻게 에너지를 절약하고 온실가스 배출을 줄일 것인지를 해결하기 위해 열렸다.

tip 节能减排 jiénéng jiǎn pái : 중국에서 장려하는 환경 정책. 에너지를 절약하고 온실가스 배출을 줄인다(energy saving and emission reduction).

地球围绕着太阳公转，周期为一年。
Dìqiú wéiràozhe tàiyáng gōngzhuàn, zhōuqī wéi yì nián.
지구는 태양 주위를 공전하는 데, 주기는 1년이다.

0344 维修 wéixiū (기계 등을) 간수하고 수리하다, 보수하다, 손보다 [BCT1]

我家卫生间的外墙又漏水了，得找人维修。
Wǒ jiā wèishēngjiān de wàiqiáng yòu lòu shuǐ le, děi zhǎo rén wéixiū.
우리 집 화장실 외벽이 또 새요, 사람을 불러 수리해야겠어요.

接到顾客的电话后，公司服务中心及时派人上门维修。
Jiēdào gùkè de diànhuà hòu, gōngsī fúwù zhōngxīn jíshí pài rén shàngmén wéixiū.
고객의 전화를 받고 회사 고객 센터에서는 바로 사람을 집으로 보내 수리하게 했다.

0345 位于 wèiyú ～에 위치하다

中国位于亚洲东部，太平洋西岸。
Zhōngguó wèiyú Yàzhōu dōngbù, Tàipíngyáng xī'àn.
중국은 아시아의 동부, 태평양의 서안에 위치하고 있다.

0346 闻 wén 냄새를 맡다, 듣다

百闻不如一见嘛，我们直接去看看吧。
Bǎi wén bùrú yí jiàn ma, wǒmen zhíjiē qù kànkan ba.
백문이 불여일견이라잖아, 우리 직접 가서 보자고.

[단어] 百闻不如一见 bǎi wén bùrú yí jiàn 백문이 불여일견이다

这些玫瑰花看起来很美，闻起来也很香。
Zhèxiē méiguīhuā kànqilai hěn měi, wénqilai yě hěn xiāng.
이 장미꽃들은 보기에도 예쁘고, 냄새도 향기로워.

不闻不问 bù wén bú wèn 성 듣지도 묻지도 않다, 전혀 관심을 갖지 않다

久闻大名 jiǔ wén dà míng 성 명성은 오래전부터 들었습니다

0347 吻 wěn 입맞춤을 하다

她微笑着吻了几下男朋友的照片。
Tā wēixiàozhe wěnle jǐ xià nánpéngyou de zhàopiàn.
그녀는 미소를 띤 채 남자 친구의 사진에 입맞춤을 몇 번 했다.

명 키스

上班、出门前他都会给爱人一个吻。
Shàngbān、chūmén qián tā dōu huì gěi àirén yí ge wěn.
출근하거나 외출할 때마다 그는 아내에게 키스를 한다.

0348 问候 wènhòu 안부를 묻다

유의 问好 wènhǎo 참고 问候话 wènhòuhuà 인사말

这次聚会我去不了了，帮我问候一下同学们。
Zhè cì jùhuì wǒ qùbuliǎo le, bāng wǒ wènhòu yíxià tóngxuémen.
이번 모임엔 내가 갈 수가 없어, 나 대신 친구들한테 안부 좀 전해 줘.

0349 握手 wò//shǒu 악수하다, 손을 잡다

在汶川机场，胡锦涛与温家宝紧紧握手。
Zài Wènchuān jīchǎng, Hú Jǐntāo yǔ Wēn Jiābǎo jǐnjin wòshǒu.
원추안 공항에서, 후진타오와 원자바오는 힘 있게 악수를 했다.

我爸曾经跟总统握过手。
Wǒ bà céngjīng gēn zǒngtǒng wòguo shǒu.
우리 아빠는 전에 대통령하고 악수를 하신 적이 있다.

[단어] 汶川 Wènchuān 2008년 5월 12일 대규모 지진이 일어났던 곳 / **胡锦涛** Hú Jǐntāo 중국 국가 주석(2003년~2012년) / **温家宝** Wēn Jiābǎo 국무원 총리(2003년~2012년)

握手言和 wò shǒu yán hé **성** 서로 악수하고 화해하다

0350 吸取 xīqǔ (교훈이나 경험을) 받아들이다, 얻다 **유의** 吸收 xīshōu

我们要学会从别人的经验中吸取教训。
Wǒmen yào xué huì cóng biérén de jīngyàn zhōng xīqǔ jiāoxùn.
우리는 다른 이의 경험에서 교훈을 얻을 줄 알아야 한다.

0351 吸收 xīshōu 흡수하다, 끌어들이다 [BCT1] **유의** 吸取 xīqǔ

日本是亚洲第一个全盘吸收西方先进文化和技术的国家。
Rìběn shì yàzhōu dìyī ge quánpán xīshōu xīfāng xiānjìn wénhuà
hé jìshù de guójiā.
일본은 아시아에서 처음으로 서방 선진 문화와 기술을 전면적으로 받아들인 국가이다.
[단어] 全盘 quánpán 전체, 전부

营养吸收不了，吃再多也没用。
Yíngyǎng xīshōubuliǎo, chī zài duō yě méi yòng.
영양을 흡수하지 못하면 아무리 많이 먹어도 소용없다.

0352 瞎 xiā 눈이 보이지 않다, 실명하다

因为那次事故，他的左眼瞎了。
Yīnwèi nà cì shìgù, tā de zuǒyǎn xiā le.
그때 사고로 그의 왼쪽 눈이 실명되었다.

부 함부로, 되는대로, 공연히

别瞎猜了，你还是直接去问问他吧。
Bié xiā cāi le, nǐ háishi zhíjiē qù wènwen tā ba.
괜한 추측하지 말고 가서 직접 물어 봐.

我瞎忙了几天，不知都做了些什么。
Wǒ xiā mángle jǐ tiān, bùzhī dōu zuòle xiē shénme.
내가 며칠 괜히 바빴는데, 뭘 했는지 모르겠어.

睁眼瞎 zhēngyǎnxiā [관용] 눈뜬 봉사, 까막눈이

黑灯瞎火 hēi dēng xiā huǒ [성] 칠흑 같다, 컴컴하다

瞎子摸象 xiā zi mō xiàng [성] 잘 알지도 못하면서 멋대로 추측하다

瞎子说鬼 —不可名状 xiāzi shuō guǐ —bù kě míng zhuàng [헐후]
맹인이 귀신 이야기 하다 — 뭐라 형용할 수 없다 : 말로 형언할 수 없다

0353 下载 xiàzǎi 다운로드하다 [BCT1]

在这个网站上，你一注册，就能免费下载好多电影。
Zài zhège wǎngzhàn shang, nǐ yí zhùcè, jiù néng miǎnfèi xiàzǎi
hǎo duō diànyǐng.
이 사이트에서는 회원 가입만 하면 많은 영화를 무료로 다운 받을 수 있다.

0354 吓 xià 놀라다

路过胡同口，被突然冒出来的人吓了一跳。
Lù guò hútòng kǒu, bèi tūrán màochulai de rén xiàle yí tiào.
골목 입구를 지날 때, 갑자기 나타난 사람 때문에 깜짝 놀랐다.

他的话把我吓坏了。
Tā de huà bǎ wǒ xiàhuài le.
그의 말은 나를 놀라게 했다.

杀鸡吓猴 shā jī xià hóu [성] 닭을 죽여 원숭이를 겁주다, 일벌백계하다

0355 显得 xiǎnde ～처럼 보이다, ～하게 보이다

一夜没睡，他显得很是无精打采。
Yí yè méi shuì, tā xiǎnde hěn shì wú jīng dǎ cǎi.
밤을 꼴딱 새더니, 그 친구 아주 멍해 보이네.

[단어] **无精打采** wú jīng dǎ cǎi [성] 기운 없고 멍하다

你穿这件衬衫就显得年轻10岁。
Nǐ chuān zhè jiàn chènshān jiù xiǎnde niánqīng shí suì.
너 이 셔츠 입으니까 열 살은 젊어 보여.

0356 显示 xiǎnshì 드러내다, 나타내다, 보여 주다 [BCT1]

最新调查结果显示，一号候选人的支持率更高一些。
Zuìxīn diàochá jiéguǒ xiǎnshì, yī hào hòuxuǎnrén de zhīchílǜ gèng gāo yìxiē.
최근 조사에서 1번 후보의 지지율이 더 높게 나왔다.

通过这次比赛，他会显示出自己的能力。
Tōngguò zhè cì bǐsài, tā huì xiǎnshìchū zìjǐ de nénglì.
이번 시합을 통해 그는 자신의 능력을 보여 줄 것이다.

0357 限制 xiànzhì 제약하다, 제한하다 유의 压制 yāzhì, 抑制 yìzhì

不能限制年龄，要给老年人平等竞争的机会。
Bù néng xiànzhì niánlíng, yào gěi lǎoniánrén píngděng jìngzhēng de jīhuì.
나이 제한을 두지 말고, 노인들에게도 평등하게 경쟁할 수 있는 기회를 주어야 한다.

명 한계, 제약, 제한

这个公司招聘，没有任何限制，引起业界反响。
Zhège gōngsī zhāopìn, méiyǒu rènhé xiànzhì, yǐnqǐ yèjiè fǎnxiǎng.
이 회사는 직원 채용에서 어떠한 제한도 두지 않아, 업계의 반향을 불러일으켰다.

0358 相处 xiāngchǔ 함께 살다, 사이가 좋다

搬入新宿舍，要与新舍友好好相处。
Bānrù xīn sùshè, yào yǔ xīn shèyǒu hǎohāo xiāngchǔ.
새 기숙사에 들어가면, 새로운 룸메이트랑 잘 지내야 한다.

从此以后，两人相处得很愉快。
Cóng cǐ yǐhòu, liǎng rén xiāngchǔ de hěn yúkuài.
이때부터 두 사람이 사이좋게 지냈다.

0359 相关 xiāngguān 서로 관련되다, 연관되다

我跟韩某根本不相关。
Wǒ gēn Hán mǒu gēnběn bù xiāngguān.
나와 한 모씨는 전혀 상관이 없다.

中秋节与我们祖先的生活是密切相关的。
Zhōngqiūjié yǔ wǒmen zǔxiān de shēnghuó shì mìqiè xiāngguān de.
추석은 우리 조상의 생활과 밀접한 관련이 있다.

息息相关 xī xī xiāng guān 성 서로의 관계가 아주 밀접하다, 밀접하게 관련되어 있다

0360 相似 xiāngsì 서로 비슷하다, 닮다

虽然这两种产品外形非常相似，但实质上是不同的产品。
Suīrán zhè liǎng zhǒng chǎnpǐn wàixíng fēicháng xiāngsì, dàn shízhì shang shì bù tóng de chǎnpǐn.
이 두 제품이 외관은 아주 비슷하지만, 본질적으로 다른 제품이다.

这两人不是双胞胎却长得很相似。
Zhè liǎng rén bú shì shuāngbāotāi què zhǎng de hěn xiāngsì.
이 두 사람은 쌍둥이는 아닌데 생김새가 많이 닮았다.

0361 享受 xiǎngshòu 향유하다, 누리다

珍惜现在的一切，好好享受现在的一切 。
Zhēnxī xiànzài de yíqiè, hǎohāo xiǎngshòu xiànzài de yíqiè.
지금 이 순간을 소중히 여기고, 지금 이 순간을 멋지게 즐기십시오.

你现在就可以享受医保了。
Nǐ xiànzài jiù kěyǐ xiǎngshòu yībǎo le.
환자분은 지금 바로 의료 보험 혜택을 받으실 수 있습니다.

0362 想念 xiǎngniàn 그리워하다 유의 思念 sīniàn

已经出差20多天了，他十分想念家人。
yǐjing chūchāi èrshí duō tiān le, tā shífēn xiǎngniàn jiārén.
출장 나온 지 20일이 훌쩍 지나자, 그는 식구들이 많이 생각났다.

0363 想象 xiǎngxiàng 상상하다

她付出了常人难以想象的努力。
Tā fùchūle chángrén nányǐ xiǎngxiàng de nǔlì.
그녀는 일반 사람이 상상하기 어려울 정도로 노력했다.

명 상상

他的想象力太丰富了，什么都想得出来。
Tā de xiǎngxiànglì tài fēngfù le, shénme dōu xiǎngdechūlái.
그의 상상력은 매우 풍부해서, 별걸 다 생각해 낸다.

0364 消费 xiāofèi 소비하다 [BCT2]

참고 消费热 xiāofèirè 소비붐, 消费者 xiāofèizhě 소비자

上海的结婚消费已经大大超过了欧美地区水平。
Shànghǎi de jiéhūn xiāofèi yǐjing dàdā chāoguòle Ōuměi dìqū shuǐpíng.
상하이의 결혼식 비용은 이미 유럽과 미주 지역의 수준을 훨씬 웃돌고 있다.

为了刺激消费，百货商店推出很多优惠商品。
Wèile cìjī xiāofèi, bǎihuò shāngdiàn tuīchū hěn duō yōuhuì shāngpǐn.
소비를 촉진하기 위해, 백화점에서는 많은 할인 상품을 선보이고 있다.

0365 消化 xiāohuà (음식·지식을) 소화하다, (배운 지식을) 소화시키다

老师讲得这么快，学生们消化不了。
Lǎoshī jiǎng de zhème kuài, xuéshengmen xiāohuàbuliǎo.
선생님 말씀이 너무 빨라, 학생들이 이해를 못한다.

吃得多但是不胖的人一般消化能力极强。
Chī de duō dànshì bú pàng de rén yìbān xiāohuà nénglì jí qiáng.
많이 먹어도 살이 안 찌는 사람들은 보통 소화 능력이 아주 뛰어나다.

0366 消失 xiāoshī 없어지다, 소실되다 **반의** 出现 chūxiàn 나타나다, 출현하다

这次天灾过后有些生物从地球上消失了。
Zhè cì tiānzāi guò hòu yǒuxiē shēngwù cóng dìqiú shang xiāoshī le.
이번 천재를 겪은 후 어떤 생물들은 지구에서 사라졌다.

给你3秒钟，立马从我眼前消失！
Gěi nǐ sān miǎozhōng, lìmǎ cóng wǒ yǎnqián xiāoshī!
너에게 3초를 주겠어, 즉시 내 눈앞에서 사라져!

0367 销售 xiāoshòu 판매하다, 팔다 [BCT2]

销售出去的产品还要做好售后服务。
Xiāoshòuchuqu de chǎnpǐn hái yào zuòhǎo shòuhòu fúwù.
판매한 상품에 대해서는 AS를 잘해야 한다.
[단어] 售后服务 shòuhòu fúwù 애프터 서비스(A/S)

我们希望扩大这产品的销售量。
Wǒmen xīwàng kuòdà zhè chǎnpǐn de xiāoshòuliàng.
우리는 이 제품의 판매량을 늘리고 싶습니다.

0368 孝顺 xiàoshùn 효도하다, 정성스럽게 봉양하다

孝顺父母是天经地义的事。
Xiàoshùn fùmǔ shì tiān jīng dì yì de shì.
부모님께 효도하는 것은 당연한 도리이다.
[단어] 天经地义 tiān jīng dì yì 성 영원히 바뀔 수 없는 이치, 당연한 도리

小孩拿着糖来孝顺爷爷。
Xiǎohái názhe táng lái xiàoshùn yéye.
아이는 사탕을 들고 와서 할아버지께 드렸다.

형 효성스럽다

这孩子特别孝顺，有什么事都想着父母。
Zhè háizi tèbié xiàoshùn, yǒu shénme shì dōu xiǎngzhe fùmǔ.
이 아이는 아주 효성스러워, 무슨 일을 하든지 부모를 먼저 생각한다.

0369 歇 xiē 쉬다, 그만두다

走了半天，歇一会儿再走吧。
Zǒule bàntiān, xiē yíhuìr zài zǒu ba.
한참 걸었구나, 조금 쉬었다 가자.

公司暂时歇业，还没有倒闭。
Gōngsī zànshí xiēyè, hái méiyou dǎobì.
회사는 임시 휴업중이고, 아직 문을 닫지는 않았다.

0370 写作 xiězuò 글을 짓다, 저작하다

作者应该按照合同日期完成写作。
Zuòzhě yīnggāi ànzhào hétong rìqī wánchéng xiězuò.
저자는 계약 일자에 맞춰 원고를 마감해야 한다.

这本书会解答大家在写作过程中经常遇到的问题。
Zhè běn shū huì jiědá dàjiā zài xiězuò guòchéng zhōng jīngcháng yùdào de wèntí.
이 책은 사람들이 습작을 할 때 자주 부딪치는 문제에 대해 해답을 줄 것이다.

0371 欣赏 xīnshǎng 맘에 들다, 감상하다

你很坦率，我欣赏你的性格。
Nǐ hěn tǎnshuài, wǒ xīnshǎng nǐ de xìnggé.
넌 솔직해서 나는 너의 그런 성격이 맘에 들어.

要欣赏抽象画首先要理解什么是抽象。
Yào xīnshǎng chōuxiànghuà shǒuxiān yào lǐjiě shénme shì chōuxiàng.
추상화를 감상하려면 먼저 무엇이 추상인지부터 이해해야 한다.

0372 信任 xìnrèn 믿다, 신임하다 [BCT1]

我们的老板这么信任我，我也不好意思跳槽。
Wǒmen de lǎobǎn zhème xìnrèn wǒ, wǒ yě bùhǎoyìsi tiàocáo.
우리 사장님께서 이리도 나를 신임하시니, 내가 찔려서 이직을 할 수가 없다.

[단어] 跳槽 tiàocáo 이직하다

这份信任千金难买，对我而言更是万金难换。
Zhè fèn xìnrèn qiānjīn nán mǎi, duì wǒ ér yán gèng shì wànjīn nán huàn.
이 같은 믿음은 천금으로도 사기 힘들고, 나에게 있어서는 만금을 줘도 바꾸기 힘든 것이다.

0373 行动 xíngdòng 행동하다, 움직이다 **유의** 行为 xíngwéi

大家都行动起来，早干完早散。
Dàjiā dōu xíngdòngqilai, zǎo gànwán zǎo sàn.
모두 시작합시다, 일찍 끝내 놓고 일찍 헤어지죠.

既然已经决定了，那就赶快行动吧。
Jìrán yǐjing juédìng le, nà jiù gǎnkuài xíngdòng ba.
이미 결정했다면, 얼른 행동에 옮기세요.

명 행동 **유의** 行为 xíngwéi

要了解一个人，必须得看他的行动。
Yào liǎojiě yí ge rén, bìxū děi kàn tā de xíngdòng.
한 사람을 이해하려면, 반드시 그의 행동을 보아야 한다.

行动 vs 行为

行动과 行为는 명사로 쓸 수 있는데, 이때 行动은 일반적이고 구체적인 동작을 가리키지만, 行为는 생각이나 의식이 들어간 동작을 가리킨다.

正当的行为 zhèngdāng de xíngwéi 정당한 행위
行动不便 xíngdòng bú biàn 행동이 부자유스럽다
咱们快去行动吧! Zánmen qù xíngdòng ba! 우리 어서 행동에 옮겨요!

0374 形成 xíngchéng 형성하다, 이루어지다

云南石林形成于2亿5千多万年前的早二叠世末期。
Yúnnán shílín xíngchéngyú liǎng yì wǔ qiān duō wànnián qián de zǎo èrdiéshì mòqī
운남 석림은 2억 5천여 년 전인 전기 이첩기 말엽에 형성되었다.
[단어] 早二叠世 zǎo èrdiéshì 전기 이첩기(페름기), Permian Period

tip 云南石林 : 카르스트 지형으로 형성된 중국 云南省(윈난성)의 유명한 관광지이다. 2007년에 세계자연유산으로 지정되었다.

0375 形容 xíngróng 형용하다, 묘사하다

当时甭提多尴尬了，没法形容都。
Dāngshí béng tí duō gāngà le, méifǎ xíngróng dōu.
그때 얼마나 난처했는지 말도 말라니까, 뭐라 형용할 수가 없어.

很难用语言来形容那儿的美景。
Hěn nán yòng yǔyán lái xíngróng nàr de měijǐng.
그곳의 절경은 말로는 묘사하기가 힘들어.

0376 休闲 xiūxián 한가하게 지내다, 여가 활동을 하다

周末要是没安排的话，咱们出去休闲一下呗。
Zhōumò yàoshi méi ānpái dehuà, zánmen chūqu xiūxián yíxià bei.
주말에 스케줄 없으면 어디로 바람이나 쐬러 가요.

她兴趣广泛，经常参加各种休闲活动。
Tā xìngqù guǎngfàn, jīngcháng cānjiā gèzhǒng xiūxián huódòng.
그녀는 관심거리가 많아서 늘 각종 여가 활동에 참가한다.

0377 修改 xiūgǎi (문장이나 계획을) 고치다, 수정하다 BCT1

我看那份销售计划还是需要修改。
Wǒ kàn nà fèn xiāoshòu jìhuà háishi xūyào xiūgǎi.
내가 보기엔 그 판매 계획은 수정이 필요하겠더라고.

这个地方有明显被修改过的痕迹。
Zhège dìfang yǒu míngxiǎn bèi xiūgǎiguo de hénjì.
여기는 확실하게 고쳤던 흔적이 있네요.

0378 叙述 xùshù 서술하다

请把当时的经过详细叙述一遍。
Qǐng bǎ dāngshí de jīngguò xiángxì xùshù yí biàn.
당시의 경위를 상세히 서술해 주세요.

本文采用了插叙的叙述方式。
Běn wén cǎiyòngle chāxù de xùshù fāngshì.
이 문장은 삽입법의 서술 방식을 사용했다.

[단어] 插叙 chāxù 삽입법

0379 宣布 xuānbù (문자나 언어로) 선포하다, 발표하다, 선언하다 [BCT1]

유의 **公布** gōngbù

韩国政府宣布在独岛附近海域建立一个海洋科学研究基地。
Hánguó zhèngfǔ xuānbù zài Dúdǎo fùjìn hǎiyù jiànlì yí ge hǎiyáng kēxué yánjiū jīdì.
한국 정부는 독도 부근 해역에 해양과학 연구 기지를 설립한다고 발표했다.

人事部宣布最终晋级名单。
Rénshìbù xuānbù zuìzhōng jìnjí míngdān.
인사과에서 최종 승진 명단을 발표했다.

科索沃宣布独立，但没有得到塞尔维亚的承认。
Kēsuǒwò xuānbù dúlì, dàn méiyou dédào Sài'ěrwéiyà de chéngrèn.
코소보는 독립을 선언했지만, 세르비아의 승인을 받지 못했다.

[단어] **科索沃** Kēsuǒwò 코소보 / **塞尔维亚** Sài'ěrwéiyà 세르비아

0380 宣传 xuānchuán 선전하다, 광고하다 [BCT1]

采取广告宣传方式之前，必须先看你要推广什么样的产品。
Cǎiqǔ guǎnggào xuānchuán fāngshì zhīqián, bìxū xiān kàn nǐ yào tuīguǎng shénmeyàng de chǎnpǐn.
광고 선전 방식을 채택하기 전에, 반드시 먼저 당신이 어떤 제품을 팔려 하는지 알아야 한다.

[단어] **推广** tuīguǎng 널리 보급하다

每个党员要把党的观点和政策向人民做宣传。
Měi ge dǎngyuán yào bǎ dǎng de guāndiǎn hé zhèngcè xiàng rénmín zuò xuānchuán.
모든 당원은 당의 입장과 정책을 국민들에게 알려야 한다.

0381 寻找 xúnzhǎo 찾다, 구하다

很多台湾人来大陆寻找自己的亲人。
Hěn duō Táiwān rén lái dàlù xúnzhǎo zìjǐ de qīnrén.
대만 사람들 중 다수가 대륙으로 자신의 친척을 찾으러 왔다.

我想寻找一份跟专业相关的工作。
Wǒ xiǎng xúnzhǎo yí fèn gēn zhuānyè xiāngguān de gōngzuò.
나는 전공과 관계 있는 직장을 구했으면 한다.

0382 **询问** xúnwèn 물어보다, 알아보다

前来询问楼盘的人群中80后占了相当大比重。
Qiánlái xúnwèn lóupán de rénqún zhōng bā líng hòu zhànle xiāngdāng dà bǐzhòng.
매물을 물어보는 사람들 중에는 80년 이후 출생자들이 상당히 큰 비중을 차지했다.
[단어] **楼盘** lóupán 부동산의 매물

可以打114询问那个医院的电话号码。
Kěyǐ dǎ yāo yāo sì xúnwèn nàge yīyuàn de diànhuà hàomǎ.
114에 전화해서 그 병원의 전화번호를 알아보면 돼요.

0383 **训练** xùnliàn 훈련하다

女子沙滩排球队队员在海南三亚进行冬季训练。
Nǚzǐ shātān páiqiúduì duìyuán zài Hǎinán Sānyà jìnxíng dōngjì xùnliàn.
여자 비치발리볼 선수팀은 하이난 싼야에서 동계 훈련을 한다.
[단어] **沙滩排球** shātān páiqiú 비치발리볼

经过训练，动物可以学会很多技能。
Jīngguò xùnliàn, dòngwù kěyǐ xué huì hěn duō jìnéng.
훈련을 통해 동물은 많은 기능을 습득할 수 있다.

0384 **延长** yáncháng (거리, 시간을) 연장하다 BCT1

保持运动，合理膳食可以延长寿命。
Bǎochí yùndòng, hélǐ shànshí kěyǐ yáncháng shòumìng.
꾸준히 운동하고, 섭생을 잘하면 수명을 연장할 수 있다.
[단어] **膳食** shànshí 식사, 음식

这条公路延长了100多公里。
Zhè tiáo gōnglù yánchángle yìbǎi duō gōnglǐ.
이 도로는 100여 킬로미터를 연장했다.

0385 **摇** yáo 흔들다 [유의] **摆** bǎi

小狗一个劲儿地冲主人摇着尾巴。
Xiǎogǒu yí ge jìnr de chōng zhǔrén yáozhe wěibā.
강아지는 계속 주인을 향해 꼬리를 흔들고 있다.

北京人买个房子都得摇号。
Běijīng rén mǎi ge fángzi dōu děi yáohào.
베이징 사람들은 집을 살 때 모두 번호표를 받아야 한다.

[단어] 摇号 yáohào 번호를 뽑다

관련 표현

摇钱树 yáoqiánshù [관용] 흔들면 돈이 떨어지는 나무, 돈줄

摇头晃脑 yáo tóu huàng nǎo [성] 머리를 흔들다, 의기양양하다

摇尾乞怜 yáo wěi qǐ lián [성] 남에게 아첨하여 환심을 사다

遥遥领先 yáo yáo lǐng xiān [성] 큰 점수로 앞서다, 점수 차가 많이 벌어지다

0386 **咬** yǎo 물다, 베어 물다, 꼭 맞물리다, 개가 짖다

军犬咬住猎物就是不松口。
Jūnquǎn yǎozhù lièwù jiù shì bù sōngkǒu.
군용견은 사냥감을 물었다 하면 놓질 않는다.

这个面包太硬了，我都咬不动了。
Zhège miànbāo tài yìng le, wǒ dōu yǎobudòng le.
이 빵은 너무 딱딱해서 난 베어 물 수가 없다.

他咬着牙拼命地刹车。
Tā yǎozhe yá pīnmìng de shāchē.
그는 이를 악물고 죽어라 브레이크를 밟았다.

我家狗见陌生人也不咬。
Wǒ jiā gǒu jiàn mòshēng rén yě bù yǎo.
우리 집 개는 낯선 사람을 봐도 안 짖는다.

관련 표현

反咬一口 fǎn yǎo yì kǒu [성] 잘못한 사람이 다른 사람에게 죄를 뒤집어씌우다, 나쁜 짓을 하고 도리어 착한 사람에게 뒤집어씌우다

狗咬吕洞宾 gǒu yǎo Lǚ Dòngbīn [성] 개가 루동빈을 물다, 사람을 몰라보다, 남의 호의를 몰라 주다

咬文嚼字 yǎo wén jiáo zì （성） 지나치게 문구에 얽매이다, 자구에 매달리다
一口咬定 yì kǒu yǎo dìng （성） 한 마디로 잘라 말하다, 단언하다

0387 移动 yídòng 이동하다, 위치 변경하다

把左侧向上移动一点与右侧保持平衡。
Bǎ zuǒcè xiàng shàng yídòng yìdiǎn yǔ yòucè bǎochí pínghéng.
좌측을 위로 살짝 움직여 오른쪽과 평행을 맞추세요.

目标在移动的话很难瞄准。
Mùbiāo zài yídòng dehuà hěn nán miáozhǔn.
목표물이 움직이면 조준하기 힘들다.

[단어] 瞄准 miáozhǔn 조준하다, 겨냥하다

0388 移民 yímín 이민 가다 [BCT1]

참고 移民点 yímíndiǎn 이주지, 移民法 yímínfǎ 이민법

最近几年移民到美国的人口明显增多。
Zuìjìn jǐ nián yímíndào Měiguó de rénkǒu míngxiǎn zēngduō.
최근 몇 년 동안 미국으로 이민 간 인구가 확실히 많이 늘었다.

移民并不是一次简单的搬家。
Yímín bìng bú shì yí cì jiǎndān de bānjiā.
이민은 결코 간단한 이사가 아니다.

（명） 이민자

至今很多移民都回到了故国发展。
Zhì jīn hěn duō yímín dōu huídàole gùguó fāzhǎn.
오늘날에는 많은 이민자들이 고국으로 돌아와서 살길을 모색한다.

0389 议论 yìlùn 의론하다, 말이 많다

大家七嘴八舌地议论起谁是班花谁是班草来。
Dàjiā qī zuǐ bā shé de yìlùnqǐ shéi shì bānhuā shéi shì bāncǎo lái.
모두들 누가 반의 얼짱인지 누가 반의 훈남인지를 놓고 의견이 분분하다.

[단어] 班花 bānhuā 과에서 가장 예쁜 여학생 / 班草 bāncǎo 과에서 가장 멋진 남학생 /
七嘴八舌 qī zuǐ bā shé （성） 여러 사람들이 왁자지껄 떠들썩하게 이야기하다. 제각기 떠들다

他们小声议论着她。
Tāmen xiǎo shēng yìlùnzhe tā.
그들은 작은 소리로 그녀에 대해 이야기하고 있다.

명 의견

人多，各种议论都有，你就听而不闻吧。
Rén duō, gè zhǒng yìlùn dōu yǒu, nǐ jiù tīng ér bù wén ba.
사람이 많으니 이런저런 의견이 많아요, 그냥 못 들은 걸로 해 둬요.

[단어] 听而不闻 tīng ér bù wén 못 들은 척하다, 관심이 없다

관련 표현

议论纷纷 yì lùn fēn fēn **성** 의견이 분분하다, 왈가왈부하다

0390 印刷 yìnshuā 인쇄하다

这个星期排完版的话，下星期可以印刷了。
Zhège xīngqī páiwán bǎn dehuà, xià xīngqī kěyǐ yìnshuā le.
이번 주에 조판을 마친다면, 다음 주에는 인쇄를 할 수 있어요.

画展的图录已经印刷出来了，我看印刷质量不错。
Huàzhǎn de túlù yǐjing yìnshuāchulai le, wǒ kàn yìnshuā zhìliàng búcuò.
전시회 도록이 이미 인쇄되었는데, 내가 보니 인쇄가 꽤 잘 되었더라고요.

[단어] 图录 túlù 도록

관련 표현

印刷术 yìnshuāshù 인쇄술 / 印刷所 yìnshuāsuǒ 인쇄소
印刷纸 yìnshuāzhǐ 인쇄지 / 胶版印刷 jiāobǎn yìnshuā 오프셋 인쇄
木版印刷 mùbǎn yìnshuā 목판 인쇄

0391 迎接 yíngjiē 맞이하다, 마중하다

我急忙跑去门口迎接贵宾。
Wǒ jímáng pǎoqu ménkǒu yíngjiē guìbīn.
나는 급히 입구로 뛰어가 귀빈을 맞이했다.

他们以喜悦的心情迎接这个小生命的到来。
Tāmen yǐ xǐyuè de xīnqíng yíngjiē zhè ge xiǎoshēngmìng de dàolái.
그들은 기쁜 마음으로 이 작은 생명의 탄생을 맞이하였다.

0392 营业 yíngyè 영업하다 [BCT2]

本店从九点开始营业，请稍后再来。
Běn diàn cóng jiǔ diǎn kāishǐ yíngyè, qǐng shāohòu zài lái.
본 점포는 9시부터 영업합니다, 잠시 후에 다시 와 주십시오.

这个月的营业额比起上个月有所下滑。
Zhège yuè de yíngyè'é bǐ qǐ shàng ge yuè yǒu suǒ xiàhuá.
이번 달 매상은 지난달보다 약간 줄었다.

[단어] 下滑 xiàhuá 아래로 미끌어지다

0393 应付 yìngfu 대처하다, 대응하다, 적당히 하다, 그럭저럭하다

她又没有八只手，哪儿能应付得来这么多人。
Tā yòu méiyǒu bā zhī shǒu, nǎr néng yìngfudelái zhème duō rén.
그녀한테 손이 여덟 개가 있는 것도 아니고, 어떻게 이 많은 손님을 치러낼 수 있겠어.

来了一群外国人，你去应付一下。
Láile yì qún wàiguórén, nǐ qù yìngfu yíxià.
외국 손님이 여러분 오셨어. 자네가 가서 접대 좀 하게나.

你随便嗯几声应付应付他们就好了。
Nǐ suíbiàn èng jǐ shēng yìngfu yìngfu tāmen jiù hǎo le.
자네는 그 사람들한테 예예 몇 마디 하면서 대충 맞춰 주면 돼.

0394 应用 yìngyòng 응용하다

我们应用的程序都是公司自己研发的。
Wǒmen yìngyòng de chéngxù dōu shì gōngsī zìjǐ yánfā de.
우리가 응용한 프로그램은 모두 회사에서 자체적으로 연구 개발한 것입니다.

人脸、虹膜等生物识别技术正应用于金融支付。
Rénliǎn、hóngmó děng shēngwù shìbié jìshù zhèng yīngyòngyú jīnróng zhīfù.
안면, 홍채 등의 생체 인식 기술이 금융결제에 응용되고 있다.

[단어] 虹膜 hóngmó 홍채 / 生物识别 shēngwù shìbié 생체 인식

0395 拥抱 yōngbào 포옹하다, 껴안다 □□□

在西方国家，朋友见面互相拥抱非常正常。
Zài xīfāng guójiā, péngyou jiànmiàn hùxiāng yōngbào fēicháng
zhèngcháng.
서양에서는 친구끼리 만났을 때 서로 포옹하는 것이 아주 자연스럽다.

他紧紧拥抱着我，却一句话都不说。
Tā jǐnjǐn yōngbàozhe wǒ, què yí jù huà dōu bù shuō.
그는 나를 꼭 껴안고는, 한마디도 하지 않았다.

0396 用功 yòng∥gōng 열심히 공부하다 □□□

我有个朋友平时很用功读书，但成绩总上不去。
Wǒ yǒu ge péngyou píngshí hěn yònggōng dúshū, dàn chéngjì
zǒng shàngbuqù.
내 친구 중의 한 명은 평소에 아주 열심히 공부하는데, 성적은 늘 제자리야.

快考试了，大家再用点儿功吧，加油！
Kuài kǎoshì le, dàjiā zài yòng diǎnr gōng ba, jiāyóu!
곧 시험이니, 여러분 조금 더 열심히 합시다, 파이팅!

형 열심이다

老师夸奖了那些学习用功、团结同学的学生。
Lǎoshī kuājiǎngle nàxiē xuéxí yònggōng、tuánjié tóngxué de
xuésheng.
선생님께서는 공부도 열심히 하고, 친구들도 단합시키는 학우들을 칭찬하셨다.

0397 油炸 yóuzhá 기름에 튀기다 □□□

油炸食品的美味却不那么容易抗拒。
Yóuzhá shípǐn de měiwèi què bú nàme róngyì kàngjù.
기름에 튀긴 음식의 감칠맛은 뿌리치기가 그리 쉽지 않다.

0398 游览 yóulǎn 유람하다 □□□

今天我陪着韩老师游览了西双版纳。
Jīntiān wǒ péizhe Hán lǎoshī yóulǎnle Xīshuāngbǎnnà.
나는 오늘 한 선생님을 모시고 시수앙반나를 유람했다.

你们可以坐船游览漓江风光。

Nǐmen kěyǐ zuò chuán yóulǎn Lí Jiāng fēngguāng.

여러분은 배를 타고 리강의 풍경을 감상하실 수 있습니다.

tip 漓江 : 광시성(广西省 Guǎngxī Shěng) 계림(桂林 Guìlín)의 관광지.

관련 표현

游览千岛湖 — 山明水秀 yóulán Qiāndǎo Hú — shān míng shuǐ xiù **혈후**

천도호를 유람하다 — 산 좋고 물 맑다 : 산수가 아름답다

tip 千岛湖 : 절강성(浙江省 Zhèjiāng Shěng) 순안(淳安 Chún'ān)에 위치. 수력 발전소를 건설하면서 생긴 인공 호수로, 호수 안에 촘촘히 들어서 있는 1,078개의 섬이 절경을 이루고 있다.

0399 预报 yùbào 예보하다 [BCT1]

专家预报说火山将于未来三个月内爆发。

Zhuānjiā yùbào shuō huǒshān jiāngyú wèilái sān ge yuè nèi bàofā.

전문가는 화산이 3개월 내에 폭발할 거라고 예보했다.

气象局预报显示泰国曼谷的洪灾将会继续。

Qìxiàngjú yùbào xiǎnshì Tàiguó Màngǔ de hóngzāi jiāng huì jìxù.

기상청에서는 태국 방콕에서 발생했던 홍수가 계속 나타날 것이라고 예보했다.

명 예보

我每天晚上看天气预报。

Wǒ měitiān wǎnshang kàn tiānqì yùbào.

나는 매일 밤 일기 예보를 본다.

0400 预订 yùdìng 예약하다, 예매하다 [BCT2]

第一次在网上预订酒店，非常方便。

Dìyī cì zài wǎngshàng yùdìng jiǔdiàn, fēicháng fāngbiàn.

처음으로 인터넷에서 호텔 예약을 했는데, 아주 편하더라고.

从纽约回来的机票，我已经预订好了。

Cóng Niǔyuē huílai de jīpiào, wǒ yǐjing yùdìnghǎo le.

뉴욕에서 돌아오는 비행기표는 내가 이미 예매했어.

0401 预防 yùfáng 예방하다 □□□

预防感冒的最好方法就是加强锻炼。
Yùfáng gǎnmào de zuìhǎo fāngfǎ jiù shì jiāqiáng duànliàn.
감기 예방의 가장 좋은 방법은 열심히 운동하는 것이다.

打桥牌可以预防老年痴呆。
Dǎ qiáopái kěyǐ yùfáng lǎonián chīdāi.
브리지(bridge)를 하면 치매를 예방할 수 있다.

[단어] 桥牌 qiáopái 브리지(bridge), 카드 놀이의 일종

0402 运输 yùnshū 운송하다 [BCT2] 참고 运输舰 yùnshūjiàn 수송선 □□□

通过高速铁路运输物资，方便快捷。
Tōngguò gāosù tiělù yùnshū wùzī, fāngbiàn kuàijié.
고속 철도를 통해 물자를 운송하면, 편리하고 빠르다.

警察在这辆车运输的货物中发现了违禁物品。
Jǐngchá zài zhè liàng chē yùnshù de huòwù zhōng fāxiànle wéijìn wùpǐn.
경찰은 이 차가 운송하는 화물에서 금지품목을 발견했다.

0403 运用 yùnyòng 운용하다, 응용하다, 활용하다 □□□

如果你们运用这个公式的话，可以很快算出这道题。
Rúguǒ nǐmen yùnyòng zhège gōngshì dehuà, kěyǐ hěn kuài suànchū zhè dào tí.
만약에 여러분이 이 공식을 응용한다면, 이 문제를 빨리 풀 수 있습니다.

他在小说中运用了大量的史料。
Tā zài xiǎoshuō zhōng yùnyòngle dàliàng de shǐliào.
그는 소설에 대량의 사료를 활용했다.

관련 표현

运用自如 yùn yòng zì rú 성 자유자재로 운용하다

0404 **在乎** zàihu ~에 있다 [유의] 在于 zàiyú 마음에 두다

▶주로 부정문과 의문문에 쓴다.

学习不能让别人来解决，全在乎自己努力。
Xuéxí bù néng ràng biérén lái jiějué, quán zàihu zìjǐ nǔlì.
공부는 다른 사람이 해결해 줄 수 있는 것이 아니라, 전부 자신의 노력에 달렸다.

我爱的人他并不在乎我，爱我的人却不是我喜欢的。
Wǒ ài de rén tā bìng bú zàihu wǒ, ài wǒ de rén què bú shì wǒ xǐhuan de.
내가 사랑하는 사람은 나한테 관심이 없고, 날 사랑하는 사람은 내가 안 좋아하고.

관련 표현

满不在乎 mǎn bú zài hu [성] 전혀 신경 쓰지 않다

0405 **在于** zàiyú ~에 있다, ~에 달려 있다 [유의] 在乎 zàihu

你的问题主要在于读书不多而想得太多。
Nǐ de wèntí zhǔyào zàiyú dúshū bù duō ér xiǎng de tài duō.
너의 문제점은 책은 별로 안 읽고 생각은 많은 데 있다고.

生命在于运动。
Shēngmìng zàiyú yùndòng.
건강은 운동에 달려 있다.

0406 **赞成** zànchéng 찬성하다, 동의하다

大部分人赞成这次决议案。
Dàbùfen rén zànchéng zhè cì juéyì'àn.
대다수가 이번 결의안에 찬성했다.

我还是决定投赞成票。
Wǒ háishi juédìng tóu zànchéng piào.
나는 찬성표를 던지기로 결정했다.

0407 赞美 zànměi (말이나 언어로) 찬미하다, 칭송하다, 칭찬하다

참고 赞美歌 zànměigē 찬송가

这世界上的人都爱听赞美之词。
Zhè shìjiè shang de rén dōu ài tīng zànměi zhī cí.
이 세상 사람들은 모두 찬사 받는 걸 좋아한다.

这是一首描写和赞美深秋山林景色的诗。
Zhè shì yì shǒu miáoxiě hé zànměi shēnqiū shānlín jǐngsè de shī.
이는 늦가을 숲의 정취를 묘사하고 찬미한 시이다.

0408 造成 zàochéng 조성하다, 만들다, 야기하다 유의 引起 yǐnqǐ, 导致 dǎozhì

这次停电给公司造成了很大的损失。
Zhè cì tíngdiàn gěi gōngsī zàochéngle hěn dà de sǔnshī.
이번 정전으로 회사에 큰 손실이 발생했다.

急性中耳炎是感冒造成的。
Jíxìng zhōng'ěryán shì gǎnmào zàochéng de.
급성 중이염은 감기에서 비롯된 것이다.

造成 vs 引起 vs 导致

이 세 단어 모두 '어떤 결과가 나타났다'라는 뜻을 갖고 있으며, 때로는 서로 호환해서 쓸 수 있다. 引起는 좋은 결과와 나쁜 결과를 다 표현할 수 있지만, 导致와 造成은 보통 심각하고 안 좋은 결과를 나타낸다. 导致와 造成은 '실각, 실패, 분열, 비극, 파산, 위기, 손실' 등의 결과를 나타내고, 引起는 '분노, 의심, 반향' 등을 나타낸다.

造成了地面下沉 zàochéngle dìmiàn xiàchén 지면의 함몰을 초래하다
引起怀疑 yǐqǐ huáiyí 의심이 생기다
导致恶性事故 dǎozhì èxìng shìgù 참사를 불러왔다

0409 责备 zébèi 책망하다, 꾸짖다 유의 责怪 zéguài

这事我们也有责任，不能光责备他。
Zhè shì wǒmen yě yǒu zérèn, bù néng guāng zébèi tā.
이 일은 우리에게도 책임이 있으니, 저 친구만 탓해서도 안 된다.

因为没有按时完成作业，厂长责备了工人们。

Yīnwèi méiyou ànshí wánchéng zuòyè, chǎngzhǎng zébèile gōngrénmen.

제때에 작업을 마치지 못해, 공장장은 노동자들에게 싫은 소리를 했다.

0410 摘 zhāi (모자, 안경 등을) 벗다, (열매를) 따다, 발췌하다

周末想带女儿去草莓园摘草莓，让她体验大自然。

Zhōumò xiǎng dài nǚ'ér qù cǎoméiyuán zhāi cǎoméi, ràng tā tǐyàn dà zìrán.

주말에 딸애를 데리고 딸기밭에 가서 딸기를 따야겠어, 아이가 대자연을 체험할 수 있게 말이야.

进屋里了，你把墨镜摘下来吧。

Jìn wū li le, nǐ bǎ mòjìng zhāixialai ba.

실내에 들어왔으니 선글라스는 벗으라고.

这些资料是从人民日报里摘下来的。

Zhèxiē zīliào shì cóng Rénmín rìbào li zhāixialai de.

이 자료는 인민일보에서 발췌한 것이에요.

관련 표현

寻章摘句 xún zhāng zhāi jù 성 문장을 읽을 때 멋진 구절만 찾아서 뽑아 적고 깊이 있게 연구하지 않다, 문장이 진부하다

0411 粘贴 zhāntiē 풀로 붙이다

很多人在春节前在住宅的大门上粘贴红纸黄字的春联。

Hěn duō rén zài Chūnjié qián zài zhùzhái de dàmén shang zhāntiē hóngzhǐ huángzì de chūnlián.

많은 사람들은 설 전에 가옥의 대문에 홍색 종이에 황색 글자가 적힌 춘련을 붙인다.

0412 展开 zhǎnkāi 펴다, 활동을 벌이다, 전개하다

他一上任就展开了强势外交。

Tā yí shàngrèn jiù zhǎnkāile qiángshì wàijiāo.

그는 부임하자마자 강력한 외교 활동을 펼쳤다.

韩国各界展开了对日本地震灾区的捐款活动。
Hánguó gèjiè zhǎnkāile duì Rìběn dìzhèn zāiqū de juānkuǎn huódòng.
한국의 각계에서는 일본 지진에 대한 모금 행사를 벌였다.

[단어] 各界 gèjiè 각계, 각 분야 [BCT1]

0413 展览 zhǎnlǎn 전람하다, 전시하다 [BCT1]

上海博物馆展览古印度神庙艺术。
Shànghǎi bówùguǎn zhǎnlǎn gǔ Yìndù shénmiào yìshù.
상하이 박물관에서는 고대 인도의 신묘 예술을 전시한다.

本届博览会展览面积为4万平方米。
Běn jiè bólǎnhuì zhǎnlǎn miànjī wéi sìwàn píngfāngmǐ.
이번 박람회의 전시 면적은 4만㎡에 달한다.

명 전람회, 전시회, 박람회

本届展览到30号结束。
Běn jiè zhǎnlǎn dào sānshí hào jiéshù.
이번 박람회는 30일에 끝난다.

我们准备去参观新能源汽车展览。
Wǒmen zhǔnbèi qù cānguān xīnnéngyuán qìchē zhǎnlǎn.
우리는 신생 에너지 모터쇼를 보러 가려고 한다.

0414 占 zhàn 차지하다, (어떤 위치에) 놓이다

我们班女生人数占了全班的百分之六十。
Wǒmen bān nǚshēng rénshù zhànle quánbān de bǎifēnzhī liùshí.
우리 반 여학생 수는 반 전체의 60퍼센트를 차지하고 있다.

优质产品在市场占优势地位是正常的。
Yōuzhì chǎnpǐn zài shìchǎng zhàn yōushì dìwèi shì zhèngcháng de.
우수한 제품이 시장에서 우세한 지위를 점하는 것은 당연한 것이다.

0415 涨 zhǎng (수위, 물가 등이) 올라가다, 불어나다

最近除了工资什么都在涨。
Zuìjìn chúle gōngzī shénme dōu zài zhǎng.
최근에는 급여만 빼고 모든 게 오르고 있다.

暴雨不停，水库的水涨上来了。
Bàoyǔ bù tíng, shuǐkù de shuǐ zhǎngshanglai le.
폭우가 쉬지 않고 내려, 저수지의 물이 불었다.

水涨船高 shuǐ zhǎng chuán gāo **성** 기초가 향상되면 그것에 기반을 둔 사물도 덩달아 향상된다

0416 掌握 zhǎngwò 장악하다, 마스터하다, 결정하다

写论文的时候，要掌握第一手资料。
Xiě lùnwén de shíhou, yào zhǎngwò dìyī shǒu zīliào.
논문을 쓸 때는 1차 자료를 확보해야 해.

想找到一个好工作，必须掌握一门外语。
Xiǎng zhǎodào yí ge hǎo gōngzuò, bìxū zhǎngwò yì mén wàiyǔ.
좋은 직장을 구하려면, 반드시 외국어 하나는 마스터하고 있어야 해.

与其让别人掌握你的命运，不如你自己来主宰。
Yǔqí ràng biérén zhǎngwò nǐ de mìngyùn, bùrú nǐ zìjǐ lái zhǔzǎi.
다른 사람에게 네 운명을 맡기느니, 너 스스로 운명을 개척하는 게 나아.

[단어] 主宰 zhǔzǎi 지배하다, 주재하다

0417 招待 zhāodài 접대하다, 환대하다 **유의** 接待 jiēdài

主人家用珍藏多年的美酒招待客人。
Zhǔrénjiā yòng zhēncáng duō nián de měijiǔ zhāodài kèrén.
주인은 여러 해 동안 보관해 왔던 귀한 술로 손님을 접대했다.

他设午宴招待了美国贵宾。
Tā shè wǔyàn zhāodàile Měiguó guìbīn.
그는 오찬을 열어 미국 귀빈을 환대했다.

招待会 zhāodàihuì 리셉션, 연회
招待所 zhāodàisuǒ (관공서 · 공장 등의) 숙박 시설
青年招待所 qīngnián zhāodàisuǒ 유스호스텔(Youth hoetel)

0418 着火 zháo∥huǒ 불나다, 불붙다

□□□

秋天气候干燥，容易着火。
Qiūtiān qìhòu gānzào, róngyì zháohuǒ.
가을 날씨는 건조해서 불이 나기 쉬워.

阳光小区那边今天着了火，看到好多消防车过去了。
Yángguāng xiǎoqū nàbian jīntiān zháole huǒ, kàndào hǎo duō xiāofángchē guòqu le.
햇빛아파트 쪽에서 오늘 불이 나서, 소방차 여러 대가 가는 것을 봤어.

0419 着凉 zháo∥liáng 감기 걸리다, 찬바람 쐬다

□□□

昨天晚上着凉了，今天浑身不舒服。
Zuótiān wǎnshang zháoliáng le, jīntiān húnshēn bù shūfu.
어젯밤에 찬바람을 쐬었더니 오늘 온몸이 쑤시네.

你得多穿点，着了凉就麻烦了。
Nǐ děi duō chuān diǎn, zháole liáng jiù máfan le.
많이 껴입어, 감기 걸리면 골치 아프니까.

0420 召开 zhàokāi 열다, 개최하다

□□□

公司召开了2015年第一次临时股东大会。
Gōngsī zhàokāile èr líng yī wǔ nián dìyī cì línshí gǔdōng dàhuì.
회사는 2015년 제1차 임시 주주총회를 열었다.

[단어] 股东 gǔdōng 주주 BCT2

亚太经合组织会议，将于9月6日到8日在北京召开。
Yàtài jīnghé zǔzhī huìyì, jiāng yú jiǔ yuè liù rì dào bā rì zài Běijīng
zhàokāi.
APEC 회의가 9월 6일부터 8일까지 베이징에서 열린다.

[단어] 亚太经合组织会议 Yàtài jīnghé zǔzhī huìyì APEC

0421 照常 zhàocháng 평소와 같다 [BCT1]

5月8号，这里一切照常。
Wǔ yuè bā hào, zhèli yíqiè zhàocháng.
5월 8일, 이곳은 이상 무입니다.

부 평소대로

今年十一照常放一周长假。
Jīnnián Shí Yī zhàocháng fàng yì zhōu chángjià.
올해 건국 기념일에도 평소대로 1주일의 긴 휴가를 준다.

这个周末照常上班。
Zhège zhōumò zhàocháng shàngbān.
이번 주말에도 평소같이 출근해요.

0422 针对 zhēnduì 겨냥하다, 조준하다, 초점을 맞추다

针对金融危机，国家采取了一些经济措施。
Zhēnduì jīnróng wēijī, guójiā cǎiqǔle yìxiē jīngjì cuòshī.
금융 위기에 초점을 맞춰, 국가는 일련의 경제 조치를 취했다.

针对你的疑问我想补充几句。
Zhēnduì nǐ de yíwèn wǒ xiǎng bǔchōng jǐ jù.
자네의 의문 사항에 대해 내가 몇 마디 보충하겠네.

0423 珍惜 zhēnxī 아끼다, 소중히 여기다

유의 爱惜 àixī **반의** 浪费 làngfèi 낭비하다

"一寸光阴一寸金"教育我们珍惜时间。
"Yí cùn guāngyīn yí cùn jīn" jiàoyù wǒmen zhēnxī shíjiān.
'시간은 금이다'란 말은 우리에게 시간을 아끼라고 가르친다.

珍惜在一起的时光，别在事后后悔。
Zhēnxī zàiyìqǐ de shíguāng, bié zài shìhòu hòuhuǐ.
있을 때 잘해, 지나고 나서 후회 말고.

0424 诊断 zhěnduàn (의사가) 진단하다 □□□

医生诊断他患了难以治愈的尿毒症。
Yīshēng zhěnduàn tā huànle nányǐ zhìyù de niàodúzhèng.
의사는 그가 완치되기 힘든 요독증에 걸렸다고 했다.

0425 振动 zhèndòng 진동하다 □□□

我家的洗衣机每次洗衣服时总是振动得很厉害。
Wǒ jiā de xǐyījī měi cì xǐ yīfu shí zǒngshì zhèndòng de hěn lìhai.
우리 집 세탁기는 빨래할 때마다 진동이 너무 심해.

大家记得把手机调成震动模式。
Dàjiā jìde bǎ shǒujī tiáochéng zhèndòng móshì.
여러분 휴대 전화를 진동 모드로 바꾸는 거 기억하세요.

0426 争论 zhēnglùn 논쟁하다, 쟁론하다 [BCT1] □□□

谈判各方争论不休，始终没有达成妥协。
Tánpàn gèfāng zhēnglùn bù xiū, shǐzhōng méiyou dáchéng tuǒxié.
협상 양측이 논쟁만 벌일 뿐, 줄곧 합의에 이르지 못하고 있다.
[단어] 妥协 tuǒxié 타협하다, 타결되다

希望你不要和他们争论了。
Xīwàng nǐ búyào hé tāmen zhēnglùn le.
네가 그 사람들하고 논쟁하지 않았으면 좋겠어.

0427 争取 zhēngqǔ 쟁취하다, ~하려고 힘쓰다 □□□

我们会全力以赴争取胜利。
Wǒmen huì quán lì yǐ fù zhēngqǔ shènglì.
우리는 전력을 다해 승리를 쟁취할 것이다.
[단어] 全力以赴 quán lì yǐ fù 성 최선을 다하다

372

如果客户提前打订金，我们争取节前交货。
Rúguǒ kèhù tíqián dǎ dìngjīn, wǒmen zhēngqǔ jié qián jiāohuò.
만약 바이어가 미리 계약금을 보내면, 우리도 명절 전에 납품할 수 있도록 힘써 보죠.

[단어] 订金 dìngjīn 계약금 `BCT2`

0428 征求 zhēngqiú (서면이나 구두로) 의견을 구하다

制定政策一定要多倾听百姓呼声，征求人民意见。
Zhìdìng zhèngcè yídìng yào duō qīngtīng bǎixìng hūshēng, zhēngqiú rénmín yìjiàn.
정책을 만들 때는 국민들의 얘기에 귀 기울여야 하고, 국민들의 의견을 수렴해야 한다.

0429 睁 zhēng 눈을 크게 뜨다 `반의` 闭 bì 닫다, (눈을) 감다

沙尘满天飞舞，搞得我连眼睛都不敢睁。
Shāchén mǎn tiān fēiwǔ, gǎo de wǒ lián yǎnjing dōu bù gǎn zhēng.
흙먼지가 온 하늘을 뒤덮어, 나는 눈도 제대로 뜰 수가 없다.

他勉强睁开眼，看到一个模模糊糊的人影。
Tā miǎnqiǎng zhēngkāi yǎn, kàndào yí ge mómohuhu de rényǐng.
그가 간신히 눈을 떴을 때, 희미한 사람 그림자가 보였다.

관련 표현

睁一只眼，闭一只眼 zhēng yì zhī yǎn, bì yì zhī yǎn `관용` 보고도 못 본 척하다, 눈감아 주다

0430 挣 zhèng 돈을 벌다, 재산을 모으다 `유의` 赚 zhuàn

他今年走运生意红火，挣了不少钱。
Tā jīnnián zǒuyùn shēngyì hónghuǒ, zhèngle bùshǎo qián.
그는 올해 운도 좋고 사업도 잘 되어서, 돈을 많이 벌었다.

▶ 속박에서 벗어나다

我家的牛自己挣脱了绳子跑掉了。
Wǒ jiā de niú zìjǐ zhèngtuō le shéngzi pǎodiào le.
우리집 소는 자기가 줄을 풀고는 도망쳤다.

0431 指导 zhǐdǎo 지도하다, 이끌어 주다

我们在老师的指导下，取得了好成绩。
Wǒmen zài lǎoshī de zhǐdǎo xià, qǔdéle hǎo chéngjì.
우리는 선생님의 지도하에 좋은 성적을 거두었다.

洪教授指导五个研究生。
Hóng jiàoshòu zhǐdǎo wǔ ge yánjiūshēng.
홍 교수님은 대학원생 다섯 명을 지도하신다.

0432 指挥 zhǐhuī (군대·단체를) 지휘하다, (음악을) 지휘하다

首长亲自指挥作战，全军战士一口气拔下要塞。
Shǒuzhǎng qīnzì zhǐhuī zuòzhàn, quánjūn zhànshì yìkǒuqì báxià yàosài.
사령관이 직접 작전을 지휘해서, 전군의 전사들이 단숨에 요새를 함락했다.

卡拉扬曾经指挥过这个乐团，大获成功。
Kǎlāyáng céngjīng zhǐhuīguo zhège yuètuán, dà huò chénggōng.
카라얀(Herbert von Karajan)은 전에 이 악단을 지휘해 큰 성공을 거두었다.

> **tip** 卡拉扬 : 카라얀(Kǎlāyáng, 1908~1989). 오스트리아 출신의 세계적인 지휘자.

명 지휘자

他是交响乐团的总指挥。
Tā shì jiāoxiǎng yuètuán de zǒngzhǐhuī.
그는 교향악단의 총지휘자이다.

□□□

0433 制定 zhìdìng (제도·법률·정책 등을) 만들다, 제정하다, 확정하다 BCT1

公司制定了新的劳动合同样本。
Gōngsī zhìdìngle xīn de láodòng hétong yàngběn.
회사에서는 새로운 노동 계약서 견본을 만들었다.

希望制定法律的人带头遵守法律。
Xīwàng zhìdìng fǎlǜ de rén dàitóu zūnshǒu fǎlǜ.
법률을 제정하는 사람들이 솔선해서 법률을 준수했으면 좋겠어요.

[단어] 带头 dàitóu 이끌다, 솔선하다

□□□

0434 制造 zhìzào 만들다, 제조하다

유의 制作 zhìzuò　참고 制造业 zhìzàoyè 제조업

现在去哪儿都是中国制造的东西。
Xiànzài qù nǎr dōu shì Zhōngguó zhìzào de dōngxi.
지금은 어디를 가든 다 중국에서 만든 물건 천지야.

您有什么疑问可以直接联系制造商。
Nín yǒu shénme yíwèn kěyǐ zhíjiē liánxì zhìzàoshāng.
궁금하신 게 있으면 직접 제조업체에 연락하시면 됩니다.

▶ 분위기를 조성하다

请不要再危言耸听制造紧张气氛了。
Qǐng búyào zài wēi yán sǒng tīng zhìzào jǐnzhāng qìfēn le.
더는 무서운 말로 긴장 상태를 조장하지 말아요.

[단어] 危言耸听 wēi yán sǒng tīng 성 과장되거나 무서운 말을 해서 사람을 두렵게 하다

□□□

0435 制作 zhìzuò 제작하다　유의 制造 zhìzào

竹子是制作风筝骨架的主要材料。
Zhúzi shì zhìzuò fēngzhēng gǔjià de zhǔyào cáiliào.
대나무는 연의 살을 만드는 중요한 재료이다.

这部电影的制作费相当高。
Zhè bù diànyǐng de zhìzuòfèi xiāngdāng gāo.
이 영화의 제작비가 많이 들었다.

0436 治疗 zhìliáo 치료하다

幸亏治疗及时，不然可就危险了。
Xìngkuī zhìliáo jíshí, bùrán kě jiù wēixiǎn le.
다행히 제때 치료했기에 망정이지, 아니면 정말 위험했을 거예요.

명 치료

从治疗效果看，应该不会有什么大碍。
Cóng zhìliáo xiàoguǒ kàn, yīnggāi bú huì yǒu shénme dà ài.
치료 효과로 볼 때, 큰 문제는 없을 것으로 보입니다.

0437 主持 zhǔchí 주최하다, 진행하다, 사회 보다

大会由全国人大委员会委员长主持召开。
Dàhuì yóu Quánguó Réndà wěiyuánhuì wěiyuánzhǎng zhǔchí zhàokāi.
대회는 전국인민대표대회 상임위원회 위원장의 사회로 열립니다.

毕业晚会全部由毕业生主持进行。
Bìyè wǎnhuì quánbù yóu bìyèshēng zhǔchí jìnxíng.
졸업 파티는 전부 졸업생이 주축이 되어 진행됩니다.

0438 主张 zhǔzhāng 주장하다

国家主张开发新型能源解决能源短缺问题。
Guójiā zhǔzhāng kāifā xīnxíng néngyuán jiějué néngyuán duǎnquē wèntí.
국가에서는 신형 에너지를 개발해 에너지 부족 문제를 해결하자고 주장한다.

[단어] 短缺 duǎnquē 부족하다, 결핍하다 [BCT1]

명 주장, 의견

他的主张很有道理，而且对我们非常有利。
Tā de zhǔzhāng hěn yǒu dàolǐ, érqiě duì wǒmen fēicháng yǒulì.
그의 의견은 아주 일리가 있는데다 우리에게 매우 유리해요.

관련 표현

自作主张 zì zuò zhǔ zhāng **성** 제멋대로 결정하다

0439 煮 zhǔ 삶다, 익히다

今天家里没什么菜，我们煮面条吃吧。
Jīntiān jiā li méi shénme cài, wǒmen zhǔ miàntiáo chī ba.
오늘은 집에 별로 먹을 게 없네, 우리 국수 삶아 먹자.

관련 표현

煮熟的鸭子飞了 zhǔshú de yāzi fēi le **관용** 다 잡은 것을 놓치다
生米煮成熟饭 shēngmǐ zhǔchéng shúfàn **성** 이미 엎질러진 물, 어쩔 수 없다

0440 注册 zhùcè (주관 기관, 학교에) 등록하다 BCT2

참고 注册商标 zhùcè shāngbiāo 등록 상표 / 自动注册 zìdòng zhùcè 자동 로그인

我今天终于在工商局注册好公司了。
Wǒ jīntiān zhōngyú zài gōngshāngjú zhùcèhǎo gōngsī le.
나는 오늘 마침내 상공 행정 관리국에 회사 등록을 했다.

只有经核准注册的商标，才受法律保护。
Zhǐyǒu jīng hézhǔn zhùcè de shāngbiāo, cái shòu fǎlǜ bǎohù.
등록이 확정된 상표만이 법률의 보호를 받을 수 있다.

[단어] 核准 hézhǔn 심사 비준하다 BCT2

0441 祝福 zhùfú 축원하다, 축복하다

祝福天下所有的好人一生平安。
Zhùfú tiānxià suǒyǒu de hǎorén yìshēng píng'ān.
이 세상의 모든 착한 사람들이 평생 평안하기를 기원합니다.

我衷心地祝福你们永结同心、白头偕老。

Wǒ zhōngxīn de zhùfú nǐmen yǒng jié tóngxīn, bái tóu xié lǎo.

저는 진심으로 두 사람이 영원히 한 마음으로 백년해로하길 바랍니다.

[단어] 白头偕老 bái tóu xié lǎo 성 백년해로하다

0442 抓 zhuā (손가락 · 발톱으로) 꽉 쥐다

我的衣服被猫猫抓破了。

Wǒ de yīfu bèi māomāo zhuāpò le.

내 옷을 고양이가 찢어 놨다.

警察抓住了两个小偷。

Jǐngchá zhuāzhùle liǎng ge xiǎotōu.

경찰은 도둑 두 명을 잡았다.

0443 抓紧 zhuājǐn 꽉 쥐다, 단단히 쥐다, 급히 하다

机会不多，这次要抓紧机会了！

Jīhuì bù duō, zhè cì yào zhuājǐn jīhuì le!

기회가 많지 않으니, 이번엔 기회를 잡으세요!

请各位抓紧时间，只剩下不到一分钟了。

Qǐng gè wèi zhuājǐn shíjiān, zhǐ shèngxià bú dào yì fēnzhōng le.

여러분 서두르세요, 1분도 채 안 남았습니다.

0444 转变 zhuǎnbiàn (사랑 · 사물 · 상황 등이) 바뀌다, 변하다

这件事情以后他对我的态度完全转变了。

Zhè jiàn shìqing yǐhòu tā duì wǒ de tàidù wánquán zhuǎnbiàn le.

이 일이 있은 후에 그가 나를 대하는 태도가 확 바뀌었다.

我们应该转变工作作风。

Wǒmen yīnggāi zhuǎnbiàn gōngzuò zuòfēng.

우리는 업무 스타일을 변화시켜야 한다.

0445 转告 zhuǎngào 말을 전하다　□□□

你帮我转告部长，我在机场等他。
Nǐ bāng wǒ zhuǎngào bùzhǎng, wǒ zài jīchǎng děng tā.
부장님께 전해 주세요, 제가 공항에서 기다리겠다고.

0446 装 zhuāng 담다, 포장하다, ~인 척하다　□□□

这么多东西，一个箱子根本装不下。
Zhème duō dōngxi, yí ge xiāngzi gēnběn zhuāngbuxià.
이렇게 물건이 많은데, 박스 하나로는 어림도 없어.

她故意装出一副可怜的样子，我看着就不舒服。
Tā gùyì zhuāngchū yí fù kělián de yàngzi, wǒ kànzhe jiù bù shūfu.
저 여자 일부러 불쌍한 척하는 거, 참 맘에 안 들어.

관련 표현

旧瓶装新酒 jiù píng zhuāng xīn jiǔ 〔관용〕 헌 병에 새 술을 담다, 낡은 형식 속에 새 내용을 담다

装腔作势 zhuāng qiāng zuò shì 〔성〕 거드름을 피우다, 허세를 부리다

装神弄鬼 zhuāng shén nòng guǐ 〔성〕 신들린 척하다, 눈속임하여 사람들을 현혹시키다

0447 装饰 zhuāngshì 장식하다　〔참고〕 装饰品 zhuāngshìpǐn 장식품　□□□

家里的墙壁有点空，我觉得用画来装饰一下肯定不错。
Jiāli de qiángbì yǒudiǎn kōng, wǒ juéde yòng huà lái zhuāngshì yíxià kěndìng búcuò.
집안의 벽이 좀 허전한데, 난 그림으로 장식하면 틀림없이 괜찮을 것 같아.

명 장식품

凉鞋上的装饰很漂亮。
Liángxié shang de zhuāngshì hěn piàoliang.
샌들에 달린 장식품이 예쁘다.

0448 装修 zhuāngxiū (가옥을) 장식하고 꾸미다, 인테리어하다

참고 装修公司 zhuāngxiū gōngsī 인테리어 회사

本餐厅正在升级装修中，定于本月底重新开张。
Běn cāntīng zhèngzài shēngjí zhuāngxiū zhōng, dìngyú běn yuèdǐ chóngxīn kāizhāng.
본 식당은 리모델링 중입니다, 이 달 말에 새롭게 문을 열겠습니다.

0449 撞 zhuàng 부딪치다, 돌진하다, (우연히) 마주치다

他昨天被卡车撞了，受了重伤。
Tā zuótiān bèi kǎchē zhuàng le, shòule zhòngshāng.
그는 어제 트럭에 치여 중상을 입었어요.

今天真是撞了狗屎运，出门就捡钱。
Jīntiān zhēnshi zhuàngle gǒushǐyùn, chūmén jiù jiǎn qián.
오늘 대박이었어, 밖에 나갔다가 돈을 주웠지 뭐야.

[단어] 狗屎运 gǒushǐyùn 생각지도 않았거나, 좀체 일어나기 힘든 좋은 일이 생겼을 때 쓰는 표현

撞红绿灯是违法的。
Zhuàng hónglǜdēng shì wéifǎ de.
신호등을 무시하고 지나가는 건 위법이에요.

🙂 관련 표현

做一天和尚，撞一天钟 zuò yì tiān héshang, zhuàng yì tiān zhōng **관용**
하루 중이 되면 하루 종을 친다, 그럭저럭 무의미한 나날을 보내다

0450 追 zhuī 뒤쫓다, 쫓아가다, (이성을) 따라다니다

小孩儿走远了，快去追他一下。
Xiǎoháir zǒuyuǎn le, kuài qù zhuī tā yíxià.
어린아이가 멀리 갔어요, 빨리 쫓아가 보세요.

我以前追过一个女生，现在连名字都想不起来了。
Wǒ yǐqián zhuīguo yí ge nǚshēng, xiànzài lián míngzi dōu xiǎng buqǐlái le.
내가 예전에 쫓아다니던 여학생이 하나 있었는데, 지금은 이름도 생각이 안 나네.

你追我赶 nǐ zhuī wǒ gǎn 성 (선의의 경쟁에서) 서로 뒤쳐지지 않으려 하다, 앞서거니 뒤서거니 하다

驷马难追 sì mǎ nán zhuī 성 말이 입 밖을 나가면 사두마차도 따라잡지 못한다, 한 번 뱉은 말은 주워 담기 힘들다

□ □ □

0451 追求 zhuīqiú 추구하다, 이성을 따라다니다

年轻就是要勇于追求自己的梦想。
Niánqīng jiù shì yào yǒngyú zhuīqiú zìjǐ de mèngxiǎng.
젊을 때는 용감하게 자신의 꿈을 추구해야 한다.

她才貌双全，总有不少男生追求她。
Tā cái mào shuāng quán, zǒng yǒu bùshǎo nánshēng zhuīqiú tā.
그애는 재능과 미모를 겸비해, 늘 많은 남학생들이 쫓아다닌다.

[단어] **才貌双全** cái mào shuāng quán 성 재색(才色)을 겸비하다

□ □ □

0452 咨询 zīxún 자문을 구하다, 자문하다, 상의하다 [BCT1]

참고 **咨询台** zīxúntái 안내 데스크

相关具体措施请咨询我们的技术经理。
Xiāngguān jùtǐ cuòshī qǐng zīxún wǒmen de jìshù jīnglǐ.
구체적인 조치 사항과 관련해서는 우리 기술 팀장과 상의하세요.

这个问题还是找专家咨询一下吧。
Zhège wèntí háishi zhǎo zhuānjiā zīxún yíxià ba.
이 문제는 전문가에게 자문을 구하세요.

□ □ □

0453 自觉 zìjué 자각하다, 스스로 느끼다

他说完这句话自觉有点儿过分。
Tā shuōwán zhè jù huà zìjué yǒudiǎnr guòfèn.
그는 이 말을 하고는 조금 지나쳤음을 깨달았다.

奶奶自觉右手突然不灵活。
Nǎinai zìjué yòushǒu tūrán bù línghuó
할머니는 오른손이 갑자기 말을 안 듣는 걸 느끼셨다.

请自觉遵守"禁止吸烟"的规定。
Qǐng zìjué zūnshǒu "jìnzhǐ xīyān" de guīdìng.
여러분, 자발적으로 '금연' 규정을 지켜 주세요.

0454 自愿 zìyuàn 스스로 원하다, 자원하다 유의 志愿 zhìyuàn

我自愿加入"志愿者联盟",成为你们的一员。
Wǒ zìyuàn jiārù "zhìyuànzhě liánméng", chéngwéi nǐmen de yì yuán.
나는 '자원봉사대'에 가입해서 여러분과 일원이 되었으면 합니다.

除了她自愿,没有人能够强迫她。
Chúle tā zìyuàn, méiyǒu rén nénggòu qiángpò tā.
그녀가 스스로 원해야지, 아무도 그녀를 강요할 수 없다.

0455 综合 zōnghé 종합하다, 총괄하다 BCT1
유의 概括 gàikuò 참고 综合征 zōnghézhēng 증후군

请你再综合分析一下目前股市状况。
Qǐng nǐ zài zōnghé fēnxī yíxià mùqián gǔshì zhuàngkuàng.
현재의 주식 시장 상황을 다시 종합적으로 분석해 주십시오.

综合各项指标来看,他都是很健康的。
Zōnghé gè xiàng zhǐbiāo láikàn, tā dōu shì hěn jiànkāng de.
각종 수치를 종합해 본 결과, 그는 전반적으로 건강합니다.

0456 阻止 zǔzhǐ 막다, 저지하다 유의 制止 zhìzhǐ

我们必须阻止校园暴力事件的发生。
Wǒmen bìxū zǔzhǐ xiàoyuán bàolì shìjiàn de fāshēng.
우리는 반드시 학교 폭력 사건의 발생을 막아야 합니다.

他已经上路了,我本想阻止他,但是晚了一步。
Tā yǐjing shànglù le, wǒ běn xiǎng zǔzhǐ tā, dànshì wǎnle yí bù.
그 사람 벌써 떠났어요. 전 원래 그 사람을 말리려 했는데, 한 발 늦었네요.

 **0457** 组成 zǔchéng 구성하다 **유의** 构成 gòuchéng

足球队由十一名成员组成。
Zúqiúduì yóu shíyī míng chéngyuán zǔchéng.
축구팀은 11명의 성원으로 구성된다.

会议确定了访美代表团的组成人员。
Huìyì quèdìngle fǎng Měi dàibiǎotuán de zǔchéng rényuán.
회의에서 방미 대표단의 구성 인원이 확정되었다.

0458 组合 zǔhé 조합하다, 짜 맞추다 [BCT1]

在西方古典音乐中，协奏曲通常由三个乐章组成。
Zài xīfāng gǔdiǎn yīnyuè zhōng, xiézòuqǔ tōngcháng yóu sān ge yuèzhāng zǔchéng.
서양의 클래식 음악에서 협주곡은 보통 3악장으로 이루어져 있다.

我们的志愿小组是自由组合的。
Wǒmen de zhìyuàn xiǎozǔ shì zìyóu zǔhé de.
우리 자원 봉사팀은 자유롭게 결성된 것이다.

명 조합

双鱼座和处女座是星座中的最佳组合。
Shuāngyúzuò hé chǔnǚzuò shì xīngzuò zhōng de zuì jiā zǔhé.
물고기자리와 처녀자리는 별자리 중에서 가장 잘 맞는 조합이야.

0459 组织 zǔzhī 조직하다, 구성하다 [BCT1]

我们社团组织去参观长城，想要参加的就过来报名。
Wǒmen shètuán zǔzhī qù cānguān Chángchéng, xiǎng yào cānjiā de jiù guòlai bàomíng.
우리 동아리에서 팀을 만들어 만리장성을 보러 가기로 했으니, 참가를 원하면 신청하기 바랍니다.

명 조직

党组织 dǎng zǔzhī 당 조직

学生会组织 xuéshēnghuì zǔzhī 학생회 조직

0460 醉 zuì 취하다, 지나치게 좋아하다

喝醉的人最爱说自己没醉。
Hēzuì de rén zuì ài shuō zìjǐ méi zuì.
술에 취한 사람들은 자신이 안 취했다는 말을 제일 잘하지.

美丽的下龙湾，让我看得简直醉了。
Měilì de Xiàlóngwān, ràng wǒ kàn de jiǎnzhí zuì le.
아름다운 하롱베이가 나를 홀딱 반하게 했다.

[단어] 下龙湾 Xiàlóngwān 하롱베이(Halong bay), 베트남의 관광지

형 술에 담그다

每次去中餐厅爸爸都点酒醉虾。
Měi cì qù zhōng cāntīng bàba dōu diǎn jiǔzuìxiā.
매번 중국 음식점에 갈 때마다 아빠는 꼭 '술에 담근 새우'를 주문하신다.

[단어] 酒醉虾 jiǔzuìxiā 산 새우를 파, 생강, 소금, 간장, 조미료, 참기름 등으로 양념한 고량주 속에 몇 분간 담가 놓았다 먹는 요리

관련 표현

酒醉心明 jiǔ zuì xīn míng 술에 취했으나 정신은 맑다

烂醉如泥 làn zuì rú ní **성** (취해서) 고주망태가 되다

醉生梦死 zuì shēng mèng sǐ **성** 아무 의미 없이 한 평생을 보내다

0461 尊敬 zūnjìng 존경하다

史蒂夫·乔布斯是我非常尊敬的企业家之一。
Shǐdìfū·Qiáobùsī shì wǒ fēicháng zūnjìng de qǐyèjiā zhī yī.
스티브잡스(Steve Jobs)는 내가 가장 존경하는 기업가 중의 하나이다.

형 존경하는, 존경받을 만한 **유의** 尊重 zūnzhòng

尊敬的各位来宾，请在入场前把手机关机。
Zūnjìng de gèwèi láibīn, qǐng zài rùchǎng qián bǎ shǒujī guānjī.
존경하는 내빈 여러분, 입장하시기 전에 휴대 전화를 꺼 주십시오.

0462 遵守 zūnshǒu 지키다, 준수하다 BCT1

学生应该遵守学生守则。
Xuéshēng yīnggāi zūnshǒu xuésheng shǒuzé.
학생은 당연히 학생 수칙을 지켜야 한다.

99%车祸都因不遵守交通规则引起。
Bǎifēnzhī jiǔshíjiǔ chēhuò dōu yīn bù zūnshǒu jiāotōng guīzé yǐnqǐ.
99퍼센트의 교통사고는 다 교통 법규를 준수하지 않아 발생하는 것이다.

0463 作为 zuòwéi ~의 신분(자격)으로서, ~으로 삼다

我们要把他作为生活和学习的榜样。
Wǒmen yào bǎ tā zuòwéi shēnghuó hé xuéxí de bǎngyàng.
우리는 그를 생활과 학습의 롤 모델로 삼으려고 한다.

作为一个学生，应该尊敬老师，听从老师的指导。
Zuòwéi yí ge xuésheng, yīnggāi zūnjìng lǎoshī, tīngcóng lǎoshī de zhǐdǎo.
학생으로서 마땅히 선생님을 존경해야 하고, 선생님의 가르침을 따라야 한다.

0001 毕竟 bìjìng 결국, 어쨌든

他毕竟是个孩子，你就放他一马吧。
Tā bìjìng shì ge háizi, nǐ jiù fàng tā yì mǎ ba.
저 애는 어쨌든 아이잖니, 네가 한 번만 용서해 주렴.

需要帮忙请说一声，毕竟我们是过来人嘛。
Xūyào bāngmáng qǐng shuō yì shēng, bìjìng wǒmen shì guòláirén ma.
도움이 필요하면 말씀하세요, 어쨌든 우리는 경험자들이잖아요.

[단어] 过来人 guòláirén 경험자, 베테랑

0002 便 biàn 곧, 바로 **유의** 就 jiù

你一来，我的心情便好了起来。
Nǐ yì lái, wǒ de xīnqíng biàn hǎole qǐlai.
네가 오니까 내 기분이 바로 좋아졌어.

형 편리하다, 편하다 **참고** 家常便饭 jiācháng biànfàn 일상다반사

现在开车中，不便接电话。
Xiànzài kāichē zhōng, bú biàn jiē diànhuà.
지금 운전 중이라 전화 받기 힘들어요.

0003 不断 búduàn 끊임없이, 부단히

我看你的汉语水平不断提高，我真佩服你。
Wǒ kàn nǐ de hànyǔ shuǐpíng búduàn tígāo, wǒ zhēn pèifu ni.
너의 중국어 실력이 계속 느는 걸 보니까, 정말 존경스럽다.

동 계속 이어지다, 끊임없다

这些日子身体总是不舒服，小病不断。
Zhèxiē rìzi shēntǐ zǒngshì bù shūfu, xiǎobìng búduàn.
요즈음 몸이 계속 안 좋고 잔병이 끊이질 않네.

连绵不断 lián mián bú duàn (성) 끊임없이 계속 이어지다

0004 不见得 bújiàndé 반드시 ~이라고는 할 수 없다

长得漂亮的人不见得心眼儿也好。
Zhǎng de piàoliang de rén bújiàndé xīnyǎnr yě hǎo.
얼굴이 예쁘다고 해서 마음까지 예쁘리란 법은 없다.

▶不见得는 단독으로 쓰여 대답을 나타내기도 한다.

A: 他会参加吗?
   Tā huì cānjiā ma?
   그 사람이 참가할까요?

B: 不见得。
   Bújiàndé.
   글쎄요.

0005 曾经 céngjīng 일찍이, 이전에

▶보통 '曾经…过' 형식으로 많이 쓰인다.

我还记得你曾经跟我说过的话。
Wǒ hái jìde nǐ céngjīng gēn wǒ shuōguo de huà.
나는 네가 전에 내게 했던 말을 아직도 기억하고 있어.

他曾经是本市的警察局局长。
Tā céngjīng shì běnshì de jǐngchájú júzhǎng.
그는 전에 이 도시의 경찰서장이었다.

曾经沧海 céng jīng cāng hǎi (성) 큰 풍파를 겪어 작은 일에는 아랑곳도 않다, 큰일을 많이 겪고 식견이 넓어져 평범한 것은 안중에 두지 않다

0006 迟早 chízǎo 조만간, 머지않아 유의 早晚 zǎowǎn

如果你一直像现在这样拼命地工作，你迟早会住进医院的。
Rúguǒ nǐ yìzhí xiàng xiànzài zhèyàng pīnmìng de gōngzuò, nǐ chízǎo huì zhùjìn yīyuàn de.
자네 지금처럼 이렇게 죽어라 일을 하면, 조만간 병원에 입원하게 될 거야.

从此 cóngcǐ 이로부터, 지금부터, 앞으로 □□□

我家附近开了一家超市，从此买东西方便了。
Wǒ jiā fùjìn kāile yì jiā chāoshì, cóngcǐ mǎi dōngxi fāngbiàn le.
집 근처에 슈퍼마켓이 생겨서, 그때부터 물건 사기가 편해졌어.

从此以后，我们各奔东西，互不相干。
Cóngcǐ yǐhòu, wǒmen gè bēn dōngxī, hù bù xiānggān.
지금부터 우린 각자의 길로 가는 거야, 서로 상관없는 사람이라고.

单独 dāndú 단독으로, 혼자서 □□□

我想单独跟您聊聊，可以吗？
wǒ xiǎng dāndú gēn nín liáoliao, kěyǐ ma?
제가 어르신과 단독으로 이야기를 나눌 수 있을까요?

谁能单独完成这项任务，请举手。
Shéi néng dāndú wánchéng zhè xiàng rènwù, qǐng jǔshǒu.
혼자서 이 임무를 완수할 수 있는 사람은 손을 드세요.

的确 díquè 확실히, 실로 유의 确实 quèshí, 实在 shízài □□□

他的性格的确好，从来没跟别人红过脸。
Tā de xìnggé díquè hǎo, cónglái méi gēn biérén hóngguo liǎn.
그 친구 성격은 확실히 좋아, 한 번도 다른 사람이랑 옥신각신 한 적이 없어.

[단어] 红脸 hóngliǎn (부끄럽거나 화가 나서) 얼굴을 붉히다

的确，我很想去马丘比丘。
Díquè, wǒ hěn xiǎng qù Mǎqiūbǐqiū.
정말로, 나는 마추픽추(Machu Picchu)에 너무나 가 보고 싶어.

的确 vs 确实 vs 实在

세 단어 모두 부사로 쓰여 '확실히'라는 뜻을 나타낸다. 이 중에서 다른 사람의 질문에 대답하거나 다른 사람의 말에 반박할 때는 '的确'와 '确实'를 쓴다. 实在는 '미안함'과 '감사'의 뜻을 전하는 문장에 쓴다. '确实와 实在'가 형용사로 쓰일 때는, 确实는 주로 사물에, 实在는 주로 사람에 쓰인다.

的确是他干的。 Díquè shì tā gàn de. 분명히 저 사람이 한 짓이에요.
确实值得尊重。 Quèshí zhídé zūnzhòng. 확실히 존중할 만해요.
我实在对不起你。 Wǒ shízài duìbuqǐ nǐ. 너한테 참으로 미안하구나.

0010 反而 fǎn'ér 도리어, 반대로 유의 倒 dào, 却 què

学习成绩不好的同学，反而日后当了老板。
Xuéxí chéngjì bù hǎo de tóngxué, fǎn'ér rìhòu dāngle lǎobǎn.
학습 성적이 안 좋은 학우들이 오히려 나중에는 사장님이 되더라고.

越是危险的地方，反而是最安全的地方。
Yuè shì wēixiǎn de dìfang, fǎn'ér shì zuì ānquán de dìfang.
위험한 곳일수록 오히려 가장 안전한 곳이야.

0011 反正 fǎnzhèng 어쨌든, 여하튼, 어차피

反正横竖都是死，还不如大干一场。
Fǎnzhèng héngshù dōu shì sǐ, háibùrú dà gàn yì chǎng.
어차피 죽을 건데, 한번 죽어라 해 보지 뭐.

[단어] 横竖 héngshù 어떻든, 아무튼

不管天气怎么样，反正我要去。
Bùguǎn tiānqì zěnmeyàng, fǎnzhèng wǒ yào qù.
날씨가 어떻든 간에, 어쨌든 난 갈 거야.

0012 仿佛 fǎngfú 마치 ~인 것 같다 유의 好像 hǎoxiàng, 似乎 sìhū

这童年的往事仿佛就在昨天一样。
Zhè tóngnián de wǎngshì fǎngfú jiù zài zuótiān yíyàng.
어릴 때 추억이 마치 어제 일 같아.

我说了半天，他仿佛还是不太明白。
Wǒ shuōle bàntiān, tā fǎngfú háishi bú tài míngbai.
내가 한참을 말했는데 그는 아직도 이해가 잘 안 가는 것 같다.

동 비슷하다, 닮다

人生仿佛一盘棋。
Rénshēng fǎngfú yì pán qí.
인생은 바둑판과 같다.

0013 纷纷 fēnfēn 잇달아, 연이어

大家听说这个公司招聘，纷纷来应聘。
Dàjiā tīngshuō zhège gōngsī zhāopìn, fēnfēn lái yìngpìn.
모두들 이 회사에서 사원을 모집한다는 소식을 듣고는, 너도 나도 입사 지원을 했다.

형 (말이) 분분하다, (꽃 등이) 흩날리다

物价又涨了，大家议论纷纷。
Wùjià yòu zhǎng le, dàjiā yìlùn fēnfēn.
물가가 또 올라서, 사람들이 말이 많다.

樱花纷纷扬扬地洒落，飘舞到地上。
Yīnghuā fēnfēnyángyáng de sǎluò, piāowǔdào dìshàng.
벚꽃이 하늘하늘 흩날리다가 땅으로 살포시 떨어진다.

[단어] 洒落 sǎluò 흩뿌리다, 흘리다 / 飘舞 piāowǔ (바람에) 한들한들 춤추다, 나부끼다

0014 干脆 gāncuì 아예, 차라리 유의 索性 suǒxìng

这件衣服干脆给你吧。
Zhè jiàn yīfu gāncuì gěi nǐ ba.
이 옷는 아예 너에게 줄게.

干脆我去求他算了。
Gāncuì wǒ qù qiú tā suàn le.
차라리 내가 가서 그 사람한테 부탁하고 말지 뭐.

反正说了他们也不信，干脆别解释了。
Fǎnzhèng shuōle tāmen yě bú xìn, gāncuì bié jiěshì le.
어차피 얘기한들 그 사람들이 안 믿을 텐데, 차라리 설명을 하지 말자.

형 (말·행동이) 명쾌하다, 솔직하다

大家都是明白人，你就干脆一点儿吧。
Dàjiā dōu shì míngbai rén, nǐ jiù gāncuì yìdiǎnr ba.
다들 현명한 사람들이니, 솔직히 얘기해 보라고.

他做事非常干脆利索，让他去处理不会出错的。
Tā zuò shì fēcháng gāncuì lìsuo, ràng tā qù chǔlǐ bú huì chūcuò de.
그 사람이 일처리를 깔끔하게 하니 그 사람을 보내면 틀림없을 거야.

관련 표현

干脆利落 gān cuì lì luo **성** (언행이) 명쾌하다, 시원스럽다, 간단명료하다

0015 赶紧 gǎnjǐn 재빨리, 서둘러 유의 赶快 gǎnkuài

时间到了，赶紧出发吧。
Shíjiān dào le, gǎnjǐn chūfā ba.
시간 됐어요, 얼른 출발하세요.

今天是打折活动最后一天了，赶紧去买吧。
Jīntiān shì dǎzhé huódòng zuìhòu yì tiān le, gǎnjǐn qù mǎi ba.
오늘이 할인 행사 마지막 날이야, 얼른 가서 사자.

0016 赶快 gǎnkuài 황급하게, 빨리 유의 赶紧 gǎnjǐn

赶快把这份文件给我翻译出来。
Gǎnkuài bǎ zhè fèn wénjiàn gěi wǒ fānyìchulai.
이 문서를 빨리 번역해 주세요.

你赶快给你妈妈回电话。
Nǐ gǎnkuài gěi nǐ māma huí diànhuà.
너 얼른 너희 엄마께 전화해 드려.

赶快 vs 赶紧

赶紧은 적절한 시기를 포착해서 일을 그르치지 말라는 뜻에 중점을 두고, 赶快는 속도를 내서 행동에 옮기라는 데 중점을 둔다. 赶紧과 赶快 모두 명령문에 쓰이고, 서로 호환할 수 있다.

天黑了，你赶紧回家吧。 날이 어두워졌구나, 너 얼른 집에 돌아가렴.
Tiān hēi le, nǐ gǎnjǐn huíjiā ba.

你赶快给他打电话。 너 빨리 그 친구한테 전화해 줘.
Nǐ gǎnkuài gě tā dǎ diànhuà.

0017 格外 géwài 각별히, 특별히

听到女儿升职的消息，他格外高兴。
Tīngdào nǚ'ér shēngzhí de xiāoxi, tā géwài gāoxìng.
딸이 승진했다는 소식을 듣고, 그는 매우 기뻤다.

冬天的午后，阳光格外迷人。
Dōngtiān de wǔhòu, yángguāng géwài mírén.
겨울 오후의 햇빛이 참 좋다.

0018 根本 gēnběn 근본적으로, 전혀

他根本不是我们的邻居。
Tā gēnběn bú shì wǒmen de línjū.
그 사람은 절대로 우리 이웃이 아니예요.

명 근본, 기초

老百姓是国家的根本。
Lǎobǎixìng shì guójiā de gēnběn.
백성은 국가의 근본이다.

형 근본적이다

龋齿最根本的原因是缺钙。
Qǔchǐ zuì gēnběn de yuányīn shì quē gài.
충치의 가장 근본적인 원인은 칼슘 결핍이다.

0019 怪不得 guàibude 어쩐지

▶ '怪不得…原来…' 형식으로 많이 쓰인다.

怪不得大街上没有人，原来大家都回家看世界杯决赛了。
Guàibude dàjiē shang méiyǒu rén, yuánlái dàjiā dōu huíjiā kàn shìjièbēi juésài le.
길에 사람이 없다 했더니, 다들 집으로 월드컵 결승전을 보러 간 거였어.

怪不得他那么高兴，原来如此！
Guàibude tā nàme gāoxìng, yuánlái rúcǐ!
어쩐지 그 친구가 좋아 죽으려고 하더니, 이래서였군.

동 탓할 수 없다, 뭐라고 할 수 없다

我们也怪不得他，他这么做是肯定有原因的。
Wǒmen yě guàibude tā, tā zhème zuò shì kěndìng yǒu yuányīn de.
우리도 그 친구를 탓할 수 없어, 그 친구가 그렇게 한 건 틀림없이 이유가 있을 거야.

0020 果然 guǒrán 과연, 생각한대로

我们担心的事情果然发生了。
Wǒmen dānxīn de shìqing guǒrán fāshēng le.
우리가 걱정하던 일이 생각했던 대로 일어나 버렸어.

她的表演非常精彩，果然名不虚传。

Tā de biǎoyǎn fēicháng jīngcǎi, guǒrán míng bù xū chuán.

그녀의 연기는 너무 멋졌어, 과연 명불허전이야.

[단어] 名不虚传 míng bù xū chuán 성 명성이 헛되이 퍼진 것이 아니다, 명실상부하다

0021 何必 hébì ~할 필요가 있는가 유의 **何苦** hékǔ

▶ '何必…呢?'나 '何必呢?' 형식으로 많이 쓰인다.

又不是什么大事儿，何必发这么大的火呢?

Yòu bú shì shénme dà shìr, hébì fā zhème dà de huǒ ne?

뭐 별로 큰일도 아닌데, 그렇게까지 심하게 화낼 필요가 있어?

大家都让一步，何必两败俱伤呢?

Dàjiā dōu ràng yí bù, hébì liǎng bài jù shāng ne?

모두 조금 양보하면 될 것을, 서로 상처 줄 게 뭐 있어?

[단어] 两败俱伤 liǎng bài jù shāng 성 싸운 쌍방이 모두 피해를 보다

관련 표현

何必当初 hé bì dāng chū 성 애당초 왜 그랬을까?

0022 忽然 hūrán 갑자기, 문득 유의 **突然** tūrán 참고 **忽然间** hūránjiān 별안간

天气忽然冷了起来，冬装卖得很火。

Tiānqì hūrán lěng le qǐlai, dōngzhuāng mài de hěn huǒ.

날씨가 갑자기 추워져서, 겨울 옷이 잘 팔린다.

一个人回家吃饭的时候，忽然感觉很孤单。

Yí ge rén huíjiā chīfàn de shíhou, hūrán gǎnjué hěn gūdān.

혼자 집에 돌아가 밥 먹는데, 갑자기 외롭다는 생각이 들었다.

[단어] 孤单 gūdān 쓸쓸하다, 고독하다, 외롭다.

관련 표현

忽冷忽热 hū lěng hū rè 성 갑자기 추웠다 더웠다 하다, 기온의 변화가 심하다, 감정의 기복이 심하다

0023 或许 huòxǔ 아마, 어쩌면, 혹시 (~인지 모른다) 유의 也许 yěxǔ

你还是再问问他吧，或许他不是故意的。
Nǐ háishi zài wènwen tā ba, huòxǔ tā bú shì gùyì de.
너 그래도 다시 그 애한테 물어 봐, 어쩌면 그 애가 일부러 그런 게 아닐지도 몰라.

你现在去，或许还能买到。
Nǐ xiànzài qù, huòxǔ hái néng mǎidào.
지금 가면, 어쩌면 살 수 있을지도 몰라.

0024 极其 jíqí 대단히, 몹시

▶2음절 형용사나 동사만 수식한다.

国家极其重视大学生就业。
Guójiā jíqí zhòngshì dàxuéshēng jiùyè.
국가에서는 대학생 취업 문제를 매우 중시한다.

0025 急忙 jímáng 급히, 바삐 유의 连忙 liánmáng

他急忙低下头，装作什么也没看见。
Tā jímáng dīxià tóu, zhuāngzuò shénme yě méi kànjiàn.
그는 급히 고개를 숙이고, 아무것도 못 본 척했다.

他发现老鹰在飞，急忙搭箭开弓，对准老鹰射去。
Tā fāxiàn lǎoyīng zài fēi, jímáng dājiàn kāigōng, duìzhǔn lǎoyīng shèqu.
그는 매가 나는 것을 보고는 서둘러 활시위를 당겨 매를 조준해 쏘았다.

[단어] 老鹰 lǎoyīng 매 / 搭箭 dājiàn 화살을 활에 얹다 / 开弓 kāigōng 시위를 당기다

형 급히 서두르다

你看你急急忙忙的样子，谁在追你呀?
Nǐ kàn nǐ jíjimángmáng de yàngzi, shéi zài zhuī nǐ ya?
너도 참 안달하는 모습이라니, 누가 널 쫓아오기라도 하니?

0026 简直 jiǎnzhí 진짜로, 그야말로

▶과장의 어감이 들어가 있다.

这幅画简直就像照片一样。
Zhè fú huà jiǎnzhí jiù xiàng zhàopiàn yíyàng.
이 그림은 정말 사진 같아요.

我对你简直是忍无可忍了。
Wǒ duì nǐ jiǎnzhí shì rěn wú kě rěn le.
난 너를 정말 더 이상은 봐 줄 수가 없어.

[단어] 忍无可忍 rěn wú kě rěn 성 더 이상 참을 수 없다

0027 尽快 jǐnkuài 되도록 빨리

你们要尽快把事情办完。
Nǐmen yào jǐnkuài bǎ shìqing bànwán.
자네들 되도록 빨리 일을 끝내게.

希望贵公司能尽快给我们一个合理的解释。
Xīwàng guì gōngsī néng jǐnkuài gěi wǒmen yí ge hélǐ de jiěshì.
귀사에서 되도록 빨리 저희에게 납득할 만한 설명을 해 주셨으면 좋겠습니다.

0028 尽量 jǐnliàng 가능한 한, 최대한

你们有什么问题，我尽量帮你们解决。
Nǐmen yǒu shénme wèntí, wǒ jǐnliàng bāng nǐmen jiějué.
여러분에게 무슨 문제가 생기면 제가 최대한 해결해 드리도록 하겠습니다.

明天我们尽量早点见面吧。
Míngtiān wǒmen jǐnliàng zǎo diǎn jiànmiàn ba.
내일 우리 되도록 일찍 만나요.

0029 居然 jūrán 뜻밖에, 의외로 유의 竟然 jìngrán, 竟 jìng

手机的摄像效果居然这么好，干嘛用相机呢?
Shǒujī de shèxiàng xiàoguǒ jūrán zhème hǎo, gànmá yòng xiàngjī ne?
휴대전화의 사진 촬영 효과가 이렇게나 좋은데, 뭣하러 카메라를 써?

前几天说好的，他居然忘了。
Qián jǐ tiān shuōhǎo de, tā jūrán wàng le
며칠 전에 얘기한 것인데, 그는 홀딱 잊어버렸더라고.

0030 立即 lìjí 곧, 즉시 [유의] 立刻 lìkè, 马上 mǎshàng

请1130号顾客立即到服务台来。
Qǐng yāo yāo sān líng hào gùkè lìjí dào fúwùtái lái.
1130호 손님은 즉시 안내 데스크로 와 주십시오.

0031 立刻 lìkè 곧, 즉시 [유의] 立即 lìjí, 马上 mǎshàng

刚提交完材料，就立刻得到了回复。
Gāng tíjiāowán cáiliào, jiù lìkè dédàole huífù.
자료를 제출하자마자 바로 회신을 받았다.

如果在线的话，立刻给我现身，我有急事跟你商量。
Rúguǒ zàixiàn dehuà, lìkè gěi wǒ xiànshēn, wǒ yǒu jíshì gēn nǐ shāngliang.
인터넷 접속 중이면 바로 나한테 접속 좀 해, 너랑 급하게 상의할 일이 있어.

0032 **连忙** liánmáng 얼른, 재빨리 **유의** 急忙 jímáng

他踩了别人的脚，连忙赔礼道歉。
Tā cǎile biérén de jiǎo, liánmáng péilǐ dàoqiàn.
그는 다른 사람의 발을 밟고는 서둘러 정중하게 사과를 했다.

看到流星，她连忙许了个愿。
Kàndào liúxīng, tā liánmáng xǔle ge yuàn.
유성을 보고 그녀는 재빨리 소원을 빌었다.

0033 **临时** línshí 그 때가 되어, 때에 이르러 BCT1 **유의** 暂时 zànshí

事先要有准备才行，不然临时准备就来不及了。
Shìxiān yào yǒu zhǔnbèi cái xíng, bùrán línshí zhǔnbèi jiù láibují le.
사전에 준비를 해야지, 일이 닥쳐서 준비하면 늦는다.

他因为个人原因临时弃权。
Tā yīnwèi gèrén yuányīn línshí qìquán.
그는 개인 사정으로 막판에 기권했다.

[단어] 弃权 qìquán 기권하다

형 임시의, 비정규적인 **참고** 临时工 línshígōng 계약직

韩国独立人士在上海建立了大韩民国临时政府。
Hánguó dúlì rénshì zài Shànghǎi jiànlìle Dàhánmínguó línshí zhèngfǔ.
한국 독립 인사들은 상하이에 대한민국 임시 정부를 수립했다.

我的工作是临时的，做满3个月我就下岗。
Wǒ de gōngzuò shì línshí de, zuòmǎn sān ge yuè wǒ jiù xiàgǎng.
내가 하는 일은 임시직이라 3개월이 차면 그만둬요.

[단어] 下岗 xiàgǎng 퇴직하다, 실직하다

> **临时 vs 暂时**
>
> 临时와 暂时 모두 단기적이고 고정적이지 않다는 뜻을 나타낸다. 临时가 부사어로 쓰일 때는 '어떤 일이 갑자기 일어났다'는 뜻을 나타내고, 暂时가 부사어로 쓰일 때는 '단기적이다'라는 뜻을 나타낸다.
> 临时가 관형어로 쓰일 때는 구체적인 사물과 결합해 단기적이고 비정규적인 것을 나타내고, 暂时가 관형어로 쓰일 때는 주로 추상 명사와 결합해 단기적임을 나타낸다.

临时演员 línshí yǎnyuán 엑스트라
临时代表 línshí dàibiǎo 임시 대표
暂时的困难 zànshí de kùnnan 일시적인 어려움
暂时的失败 zànshí de shībài 일시적인 실패

0034 陆续 lùxù 잇달아, 연달아 유의 先后 xiānhòu

今年他陆续完成了早已开始的一些作品。
Jīnnián tā lùxù wánchéng le zǎoyǐ kāishǐ de yì xiē zuòpǐn.
올해 그는 자신이 이미 시작했던 작품들을 연속적으로 완성했다.

参加会议的人，陆陆续续到齐了。
Cānjiā huìyì de rén, lùlù xùxù dàoqí le.
회의 참석자들이 잇달아 도착했다.

陆续 vs 先后

陆续는 시간이 끊어졌다 이어졌다 반복하는 뜻을 나타내고, 先后는 어떤 시간 내에 일이 앞뒤로 순차적으로 일어나는 것을 뜻한다. 先后는 명사로 쓰이기도 한다. 陆续는 중첩할 수 있다.

客人陆续到达 kèrén lùxù dàodá 손님이 속속 도착하다
先后来过三次 xiānhòu láiguo sān cì 연속해서 세 번 왔다

0035 难怪 nánguài 과연, 어쩐지 유의 怪不得 guàibude

难怪你那么生气，原来你妹妹把你的裙子穿走了。
Nánguài nǐ nàme shēngqì, yuánlái nǐ mèimei bǎ nǐ de qúnzi chuān zǒu le.
어쩐지 네가 심하게 화났다 싶더니, 네 동생이 네 치마를 입고 갔구나.

동 ~을 탓할 수 없다, ~하는 것도 당연하다

▶ '…也难怪' 형식으로 많이 쓴다.

受了这么大的委屈，也难怪他会想不开。
Shòule zhème dà de wěiqu, yě nánguài tā huì xiǎngbukāi.
이렇게 억울한 일을 당했으니 그 친구가 마음을 닫을 만도 하지.

0036 悄悄 qiāoqiāo 은밀히, 조용히

유의 偷偷 tōutōu **참고** 悄悄话 qiāoqiāohuà 귓속말

他悄悄地溜出去，轻轻地关上了门。
Tā qiāoqiāo de liūchuqu, qīngqīng de guānshàngle mén.
그는 조용히 빠져나가, 살짝 문을 닫았다.

悄悄 vs 偷偷

悄悄와 偷偷 모두 '다른 사람에게 발견되지 않게'의 뜻을 갖고 있는데, 悄悄는 소리를 내지 않는 것에 중점을 두고, 偷偷는 몰래 하는 것에 중점을 둔다.

他悄悄走进来了。 Tā qiāoqiāo zǒujinlai le. 그는 살짝 들어왔다.
他偷偷笑了。 Tā tōutōu xiào le. 그는 몰래 웃었다.

0037 亲自 qīnzì 친히, 직접, 손수 **유의** 自己 zìjǐ

李总，您怎么亲自来了？
Lǐ zǒng, nín zěnme qīnzì lái le?
이 사장님, 사장님께서 어떻게 직접 오셨어요?

您亲自来接我，我不敢当。
Nín qīnzì lái jiē wǒ, wǒ bùgǎndāng.
어르신께서 직접 마중 나오시니, 제가 몸 둘 바를 모르겠습니다.

亲自 vs 自己

亲自는 행위자가 어떤 일을 중시하는 것으로 '본인이 직접'의 뜻을 나타내며, 행위자는 주로 윗사람이나 상사를 가리킨다. 自己는 '혼자서, 자발적으로, 주동적으로'의 뜻을 나타내며, 感受, 体会, 体验 등의 단어와 같이 쓰인다.

他自己来了。 Tā zìjǐ lái le. 그 사람 혼자 왔다.
他亲自来了。 Tā qīnzì lái le. 그 사람이 직접 왔다.

0038 始终 shǐzhōng 끝내, 시종일관 **유의** 一直 yìzhí

我要的始终没有得到。
Wǒ yào de shǐzhōng méiyou dédào.
내가 원하는 걸 늘 얻지 못했어.

他们两个人的关系始终搞不好。
Tāmen liǎng ge rén de guānxi shǐzhōng gǎobuhǎo.
그 두 사람의 사이가 계속 안 좋더라고.

始终不渝 shǐ zhōng bù yú （성） 처음부터 끝까지 변함이 없다
始终如一 shǐ zhōng rú yī （성） 처음부터 끝까지 한결같다

始终 vs 一直

始终은 이미 끝난 동작에 대해 정리하는 뜻으로 주로 과거의 일에 대해 쓰이고, 一直는 일정한 시간 내에 어떤 동작을 계속하는 것을 나타내며 과거, 현재, 미래에 다 쓸 수 있다. 一直가 들어가는 문장에는 시간 보어를 동반할 수 있지만, 始终이 들어가는 문장에는 시간 보어를 동반할 수 없다.

他始终不回答。 Tā shǐzhōng bù huídá. 그는 줄곧 대답을 안 했다.
一直往前走。 Yìzhí wǎng qián zǒu. 계속 앞으로 가세요.
雨一直下了三天。 Yǔ yìxhí xiàle sān tiān. 비가 3일 동안 계속 내렸다.

0039 似乎 sìhū 마치 ~ 같다 （유의） 仿佛 fǎngfú, 好像 hǎoxiàng

看他的表情，似乎找到了答案。
Kàn tā de biǎoqíng, sìhū zhǎodàole dá'àn.
그의 표정을 보니, 답안을 찾은 것 같아.

这个房子似乎很长时间没人住过。
Zhè ge fángzi sìhū hěn cháng shíjiān méi rén zhùguo.
이 집은 마치 오랫동안 아무도 안 살았던 것 같아.

似乎 vs 仿佛 vs 好像

仿佛, 好像, 似乎는 '마치 ~한 것 같다'의 뜻을 나타낸다. 仿佛는 주로 문어에, 好像은 주로 구어에, 似乎는 문어와 구어에 고루 쓰인다.
好像과 似乎는 '이렇게 보이는데, 실제로는 그렇지 않다'의 뜻을 나타내기도 하고, 상의하는 어감을 나타내기도 한다. 仿佛와 好像은 동사로 쓰이기도 하는데, 이때 '似的, 一般, 一样'과 호응한다. 仿佛는 주로 복문에, 好像은 주로 단문에 쓰인다.

他似乎睡着了。 Tā sìhū shuìzháo le. 그는 꼭 잠든 것 같아.
她好像来过这儿。 Tā hǎoxiàng láiguo zhèr. 그녀는 여기에 왔었나 봐.
她们俩仿佛是姐妹。 Tāmen liǎ fǎngfú shì jiěmèi. 저 애 둘은 마치 자매 같아.

0040 随时 suíshí 언제든지, 수시로

你想看电影，现在随时都可以买到低价票。
Nǐ xiǎng kàn diànyǐng, xiànzài suíshí dōu kěyǐ mǎidào dījiàpiào.
영화를 보고자 하면, 요즘은 아무 때나 할인 티켓을 살 수 있다.

欢迎需要看房的朋友随时给我打电话。
Huānyíng xūyào kànfáng de péngyou suíshí gěi wǒ dǎ diànhuà.
집을 보고자 하는 분은 언제라도 저한테 전화 주시면 됩니다.

0041 随手 suíshǒu ~하는 김에, 겸해서 [유의] 顺手 shùnshǒu

我们要养成随手关门的好习惯。
Wǒmen yào yǎngchéng suíshǒu guānmén de hǎo xíguàn.
우리는 나가면서 문을 닫는 좋은 습관을 길러야 해.

昨晚逛超市，随手拿了几盒泡面准备晚上当宵夜。
Zuówǎn guàng chāoshì, suíshǒu nále jǐ hé pàomiàn zhǔnbèi wǎnshang dàng xiāoyè.
어제 슈퍼마켓에 간 김에, 야식용으로 라면 몇 개를 샀다.

[단어] 宵夜 xiāoyè 야식, 야참

0042 勿 wù ~해서는 안 된다, ~하지 마라 [유의] 不要 búyào

请勿在公共场合大声喧哗。
Qǐng wù zài gōnggòng chǎnghé dà shēng xuānhuá.
공공장소에서는 큰 소리로 떠들지 마세요.

[단어] 喧哗 xuānhuá 떠들썩하다, 시끄럽다

近来一切都好，勿念。
Jìnlái yíqiè dōu hǎo, wù niàn.
근자에 모든 게 무탈하니, 걱정 마십시오.

🐷 관련 표현

请勿打扰 qǐng wù dǎrǎo 방해하지 마십시오

请勿吸烟 qǐng wù xīyān 담배 피우지 마세요

请勿攀折花木。 qǐng wù pānzhé huāmù 꽃과 나무를 꺾지 마시오

勿念旧恶 wù niàn jiù'è 지난날의 원한을 염두에 두지 마라

非工作人员请勿入内。 fēi gōngzuò rényuán qǐng wù rù nèi 직원이 아닌 분은 출입을 금합니다.

疑人勿用，用人勿疑 yí rén wù yòng, yòng rén wù yí 의심스러우면 쓰지 말고, 일단 사람을 쓰면 의심하지 마라

0043 相当 xiāngdāng 상당히, 꽤

他在罗马居住了半辈子，所以对罗马相当了解。
Tā zài Luómǎ jūzhùle bàn bèizi, suǒyǐ duì Luómǎ xiāngdāng liǎojiě.
그는 로마에서 반평생을 살았기 때문에, 로마에 대해 상당히 잘 알고 있다.

동 상당하다, 비슷하다

▶'相当于' 형식으로 쓰이기도 하다.

从两位选手交手记录来看，可以说是旗鼓相当。
Cóng liǎng wèi xuǎnshǒu jiāoshǒu jìlù lái kàn, kěyǐ shuō shì qí gǔ xiāng dāng.
두 선수의 전적으로 볼 때 막상막하임을 알 수 있다.

[단어] 交手 jiāoshǒu 서로 싸우다, 서로 겨루다 / 旗鼓相当 qí gǔ xiāng dāng **성** 막상막하이다, 쌍방의 실력이 대등하다

当时赔付的价值相当于今天的一百一十万英镑。
Dāngshí péifù de jiàzhí xiāngdāngyú jīntiān de yìbǎi yìshíwàn yīngbàng.
당시 배상금으로 지불했던 금액의 가치는 지금의 110만 파운드에 해당한다.

[단어] 赔付 péifù (배상금을) 지불하다 BCT2

0044 幸亏 xìngkuī 다행히 **유의** 多亏 duōkuī

幸亏我及时避开，不然会被经过的车子溅一身泥。
Xìngkuī wǒ jíshí bìkāi, bùrán huì bèi jīngguò de chēzi jiàn yì shēn ní.
내가 제때 피했으니 망정이지, 안 그랬음 지나가는 차가 튕기는 흙탕물을 뒤집어썼을 거야.

[단어] 溅 jiàn (액체가) 튀다

今天没带钱包，幸亏遇到朋友帮我交车费，不然就尴尬了。
Jīntiān méi dài qiánbāo, xìngkuī yùdào péngyou bāng wǒ jiāo chēfèi, bùrán jiù gāngà le.
오늘 지갑을 안 가져갔는데, 다행히 친구가 대신 차비를 내줬게 망정이지, 아니었음 난감했을 거야.

[단어] 尴尬 gāngà 입장이 곤란하다, 난처하다, 난감하다

0045 一旦 yídàn 일단, 만약 ~한다면 [유의] 万一 wànyī

消息一旦走漏出去，对谁都不好。
Xiāoxi yídàn zǒulòuchuqu, duì shéi dōu bù hǎo.
정보가 일단 새나가면, 누구한테도 안 좋아요.

一旦考研成功，哥们儿，请你们好好嗨皮嗨皮。
Yídàn kǎoyán chénggōng, gēmenr, qǐng nǐmen hǎohāo hēipí hēipí.
대학원에 붙으면, 친구들이여, 내 그대들을 해피하게 해 주지.

[단어] 嗨皮 hēipí 영어의 happy를 뜻함, 즉 高兴, 快乐와 같다.

명 하루아침, 삽시간

大地震造成的山崩地裂，使原有的寺庙、桥梁毁于一旦。
Dà dìzhèn zàochéng de shān bēng dì liè, shǐ yuányǒu de sìmiào、
qiáoliáng huǐ yú yí dàn.
대지진으로 인해 산이 무너지고 땅이 갈라져, 원래 있었던 사찰, 다리가 한순간에 다 무너졌다.

[단어] 毁于一旦 huǐ yú yí dàn **성** 하루아침에 망하다, 오랜 노력의 성과나 귀한 물건이 한
순간에 훼손되다

0046 一再 yízài 수차, 거듭, 반복해서

儿童专家一再强调家庭教育比什么都重要。
Értóng zhuānjiā yízài qiángdiào jiātíng jiàoyù bǐ shénme dōu
zhòngyào.
아동 전문가는 가정 교육이 그 무엇보다 중요하다고 거듭 강조했다.

我一再解释只是希望不要误解。
Wǒ yízài jiěshì zhǐshì xīwàng búyào wùjiě.
내가 반복해서 설명하는 것은 단지 오해가 없었으면 해서이다.

0047 依然 yīrán 여전히, 변함없이 [유의] 依旧 yījiù

说实话，你依然是我的梦中情人。
Shuō shí huà, nǐ yīrán shì wǒ de mèng zhōng qíngrén.
솔직히 말해서, 너는 여전히 나의 이상형이야.

형 여전하다

回到家乡，虽然人变了，但景色依然。
Huídào jiāxiāng, suīrán rén biàn le, dàn jǐngsè yīrán.
고향에 돌아오니, 인걸은 변했으되, 산천은 의구하군.

依然如故 yī rán rú gù 성 예전과 같다

0048 **再三** zàisān 다시, 재차 유의 **反复** fǎnfù

老王再三嘱咐儿子，"开慢点儿，注意安全。"
Lǎo Wáng zàisān zhǔfù érzi, "kāi màn diǎnr, zhùyì ānquán."
왕 씨는 거듭해서 아들에게 "차 천천히 몰고, 안전에 주의하거라" 하고 당부했다.

经过再三考虑，我还是决定跳槽。
Jīngguò zàisān kǎolǜ, wǒ háishi juédìng tiàocáo.
심사숙고 끝에 나는 그냥 이직하기로 결정했다.

[단어] **跳槽** tiàocáo 이직하다

再三再四 zài sān zài sì 성 재삼재사, 거듭

0049 **至今** zhìjīn 지금까지, 여태껏 유의 **如今** rújīn

至今中东关系仍然是国际热点问题。
Zhìjīn zhōngdōng guānxi réngrán shì guójì rèdiǎn wèntí.
지금까지 중동 문제는 여전히 국제적인 핫이슈이다.

同性恋婚姻，至今还被人热议。
Tóngxìngliàn hūnyīn, zhìjīn hái bèi rén rèyì.
동성 커플의 결혼은 지금까지도 논란이 많다.

0050 **逐步** zhúbù 점차, 점점 유의 **逐渐** zhújiàn

情况正逐步得到改善。
Qíngkuàng zhèng zhúbù dédào gǎishàn.
상황이 점점 개선되고 있다.

全世界逐步成为一个大家庭。
Quán shìjiè zhúbù chéngwéi yí ge dàjiātíng.
전 세계가 점점 하나의 공동체가 되어 가고 있다.

0051 **逐渐** zhújiàn 점차, 점점 유의 **逐步** zhúbù

经过手术后，妈妈的身体逐渐好转了起来。
Jīngguò shǒushù hòu, māma de shēntǐ zhújiàn hǎozhuǎngle qǐlai.
수술을 한 후에 엄마의 건강은 점차 좋아지고 있다.

> **逐步 vs 逐渐**
>
> 逐步는 계획이나 순서에 따라 단계적으로 변해 가는 것을 말하고, 逐渐은 정도나 수량이 조금씩 증가하거나 감소하는 것을 말한다.
>
> **逐步解决问题。** Zhúbù jiějué wèntí. 문제를 차차 해결하다.
> **天气逐渐热起来。** Tiānqì zhújiàn rèqilai. 날씨가 점점 더워진다.

0052 **总共** zǒnggòng 모두, 전부, 합쳐서 유의 **一共** yígòng

两门课成绩加起来总共不到50分。
Liǎng mén kè chéngjì jiāqilai zǒnggòng bú dào wǔshí fēn.
두 과목 성적을 합쳐서 50점이 안 된다.

我们公司总共有20多个外国人。
Wǒmen gōngsī zǒnggòng yǒu èrshí duō ge wàiguórén.
우리 회사에는 모두 합쳐 20여 명의 외국인이 있다.

0053 **总算** zǒngsuàn 결국은, 마침내, ～한 셈이다

当了两年待业青年，今年总算升为正式员工了。
Dāngle liǎng nián dàiyè qīngnián, jīnnián zǒngsuàn shēngwéi zhèngshì yuángōng le.
2년 동안 미취업 청년 상태였는데, 올해 마침내 정식 직원이 되었다.

虽然没有赚到钱，总算没赔。
Suīrán méiyou zhuàndào qián, zǒngsuàn méi péi.
돈은 못 벌었어도, 손해는 보지 않았어.

总算赶上了飞机，否则耽误了大事。
Zǒngsuàn gǎnshàngle fēijī, fǒuzé dānwule dàshì.
어쨌든 비행기에 탔군, 그렇지 않았음 큰일을 그르칠 뻔했어.

전치사

0001 朝 cháo ~을 향하여, ~쪽으로 유의 对 duì, 往 xiàng

从这儿朝东走，不到十分钟就到湖边了。
Cóng zhèr cháo dōng zǒu, bú dào shí fēnzhōng jiù dào húbiān le.
여기서 동쪽으로 걸어가면, 10분 안 되어서 호숫가에 도착해요.

他在楼上朝我挥手。
Tā zài lóushang cháo wǒ huīshǒu.
그는 위층에서 나를 향해 손을 흔들었다.

동 ~을 향하다, 마주하다

我家大门朝南，阳台朝北，房间门朝西。
Wǒ jiā dàmén cháo nán, yángtái cháo běi, fángjiān mén cháo xī.
우리 집 대문은 남향이고, 베란다는 북향이고, 방문은 서향이다.

명 cháo -조, -대

唐朝是中国封建社会中文化、艺术繁荣昌盛的时代。
Tángcháo shì Zhōngguó fēngjiàn shèhuì zhōng wénhuà、yìshù fánróng chāngshèng de shídài.
당조는 중국 봉건 사회에서 문화·예술이 번성했던 시대이다.

[단어] 繁荣昌盛 fán róng chāng shèng 성 (국가나 사업이) 왕성하게 번영하다

명 zhāo 아침

今朝阳光明媚，万里无云，天显得格外蓝。
Jīnzhāo yángguāng míngmèi, wànli wú yún, tiān xiǎn de géwài lán.
오늘 아침은 햇살이 눈부시고, 구름 한 점 없이 맑고, 하늘이 유난히 파랗군.

[단어] 阳光明媚 yángguāng míngmèi 햇빛이 맑고 아름답다

관련 표현

有朝一日 yǒu zhāo yí rì 관용 언젠가는, 어느 날엔가는

今朝有酒今朝醉。Jīnzhāo yǒu jiǔ jīnzhāo zuì 오늘 술이 있으면 오늘 취한다. 먼 장래는 생각지 않고 목전의 향락만을 추구하다.

改朝换代 gǎi cháo huàn dài 성 새로운 왕조가 서다, 정권이 바뀌다

朝令夕改 zhāo lìng xī gǎi 성 조령석개(아침에 공포한 법령이 저녁에 바뀌다), 변동이 너무 잦다

朝三暮四 zhāo sān mù sì （성） 조삼모사, 변덕이 심하여 믿을 수가 없다

朝闻夕死 zhāo wén xī sǐ （성） 아침에 진리를 들어 깨치면 저녁에 죽어도 한이 없다. 인생을 값지게 살아야 한다.

0002 趁 chèn ~을 틈타서, (기회를) 이용해서

趁着年轻，多学点东西。
Chènzhe niánqīng, duō xué diǎn dōngxi.
젊을 때 많이 배워 놔.

大家趁热吃，凉了就不好吃。
Dàjiā chèn rè chī, liáng le jiù bù hǎochī.
다들 따뜻할 때 들어요. 식으면 맛없어요.

관련 표현

趁热打铁 chèn rè dǎ tiě （성） 쇠는 단 김에 두들겨야 한다. 쇠뿔도 단김에 빼라, 유리한 조건이나 시기를 포착해 신속히 움직여라

0003 凭 píng ~에 근거하여, ~에 의거하여

凭我现在的人气，肯定会当选班长的。
Píng wǒ xiànzài de rénqì, kěndìng huì dāngxuǎn bānzhǎng de.
지금 내 인기로 볼 때, 틀림없이 반장으로 뽑힐 거야.

你凭什么这么对我呢?
Nǐ píng shénme zhème duì wǒ ne?
넌 뭘 믿고 나한테 이렇게 하는데?

（동） 의지하다, 기대다

他们一家人都凭他一个人。
Tāmen yìjiārén dōu píng tā yí ge rén.
걔네 식구 다 그 친구한테만 의지하고 있어.

她凭记忆找到了钱包。
Tā píng jìyì zhǎodàole qiánbāo.
그녀는 기억을 더듬어 지갑을 찾았다.

（명） 증거

对不起，口说无凭。
Duìbuqǐ, kǒu shuō wú píng.
죄송합니다. 구두로 말한 것은 증거로 쓸 수가 없습니다.

관련 표현

空口无凭 kōng kǒu wú píng 성 말로만 할 뿐 실제 증거가 없다

凭空捏造 píng kōng niē zào 성 근거 없이 날조하다

0004 至于 zhìyú ～에 대해서는, ～에 이르러서는 □□□

该说的我都说了，至于你信不信，那就由你。
Gāi shuō de wǒ dōu shuō le, zhìyú nǐ xìn bu xìn, nà jiù yóu nǐ.
내가 해야 할 말은 다 했어, 믿고 안 믿고는 너한테 달렸어.

他的事我不管，至于你们的问题，我会跟张老师商量。
Tā de shì wǒ bù guǎn, zhìyú nǐmen de wèntí, wǒ huì gēn zhāng lǎoshī
shāngliang.
그 친구 일은 신경 안 쓸 것이고, 너희들 문제는 내가 장 선생님이랑 상의해 보마.

동 ～할 정도가 되다, ～한 결과에 이르다

▶ 부정형 '不至于'로 많이 쓰인다.

他只是开玩笑而已，你至于这么生气吗?
Tā zhǐshì kāi wánxiào éryǐ, nǐ zhìyú zhème shēngqì ma?
그 친구가 그냥 농담한 건데, 이렇게 화낼 필요까지 있겠어?

丢了一辆自行车，整天垂头丧气，不至于吧?
Diūle yí liàng zìxíngchē, zhěngtiān chuí tóu sàng qì, búzhìyú ba?
자전거 한 대 잃어버렸다고, 하루 종일 풀이 죽어 있는데, 그럴 것까지 없잖아?

[단어] 垂头丧气 chuí tóu sàng qì 성 풀이 죽어 있다

0005 自从 zìcóng ～으로부터 □□□

▶ '自从…以后', '自从…以来' 형식으로 많이 쓰인다.

自从健身以来，我觉得自己瘦了很多，身材越来越好了。
Zìcóng jiànshēn yǐlái, wǒ juéde zìjǐ shòule hěn duō, shēncái yuèláiyuè
hǎo le.
헬스를 시작한 후에, 나는 내가 많이 마른 것 같고, 몸매도 갈수록 좋아지는 것 같아.

自从生完孩子以后，女儿就懂妈妈的心了。
Zìcóng shēngwán háizi yǐhòu, nǚ'ér jiù dǒng māma de xīn le.
아이를 낳은 후로 딸은 엄마의 마음을 이해하게 되었다.

0001 不然 bùrán 그렇지 않으면 [유의] 要不然 yàoburán, 否则 fǒuzé

我们必须早点出发，不然又要迟到了。
Wǒmen bìxū zǎo diǎn chūfā, bùrán yòu yào chídào le.
우린 반드시 일찍 출발해야 해, 그렇지 않으면 또 지각할 거야.

赶紧写作业，不然老师会批评你。
Gǎnjǐn xiě zuòyè, bùrán lǎoshī huì pīpíng nǐ.
얼른 숙제 해, 안 그러면 선생님께서 혼내실 거야.

0002 不如 bùrú ～하는 편이 낫다

▶ '与其…还(倒)不如(～하느니, ～하느니만 못하다)' 형식으로 많이 쓰인다.

与其去济州岛旅游，还不如出国呢。
Yǔqí qù Jìzhōudǎo lǚyóu, hái bùrú chūguó ne.
제주도로 여행 가느니, 해외로 나가는 게 낫지.

不如出去走走吧，在屋里太闷了。
Bùrú chūqu zǒuzou ba, zài wūli tài mèn le.
밖으로 바람 쐬러 나가는 게 낫겠어, 방에 있는 건 너무 답답해.

통 ～만 못하다

我们曾经站在一条起跑线上，如今我不如你。
Wǒmen céngjīng zhànzài yì tiáo qǐpǎoxiàn shang, rújīn wǒ bùrú nǐ.
우리가 예전에는 같은 출발선에 서 있었는데, 지금은 내가 너를 못 따라가.

俗话说得好，有些人相见不如怀念。
Súhuà shuō de hǎo, yǒuxiē rén xiāngjiàn bùrú huáiniàn.
옛말이 옳아, 어떤 사람들은 만나는 것 보다 그리워하는 편이 나아.

恭敬不如从命 gōngjìng bùrú cóngmìng **관용** 말씀대로 따르겠습니다(초청이나 선물을 수락할 때 사용)

多一事不如少一事 duō yí shì bùrú shǎo yí shì **속담** 쓸데없이 일을 늘리는 것보다 줄이는 것이 낫다

远亲不如近邻 yuǎnqīn bùrú jìnlín **속담** 먼 친척보다 가까운 이웃이 낫다

0003 除非 chúfēi 오로지 ~해야만 **유의** 只有 zhǐyǒu

除非你去，谁去都没有用。
Chúfēi nǐ qù, shéi qù dōu méiyou yòng.
네가 가야지, 다른 사람은 가 봐야 다 소용없어.

▶ 除非…否则(不然)…不…(~해야지, 그렇지 않으면 ~할 것이다)

除非小王来，否则他们都不肯来。
Chúfēi Xiǎo Wáng lái, fǒuzé tāmen dōu bù kěn lái.
왕 군이 와야지, 그렇지 않으면, 그들도 다 오려고 하지 않을 거야.

▶ 除非…才…(~해야만 ~할 것이다)

除非妈妈同意，爸爸才会同意。
Chúfēi māma tóngyì, bàba cái huì tóngyì.
엄마가 찬성하셔야만, 아빠가 찬성하실 거야.

▶ …, 除非…(~하지 않는 이상)

这起官司我们肯定败诉，除非对方撤诉。
Zhè qǐ guānsī wǒmen kěndìng bàisù, chúfēi duìfāng chèsù.
이번 소송은 우리가 틀림없이 질 거야, 상대방이 취하하지 않는 이상.

[단어] 撤诉 chèsù (원고가) 소송을 취하하다

除非 vs 只有

只有는 '~해야만'의 뜻으로, 긍정적인 방향으로 유일한 조건을 제시하는 것이고, 除非는 '~을 하지 않으면'의 뜻으로, 문제를 해결하기 위해 빼놓아선 안 되는 유일한 조건을 제시하는 것이다.

除非你去，她才去。 네가 가야만 그 애도 가.
Chúfēi nǐ qù, tā cái qù.

只有努力，才能成功。 노력해야만 성공할 수 있어.
Zhǐyǒu nǔlì, cái néng chénggōng.

0004 此外 cǐwài 그밖에, 이 외에 □□□

今年房价又涨了，此外，连猪肉价格也涨得惊人。

Jīnnián fángjià yòu zhǎng le, cǐwài, lián zhūròu jiàgé yě zhǎng de jīngrén.

올해는 집값도 올랐지만, 그 밖에 돼지고기 가격까지 깜짝 놀랄 만큼 올랐다.

[단어] 惊人 jīngrén 사람을 놀라게 하다

我爱好听音乐、画画、写诗，此外，也喜欢旅游。

Wǒ àihào tīng yīnyuè、huà huà、xiě shī, cǐwài, yě xǐhuan lǚyóu.

나는 음악 감상, 그림 그리기, 시 짓기 취미가 있는데, 그것 말고 여행도 좋아한다.

▶부정문에 쓰여 앞에서 얘기한 방법밖에 없음을 강조하기도 한다.

他只问了我这里的情况，此外没说什么。

Tā zhǐ wènle wǒ zhèli de qíngkuàng, cǐwài méi shuō shénme.

그는 여기 상황에 대해 물었을 뿐, 그밖엔 별 말 없었어요.

0005 从而 cóng'ér 그리하여 □□□

▶从而은 앞, 뒷절의 주어가 같아야 한다. 이때 뒷절의 주어는 생략할 수 있다. 从而 뒤에는 '동 + 목' 구조가 오거나, '使/令…'으로 시작되는 구가 온다.

厂里又进了一批新设备，从而提高了生产量。

Chǎng li yòu jìnle yì pī xīn shèbèi, cóng'ér tígāole shēngchǎnliàng.

공장에 새 설비가 들어와 생산량이 늘었다.

他努力学习汉语，从而取得了HSK六级。

Tā nǔlì xuéxí Hànyǔ, cóng'ér qǔdéle HSK liù jí.

그 애는 중국어 공부를 열심히 해서, HSK 6급을 땄다.

0006 何况 hékuàng 하물며, 더군다나 □□□

▶점층의 뜻을 나타낸다. '何况…呢?(하물며 ~는?)', '尚且shàngqiě…(更)何况…呢?(~조차 ~한데, 하물며 ~는?) '의 형식으로 많이 쓴다.

这样的天气大人都受不了，何况小孩呢?

Zhèyàng de tiānqì dàrén dōu shòubuliǎo, hékuàng xiǎohái ne?

이런 날씨는 어른도 견디기 힘든데, 하물며 아이는?

学好母语尚且需要努力，更何况是一门外语？
Xuéhǎo mǔyǔ shàngqiě xūyào nǔlì, gèng hékuàng shì yì mén wàiyǔ?
모국어를 배우는데도 노력이 필요한데, 더군다나 외국어를 배울 때는 어떻겠어?

▶~임에야 : 어떤 이유를 보충하는 뜻으로 쓰인다.

时间还早，何况她还没来，我们进去等吧。
Shíjiān hái zǎo, hékuàng tā hái méi lái, wǒmen jìnqu děng ba.
시간도 이르고, 그 애도 아직 안 왔으니 우리 들어가서 기다리자.

这台电视机质量好，何况价格也不算贵，可以买一个。
Zhè tái diànshìjī zhìliàng hǎo, hékuàng jiàgé yě búsuàn guì, kěyǐ mǎi yí ge.
이 텔레비전은 품질도 좋고, 가격도 비싼 편이 아니니 한 대 사도 되겠어.

0007

假如 jiǎrú 만약, 가령 [유의] 如果 rúguǒ, 要是 yàoshi

▶가설 복문에 쓰이고 구어에 많이 쓰인다. '假如…的话' 형식으로 쓸 수 있다.

假如时光倒流，你会有不同的选择吗？
Jiǎrú shíguāng dàoliú, nǐ huì yǒu bù tóng de xuǎnzé ma?
만약에 시간이 거꾸로 흐른다면, 너는 다른 선택을 했을까?

假如你这次不参加，以后恐怕没有机会了。
Jiǎrú nǐ zhè cì bù cānjiā, yǐhòu kǒngpà méiyǒu jīhuì le.
만약 네가 이번에 참가하지 않으면, 다음 번에는 아마 기회가 없을 거야.

0008

可见 kějiàn ~임을 알 수 있다

▶복문의 뒷절에 쓰여 판단과 결론을 나타낸다.

连李部长都说不行，可见这个项目不好做啊。
Lián Lǐ bùzhǎng dōu shuō bù xíng, kějiàn zhège xiàngmù bù hǎo zuò a.
이 부장까지도 안 된다고 하는 걸로 봐서, 이 프로젝트는 쉽지 않겠군.

这两则故事都告诉了我们要充满自信，由此可见自信是多么的重要。
Zhè liǎng zé gùshi dōu gàosùle wǒmen yào chōngmǎn zìxìn, yóu cǐ kějiàn zìxìn shì duōme de zhòngyào.
이 두 이야기는 우리에게 자신감을 가지라고 말해 주고 있습니다, 여기서 우리는 자신감이 얼마나 중요한 것인지 알 수 있습니다.

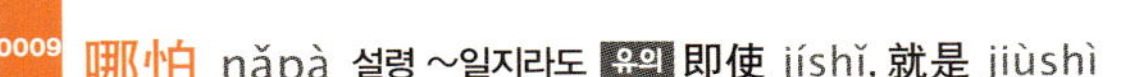

0009 哪怕 nǎpà 설령 ~일지라도　유의 **即使** jíshǐ, **就是** jiùshì

▶양보의 가설을 나타내고 주로 구어에 쓰인다. '哪怕…也(都/还)…' 형식으로 많이 쓴다.

这件事我是不会同意的，哪怕我爱你。
Zhè jiàn shì wǒ shì bú huì tóngyì de, nǎpà wǒ ài nǐ.
당신을 사랑한다 해도, 이 일에 대해선 제가 찬성하지 않을 거예요.

哪怕再困难，我也要试试看！
Nǎpà zài kùnnan, wǒ yě yào shìshi kàn!
아무리 힘들지라도, 나는 도전해 볼 것이다.

0010 宁可 nìngkě 차라리 ~할지라도

▶선택 복문에 쓰이며, '宁可…也不…', '宁可…也要…' 형식으로 많이 쓴다.

我宁可不要钱，也愿意帮你的忙。
Wǒ nìngkě bú yào qián, yě yuànyì bāng nǐ de máng.
난 보수를 안 받더라도, 너를 돕고 싶어.

我宁可饿死，也不要你们的同情。
Wǒ nìngkě èsǐ, yě bú yào nǐmen de tóngqíng.
난 굶어 죽으면 죽었지, 당신들의 동정은 안 받아요.

0011 万一 wànyī 만약에, 만일　유의 **一旦** yídàn

▶가능성이 아주 희박한 가설을 나타낸다.

万一他们不同意，计划就泡汤了。
Wànyī tāmen bù tóngyì, jìhuà jiù pàotāng le.
만약에 그들이 반대하면, 계획이 수포로 돌아가게 돼.
[단어] 泡汤 pàotāng 물거품이 되다, 실패하다

你还是带着伞吧，万一下雨呢？
Nǐ háishi dàizhe sǎn ba, wànyī xià yǔ ne?
너 그래도 우산 가져 가, 혹시라도 비 올지 모르잖아.

不怕一万就怕万一。
Bú pà yí wàn jiù pà wànyī.
일만 번 하는 건 괜찮지만, 만일의 경우가 생길까 걱정된다.

관련 표현

以防万一 yǐ fáng wàn yī 성 만일에 대비하다

0012 要不 yàobù ~하거나 **유의** 要么 yàome

▶ 선택 관계에 쓰여 '或者'의 뜻으로 쓰인다.

您可以付人民币，要不可以付韩币。
Nín kěyǐ fù rénmínbì, yàobù kěyǐ fù hánbì.
인민폐로 내셔도 되고, 아니면 원화로 내셔도 되고요.

▶ '要不然, 否则(그렇지 않으면)'의 뜻으로 쓰인다. 要不는 복문의 뒷절 주어 앞에만 위치한다.

你快去吧，要不你妈妈会急坏了。
Nǐ kuài qù ba, yàobù nǐ māma huì jíhuài le.
얼른 가, 그렇지 않으면 네 엄마가 애태우실 거야.

幸亏你提前到了，要不老师又要说我们了。
Xìngkuī nǐ tíqián dào le, yàobù lǎoshī yòu yào shuō wǒmen le.
네가 미리 도착했게 망정이지, 아니었음 선생님께서 우리한테 뭐라고 하셨을 거야.

▶ 의견을 제안할 때 쓴다.

要不，算了吧，反正不是你的责任。
Yàobù, suàn le ba, fǎnzhèng bú shì nǐ de zérèn.
아니면 관두든가, 어차피 네 책임도 아닌데.

0013 以及 yǐjí 그리고, 및 **유의** 及 jí

各地学校的条件以及学生情况不一样。
Gèdì xuéxiào de tiáojiàn yǐjí xuésheng qíngkuàng bù yíyàng.
지역에 따라 학교의 환경 및 학생들의 상황이 다르다.

这场大病拖垮了他的精神以及身体。

Zhè cháng dàbìng tuōkuǎle tā de jīngshén yǐjí shēntǐ.

심각한 병마가 그의 정신과 몸을 망가뜨렸다.

[단어] 拖垮 tuōkuǎ (오랜 스트레스로) 몸이 망가지다, (건강 따위를) 해치다

0014 因而 yīn'ér 그래서　유의 因此 yīncǐ

▶인과 복문의 뒷절에 쓰여 결과를 나타낸다. '由于…因而…' 형식으로 쓸 수 있다.

天气变冷了，因而鸟儿们都飞去南方了。

Tiānqì biàn lěng le, yīn'ér niǎormen dōu fēi qù nánfāng le.

날씨가 추워져서, 새들이 다 남쪽으로 날아갔다.

由于他没有好好复习，因而期中考试不及格要补考。

Yóuyú tā méiyou hǎohāo fùxí, yīn'ér qīzhōng kǎoshì bù jígé yào bǔkǎo.

그는 복습을 철저히 안 하더니, 기말고사에 통과 못해서 재시험 봐야 해.

0015 与其 yǔqí ～하느니

▶선택 복문에 쓰인다. '与其(说)…还(倒)不如(说)…'형식으로 많이 쓰인다.

与其等待机会不如创造机会。

Yǔqí děngdài jīhuì bùrú chuàngzào jīhuì.

기회가 오길 기다리느니, 기회를 만드는 게 낫죠.

与其说他变了，倒不如说他懂事了。

Yǔqí shuō tā biàn le, dào bùrú shuō tā dǒngshì le.

그 친구가 변했다기보다는 철이 들었다고 하는 게 낫지.

0016 则 zé 즉

▶순접 관계, 인과 관계, 전환 관계, 대비, 양보 관계 등에 쓰인다.

既来之，则安之。

Jì lái zhī, zé ān zhī.

기왕 왔으니 마음을 편히 가져요.

欲速则不达，还是按计划慢慢来的好。
Yù sù zé bù dá, háishi àn jìhuà mànmān lái de hǎo.
일을 너무 서두르면 도리어 이루지 못하는 것이니, 그냥 계획대로 천천히 하는 게 좋아요.

他开会时一句也不说，会后则说个不停。
Tā kāihuì shí yí jù yě bù shuō, huì hòu zé shuō ge bù tíng.
그 친구 회의할 때는 한 마디도 안 하더니, 회의 끝나니까 말이 많네.

양 조항, 문제, 편, 도막　**유의** 条 tiáo

▶조목으로 나누어진 것이나 단락을 이루는 문장의 수를 표시한다.

笑话 xiàohua 재미있는 이야기 / 新闻 xīnwén 뉴스 / 消息 xiāoxi 기사, 보도, 소식

今天在报纸上看到一则消息。
Jīntiān zài bàozhǐ shang kàndào yì zé xiāoxi.
오늘 신문에서 기사 한 꼭지를 보았다.

관련 표현

好人喊冤 — 不平则鸣 hǎorén hǎn yuān — bù píng zé míng **헐후**
착한 사람이 억울함을 호소하다 — 불공평한 일에 대해 분개하다 : 불평을 털어놓다

0017 总之 zǒngzhī 요컨대, 결론적으로, 한마디로
유의 总而言之 zǒng ér yán zhī

总之，我们要主动，不要被动。
Zǒngzhī, wǒmen yào zhǔdòng, búyào bèidòng.
결론적으로, 우리가 주동적으로 행동해야지, 피동적으로 해선 안 돼.

不用求我了，总之还是不会允许的。
Búyòng qiú wǒ le, zǒngzhī háishi bú huì yǔnxǔ de.
조르지 마, 어쨌든 허락 안 할 거니까.

관련 표현

总之一句话 zǒngzhī yí jù huà **관용** 한마디로 말한다면, 총괄적으로 말하면

양사

☐☐☐

0001 **滴** dī 방울

▶水 shuǐ 물 / 露珠 lùzhū 이슬 / 血 xuè 피 / 泪 lèi 눈물 / 汗 hàn 땀

雨水一滴一滴地落在地上。
Yǔshuǐ yì dī yì dī de luòzài dìshang.
빗방울이 똑똑 땅에 떨어졌다.

我心里非常难过，一滴滴眼泪情不自禁地流了下来。
Wǒ xīnli fēicháng nánguò, yì dīdī yǎnlèi qíng bú zì jìn de liúle xiàlai.
나는 마음이 너무 아파, 눈물을 주체할 수가 없었다.

[단어] 情不自禁 qíng bú zì jìn 성 스스로 감정을 억제하기 힘들다

동 액체가 떨어지다, 액체를 떨어뜨리다

闭着眼睛滴眼药水是滴不进去的。
Bìzhe yǎnjing dī yǎnyàoshuǐ shì dībujìnqu de.
눈을 감고 안약을 떨어뜨리면 안 들어가요.

🐵 관련 표현

滴水不漏 dī shuǐ bú lòu 성 물 한 방울도 새지 않다, 언행에 조금의 빈틈도 없다

滴水成冰 dī shuǐ chéng bīng 성 물방울이 얼음이 되다, 날씨가 아주 춥다

0002 **顶** dǐng 개, 채, 장(꼭대기가 있는 물건)

☐☐☐

▶帽子 màozi 모자 / 蚊帐 wénzhàng 모기장

这顶鸭舌帽很好看，来，你戴上看看。
Zhè dǐng yāshémào hěn hǎokàn, lái, nǐ dàishàng kànkan.
이 야구 모자 예쁘다, 자, 너 한번 써 봐.

[단어] 鸭舌帽 yāshémào 챙 있는 모자, 야구모자처럼 앞에 챙이 있는 모자를 가리킴

快夏天了，我们买了一顶蒙古包式蚊帐。
Kuài xiàtiān le, wǒmen mǎile yì dǐng ménggǔbāo shì wénzhàng.
여름을 맞이해 우리는 파오식 모기장을 하나 샀다.

[단어] 蒙古包 ménggǔbāo 몽골 유목민이 사는 천막집, 파오

명 (인체·사물의) 꼭대기, 끝

我和明明最先到达山顶，山顶有一个古寺。
Wǒ hé Míngming zuì xiān dàodá shāndǐng, shāndǐng yǒu yí ge gǔsì.
나와 밍밍이 가장 먼저 산 정상에 도착했는데, 산 정상에는 고찰이 있었다.

관련 표현

抛售顶点 pāoshòu dǐngdiǎn 매도 정점

顶呱呱 dǐng guāguā **관용** 아주 훌륭하다

顶天立地 dǐng tiān lì dì **성** 기골이 장대하고 우람하다(주로 남성을 표현함)

0003 吨 dūn 톤(ton), 1000kg □□□

我们今年收获了85万吨大豆，可以满足三省消费。
Wǒmen jīnnián shōuhuòle bāshíwǔ wàn dūn dàdòu, kěyǐ mǎnzú
sān shěng xiāofèi.
우리는 올해 85만 톤의 대두를 수확했는데, 이는 3개 성에서 필요한 양을 충족시키는 것입니다.

0004 顿 dùn 끼니, 번, 차례 □□□

▶식사할 때, 꾸중할 때, 때릴 때 쓴다.
骂 mà 욕하다 / 打 dǎ 때리다 / 吃 chī 먹다

咱俩找个时间吃顿饭吧，你看什么时候好？
Zán liǎ zhǎo ge shíjiān chī dùn fàn ba, nǐ kàn shénme shíhou hǎo?
우리 시간 내서 밥 한 끼 먹자, 네가 보기엔 언제가 좋아?

爸爸把弟弟打了一顿。
Bàba bǎ dìdi dǎle yí dùn.
아빠가 동생을 한 차례 때리셨다.

他被领导狠狠地批评了一顿。
Tā bèi lǐngdǎo hěnhěn de pīpíngle yí dùn.
그는 상사한테 호되게 한 바탕 깨졌다.

0005 朵 duǒ 송이, 조각

▶꽃이나 구름 등을 셀 때 쓴다.

花 huā 꽃 / 云 yún 구름

蓝蓝的天空中几朵白云，好像棉花糖。
Lánlān de tiānkōng zhōng jǐ duǒ báiyún, hǎoxiàng miánhuātáng.
파란 하늘에 흰 구름 몇 조각이 꼭 솜사탕 같군.

今天回家的路上买了几朵百合花。
Jīntiān huíjiā de lùshang mǎile jǐ duǒ bǎihéhuā.
오늘 집에 돌아오는 길에 백합꽃 몇 송이를 샀다.

0006 幅 fú 폭

▶그림이나 서예 작품을 세는 단위.

画 huà 그림 / 字 zì 글씨 / 作品 zuòpǐn 작품

美丽的周庄就像是一幅生动的水彩画。
Měilì de Zhōuzhuāng jiù xiàng shì yì fú shēngdòng de shuǐcǎihuà.
아름다운 저우좡은 한 폭의 살아 있는 수채화 같다.

tip 周庄 : 중국 남방 지역의 정취가 담긴 전통 마을, 상하이 근교에 있다.

这个博物馆有四幅王羲之的书法作品。
zhè ge bówùguǎn yǒu sì fú Wáng Xīzhī de shūfǎ zuòpǐn.
이 박물관에는 왕희지의 서예 작품이 네 폭 있다.

tip 王羲之 : (303~361) 중국 진나라 시대의 서예가. 자는 逸少(Yìshǎo). 해서·행서·초서의 세
가지 체를 우아하고 귀족적인 서체로 완성했음.

명 넓이, 폭

中国幅员辽阔，自南向北坐飞机都要好几个小时。
Zhōngguó fúyuán liáokuò, zì nán xiàng běi zuò fēijī dōu yào hǎo
jǐ ge xiǎoshí.
중국은 국토 면적이 넓어 남쪽에서 북쪽까지 비행기를 타고 몇 시간씩 걸린다.

[단어] 幅员辽阔 fú yuán liáo kuò 국토 면적이 넓다

관련 표현

不修边幅 bù xiū biān fú **성** 용모나 옷차림에 신경을 쓰지 않다

0007 届 jiè ~회

▶정기 회의, 졸업, 연차에 쓰임.

奥运会 àoyùnhuì 올림픽 / **会议** huìyì 회의 / **博览会** bólǎnhuì 박람회 / **展会** zhǎnhuì 전시회

至今这个展会已经举办了100多届了。
Zhìjīn zhège zhǎnhuì yǐjing jǔbànle yìbǎi duō jiè le.
지금까지 이 전시회는 이미 100여 회 개최되었습니다.

我是国立山东大学2000届毕业生。
Wǒ shì guólì Shāndōng dàxué èr líng líng líng jiè bìyèshēng.
저는 국립 산동대학 2000년 졸업생입니다.

관련 표현

无远弗届 wú yuǎn fú jiè 성 아무리 먼 곳이라도 닿지 않는 곳이 없다

0008 颗 kē 알, 과립

▶둥글고 작은 알맹이 모양을 세는 단위.

星星 xīngxing 별 / **宝石** bǎoshí 보석 / **豆子** dòuzi 콩 / **牙齿** yáchǐ 이

你是我心中的一颗星星。
Nǐ shì wǒ xīnzhōng de yì kē xīngxing.
그대는 내 맘 속에 떠 있는 별입니다.

天太热了，满头都是一颗颗的汗珠。
Tiān tài rè le, mǎn tóu dōu shì yì kēkē de hànzhū.
날씨가 너무 더워서, 온 얼굴에 구슬땀이 맺혔다.

관련 표현

颗粒无收 kē lì wú shōu 성 한 톨도 수확을 못하다

0009 克 kè 그램(g)

在中国500克称为一斤。
Zài Zhōngguó wǔbǎi kè chēngwéi yì jīn.
중국에서는 500g을 한 근이라 한다.

동 정복하다, 함락하다, 이기다

柔能克刚 róu néng kè gāng **성** 부드러운 것으로 강한 것을 이길 수 있다.

 批 pī 무리, 떼 **유의** **群** qún

▶수량이 비교적 많은 사람이나 사물에 쓰임.

作品 zuòpǐn 작품 / **货** huò 물건 / **人** rén 사람 / **学生** xuésheng 학생

我们这一批人遇到了最好的老师。
Wǒmen zhè yì pī rén yùdàole zuì hǎo de lǎoshī.
우리들은 가장 좋은 선생님을 만났다.

昨天那批货被海关扣下了。
Zuótiān nà pī huò bèi hǎiguān kòuxià le.
어제 그 화물은 세관에 압류되었다.

동 검사하다, 허가하다, 비준하다

王老师已经批完了学生的作业。
Wáng lǎoshī yǐjing pīwánle xuésheng de zuòyè.
왕 선생님은 이미 학생들의 숙제 검사를 마쳤다.

 匹 pǐ 필

▶말·천을 셀 때 쓰임.

马 mǎ 말 / **骆驼** luòtuo 낙타 / **布** bù 천 / **绸缎** chóuduàn 비단

如果用这匹布来做一件旗袍，一定非常好看。
Rúguǒ yòng zhè pǐ bù lái zuò yí jiàn qípáo, yídìng fēicháng hǎokàn.
이 천으로 치파오를 만들면 틀림없이 예쁠 거야.

这匹马果然是千里马。
Zhè pǐ mǎ guǒrán shì qiānlǐmǎ.
이 말은 과연 천리마군.

관련 표현

单枪匹马 dān qiāng pǐ mǎ **성** 혼자서 말을 타고 적진에 뛰어들다, 남의 도움없이 혼자서 해내다

0012 片 piàn 편

▶조각 · 범위 · 면적 · 경치 · 마음 등을 나타낼 때 쓰임.

草地 cǎodì 잔디밭 / 树叶 shùyè 잎 / 真心 zhēnxīn 진심 / 土地 tǔdì 땅 / 药 yào 약 /
西瓜 xīguā 수박 / 面包 miànbāo 빵

我看他对你是一片真心。
Wǒ kàn tā duì nǐ shì yí piàn zhēnxīn.
내가 보니까 그 사람 너를 진심으로 좋아하더라고.

我捡了一片枫叶做为书签。
Wǒ jiǎnle yí piàn fēngyè zuòwéi shūqiān.
나는 단풍잎을 하나 주워 책갈피로 끼웠다.

명 영화, 드라마

我喜欢看恐怖片。
Wǒ xǐhuan kàn kǒngbùpiàn.
나는 공포 영화를 좋아한다.

관련 표현

打成一片 dǎ chéng yí piàn **성** (마음, 생각이) 한 데 뭉치다, 하나가 되다

片甲不留 piàn jiǎ bù liú **성** 모조리 전멸되다, 전군이 몰살당하다

0013 群 qún 무리, 떼 **유의** 批 pī

草原上有一群马在悠闲地吃草。
Cǎoyuán shang yǒu yì qún mǎ zài yōuxián de chī cǎo.
초원에는 말들이 무리지어 한가롭게 풀을 뜯고 있다.

명 무리, ~군

▶다른 명사 뒤에 쓰여 함께 모여 있는 많은 사람, 동물, 건축물을 표현한다.

人群 rénqún 군중, 무리 / 马群 mǎqún 말떼

建筑群 jiànzhùqún 건축군, 건축 단지

我在人群中找到了他。
Wǒ zài rénqún zhōng zhǎodàole tā.
나는 군중 속에서 그를 찾아냈다.

三五成群 sān wǔ chéng qún **성** 삼삼오오 무리를 이루다

群 vs 批

群은 한데 모여 있는 사람이나 사물을 나타내고, 批는 같은 행동을 하는 사람이나 많은 양의 물건을 나타낸다.

一群羊 yì qún yáng 한 무리의 양
一群学生 yì qún xuésheng 한 무리의 학생
一批人 yì pī rén 일부 사람들
一批新书 yì pī xīnshū 신간 도서들

0014 所 suǒ 채, 동

▶학교, 병원 등 건축물을 셀 때 쓰임.

学校 xuéxiào 학교 / **医院** yīyuàn 병원 / **幼儿园** yòu'éryuán 유치원

美国朱丽亚音乐学院是一所名牌大学。
Měiguó Zhūlìyà yīnyuè xuéyuàn shì yì suǒ míngpái dàxué.
미국의 줄리어드 음대는 명문 대학이다.

他已经在这所医院工作了近20年。
Tā yǐjing zài zhè suǒ yīyuàn gōngzuòle jìn èrshí nián.
그는 이미 이 병원에서 근무한 지 20년이 되어 간다.

조 ~하는 바

这种结果可不是我所期盼的。
Zhè zhǒng jiéguǒ kě bú shì wǒ suǒ qīpàn de.
이런 결과는 내가 바라던 바가 아니었어.

你所能想到的，其他人都想到了。
Nǐ suǒ néng xiǎngdào de, qítā rén dōu xiǎngdào le.
네가 생각할 수 있는 건, 남들도 다 그렇게 생각해.

명 장소

研究所 yánjiūsuǒ 연구소
场所 chǎngsuǒ 장소

各得其所 gè dé qí suǒ （성） 각자 자기가 있을 자리에 있다

所剩无几 suǒ shèng wú jǐ （성） 남은 것이 별로 없다, 얼마 남지 않다

无所不通 wú suǒ bù tōng （성） 아는 것이 아주 많다

0015 套 tào 세트

▶**设备** shèbèi 설비 / **家具** jiājù 가구 / **客套话** kètàohuà 인사말 / **西服** xīfú 양복

今天去太平洋百货买了一套新西服。
Jīntiān qù Tàipíngyáng bǎihuò mǎile yí tào xīn xīfú.
오늘 태평양 백화점에 가서 새 양복을 한 벌 샀다.

她花几个月的工资买到了一套意大利古董家具。
Tā huā jǐ ge yuè de gōngzi mǎidào le yí tào yìdàlì gǔdǒng jiājù.
그녀는 몇 달치 월급으로 이탈리아 앤티크 가구를 샀다.
[단어] **古董家具** gǔdǒng jiājù 앤티크 가구

（명） 커버, 덮개

手套 shǒutào 장갑 / **书套** shūtào 책 커버 / **枕套** zhěntào 베갯잇

（동） 씌우다. 껴입다. 포개다

他里面穿了件蓝衬衫，外面套了件大衣。
Tā lǐmiàn chuānle jiàn lán chènshān, wàimiàn tàole jiàn dàyī.
그는 안에 남색 셔츠를 입고, 밖에 코트를 덧입었다.

这个塑料袋太薄，再套一个吧。
Zhège sùliàodài tài báo, zài tào yí ge ba.
이 비닐 봉지가 너무 약해요, 한 번 더 넣어 주세요.

吃那一套 chī nà yí tào （관용） 그런 수단에 넘어가다, 그 수법에 당하다

少来这一套 shǎo lái zhè yí tào （관용） 그런 수작 그만해라! 이따위 짓 좀 하지 마!

说的一套，做的一套 shuō de yí tào, zuò de yí tào （관용） 말과 행동이 다르다

套近乎 tào jìnhu （관용） 친한 듯 꾸며 대다, 친근하게 굴다

0016 项 xiàng 항, 항목, 종목

▶항목으로 나뉘는 것을 셀 때 쓰임.

运动 yùndòng 운동 / 原则 yuánzé 원칙 / 开支 kāizhī 지출 / 工作 gōngzuò 업무 /
条款 tiáokuǎn 조항 / 任务 rènwu 임무

铁人三项是体育运动项目之一。
Tiěrén sān xiàng shì tǐyù yùndòng xiàngmù zhī yī.
철인 3종 경기(triathlon)는 체육 운동 종목 중의 하나이다.
[단어] 铁人三项 tiěrén sān xiàng 철인 3종 경기(종목은 수영 1.5km, 사이클 40km, 마라
톤 10km)

我觉得这项条款不符合劳动法。
Wǒ juéde zhè xiàng tiáokuǎn bù fúhé láodòngfǎ.
제가 보기에 이 조항은 노동법에 안 맞는 것 같습니다.

관련 표현

逢人说项 féng rén shuō xiàng 〈성〉 가는 곳마다 다른 사람을 칭찬하고 두둔하다

0017 阵 zhèn 한 차례, 잠시 동안

▶짧은 시간을 나타냄.

雨 yǔ 비 / 风 fēng 바람 / 雪 xuě 눈 / 炮声 pàoshēng 포성

雨季就这样，一阵晴天，一阵雨。
Yǔjì jiù zhèyàng, yí zhèn qíngtiān, yí zhèn yǔ.
장마 땐 그렇지 뭐, 금방 맑았다 금방 비 왔다가.

突然起了一阵大风，我差点儿摔倒了。
Tūrán qǐle yí zhèn dàfēng, wǒ chàdiǎnr shuāidǎo le.
갑자기 바람이 세게 불어서, 하마터면 넘어질 뻔 했지 뭐야.

명 전장, 일정한 시간

刘备提枪上阵了。
Liú Bèi tí qiāng shàngzhèn le.
유비가 창을 들고 전장에 나갔다.

我们好一阵子没见面了，你别来无恙啊?
Wǒmen hǎo yí zhènzi méi jiànmiàn le, nǐ bié lái wú yàng a?
우리가 한참 동안이나 못 봤는데, 잘 지내고 있죠?

[단어] 别来无恙 bié lái wú yàng 성 별고 없으십니까?

관련 표현

临阵脱逃 lín zhèn tuō táo 성 전투를 앞두고 도망치다, 중요한 시기에 발을 빼다

0018
支 zhī 자루 □□□

▶ 가는 물건을 세는 단위

箭 jiàn 화살 / 笛子 dízi 피리 / 歌 gē 노래 / 舞 wǔ 춤 / 笔 bǐ 붓, 펜

你去买几支蜡烛吧。
Nǐ qù mǎi jǐ zhī làzhú ba.
너 가서 초 몇 자루만 사 오렴.

小姐，可以跟我跳支舞吗?
Xiǎojiě, kěyǐ gēn wǒ tiào zhī wǔ ma?
아가씨, 저와 한 곡 추시겠습니까?

□□□

0001 似的 shìde ~과 같다, ~과 비슷하다

▶ '好像(像/仿佛/跟)…似的' 형식으로 많이 쓰인다.

他拿了奖金，高兴得跟什么似的。
Tā nále jiǎngjīn, gāoxìng de gēn shénme shìde.
그는 보너스를 받고는 좋아서 어쩔 줄을 모른다.

她笑起来眼睛像月亮似的，真可爱。
Tā xiàoqilai yǎnjing xiàng yuèliang shìde, zhēn kě'ài.
그녀가 웃을 때면 눈이 꼭 달 같거든, 정말 귀여워.

관련 표현

玩儿似的 wánr shìde **관용** 식은 죽 먹기 같다, 누워서 떡 먹기 같다

没事儿人似的 méi shìr rén shìde **관용** 아무 상관도 없는 사람처럼, 제 삼자처럼

동사 + 得什么似的 … + de shénme shìde **관용** 몹시 ~해서(어떤 동작이 말할 수 없을 정도에 이르렀음을 표현)

형용사 + 得什么似的 … + de shénme shìde **관용** 얼마나 ~한지(정도가 심함을 표현)

0001 哎 āi 어! 야! 원, 에이, 저기, 자

▶놀람, 반가움 등을 나타낸다.

哎，好久不见!
Āi, hǎo jiǔ bú jiàn!
어머, 오랜만이에요!

▶불만을 나타낸다.

哎，今天我怎么这么倒霉啊!
Āi, jīntiān wǒ zěnme zhème dǎoméi a!
에이, 오늘 왜 이렇게 재수가 없는 거야!

▶어떤 일을 일깨워 주거나 주위를 환기시킨다.

哎，你该出发了。
Āi, nǐ gāi chūfā le.
야, 너 출발해야 해.

哎，醒醒!
Āi, xǐngxing!
어이, 정신 차려!

0002 唉 āi 네, 응, 예

▶대답할 때 쓰인다.

A: 奶奶，您在家吗?
Nǎinai, nín zài jiā ma?
할머니, 집에 계세요?

B: 唉，我在这儿呢!
Āi, wǒ zài zhèr ne!
오냐, 할미 여기 있다.

428

▶ài 휴, 흠, 아이고(슬픔, 애석함을 나타냄)

唉，健壮的小伙子，怎么突然病倒了呢?
Ài, jiànzhuàng de xiǎohuǒzi, zěnme tūrán bìngdǎo le ne?
아이참, 건장하던 청년이 왜 갑자기 병으로 쓰러진 거야?

唉，公司流失了像你这样的人才，真是可惜呀!
Ài, gōngsī liúshīle xiàng nǐ zhèyàng de réncái, zhēnshi kěxī ya!
흠, 회사에서 자네 같은 인재를 놓치다니, 정말 안타깝군!

0003 哈 hā 아하, 와!

▶만족스러움, 기쁨 등을 표현한다.

哈! 你赌输了吧! 快请我吃饭!
Hā! Nǐ dǔshū le ba! Kuài qǐng wǒ chīfàn!
헤헤, 네가 내기에 졌지! 얼른 밥 사!

哈哈，我中奖了。
Hā hā, wǒ zhòngjiǎng le.
아싸! 내가 복권에 당첨됐어.

의 하하하(웃음소리를 표현)

小张的笑话惹得大家哈哈大笑。
Xiǎo Zhāng de xiàohuà rě de dàjiā hāhā dàxiào.
장 군의 우스갯소리에 모두를 깔깔거리며 웃었다.

0004 嗯 ng 응, 그래, 네

▶대답, 의문에 쓰인다.

嗯! 知道了。
Ng! Zhīdào le.
네! 알았어요.

嗯? 他去哪儿了?
Ng? Tā qù nǎr le?
뭐라고? 그 친구가 어디 갔다고?

| 0001 | **亿** yì 억 |

地球的人口总数已经超过了七十亿。
Dìqiú de rénkǒu zǒngshù yǐjing chāoguòle qīshí yì.
지구의 총 인구 수가 이미 70억을 넘어섰다.

관련 표현

亿万富翁 yìwàn fùwēng 억만장자

亿万百姓 yì wàn bǎi xìng 〈성〉 억조 창생, 수많은 백성

亿万斯年 yì wàn sī nián 〈성〉 억만겁, 한없이 긴 세월

□□□

0001 讨价还价 tǎo jià huán jià **값을 흥정하다**

他买东西的时候，像一个女人一样和卖家讨价还价。
Tā mǎi dōngxi de shíhou, xiàng yí ge nǚrén yíyàng hé màijiā tǎo jià huán jià.
그 사람 물건 살 때는 꼭 아줌마처럼 장사꾼과 값을 흥정한다니까.

学习就是你自己的事，你还跟妈妈讨价还价？
Xuéxí jiù shì nǐ zìjǐ de shì, nǐ hái gēn māma tǎo jià huán jià?
공부는 네 일인데, 엄마하고 거래를 하려 들어?

□□□

0002 无所谓 wúsuǒwèi **상관없다, 아랑곳없다**

为了美好的未来，现在辛苦一点儿无所谓。
Wèile měihǎo de wèilái, xiànzài xīnkǔ yìdiǎnr wúsuǒwèi.
아름다운 미래를 위해, 지금 좀 힘든 것은 상관없어.

别人怎么说我无所谓，因为我就是我。
Biérén zěnme shuō wǒ wúsuǒwèi, yīnwèi wǒ jiù shì wǒ.
다른 사람이 뭐라 하든 난 상관없어, 왜냐하면 나는 나니까.